华夷·海洋·财政

宋代中国的内与外

黄纯艳 著

上海人民出版社

目　录

第一编　华夷内外

第二编　海洋文明

第三编　财政治理

第四编　札记评论

第一编 华夷内外

宋代的疆界形态与疆界意识

宋辽通过盟约确定对等关系并划定疆界是历史上引人注目的事件，宋夏、宋金划界也是如此。学界对宋与辽、夏、金的划界活动和疆界形态有所阐述，但缺乏整体讨论。[1] 有的学者将宋代的疆界问题赋予变革的意义，认为宋辽间第一次形成了明确的“国家”关系和“国界”认知。[2] 在绘制宋代各政权疆域图时，也存在着当代立场与历史逻辑处理上的分歧，未能充分反映宋朝人对疆界的认知和逻辑。[3] 要更深入细致地认识宋代疆域问题，辨析宋朝疆界在中国古代王朝国家疆界演进中是否具有变革意义，核心是厘清宋代的疆界形态和疆界意识，并对其作一整体考察。

---

1 陶晋生《宋辽关系史研究》（中华书局 2008 年版）、陶玉坤《辽宋关系研究》（内蒙古大学博士学位论文，2005 年）、李华瑞《宋夏关系史》（河北人民出版社 1998 年版）、赵永春《金宋关系史》（人民出版社 2005 年版）、潘晟《宋代地理学的观念、体系与知识兴趣》（商务印书馆 2014 年版）、鲁人勇《西夏的疆域和边界》（《宁夏大学学报》2003 年第 1 期）、杨蕤《宋夏疆界考论》（《中国边疆史地研究》2005 年第 4 期）、李之勤《熙宁年间宋辽河东边界交涉研究——王安石弃地数百里说质疑》（《山西大学学报》1980 年第 1 期）、马力《宋哲宗亲政时对西夏的开边和元符新疆界的确立》（《宋史研究论文集》，河北教育出版社 1989 年版，第 126—154 页）等对宋与辽、夏、金的划界和边界范围作了研究，也涉及宋辽、宋夏局部疆界形态。杜芝明《宋朝边疆地理思想研究》（西南大学历史学院博士学位论文，2011 年）较系统地论及宋代边界形态，但对边界形态性质的认识有可商榷之处，亦未能很好地关注边界形态变迁。

2 傅海波、崔瑞德编:《剑桥中国辽西夏金元史（907—1368）》（中国社会科学出版社 1998 年版，第 109 页）；葛兆光:《宋代“中国”意识的凸显——关于近世民族主义思想的一个远源》（《文史哲》2004 年第 1 期）、《何为“中国”：疆域、民族、文化与历史》（牛津大学出版社 2014 年版，第 70—73 页）；张文:《论古代中国的国家观与天下观——边境与边界形成的历史坐标》（《中国边疆史地研究》2007 年第 3 期）等。

3 谭其骧主编《中国历史地图集》“总编例”说，对于两政权间瓯脱地带不勉强划属某一政权，示意为两不管地带或交错带，但第 6 册之辽北宋全图、金南宋全图及沿边各路分图，实际多画入宋朝疆域（中国地图出版社 1996 年版）。与顾颉刚编《中国历史地图集》之《北宋时代的中国》《宋金对立形势图》（地图出版社 1955 年版，第 18、19 页）、中国文化大学所绘《中国历史地图》之《北宋疆域图》《南宋金夏疆域图》（中国文化大学 1980 年版，第 60、62 页）对宋朝与大理和吐蕃疆界的处理有显著差异。

一、疆界形态的多样性

（一）点状控制的模糊疆界

宋朝与境外政权除熙宁宋辽划界、元丰宋越划界后，以及南宋与金朝壤地相接外，一般都存在不同形式的中间地带，其中一种就是由非两个政权直辖诸族分布带构成的中间地带。与宋朝直接接壤的部分通常是羁縻州和熟户（熟蕃、熟蛮）。宋朝对他们一般实行设砦置堡的点状控制，形成两者间点状的模糊疆界。

羁縻诸族所居几乎都为山地川壑，经由山谷、河流、隘口通向宋朝直辖地区。南方诸族分布区被形象地称为溪洞。如广西湖南交界地区多个山口、通道“皆可以径至溪洞”。宋朝在主要通道上设寨扼守，置巡检“专一把截”，[1]“分遣士卒屯诸溪谷山径间”，“择要害地筑城砦，以绝边患”，以阻止蛮人进入省地。如辰州设置16砦、1400余厢禁军和600土兵控制所辖溪洞。[2]每个砦控扼一方溪洞蛮。熙宁三年（1070）辰州为防扼溪州，于“喏溪口北岸筑一堡”，“据其要害，绝蛮人侵占省地便利”。[3]辰州卢溪县“西有武溪，水路入蛮界”，[4]在“最为冲要”之地设慢水等寨，招谕县卢溪寨就设在控扼水路进入蛮界的卢溪口。另如施州置永兴寨“控蛮夷五路溪口”；雅州卢山县设灵关镇寨，“四面险峻，控带蕃界”。[5]陕西秦州控扼蕃人也是“于山丹峡口广吴岭上古城、大洛门城、永宁城隘路口置寨，以遏戎寇”。[6]而澧州石洞寨“深在蛮界，不当要路，无所控扼”，被拆毁。[7]

这些控扼的要点成为省地与蛮（蕃）地双方分界的界至。溪州蛮

1 《宋会要辑稿·蕃夷五》，上海古籍出版社2014年版，第9900页。

2 《宋史》卷四九四《蛮夷二》，中华书局1977年版，第14194、14198、14192页。

3 《宋会要辑稿·蕃夷五》，第9888页。

4 《武经总要》前集卷二〇《边防》，文渊阁《四库全书》影印本，第726册，第569页。

5 《武经总要》前集卷一九《东西川峡路》，第726册，第552、560、561页。

6 《续资治通鉴长编》卷八五“大中祥符八年七月甲子”条，中华书局2004年版，第1941页。

7 《宋会要辑稿·方域一八》，第9643页。

与省地的边界就是一个典型代表。后晋天福中，马希范与溪州蛮酋彭士愁战后定盟约，“立铜柱为界。本朝因而抚之”。[1] 宋朝与溪州蛮仍以铜柱为界，铜柱具有标识双方疆界的意义。溪州蛮进入省地的主要通道是酉水，铜柱正立于酉水下游的会溪，宋朝先后在此设会溪城和池蓬、镇溪、黔安三寨。宋太宗曾“诏辰州不得移（溪州蛮）部内马氏所铸铜柱”。[2] 张纶曾与五溪十峒蛮约盟，“刻石于境上”，[3] 所立刻石也是疆界标志。宋孝宗曾诏令湖南“省地与傜人相连，旧有界至者，宜诏湖南帅臣遣吏亲诣其处，明立封堠”。[4] 封堠和界至就是指在这些要点上树立的界标。有学者据宋孝宗令湖南“明立封堠”一条判断宋朝正州与羁縻州间边界“呈现线状，其标志物为封堠”。[5] 这一判断难以成立。宋朝与羁縻各族在冲要之地立柱、立石标示界限，但未见共同举行全线议疆划界。

宋朝还常把山谷溪洞地形作为隔绝省地与溪洞、熟蕃的天然界限。如“蜀之边郡多与蕃界相接，深山峻岭，大林巨木，绵亘数千百里，虎狼窟宅，人迹不通”，为防止“夷人从此出没”，使沿边“八寨防托遂成虚设”，[6]“各于其界建立封堠，谓之禁山”，与蕃部之间“非禁山林木茂密，无以保藩篱之固”。[7] 禁山成为天然屏障，禁止采伐。一处封堠就标示一片为疆界之隔的禁山，说明疆界是模糊而非线状的。判断是否侵越疆界，并无疆界线可依凭，而是以连片的禁山。如“泸、叙州、长宁军沿边，连接夷蛮，全藉禁山林箐以为限隔，从条不许汉人擅将物货辄入蕃界，侵越禁山”。[8]

宋朝直辖郡县与羁縻地区的疆界是点状控制的模糊疆界，其特点

1 《武经总要》前集卷二〇《荆湖两路》，第 726 册，第 567 页。

2 《宋史》卷四九三《西南溪峒诸蛮上》，第 14173 页。

3 《宋史》卷四二六《张纶传》，第 12694 页。

4 《文献通考》卷三二八《四裔考五》，上海古籍出版社 2014 年版，第 9022 页。

5 杜芝明：《宋朝边疆地理思想研究》，第 31 页。

6 《宋会要辑稿·刑法二》，第 8360 页。

7 《宋会要辑稿·兵二九》，第 9257、9258 页。

8 《宋会要辑稿·刑法二》，第 8356 页。

是没有举行双方会商的全线划界，而是在冲要之地设置城砦，标示界限，通过点状控制维持双方的模糊疆界。利用地理环境进行点状的控制或防御是惯常通例，如维克多·普莱斯考特所指出的，沙漠、直线走势的山脉与宽阔的河流是天然的防卫屏障，“防守者可将力量集中部署在有关的通道和交汇处”。[1] 宋朝与羁縻各族的疆界正是受限于或利用了地理环境。

（二）片状的模糊疆界

宋朝与相邻政权间的中间地带也成为宋朝与这些政权间片状的自然模糊疆界。有学者据宋太祖“画大渡河为界”一说认为“宋与大理以大渡河为界，边界形态呈现线状，并以河流为标志物”。[2] 事实上，此说是指宋朝放弃对大渡河南越嶲诸郡的直接统治，即“弃越嶲诸郡”，作为宋朝与大理隔离地带，使大理“欲寇不能，欲臣不得”。[3] 越嶲诸族被称为“大渡河外蛮”、“黎州诸蛮”，[4] 同时臣属于宋朝和大理。宋朝也承认他们与大理的统属关系。宋朝册封代表大理来贡的邛部川蛮首领诺驱为“云南大理国主、统辖大渡河南姚嶲州界山前山后百蛮三十六鬼主、兼怀化大将军、忠顺王诺驱，可特授检校太保、归德大将军，依旧忠顺王”。[5] 同时，这一地区诸族又有独立于宋朝和大理以外的自我秩序，如“邛部于诸蛮中最骄悍狡谲，招集蕃汉亡命，侵攘他种，闭其道以专利”，统辖各族，成为“大渡河南山前、后都鬼主”，或称“大渡河南邛部川山前、山后百蛮都首领”。[6] 越嶲诸族分布区并非宋朝与大理以任何形式认定的彼此疆界，但成为分隔宋朝和大理实际上自然的模糊疆界。

---

1 维克多·普莱斯考特：《国际边疆与边界：法律、政治与地理》，孔令杰、张帆译，社会科学文献出版社 2017 年版，第 34 页。

2 杜芝明：《宋朝边疆地理思想研究》，第 31 页。

3 《建炎以来系年要录》卷一〇五“绍兴六年九月癸巳”条，中华书局 2013 年版，第 1978 页。

4 《宋会要辑稿·蕃夷五》，第 9873 页；《宋史》卷四九六《蛮夷四》，第 14232 页。

5 《续资治通鉴长编》卷一〇“开宝二年六月癸巳”条，中华书局 2004 年版，第 228—229 页。

6 《宋史》卷四九六《蛮夷四》，第 14231、14234、14235 页。

大理国以东地区与宋朝间分布着左右江蛮、罗殿、自杞、五姓蕃等，较大渡河外诸蛮地理范围更广的诸蛮。该方向有“制御交趾、大理”的作用，[1] 但宋朝与大理除了南宋战马贸易外，极少从该方向展开交往。宋仁宗朝为交涉侬智高事，第一次派人出使大理国，因“南诏久与中国绝，林箐险深，界接生蛮，语皆重译，行百日乃通”。[2] 这些中间地带诸蛮没有表现为两属关系，但也成为隔绝宋朝和大理实际上自然的模糊疆界。

有学者论及越南李朝历史时说：李朝自认为是“南帝”，其与“北帝”中国的“这条国界处于‘皇天’和地上的众神保护之下”。[3] 但交趾并非一开始就存在与宋朝间的线状边界。交趾建国开始，与宋朝间就存在着双方都不直接统治的诸族。与宋朝、大理相互认可各自对“大渡河外蛮”的统治不同，宋朝与交趾一直争夺对中间地带诸族的控制。如广源州蛮“自交趾蛮据有安南，而广源虽号邕管羁縻州，其实服役于交趾”。而当侬智高自建大历国、南天国时交趾和宋朝都发兵攻讨。[4] 另如，恩情州“旧系省地七源州管下村峒，往年为交趾侵取，改为恩情州”，又因交趾征取过甚，来投宋朝；[5] 溪洞安平州李密“外通交趾，内结官吏”等等。[6] 此时宋朝与交趾间并不存在一条清晰的疆界线，对中间地带的控制在双方的博弈中不断变化，如天圣中宋朝指责交趾“不当擅赋云河洞”，到嘉祐时云河洞“乃入蛮徼数百里”，[7] 从而也使得双方的疆界呈现片状和模糊的特点。到宋越熙宁战争，宋朝大军占据溪洞，使交趾“藩篱一空，彼何恃而窥边哉”，[8] 即其凭借侵扰宋朝的溪洞诸蛮不再具有中间地带的作用。

---

1 《续资治通鉴长编》卷三四九“元丰七年十月戊子”条，第 8373 页。
2 《续资治通鉴长编》卷一八〇“至和二年六月乙巳”条，第 4355 页。
3 尼古拉斯·塔林主编：《剑桥东南亚史》，贺圣达等译，云南人民出版社 2003 年版，第 122 页。
4 《宋史》卷四九五《蛮夷三》，第 14215 页。
5 《续资治通鉴长编》卷二五九“熙宁八年正月己未”条，第 6324 页。
6 蔡戡：《定斋集》卷八《上论边事书》，文渊阁《四库全书》影印本，第 1157 册，第 650 页。
7 《续资治通鉴长编》卷一九〇“嘉祐四年九月戊申”条，第 4593 页。
8 《续资治通鉴长编》卷二九一“元丰元年八月癸丑”条，第 7118 页。

西夏、吐蕃与宋朝之间都存在由生、熟户构成的中间地带，[1]并无清晰界线。庆历议和后宋朝与西夏第一次商议疆界，即所谓“庆历旧例”，“以汉蕃见今住坐处当中为界”。[2]但宋朝只承认“惟延州、保安军别定封界，自余皆如旧境”，双方亦未划定中轴线，使得到庆历六年（1046）环庆路“汉界”“蕃界”“多方争执”，[3]仍只是以蕃人和汉人居住区约指的中间地带为模糊疆界。宋朝与河湟吐蕃未见双方议界，而以中间的生、熟户地带为模糊疆界。元祐八年（1093）阿里骨请盟誓“汉、蕃子孙不相侵犯”，宋朝答复“汝但子孙久远，常约束蕃部，永无生事，汉家于汝蕃界自无侵占”。[4]只是不相侵犯的约定，没有划定“汉界”“蕃界”的界线。

（三）带状清晰疆界

澶渊之盟后北宋与辽朝在河北一带，元祐五年（1090）后北宋与西夏之间都形成了带状清晰疆界，具体表现为“两属地＋中轴线”和“两不耕地＋中轴线”，中轴线是区分双方疆界最为关键的清晰界线。澶渊之盟誓书承认既有实际控制边界，约定两国“沿边州军，各守疆界，两地人户，不得交侵”。[5]在河北“画河为界，所以限南北”。[6]界河包括“雄州北拒马河为界”、“霸州城北界河”、“遂城北鲍河为界”、“安肃军自涧河为界”。[7]界河不是以中流为界，而以北岸为界。[8]两国边民皆不可入界河渔业。界河成为两国间明确的疆界线。

但并非宋辽两国直辖之地直抵界河，界河两岸存在着一条两属地带，即双方边境城寨至界河之间的地带。生活在这一地带的百姓称为

1 李埏：《北宋西北少数民族地区的生熟户》，《思想战线》1992 年第 2 期。
2 苏辙：《栾城后集》卷一三《颍滨遗老传下》，曾枣庄等点校，上海古籍出版社 1987 年版，第 1305 页。
3 《宋会要辑稿·兵二七》，第 9202 页。
4 《续资治通鉴长编》卷四八〇“元祐八年正月己丑”条，第 11417 页。
5 《续资治通鉴长编》卷五八“景德元年十二月辛丑”条，第 1299 页。
6 《武经总要》前集卷一六《塘水》，第 726 册，第 486 页。
7 《契丹国志》卷二二《四至邻国地里远近》，中华书局 2014 年版，第 240 页。
8 潘晟：《宋代地理学的观念、体系与知识兴趣》，第 299 页。

两属户，因“两属人户供两界差役”，[1] 又称两地供输人、两地输租民户。界河与雄州之间，即“拒马河去雄州四十余里，颇有两地输租民户”，雄州归信、容城两县就有两属户16900余。[2] 界河以北也同样分布着两属户。两属户一般只能生活于两属地。“两地供输人，旧条私出本州界，并坐徒”，“河北两地供输人辄过黄河南者，以违制论”。[3] 双方对两属户的管理和征调都遵行对等原则。宋朝“禁与两地供输人为婚姻”，同时“令两属户不得结亲北界”。[4] “南北两界凡赈济两输户及诸科率，两界官司承例互相止约”。[5] 宋朝曾全免界河以北百姓税赋，使其“只于北界纳税，唯有差役，则两地共之”，欧阳修认为若宋朝“既不能赋役其民，即久远其地亦非中国之有。此事所系利害不轻”，坚持两国同等管理。[6] 这说明双方关系正常时两属地是双方共同管理、都不直接统辖的缓冲地带，但由于界河这一中轴线的存在，双方的疆界线是十分清晰的。

宋、夏于熙宁四年（1071）局部划界，确定了双方认可的“两不耕地＋中轴线”的疆界方案。熙宁以前，宋朝就在陕西单方面开掘过不少“边壕”。曹玮在环庆路“开边壕，率令深广丈五尺”，[7] 秦翰和张纶在陕西任职时也曾“规度要害，凿巨堑”，“开原州界壕至车道岘，约二十五里，以限隔戎寇”。[8] 这些“边壕”虽也被称为“界壕”，如有人称宋朝“屯二十万重兵，只守界壕，不敢与敌”，[9] 但属于宋朝单方开掘的军事防御线，而非双方议定的疆界线。边壕的目的和功能是“使

1 《续资治通鉴长编》卷二三五“熙宁五年七月戊子”条，第5703页。

2 《续资治通鉴长编》卷五九“景德二年三月丁卯”条，第1325页；《宋会要辑稿·兵二九》，第9237页。

3 《续资治通鉴长编》卷一九二“嘉祐五年七月庚寅”条，第4634页。

4 《宋会要辑稿·兵二九》，第9237页。

5 《续资治通鉴长编》卷二九五“元丰元年十二月丙辰”条，第7185页。

6 《欧阳修全集》卷一一八《乞不免两地供输人役》，李逸安点校，中华书局2001年版，第1807页。

7 《宋史》卷二五八《曹玮传》，第8988页。

8 《续资治通鉴长编》卷六〇“景德二年五月癸丑”条；卷九一“天禧二年二月乙亥”条，第1338、2100页。

9 《续资治通鉴长编》卷一三一“庆历元年二月丙戌”条，第3099页。

足以限敌”。[1]因而开壕是一种敌对行动，引起西夏的抗议，“移牒鄜延路钤辖李继昌言其事”。[2]熙宁四年九月因宋、夏讨论绥德城外立界至。绥德城的划界方案被称为“绥州旧例”，成为元祐宋夏划界的基本方案，即“以二十里为界，十里之间量筑堡铺，十里之外并为荒闲”。[3]西夏认可这一方案，“欲乘此明分蕃汉之限”，宋朝派官与西夏“首领相见商量”。[4]宋朝“以界堠与西人分定疆至”，于“缘边封土掘壕，各认地方”。[5]西夏遵约定，主动“移绥州侧近本国自来寨棚置于近里，去绥州二十里为界”，“明立封堠”。[6]双方都在十里荒闲地的己方一侧为界，掘壕立堠，形成宽十里的疆界地带。

宋神宗本欲全面推广绥州划界方案，下令“遣官往诸路缘边封土掘壕”，鄜延路、环庆路、泾原路、秦凤路、麟府路各派专官负责，计划在宋夏沿边全线掘界壕。但宋朝内部阻力甚大。范育提出此前宋夏自然疆界的“两不耕地，远者数十里，近者数里，指地为障，华夷异居，耕桑樵牧动不相及”，若掘封沟，“东起麟、丰，西止秦、渭，地广一千五六百里”，工程浩大，“使两边之民连岁大役”。吕大忠也认为“以两不耕种之地为界”的模糊疆界甚便，立界壕易发冲突。[7]尽管宋神宗和王安石希望推行，最终也未能实现全面掘壕划界。但熙宁四年（1071）“绥州旧例”确定了带状清晰疆界的划界方案。该方案没有对十里草地再作分割，应是在十里荒闲地两侧各自掘壕为界线。

元丰战争失败后，宋朝放弃消灭西夏的计划，重开疆界谈判。元祐四年（1089）议界，宋朝“欲用庆历旧例，以汉蕃见今住坐处当中

1 《宋史》卷二五八《曹玮传》，第 8988 页。
2 《续资治通鉴长编》卷七一“大中祥符二年三月己卯”条，第 1599 页。
3 苏辙：《栾城集》卷四四《论前后处置夏国乖方札子》，第 973 页。
4 《续资治通鉴长编》卷二二八“熙宁四年十二月甲寅”条，第 5550 页。
5 《续资治通鉴长编》卷二二八“熙宁四年十二月甲寅”条，第 5547、5549—5550 页；卷二七四“熙宁九年四月戊申”条，第 6713 页。
6 《续资治通鉴长编》卷二三〇“熙宁五年二月辛酉”条，第 5591 页；《宋大诏令集》卷二三六《赐夏国主进誓表答诏》，中华书局 1962 年版，第 918 页。
7 《续资治通鉴长编》卷二二八“熙宁四年十二月甲寅”条，第 5547、5548、5549 页。

为界”，[1]而西夏“请凡画界以绥德城为法”。[2]宋朝接受了“夏人所请，用绥州旧例”。但元祐五年划界时对“绥州旧例”作了调整，“于蕃界内存留五里，空为草地，汉界草地亦依此对留五里，为两不耕地。各不得于草地内修建堡铺”。[3]将“绥州旧例”中十里荒闲地划出中轴线，各留五里两不耕地，形成了“两不耕地＋中轴线”的清晰带状疆界。由于地形、水泉等因素影响，实际划界中并非所有沿边地段都严格执行“打量足二十里为约，不可令就地形任意出缩”的规定。西北地区水泉决定了何处生存，“彼此修筑堡铺，各于界取水泉地为便，岂可更展远近？”只能界堠内“择稳便有水泉去处，占据地利修建，即不得分立两不耕地”。[4]熙兰路则因地形“有难依绥州去处”，“二十里指挥，行于延安、河东与本路智固、胜如则可，行于定西城则不可”。[5]最后只能“与夏人商议，各从逐路之便，不可以二十里一概许之”。[6]但总体上体现了“两不耕地＋中轴线”的清晰带状疆界的划界原则。

（四）线状清晰疆界

宋朝与辽朝熙宁河东划界、与交趾元丰划界后，都形成明确的线状疆界，宋金绍兴议和也划定了线状疆界。宋朝灭北汉后，在河东与辽朝直接接壤，澶渊之盟应承认了事实上的疆界。宋仁宗和英宗朝答复辽朝说宋人侵北界地时，或“以《河东地界图》示契丹人使”，或坚称“北来疆土，图证具存”。[7]熙宁七年辽朝遣使来议河东地界，宋朝议界使刘忱“在枢府考核文据，未见本朝有尺寸侵虏地”，建议“坚持

1 苏辙：《栾城后集》卷一三《颍滨遗老传下》，第1305页。

2 《苏轼文集》卷一五《故龙图阁学士滕公（元发）墓志铭》，孔凡礼点校，中华书局1986年版，第465页。

3 《续资治通鉴长编》卷四四六“元祐五年八月庚子”条，第10735页；卷四四九“元祐五年十月乙未”条，第10787页。

4 《宋会要辑稿·兵二八》，第9228页。

5 《续资治通鉴长编》卷四五二“元祐五年十二月壬辰”条，第10846页。

6 苏辙：《栾城集》卷四四《论前后处置夏国乖方札子》，第974页。

7 《宋会要辑稿·蕃夷二》，第9748、9750页。

久来图籍疆界为据”。[1] 此“图籍”应指澶渊之盟认定的双方明确界线。

但宋自取河东，特别是雍熙北伐后，大量内迁边境居民，形成大片空地，禁止百姓进入耕种，又称“禁地”。代州、岢岚、宁化、火山四州军都有“禁地”，仅“代州、宁化军有禁地万顷”。[2] 辽人不断侵入“禁地”，如“代州阳武寨旧以六蕃岭为界，康定中，北界人户聂再友苏直等南侵岭二十余里”，宋朝退让，“别立石峰为界。比年又过石峰之南，寻又开堑以为限”，“天池庙本属宁化军横岭铺，庆历中，尝有北界人杠思荣侵耕冷泉谷”。[3] 禁地是宋朝“自空其地，引惹北人岁岁争界”，[4]“戎人侵耕，渐失疆界”，[5] 疆界变得模糊不清，造成边境安全隐患，宋朝因而重新开放禁地，以期“沿边地有定主，无争界之害”。[6] 但直到宋神宗朝，河东疆界争议问题仍然存在。

熙宁七年（1074）辽朝派泛使萧禧提出“代北对境有侵地，请遣使分画”，[7] 双方举行一波三折的河东议界。宋朝希望“以南北堡铺中间为两不耕地，又不可，则许以中间画界，其中间无空地，即以堡铺外为界”，[8] 但辽使“漫指分水岭为界”，最后宋朝作出重大让步，“许以辽人见开壕堑及置铺所在分水岭为界”，[9] 划清“逐处地名指定分水去处”，即李福蛮地以现开壕堑处分水岭为界；水峪内以安新铺山头分水岭为界；西陉寨地分以白草铺山头分水岭向西接古长城上分水岭为界；黄嵬山立封疆界石壕子等。[10] 分水岭为界即以山脊为界，是清晰的线状疆界，如大茂山（恒山）“以大茂山分脊为界”。[11] 分水岭

1 邵伯温：《邵氏闻见录》卷四，《全宋笔记》第 2 编第 7 册，大象出版社 2006 年版，第 124、127 页。
2 《宋史》卷一九〇《兵四》，第 4713 页。
3 《宋会要辑稿·蕃夷二》，第 9748 页。
4 《欧阳修全集》卷一一六《请耕禁地札子》，第 1762 页。
5 《宋史》卷一九〇《兵四》，第 4712 页。
6 《欧阳修全集》卷一一六《请耕禁地札子》，第 1763 页。
7 邵伯温：《邵氏闻见录》卷四，第 124 页。
8 《续资治通鉴长编》卷二五六“熙宁七年九月戊申”条，第 6253 页。
9 李心传：《旧闻证误》卷二，中华书局 1981 年版，第 30 页。
10 《续资治通鉴长编》卷二六二“熙宁八年四月丙寅”条，第 6382 页。
11 《梦溪笔谈》卷二四《杂志一》，《全宋笔记》第 2 编第 3 册，大象出版社 2013 年版，第 185 页。

和平地都“分画地界，开壕立堠”，设立缘边界壕。[1]划分了线状清晰疆界。

熙宁战争结束后，交趾求和议，请“画定疆界”。[2]双方派官商议交涉。宋朝“令安抚司各差人画定疆界”，交趾提出“溪峒勿恶、勿阳等州峒疆至未明”，宋朝“差职官辨正”，与交趾所差黎文盛等会商。经过七年交涉，元丰七年（1084）双方“边界已辨正”，“以庚俭、邱矩、叫岳、通旷、庚岩、顿利、多仁、勾难八隘为界”，界外六县二峒划归交趾，上电、下雷、温等十八处则“从南画界，以为省地”，[3]归入宋朝。划界后宋朝省地与交趾直辖地直接接壤，双方以一系列关隘作为线状疆界，划清界至。

绍兴八年（1138）宋金议和，南宋希望以黄河旧河为界，“尽得刘豫地土”，实际结果是“以新河为界”。[4]但仅维持一年余。绍兴十一年（1141）宋金议和划界，金朝“本拟上自襄阳，下至于海以为界”，即以江为界，最后宋朝付出巨大经济代价，得以“以淮水为界，西有唐、邓二州”，[5]约定“以淮水中流为界。西有唐、邓州割属上国（金朝）。自邓州西四十里并南四十里为界，属邓州。其四十里外并西南尽属光化军，为弊邑（南宋）沿边州城”。[6]次年双方交涉陕西划界，商定“于大散关西正南立为界首”，和尚原、方山原、方堂堡、秦州等都划归金朝，商州“以龙门关为界”。[7]完成了双方全面划界，“自积石诸山之南左折而东，逾洮州，越盐川堡，循渭至大散关北，并山入京兆，络商州，南以唐邓西南皆四十里，取淮之中流为界，而与宋为表里”。“以淮水中流为界”自然是线状疆界。唐、邓一带也有线状疆界，即

1 《续资治通鉴长编》卷二六七“熙宁八年八月壬辰”条、卷三一九“元丰四年十一月丁亥”条，第6541、7705页。

2 《续资治通鉴长编》卷二八七“元丰元年正月乙卯”条，第7011页。

3 《续资治通鉴长编》卷三四九“元丰七年十月戊子”条，第8372、8373页。

4 赵鼎：《忠正德文集》卷九《使指笔录》，文渊阁《四库全书》影印本，第1128册，第753页。

5 《建炎以来系年要录》卷一四二“绍兴十一年十一月辛丑”条，第2681页。

6 《金史》卷七七《宗弼传》，中华书局1975年版，第1755页。

7 《建炎以来系年要录》卷一四六“绍兴十二年八月辛酉”条，第2748页。

"规措界壕于唐、邓间"，[1] 宋朝还对"分划唐、邓地界，并不亲至界首"的莫将和周聿各降两官。[2] 陕西疆界屡有变动，"大体以秦岭山脊为界"，陇西、成纪一带"以渭河和嘉陵江分水岭为界"。[3] 双方之间并无两属地或生熟户，而是相对清晰的疆界。

二、疆界意识与关系形态

宋代不同区域和不同时期出现不同的疆界形态，这种多样性反映出宋朝没有统一的疆界形态和划界原则，而主要出于错综变动的现实应对。疆界形态呈现多样性和复杂性的背后是多样的关系形态。

（一）省熟之界和生熟之界

中国古代的华夷秩序从来都是多层次的。宋朝与境外政权间的地带根据关系形态和统辖方式分为直辖郡县、"郡县之外，羁縻州洞"、"过羁縻，则谓之化外"三个层次。[4] 羁縻地带包括南方羁縻州和北方受宋朝官封的蕃部，被称为"熟蛮""熟蕃"或"熟户"。这是中华"天下"圈层服制的现实映照。从宋朝的视角出现了省地（正州）与熟界、熟界和生界两种疆界。如湖南"内地省民居其中，外则为熟户、山猺，又有号曰峒丁，接近生界"。[5]

熟界与省界存在和区分的根本原因在于社会经济发展水平的差异。对宋朝而言，熟户与省民最大的区别在于是否入版籍，是否承担所有赋役。如湖南路沿边"省民与猺人交结往来，以田产擅生交易。其间豪猾大姓规免税役，多以产业寄隐猺人户下。内亏国赋，外滋边隙"。[6]

1 《金史》卷二四《地理上》，第 549 页；卷二五《地理中》，第 592 页。
2 《宋会要辑稿·职官七〇》，第 4929 页。
3 邹逸麟：《宋金分界考》，《历史地理研究》第 2 辑，复旦大学出版社 1990 年版，第 186—189 页。
4 范成大：《桂海虞衡志·志蛮》，中华书局 2002 年版，第 146 页。
5 《宋会要辑稿·蕃夷五》，第 9904 页。
6 《宋会要辑稿·蕃夷五》，第 9897 页。

可见省民承担赋役，而熟傜不承担。因此宋朝以“复其租五年”鼓励收回落入蛮人的省地，甚至由官府“代给钱偿之”，赎回省民卖给傜人之田，使重新归入税籍。[1] 对逃入溪洞的省民“复归者，与蠲丁税三年”。[2] 而熟蛮之田在“在版籍常赋之外”，所以“不许汉人侵买夷人田地”，有“谿峒之专条”规定“山傜、洞丁田地并不许与省民交易”。但沿边州郡“利于牙契所得，而又省民得田输税，在版籍常赋之外，可以资郡帑泛用”，获得属于地方财政的税收，因而“山傜、洞丁有田者悉听其与省民交易”，省、蛮交易实际普遍存在。[3]

除峒丁、蕃兵等兵役外，熟户承担赋税主要有三种情况：一是宋政府配给峒丁、蕃兵的土地，即“峒丁等皆计口给田”，“一夫岁输租三斗，无他傜役”，负担轻于省民，故其田“擅鬻者有禁，私易者有罚”；[4] 二是熟户耕种省地，如海南黎人“去省地远，不供赋役者名生黎。耕作省地，供赋役者名熟黎”，显然耕作省地的熟黎需承担赋役，即羁縻各族“耕作省地，岁输税米于官”；[5] 三是羁縻州（蛮地）转为正州（省地），其人地入版籍，纳赋役。如海南黎峒田土“既投降入省地，止纳丁身及量纳苗米”；[6] 梓州路罗个牟村蛮熙宁七年（1074）后成为“省地熟夷，纳二税役钱”，“既纳税赋，即是省地熟户。见在图籍，并系熟夷”；[7] 宋神宗朝开拓南北江，多州峒蛮“各以其地归版籍”，“比内地为王民”，“出租赋如汉民”；[8] 邵州傜也“籍为省民，隶邵阳县，输丁身钱米”等等。[9] 王明珂所称“赋税是（蛮夷）进入华夏之域的痛苦代价”，[10] 即可包括后两种情况。

---

1 《宋史》卷四九五《蛮夷三》，第 14219 页；卷四九四《西南溪峒诸蛮下》，第 14190 页。

2 《宋会要辑稿·食货六九》，第 8068 页。

3 《宋会要辑稿·蕃夷五》，第 9904 页。

4 《宋会要辑稿·蕃夷五》，第 9904 页。

5 《文献通考》卷三三一《四裔考八》，第 9121 页；卷三三〇《四裔考七》，第 9085 页。

6 《续资治通鉴长编》卷三一〇“元丰三年十二月庚申”条，第 7520 页。

7 《续资治通鉴长编》卷三〇三“元丰三年四月辛亥”条，第 7385 页。

8 《宋史》卷四九三《西南溪峒诸蛮上》，第 14179、14180 页。

9 《续资治通鉴长编》卷二九〇“元丰元年六月癸卯”条，第 7085 页。

10 王明珂：《华夏边缘：历史记忆与族群认同》，第 226 页。

大多数成为省地的蛮区由于经济相对落后，难以提供支撑建立直接统治所需的成本。对于熟地转为省地，宋朝总体上十分审慎。太宗时“溪、锦、叙、富四州蛮相率诣辰州，愿比内郡民，输租税。诏本道按山川地形以图来献。卒不许”。[1] 宋神宗朝经制荆湖，变羁縻州为正州，“设官屯兵，布列砦县”，“荆湖两路为之空竭”。宋徽宗朝改羁縻南丹州为正州观州，设官吏六十余人，厢禁军一千余人，岁费钱一万多贯、米八千多石，“州无税租户籍，皆仰给邻郡”。融州析出平州后“縻费甚于观州”。[2] 不少又陆续恢复为羁縻州。但在荆湖路和四川都不乏成功的事例，且变羁縻州为正州，不仅有将非版籍的民地纳入版籍的意义，也是对省熟之界的渐次消解和推移。这不仅是一种传统，也是一种趋势。如王明珂所论秦汉羌人和华夏边缘的西移，[3] 姚大力指出华夏取得与周边部落的相对优势后即不断拓展生存边缘，将新认知的人群不断纳入“蛮夷”的范围。[4] 中原王朝通过移民、战争、自然融合等多种途径，不断向外推延和消解省熟之界。

相对于文化上夷狄进于中国则中国之，中国进于夷则夷之的夷夏之变，经济上的省熟之变对宋朝政府具有更为实际的意义，其身份变换直接影响国家赋役和统治根基，因而必须划分省熟之界。所以宋朝对蛮夷“若侵省地，俾知所畏可也”，[5] 一定要捍卫省熟之界。宋朝对省熟的区分也是十分务实的。宋人说“不知用兵之时，所费钱粮若干，得地之后，所得租赋若干”，常是“竭中原生民之膏血，以事荒远无用之地”。[6] 中国古代一直具有用农业经济和国家赋役的眼光看待向四夷开拓的实用主义传统。汉代就有人说“得匈奴地，泽卤非可居也”，“不毛之地，亡用之民，圣王不以劳中国”；[7] 唐人亦言“用武荒外”，

---

1 《武经总要》前集卷二〇《荆湖两路》，第 567 页。

2 《宋史》卷四九三《蛮夷一》，第 14181 页；卷四九五《蛮夷三》，第 14211、14212 页。

3 王明珂《华夏边缘：历史记忆与族群认同》指出，羌汉边界的不断西移并非简单的羌人西迁，而是华夏边缘不断西扩的过程（第 51 页）。

4 姚大力：《“华夏边缘”是怎样被蛮夷化的？》，《思想战线》2018 年第 1 期。

5 《建炎以来系年要录》卷一五二“绍兴十四年十月己亥”条，第 2878 页。

6 《续资治通鉴长编》卷三六七“元祐元年二月戊子”条，第 8842 页。

7 《汉书》卷九四上《匈奴上》、卷九五《西南夷传》，中华书局 1962 年版，第 3757、3844 页。

是“争硗确不毛之地，得其人不足以增赋，获其土不可以耕织”。[1]

加之宋朝对羁縻地区通过政治上朝贡和册封、经济上回赐和互市、军事上设置镇砦，建立了比较完备有效的控扼体系，且熟蛮势力分散弱小，易于控制，不构成对宋朝的严重威胁，故无必要进行双方议界，划分清晰边界。从官方管理的角度，省熟疆界形态虽是模糊的，而疆界意识是清楚的；但对于省熟交界民众而言，他们跨界互动更多关注现实经济关系，并无政治疆界意识，甚至也无清晰的华夷之辨。从沿边族群的角度，省熟之界本来也是模糊的“带状华夏边缘，而非地理上线状的、截然划分的汉与非汉的族群边界”。[2] 不仅省熟之界如此，清晰疆界也因双方民众的互动而变成“边缘地带”或“过渡地区”。如拉特摩尔所说“线状边界概念中的限制或隔绝意义，会渐渐变得缓和中立，而这种边界也会从一条物理边界本身转为边疆地带的人群”。[3] 这是疆界意义对于官方和民间的区别。

宋朝将直辖地区与非直辖地区总体上分为“汉界”和“蕃界”（“蛮界”）。如“宜、融、柳等三州部内百姓及蛮界户人等”之“部内百姓”就是汉界百姓。[4] 与除境外政权外的相邻“蕃界”（“蛮界”）再分生户、熟户。西北诸蕃“有生户、熟户，接连汉界、入州城者谓之熟户，居深山僻远、横过寇略者谓之生户”。[5] 海南岛以黎母山为中心，诸蛮环居，“内为生黎，外为熟黎”。[6] 又称“其服属州县者为熟黎，其居山洞无征徭者为生黎”。[7] 这类无赋役、不服属的生蛮还有莫猺、夷人、獠人等，“其名不可胜纪”。[8] 生界蛮与宋朝无政治从属关系，不承担赋役，“不授补职名，且官中亦不勾点彼族兵马”，[9] 较熟蛮更会构成

1 《旧唐书》卷八九《狄仁杰传》，中华书局 1975 年版，第 2889 页。
2 王明珂：《华夏边缘：历史记忆与族群认同》，第 228 页。
3 拉特摩尔：《中国的亚洲内陆边疆》，唐晓峰译，江苏人民出版社 2005 年版，第 160 页。
4 《宋大诏令集》卷一八七《责侯汀谕宜融柳三州部内安业诏》，第 683 页。
5 《宋史》卷二六四《宋琪传》，第 9129 页。
6 《文献通考》卷三三一《四裔考八》，第 9121 页。
7 《宋史》卷四九五《蛮夷三》，第 14219 页。
8 《武经总要》前集卷二〇《广南西路》，第 597 页。
9 韩琦撰，李之亮、徐正英笺注：《安阳集编年笺注》（下），巴蜀书社 2000 年版，第 1834 页。

对宋朝安全的威胁。

划分生界与熟界的目的是稳定熟蛮。宋朝对熟蛮多种手段的控制体系，既消减其对宋朝安全的威胁，也使其成为隔绝省地与生蛮的安全屏障，即宋人所说“立法有溪洞之专条，行事有溪洞之体例，无非为绥边之策”。[1] 熟蛮也会侵犯省地，但因对其有约束机制，所以“与生夷反叛不同，可招纳之”。[2] 总体上宋朝能够控制和利用熟蛮，使其“藩篱内郡，障防外蛮”，[3] 所以“缘边熟户号为藩篱”，[4] 熟户蕃部“从来国家赖之以为藩蔽”。[5]“平时省民得以安居，实赖熟户、山徭与夫峒丁相为捍蔽”，“生界有警，侵扰省地，则团结熟户、山徭与夫峒丁操戈挟矢以捍御之”。[6] 宋人甚至称溪州蛮“为辰州墙壁，障护辰州五邑，王民安居”。熟蛮成为省地与生界之间的安全保障地带。生界与熟界是宋朝根据其与本朝关系所作的区划，而非其两者间相互认知的界限。如果宋朝对条件成熟的生蛮建立了间接统治，该生蛮就转化成了熟蛮。如，有黎人都统领“王氏居化外”，因帮助平定黎乱有功，接受册封，从生黎转为了熟黎。[7] 甚至可能转为省民，如淳熙八年（1181）“化外黎人闻风感慕，至有愿得供田税比省民者”。[8]

（二）诸“国”之界

如果说省熟和生熟之界尚符合“天下”秩序结构，诸“国”之间的清晰疆界则是有损于华夷秩序的，其出现主要是现实应对的选择和结果。清晰疆界全部出现在宋朝和与之有强烈对抗性的境外政权之间，

1 《宋会要辑稿·刑法二》，第 8366 页。

2 《续资治通鉴长编》卷二九六“元丰二年正月己卯”条，第 7195 页。

3 《文献通考》卷三三〇《四裔考七》，第 9083 页。

4 夏竦：《文庄集》卷一四《进策陈边事十策》，文渊阁《四库全书》影印本，第 1087 册，第 173 页。

5 《续资治通鉴长编》卷二〇四“治平二年二月丙午”条，第 4949 页。

6 《宋会要辑稿·刑法二》，第 8366 页；《宋会要辑稿·蕃夷五》，第 9904 页。

7 《宋史》卷四九三《西南溪峒诸蛮上》，第 14174 页；卷四九五《蛮夷三》，第 14220 页。

8 朱熹：《晦庵先生朱文公文集》卷七九《琼州知乐亭记》，上海古籍出版社、安徽教育出版社 2010 年版，第 3763 页。

是冲突和对抗的结果，疆界的清晰程度与对抗性强度成正比。清晰疆界的产生都伴随着对彼此“国”的地位的承认，划界以前存在于两“国”之界间模糊的省熟之界也随着清晰“国”界的划定而消解。

1. 对抗性促生清晰疆界

宋代首先在宋辽之间形成了清晰疆界。宋初河北沿边“界河”两岸是宋辽双方实际军事控制区的交汇地带，由于宋朝“恢复”幽燕目标的存在，不可能进行双方议界，这一地带不可能成为双方共同认可的疆界地带，“界河”更不可能成为双方认可的清晰疆界线。从实际军事控制带向“界河 + 两属地”的清晰疆界的转变确立于“澶渊之盟”。如欧阳修《边户》诗所写：“家世为边户，年年常备胡。”“自从澶州盟，南北结欢娱。虽云免战斗，两地供赋租。将吏戒生事，庙堂为远图。身居界河上，不敢界河渔。”[1]“边户”所居地带被双方划定为以界河为中轴线的清晰的带状疆界。这条疆界是双方打出来的。经过太平兴国四年（979）和雍熙三年（986）两次北伐及一系列军事争战，宋辽签订“澶渊之盟”，在河北议定了“界河 + 两属地”的疆界形态。河东也承认了既有疆界，但由于宋初迁徙边民，空出“禁地”，为熙宁间辽方提出议定河东疆界埋下了隐患。

宋朝与西夏、交趾间的疆界都经历了从模糊向清晰的转变，伴随着宋朝对两政权从“藩镇”到“国”的政治身份认可的变化。宋夏第一次议界是庆历议和后。北宋前期将西夏视为藩镇，册封以藩镇官衔。元昊称帝后，宋朝武力解决失败，双方议和，宋朝封其主为“夏国主”，承认其“国”的地位。双方议界，即前述“庆历旧例”。熙宁四年（1071）宋朝着力于开拓河湟之时，与西夏在绥德城划界，即“绥德旧例”。宋夏元丰战争结束后，重新议界，于元祐五年（1090）形成了“中轴线 + 两不耕地”的清晰疆界。对交趾，宋朝从一开始也是册封藩镇官衔，以“恢复”郡县为目标，熙宁战争双方都遭受重大损

1 《欧阳修全集·居士集》卷五《边户》，第 87 页。

失，宋朝放弃了“恢复”目标。事实上承认了交趾“国”的地位，双方正式议界，划分了清晰的疆界。

南宋与金朝的划界更是在经历生死争战之后。金灭北宋后，只承认自己先后扶持的张楚和刘齐傀儡政权，“金国只纳楚使，焉知复有宋也”，“是则吾（宋）国之与金国势不两立”，[1]意味着宋金处于战争状态。一系列战争后，宋高宗急于求和，金朝也感到难以灭宋，双方于绍兴八年（1138）议和，以河为界。但不久战争再起，到绍兴十一年（1141）和议，形成了以淮河中流为界的清晰线状疆界。

羁縻各族对宋朝的威胁无外乎“时复出没，不过什百为群，夺禾稼，盗牛马而已”；[2]而辽、金、夏和交趾对宋朝才具有对抗实力，构成真正威胁。李纲所说“自古夷狄之祸中国，未有若此其甚也”，[3]指的就是这些政权。宋朝与这些政权的冲突和对抗使双方最终选择划界以维持和平与均衡。正如王安石所说“侵争之端，常因地界不明。欲约束边吏侵彼，亦须先明地界”。[4]北宋清楚“天下之患不在西戎，而在北虏”。[5]辽朝也清楚“国家大敌，惟在南方”。[6]双方经过激烈争战，都认识到议定疆界，彼此“各守疆界”、“不得交侵”是维持均衡的最好办法。宋与西夏、交趾都把画疆界作为维持双方稳定关系的前提。为了保持与西夏的稳定关系，宋朝曾多次要求西夏“候诸路地界了日，可依前别进誓表，然后常贡岁赐并依旧例”，[7]“约地界已定，然后付以岁赐”等。[8]西夏却坚持“既得岁赐，始议地界”。[9]元丰元年（1078）交趾请恢复朝贡，宋朝同时“令安抚司各差人画定疆界，毋得辄侵

---

1 《建炎以来系年要录》卷一七“建炎二年八月戊午”条，第406页。

2 《宋会要辑稿·兵二九》，第9252页。

3 《李纲全集》卷五六《上皇帝封事》，岳麓书社2004年版，第626页。

4 《续资治通鉴长编》卷二二九，熙宁五年正月丁未，第5578页。

5 杨士奇等：《历代名臣奏议》卷三二六《御边》，上海古籍出版社1989年版，第4222页。

6 《辽史》卷一〇三《萧韩家奴传》，中华书局1984年版，第1447页。

7 《宋大诏令集》卷二三六《赐夏国诏》，第921页。

8 《续资治通鉴长编》卷四四七“元祐五年八月庚申”条，第10759页。

9 苏辙：《栾城集》卷四六《论西边商量地界札子》，第1019页。

犯”。[1]“强弱均而和，则彼此受其利”，[2]辽、夏、金从宋朝获得大量岁币，而宋朝也以远少于用兵之费的岁币得到了和平。交趾从划界中得到了宋朝逐步承认，最终获得“国”的地位，意味着消除了宋朝“恢复”的威胁。

2. 形成了处理疆界问题的机制

如上文所述，宋朝与辽、夏、交趾、金的清晰疆界都是双方共同商议划定的，与有的政权还举行了多次划界。如宋夏之间就于庆历、熙宁、元祐、元符等多次举行议界。宋金也于绍兴八年、绍兴十一年、绍兴三十二年（1162）、嘉定元年（1208）四次举行议界。宋辽澶渊之盟议界后又于熙宁年间在河东议界。除了商议划界形成了比较稳定的做法外，还形成了稳定的处理疆界问题的机制。

一是形成了较为稳定的勘界和疆界纠纷处理机制。勘定疆界都由双方朝廷派员会商。宋朝与辽、夏、交趾、金数次勘界都是双方朝廷派员会商划界，实地勘定。如宋辽熙宁河东勘界。辽于熙宁七年（1074）派萧禧入宋“言代北对境有侵地，请遣使同分画”，[3]提出重新议界。宋朝“差职官与北朝职官就检视定夺”，[4]派出刘忱为正使的议界使团，辽朝派出宰相萧素为正使的议界使团。双方反复磋商，实地勘察，如辽人提出“蔚、应、朔三州分水岭土陇为界”，但双方实地“行视无土陇”。[5]熙宁四年（1071）讨论宋夏划界时，宋神宗提出“恐不须问彼，便可自立界至”，王安石提出“如此即不可”、“有伤大体”，表明勘界必须双方共商。元祐宋夏划界时，宋朝派遣“分画地界官，遵依朝旨，坚执商量”，[6]“候夏国差到官，详先降指挥，同共商

1 《续资治通鉴长编》卷二八七“元丰元年正月乙卯”条，第 7011 页。

2 《历代名臣奏议》卷九二《经国》，第 1256 页。

3 《契丹国志》卷二〇《议割地界书》，第 219 页。

4 《宋会要辑稿・蕃夷二》，第 9751 页。

5 《契丹国志》卷九《道宗天福皇帝》，第 101 页。

6 《续资治通鉴长编》卷二二九“熙宁五年正月丁未”条，第 5579 页；卷四三七“元祐五年正月庚寅”条，第 10546 页。

量分画”。[1]元丰元年（1078）宋朝与交趾勘界，双方“各遣人画定疆界”。[2]宋辽熙宁河东划界和宋夏元祐划界都因利益分歧，几次中断，但最后还是回到谈判桌，共同商议划定了疆界。宋夏议界时，双方因地界争议“迁延不决，舍归本国，招之不至”，最后还是“地界复议如故”，达成一致。[3]绍兴十一年（1141）宋金议界也是双方使节往返商议，现场勘验，宋朝派周聿“充京西路分画地界官”，郑刚中“充陕西路分画地界官”，莫将“往唐、邓州分画地界”，“照南北誓书文字子细分画”。[4]

疆界划定后，疆界纠纷也有相对明确的解决机制。非勘界问题的一般纠纷由边境有关官员交涉解决，即“凡疆场之事，皆在边臣处画”。[5]如辽朝侵界立寨等疆界纠纷，“事体不烦朝廷，只委边臣，自可了当”。[6]熙宁七年（1074）辽使萧禧入宋提出河东疆界不明，宋神宗回答“此细事，疆吏可了，何须遣使？待令一职官往彼计会，北朝一职官对定，如何？”[7]可说明疆界纠纷一般由边境官员交涉解决。

二是形成了疆界文案保存制度，成为双方解决疆界问题的依据。宋辽解决疆界纠纷的根本依据是景得誓书。文彦博说若有纠纷，“以誓书为证，彼将何词以亢。纵骋诡词，难夺正论”。[8]景德誓书约定，双方可修缮沿边城寨，但不可营造和侵边。宋仁宗朝欧阳修指出“北虏创立寨栅，已违誓书”。[9]庆历五年（1045）“北界近筑塞于银坊城，侵汉界十里。其以誓约谕使人，令毁去之”。皇祐元年（1049）再侵据

1 《宋大诏令集》卷二三六《赐夏国诏》，第921页。
2 《宋会要辑稿·蕃夷四》，第9792页。
3 《续资治通鉴长编》卷四四四“元祐五年六月辛酉”条，第10687页。
4 《建炎以来系年要录》卷一四三“绍兴十一年十二月癸酉”条，第2692页。
5 《续资治通鉴长编》卷四五二“元祐五年十二月壬辰”条，第10844页。
6 《欧阳修全集》卷一一八《乞令边臣辨明地界》，第1817页。
7 《续资治通鉴长编》卷二五一“熙宁七年三月丙辰”条，第6122页。
8 文彦博：《潞公文集》卷二二《答奏》，文渊阁《四库全书》影印本，第1100册，第715页。
9 《欧阳修全集》卷一一八《乞令边臣辨明地界》，第1816页。

银城，“谕以誓约之意，促令毁去”。[1]界河打渔是常出现的疆界纠纷，也用誓书相交涉。辽朝提出“以北人渔界河为罪，岂理也哉?”宋朝回答“两朝当守誓约，涿郡有案牍可覆视”，“界河之禁，起于大国统和年，今文移尚存”。[2]宋辽熙宁河东划界时，宋朝用澶渊之盟认可的相关文案作为依据，指出“誓书若不为凭，即代北之地止以图籍照验”，[3]“坚持久来图籍疆界为据”。[4]刘忱去议界前特“在枢府考核文据，未见本朝有尺寸侵虏地”。[5]但辽朝本就是趁宋西边用兵之机敲诈，“虽图籍甚明，而诡辞不服”。[6]宋朝只能做出让步。河东划界结束后，宋朝完整保存了划界的文图档案，将“与北人分画缘边界至，其山谷、地名、壕堠、铺舍相去远近等，并图画签贴，及与北人对答语录编进入”。[7]宋朝与西夏的历次议界都被保存并作为“旧例”。元祐议界时宋朝最初提出依“庆历旧例”，西夏坚持用“绥州旧例”。宋朝最终同意用“绥州旧例”，而“夏人执以为据”。[8]宋金绍兴十一年（1141）誓书所定以淮水中流和唐、邓间为界，成为隆兴和议和嘉定和议议界的依据。

3．形成了疆界即国界、守界即守国的意识

宋辽定界后，河北段界河就成为国界，过此河即出国境。宣和四年（1123）宋朝出兵幽燕，大军刚过界河即遇辽军来战，宋军不敢交战，“遂却军复回界河之南，滨河驻兵”，“北人隔河来问违背誓书”。[9]双方都把界河作为国界。张叔夜被金人掳掠北迁，道中绝食，“既次白

1 《宋会要辑稿·蕃夷二》，第 9747 页。

2 《宋史》卷三三一《程师孟传》、卷二九〇《张希一传》，第 10661、9712 页。

3 文彦博:《潞公文集》卷二二《答奏》，第 715 页。

4 《续资治通鉴长编》卷二六二“熙宁八年四月丙寅”条，第 6392 页。

5 《邵氏闻见录》卷四，第 124 页。

6 文彦博:《潞公文集》卷二二《神宗咨访诏》，第 714 页。

7 《续资治通鉴长编》。

8 《续资治通鉴长编》卷二八二“熙宁十年五月乙亥”条，第 6918 页；卷四四六“元祐五年八月庚子”条，第 10735 页。

9 《三朝北盟会编》卷七“宣和四年六月三日”条，上海古籍出版社 1987 年版，第 10735 页；《独醒杂志》卷一〇，《全宋笔记》第 4 编第 5 册，大象出版社 2008 年版，第 198 页。

沟，驭者曰：‘过界河矣。’叔夜乃矍然起，仰天大呼，遂不复语。明日，卒”。[1] 过界河即出了国境，悲恸而绝。宋夏划界后，“内十里筑堡铺供耕牧，外十里立封堠作空地例，以辨两国界”，[2] “界堠内地即汉人所守，界堠外地即夏国自占”。[3] 沿疆界巡逻“人马巡绰所至，已立界堠之处为界”。[4] 宋朝与金朝也约定“务欲两国界至分明”。[5] 既有了清晰的国界，守国就不是一般意义的守边，而是守界，即“疆界既辨，则边圉不可不谨”，[6] “我疆彼界，毋相侵犯”。[7] 如宋朝设河北界河巡检，“沿界河分番巡徼”。[8] 宋夏定界后，宋朝令沿边诸路“各据巡绰所至处，明立界至，并约束城寨兵将官，如西人不来侵犯，即不得出兵过界。尔亦当严戒缘边首领，毋得侵犯边境”。[9] 双方都各守国界。

正因为视疆界为国界，所以过界即为侵犯。宋朝令宋夏沿边官员“各守疆界。如是贼马侵入汉界，仰痛行掩杀，即不得令人马擅入西界捉杀人口，引惹边事”。[10] 宋辽界河方面“禁缘边河南州军民于界河捕鱼”，同时“契丹民有渔于界河者，契丹即按其罪”。[11] 赵滋守雄州时，辽人侵入界河打渔、运盐，赵滋“戒巡兵，舟至，辄捕其人杀之，辇其舟，移文还涿州，渔者遂绝”。[12] 河东沿边官员需“定验北人有无侵越旧界，及边人有无侵北界地樵采”。[13] 辽人越过边界垒石为墙，宋即派人“移牒毁拆”，[14] “有再垒下石墙，侵越界至，即便依前拆毁”。[15] 需

1 《宋史》卷三五三《张叔夜传》，第 11142 页。
2 《宋史》卷四八六《夏国下》，第 14016 页。
3 《宋会要辑稿·兵二八》，第 9228 页。
4 《宋大诏令集》卷二三六《答夏国诏》，第 921 页。
5 《建炎以来系年要录》卷一九〇“绍兴三十一年五月辛卯”条，第 3679 页。
6 苏颂：《苏魏公文集》卷六六《华戎鲁卫信录总序》，中华书局 1998 年版，第 1004 页。
7 《宋史》卷四八六《夏国下》，第 14018 页。
8 《续资治通鉴长编》卷八〇“大中祥符六年四月庚午”条，第 1823 页。
9 《宋大诏令集》卷二三六《赐夏国诏》，第 921 页。
10 《续资治通鉴长编》卷三七八“元祐元年五月戊辰”条，第 9175 页。
11 《续资治通鉴长编》卷六三“景德三年八月癸未”条，第 1418 页。
12 《宋史》卷三二四《赵滋传》，第 10497 页。
13 《续资治通鉴长编》卷三一五“元丰四年八月辛酉”条，第 7621—7622 页。
14 《宋会要辑稿·兵二八》，第 9226 页。
15 《续资治通鉴长编》卷三六九“元祐元年闰二月丙午”条，第 8905 页。

要指出的是，讨论宋代“国”界问题应该遵循宋代的历史逻辑，用宋人的眼光看待其与周边政权的相互认知。

三、承继传统抑或新的变革？

作为自称中华正统的宋朝与“蛮夷之邦”签约、划界，如上述傅海波、葛兆光等学者将其赋予变革意义。认其为“变革”的看法总体上可以分为两类：一类是以近代民族国家理论为坐标，赋予宋辽划界以“近代性”意义。如傅海波、崔瑞德所编《剑桥中国辽西夏金元史》认为宋辽“两国从海边到黄河拐弯处的边界被清晰地划界并由双方警惕地守卫，这构成了现代意义上的真正的国际边界，而这在中国历史上是空前的”。这也代表了西方一类学者的观点。[1]中国学者也有持类似观点者。有人认为，宋代以前历代王朝的边界仅是实际军事控制线，不具有国界的意义。宋与辽、金“双方的实际军事控制线就有了国家间边界的意义”，不过“各方的控制线在法理上仍是传统的政权界限而非国家边界”，近代清朝与沙俄进行边界谈判缔约，得到西方诸国的承认，是法理上认可的国与国之间的边界，天下观才转变为国家观，“近代意义上的国与国之间的边界才最终形成”。[2]意即以西方民族国家理论考量，宋代是中国“天下观”下的有限变革。

另一类认为宋代疆界具有中国古代自身传统发展中的变革意义。有学者反对套用西方民族国家理论和欧洲的“近代”标准，认为在此问题上“中国历史不必按照欧洲历史来裁长补短”，不同意“古代中国主要就只有‘边疆’而没有‘边界’，现代中国才有‘领土’和‘国界’”的看法，认为“从宋代开始出现的有可能走向国境清晰，认同

1　傅海波、崔瑞德编：《剑桥中国辽西夏金元史（907—1368）》，第109页；田浩：《西方学者眼中的澶渊之盟》，张希清等编：《澶渊之盟新论》，上海人民出版社2007年版，第92—112页。

2　张文：《论古代中国的国家观与天下观——边境与边界形成的历史坐标》，《中国边疆史地研究》2007年第3期。

明确，民族同一的民族国家的趋势”，“呈现出与欧洲不相同的国家建构路径”。宋代“官方组织的‘勘界’其实已经开始表明有限的‘民族 / 国家’在意识中逐渐形成，明确的‘边界 / 国境’也在事实上呈现”，“这使得中国第一次有了明确的‘国境’，也有了‘国’与‘国’对等外交的意识”，“这在唐代以前的中国是几乎没有的”。还有学者认为就政治疆界划分而言并非宋辽划界方始产生，但宋代“各政权之间界至谈判、勘定等皆王朝政治地理的新因素”，而且这种新因素不仅在中国历史上而且在世界政治史背景中看都是空前的。这虽未以近代民族国家理论作为判断坐标，但也认为宋辽划界说明“当时出现了与近代民族国家相近的‘国家’意识”。[1]

对于宋代划分清晰疆界具有变革性的判断，不论是把西方民族国家理论作为参照，还是强调中国古代自身传统中的变革，都是将“近代性”作为标准。如果把欧洲兴起的近代边界理论作为参照，表面看来宋代疆界产生程序及疆界形态无疑具有了很强的“近代性因素”。维克多 · 普莱斯考特将陆地边界演变或形成分为四个阶段：分配、划界、勘界和管理，“分配指的是有关领土分配的政治决定，划界涉及具体边界地点的选择，勘界是在实地标示出边界，管理是指边界的维护”。划界与勘界的区别是前者指在语言或纸面划定国界线，后者是“确定边界的最后步骤，即现场标出边界”。[2] 边界产生过程也可以分为定界（即分配）、划界、勘界三个阶段。邵沙平主编《国际法》认为边界形成主要基于两种事实：一是由传统习惯而形成，即传统边界线，二是依条约而划定。划分边界一般还包括绘制地图和标界等阶段，为边界管理和维护提供依据，还通过条约“规定双方有维护边界标志的责任，采取必要措施防止边界标志被损毁或移动”。[3]

关于边界标志的类型，《奥本海国际法》指出，“一般情况下可以

1 潘晟：《宋代地理学的观念、体系与知识兴趣》，第 290、292 页。
2 维克多 · 普莱斯考特：《国际边疆与边界：法律、政治与地理》，第 61、62 页。
3 邵沙平主编：《国际法》，中国人民大学出版社 2015 年版，第 152、153 页。

将边界标志分为两类：一类是使用山脉、河流等自然标志的自然边界；另一类则是使用石头墙、栅栏等人为标志的人为边界”。[1] 近代“人为边界”也包括以弧线或直线确定的几何学界限或以经纬度确定的天文学界限。而陆地“自然边界”通常“沿分水岭、山脊这些明显的地貌划定，或以河流中心线或主航道中心线等为界限”。[2] 而河流划界有三种方法，即河流中间线、主航道中心线及河岸。[3]

宋与辽、金、夏、交趾的议界基本上经历了定界（即分配）、划界、勘界三个阶段，也包括勘界后的边界管理。如宋辽河东划界就经过了双方派员商议、划定疆界、实地勘验、绘制图标等过程，并按协定维护勘定的疆界。宋代的疆界形态既包括了山脊、分水岭、河流等按自然地形划定的自然边界，河流为界中宋辽界河以河岸为界，宋金则以淮水中流为界，也包括树界标、建界墙、掘界壕等人为疆界。但是，宋代疆界的产生程序和疆界形态是中国历史上首次出现吗？如此相似的“近代性因素”就意味着变革吗？这样的疆界特征是人类社会进入近代才出现的新产物吗？

葛兆光指出，宋代“勘界”显示的中国古代开始出现的国境和民族国家意识及其至清代的演进，呈现出与欧洲不同的建构路径。[4] 这一论述提示我们不能机械地套用西方近代民族国家理论，将宋朝通过双方共同勘定、载之盟约或文案的“国界”仍视为非法理上的国界。陶晋生指出，宋人已经有了“多元国际系统”的两个重要观念：“一是认知中原是一个‘国’，辽朝也是一‘国’；二是认知国界的存在”，“宋人对国界的重视，足以推翻若干近人认为传统中国与外夷之间不存在‘清楚的法律和权力的界限’的看法”。[5] 宋朝与辽、夏、金、交趾的勘界就是双方议定，载之盟约的“法律和权力的界限”。他们在这一问题

1 詹姆斯·瓦茨修订：《奥本海国际法》，王铁崖等译，中国大百科全书出版社 1995 年版，第 60 页。
2 朱文奇主编：《现代国际法》，商务印书馆 2013 年版，第 223 页。
3 维克多·普莱斯考特：《国际边疆与边界：法律、政治与地理》，第 213 页。
4 葛兆光：《何为“中国”：疆域、民族、文化与历史》，第 72—74 页。
5 陶晋生：《宋辽关系史研究》，中华书局 2008 年版，第 84、85 页。

上的看法是正确的。

那么，宋代勘界是否在中国“路径”中堪称一次变革呢？显然也不是。宋代疆界的产生程序和疆界形态在中国历史上并非首次出现，而是前已有之。长城是一个初显的案例。作为边界，长城是一个复合的边界，“代表统一的华夏帝国的北方资源边界，也是华夏的北方族群边界”。[1] 秦朝长城主要还是单方设定的疆界，汉代则得到匈奴等北方民族的承认。汉文帝致匈奴书称“先帝制，长城以北引弓之国受令单于，长城以内冠带之室朕亦制之”，约定“匈奴无入塞，汉无出塞”。而且当时双方是对等关系，国书称“二国”、“两主”、“邻敌之国”，甚至称“独朕与单于为之父母”，互称“天所立匈奴大单于敬问皇帝无恙”、“皇帝敬问匈奴大单于无恙”。[2]

唐代与吐蕃的议界则具备了上述宋代所有的程序。唐蕃间最重要的会盟议界是建中会盟。该次议界，“二国将相受辞而会”。在建中四年（783）正月第一次会盟中，唐朝派中书侍郎张镒与吐蕃相尚结赞盟于清水，议定两国疆界，即“今国家所守界：泾州西至弹筝峡西口，陇州西至清水县，凤州西至同谷县，暨剑南西山大渡河东，为汉界。蕃国守镇在兰、渭、原、会，西至临洮，东至成州，抵剑南西界磨些诸蛮，大渡水西南，为蕃界”，并相约“其黄河以北，从故新泉军，直北至大碛，直南至贺兰山骆驼岭为界，中间悉为闲田”。[3] 双方疆界除了黄河、大渡河等自然山川为线状疆界外，其他地区表现为“唐界＋闲田＋蕃界”的带状疆界，但唐界和蕃界是相对清晰的，这个带状疆界因而也是相对清晰的。清水之盟后，双方在议定的边界沿线树立界碑，并作为双方疆界不可侵损的标志。如其后吐蕃宰相尚结赞曾说道

1 王明珂：《华夏边缘：历史记忆与族群认同》，第 216 页。

2 《汉书》卷九四上《匈奴上》，第 3756、3758、3762、3763、3764 页。

3 《旧唐书》卷一九六下《吐蕃下》，第 5247—5248 页。任小波翻译藏文文献《红史》据《新唐书》所录清水盟文，有“此线以西皆为蕃土”，“此线以东皆为唐土”，“边界之间，新泉、大碛、贺兰橐它岭等地，以为闲田”等句，反映了藏人对盟约的理解（《西藏史学中有关唐蕃边界的叙述传统》，《历史地理》第 30 辑，上海人民出版社 2014 年版，第 202 页）。

“本以定界碑被牵倒，恐二国背盟相侵”。[1]“疆场既定”后，唐朝宰相李忠臣与吐蕃相曲颊赞等在长安设坛盟誓，宣读盟文，并将“盟文藏于宗庙，副在有司，二国之成，其永保之”。[2]建中会盟划界经过了议界、划界、勘界等程序，并载之文字。

边界具有两个核心功能：区别“我者”与“他者”，即区隔的功能；保障本国安全，即防卫的功能。这也是一个政权或民族基本和本能的生存需求，古今中外莫不如此。在遇到很强的对抗性外力时，就会产生更明确地区隔彼此的需要，当势均力敌的双方都具有这一愿望时，和议勘界及明确边界就自然出现。其本身并不都代表从传统到近代的变革。现代国际法界定疆界“是地图上想象的界线，分隔着一个国家和另一个国家的领土”，[3]“边界是一条划分一国领土与他国领土或与国家管辖范围之外区域的界线，其作用在于确定各国之间领土范围”。[4]维克多·普莱斯考特还指出“历史上，边界具有重要的防卫功能，外国入侵者一旦越过边界，将承担相应的后果”。[5]古代和现代疆界都具有区隔和防卫功能。

汉朝与匈奴约定的“匈奴无入塞，汉无出塞”；[6]唐人说缘边关塞的功能是“所以限中外，隔华夷，设险作固，闾邪正禁者也”。唐蕃会盟也有约定双方遵守划定的“汉界”与“蕃界”，“不得侵越”。[7]都表明疆界具有区隔和防卫的功能。宋代也是将疆界作为区隔版籍与非版籍，以及守国的界限。从历史关系看，中国“‘有限国家’的意识大概从宋代就开始形成了”，“中国渐渐从无边无际的‘华夷’与‘天下’的想象中走出来，进入‘万国并峙’的现实世界，开始设定边界，区分你我”，[8]也不能说是对宋朝的准确定位。

1 王钦若等编：《册府元龟》卷九九七《外臣部·怨怼》，中华书局1960年版，第11706页。
2 《旧唐书》卷一九六下《吐蕃下》，第52478页。
3 詹姆斯·瓦茨：《奥本海国际法》，第60页。
4 王铁崖主编：《国际法》，法律出版社1995年版，第243页。
5 维克多·普莱斯考特：《国际边疆与边界：法律、政治与地理》，第141页。
6 《史记》卷一一〇《匈奴列传》，中华书局1959年版，第2903页。
7 《旧唐书》卷四三《职官二》，第1839页；卷一九六下《吐蕃下》，第5248页。
8 葛兆光：《何为“中国”：疆域、民族、文化与历史》，第64、72页。

事实上宋代以前的王朝也始终要生活在“现实世界”之中，采用应对复杂多样的现实困境的弹性做法。当中原王朝强大，足以维持以自己为中心的朝贡体系时，便不存在与“四夷”勘定疆界的需要，自然疆界足以区隔华夷，保障安全，且无损于“华夏”尊严。如邢义田阐述长城两方面的象征意义：“从理想的一面看，修筑长城意味着中国的天子德威不足，不能于一统海内之余兼服八荒之外，成为真正的普天之下之主，象征了无奈与羞辱；从现实的一面看，它的修筑隔绝了北方草原和南方农业地带，象征着一道文明与野蛮、中国与非中国、人与禽兽、农业与游牧之间不可跨越的天限。”[1] 古人喜用“天生四夷，皆在先王封疆之外，故东拒沧海，西隔流沙，北横大漠，南阻五岭，此天所以限夷狄而隔中外也”之类不失华夏尊严的表述。[2] 宋代本有如汉唐那样理顺华夷秩序，扭转对辽关系的机会，但由于内外因素的影响，形势不断恶化，以至于西夏、交趾也与宋朝强力对抗，且宋朝不能取得优势而不得不承认他们为“国”，并与之勘定疆界。宋人曾一再感叹“燕山如长蛇，千里限夷汉”、燕山“岂天设此限华夷”，[3]“天限华夷”的自然疆界越来越不能发挥作用。势均力敌，甚至被动屈辱的对抗成为宋朝周边关系的常态，且强烈的外来压力如此深刻持久地影响着朝运是前所未有的，因而与辽、夏、交趾和金的全面划界成为保障安全不得不做的选择。

勘定疆界成为宋朝与对抗的相邻诸国都具有的发展正常关系的需求，或者说疆界的功能是势均力敌的任何两国都希望的。陶晋生指出，中国古代政治家都了解对外族维持和平为首要，朝贡在其次，“和平既属首要，则对外政策的运用，必需具有弹性”。除了华夷秩序外，对外族的平等关系“时常在中国的对外关系中发生”。这是当理想的世界

1 邢义田：《天下一家：皇帝、官僚与社会》，中华书局2011年版，第134页。

2 《旧唐书》卷八九《狄仁杰传》，第2889页。

3 《栾城集》卷一六《燕山》，第396页；《三朝北盟会编》卷二〇“宣和七年正月二十日壬辰”条，第143页。

秩序不能实现时，不得不发展成的“实质关系”。春秋战国时期到唐代莫不如此。“传统中国固然具有一个很强的传统来维持以中国为中心的世界秩序，要求邻国称臣进贡，但是另一个传统也不可以忽视，那就是与邻国实际维持的对等关系”。[1] 如上文所论，划定疆界对宋朝与辽、金等国都有现实需要，都是应对现实需要的手段。

如果说宋代勘界形式并非变革，那么宋代出现的“国境的存在和国家主权意识”是否在观念上代表了“很清楚地形成了汉族中国自我确认的民族主义意识形态”，或华夷、内外观念的变革呢？也并非如此。宋代的勘界反映了“理想”解说和“现实”应对的交织。对“理想”的解说需要坚守绝对理念，即华夷之辨，出于“现实”应对又需要采取弹性标准。[2] 不同形态的疆界，不论是模糊的省熟之界，还是清晰的“国”界，其功能都是区隔华夷，即“中国”与非“中国”。从地理概念而言，宋朝人所称“中国”就是直辖郡县和版籍人口。邢义田曾说“从秦一统天下，在现实的世界里，真正听命于始皇的不过是设有郡县的地方”。[3] 直辖郡县就是秦朝现实的地理“中国”。宋朝也是如此。

北宋在政治话语中认为辽、夏和周边诸族都不是“中国”。贾昌朝说“西戎诸国，如沙州、唃厮啰、明珠、灭藏之族，近北如黑水女真、高丽、新罗等处，皆旧通中国。今为二虏隔绝，可募人往使，诱之来朝。如此，则二虏必憾于诸国矣。憾则为备，为备则势分，此中国之利也”。[4] “二虏”指辽、夏。羁縻各族也不是“中国”。西南诸夷“唐末王建据西川，由是不通中国”，溪州蛮“不知中国礼”，梅山峒蛮“旧不与中国通”，广西诸蛮“宋兴，始通中国”等等。[5] 可见北宋

1 陶晋生：《宋辽关系史研究》，第 3、4、5、7 页。

2 黄纯艳：《绝对理念与弹性标准：宋朝政治场域对“华夷”“中国”观念的运用》，《南国学术》2019 年第 2 期，第 305—320 页。

3 邢义田：《天下一家：皇帝、官僚与社会》，第 124 页。

4 贾昌朝：《上仁宗备边六事》，赵汝愚编：《宋朝诸臣奏议》卷一三三，北京大学中国古代史研究中心点校，上海古籍出版社 1999 年版，第 1483 页。

5 《宋史》卷四九六《西南诸夷传》，第 14223 页；卷四九三《西南溪峒诸蛮上》，第 14179 页；卷四九四《西南溪峒诸蛮下》，第 14196 页；卷四九五《蛮夷三》，第 14216 页。

人所称地理“中国”仅指其直辖郡县。南宋君臣在国内议事时也称金为夷狄。宋孝宗曾说金朝，“夷狄虽强，不可有加于中国”，[1]而称金为“虏”、“丑虏”、“金虏”、“夷狄”等称更常见于臣僚话语。南宋禁铜法令有“铜钱出中国界条约”，[2]此“中国”就是指直辖郡县。可见南宋所要与四夷区隔开的“中国”也是直辖郡县。[3]从宋朝对“中国”与四夷大的区隔来说，区隔周边政权的“国”界与区隔熟蛮（蕃）的省熟之界并无本质的区别，而且不同形态疆界的功能是相同的。

宋朝与华夷之辨并用的另一个解说工具是“夷夏之变”。宋人称契丹和西夏“中国所有，彼尽得之”，“得中国土地，役中国人民，称中国位号，仿中国官属，任中国贤才，读中国书籍，用中国车服，行中国法令”，“所为皆与中国等”，“岂可以上古之夷狄视彼也?”辽朝更是“典章文物、饮食服玩之盛，尽习汉风”，“非如汉之匈奴，唐之突厥，本以夷狄自处，与中国好尚之异也”。[4]他们已经是进于“中国”的夷狄了。南宋也用“夷夏之变”解释宋金关系。朱熹的弟子说金世宗“专行仁政，中原之人呼他为‘小尧舜’”。朱熹回答：“他能尊行尧舜之道，要做大尧舜也由他。”[5]金朝皇帝是行尧舜之道、进于华夏的夷狄。与这样的夷狄议界划界、对等并立无损于华夏的尊严，从而为划界作了合理解说。

结　语

宋代没有统一的疆界形态和划界原则，因关系形态的不同和变化而形成多样的疆界形态，既有模糊疆界，也有清晰疆界。影响疆界形

---

1 《宋会要辑稿·职官五二》，第 4445 页。

2 《建炎以来系年要录》卷一八六“绍兴三十年十月己酉”条，第 3615 页。

3 上引黄纯艳《绝对理念与弹性标准：宋朝政治场域对“华夷”“中国”观念的运用》亦论及宋代“中国”的地理认知，可参考。

4 韩琦：《上仁宗论备御七事》、富弼《上仁宗河北守御十三策》，赵汝愚编：《宋朝诸臣奏议》卷一三四、卷一三五，第 1493—1494、1502 页。

5 《朱子语类》卷一三三《夷狄》，上海古籍出版社、安徽教育出版社 2010 年版，第 4161 页。

态的主要因素是关系的可控和对抗。疆界的清晰程度与对抗性呈正比。点状模糊疆界主要存在于宋朝省地与可控且能为其所用的熟蛮之间，片状模糊疆界主要存在于与对抗性不强或尚未表现出强烈对抗性的政权之间，带状清晰疆界和线状清晰疆界则是宋朝与境外政权对抗冲突的结果。对疆界形态的梳理有利于我们更清晰地认识宋朝的疆域范围和层次。

宋朝划分疆界的主要目的是现实的安全应对，其核心是区隔版籍与非版籍的民和地，保护赋役来源和“中国”即直辖郡县的安全，显示了宋朝对待周边关系时除构建华夷秩序之外的实用主义面向。从疆界的区隔和防卫功能，即划分“中国”与四夷，版籍与非版籍，保护直辖郡县安全的角度而言，省熟之界与诸“国”之界，有宋朝优势可控和均衡对抗之别，但都是此疆彼界，而无“天下之界”“诸国之界”或羁縻之界的区别。

宋代疆界的产生程序、形式，及其体现的观念，不论历史旧例，还是思想资源，总体上仍是对中国古代天下理想与现实应对、华夷之辨与夷夏之变、消解模糊疆界与发展清晰疆界等不同传统的承继和延续，只是宋朝面临的周边关系的复杂性和多样性使得历史上曾经呈现的不同的现象、传统和观念在宋朝同时并存，具体做法有其时代的特殊性，但都没有实质意义上的变革，更不具有西方历史路径意义上的“近代性”。

（原载《历史研究》2019 年第 5 期）

绝对理念与弹性标准：宋朝政治场域对“华夷”和“中国”观念的运用

古代“中国”是学界长久关注的话题，相关成果颇为丰富，主要讨论了古代“中国”的涵义及其流变。[1]而要将该研究推向深入，诚如楼劲所指出，“王朝恰恰是古代中国最富特色的表现方式”。[2]宋朝处于多国竞争的国际局势中，面临“夷狄”的强势冲击和自身的“合法性”难题，出现了“华夷”和“中国”问题的巨大困境。已有研究从思想观念和关系形态两方面论及宋朝对“中国”和“华夷”的认识。[3]本文则旨在探讨宋朝政治实践中如何运用“中国”及华夷观念，回答以往未很好解决的问题，即宋朝在政治实践中如何通过坚守“华夷”和“中国”的绝对理念，塑造正统地位？通过对“华夷”和“中国”观念的弹性运用，应对现实困境？做到内外解说的变通和统一？

一、华夷观念的困境与应对

宋朝自居中华正统，必须把华夷观念作为解说自己正统地位的绝

1 如胡阿祥梳理了“中国”的研究史，讨论作为文化、地域和政治概念的“中国”涵义的演变（参胡阿祥《释“中国”》，见氏著《伟哉斯名——“中国”古今称谓研究》，湖北教育出版社2001年版）。葛兆光讨论了何为“中国”，如何阐释“中国”等问题（参见氏著《宅兹中国：重建有关中国的历史论述》；《何为中国——疆域、民族、文化与历史》；《历史中国的内与外》，香港中文大学2017年3月等）。

2 楼劲：《近年“中国”叙说和构拟的若干问题》，《中国社会科学评价》2017年第1期。楼文也回顾了学界关于“中国”研究的学术史，可参考。

3 陶晋生：《宋辽关系史研究》第二章《宋辽间的平等外交关系》，台北联经出版公司1984年版；Morris Rossabi, *China Among Equals: The Middle Kingdom and Its Neighbeors, 10th~14th Centries.* University of California, 1983；葛兆光：《宋代“中国”意识的凸显——关于近世民族主义思想的一个远源》，《文史哲》2004年第1期。

对理念。华夷观念的核心是贵华贱夷和华夷之辨，在这一基本理念下建立的国际秩序是华夷君臣的一元化的垂直秩序。另一方面，宋朝自立国以来在周边关系中始终面临着华夷观念的巨大困境。北宋与辽朝争战数十年，日落下风，最后在景德元年（1004）结澶渊之盟，以条约形式规定了双方对等关系。宋朝在自称正统的王朝中绝无仅有地与“夷狄”之国（辽朝）保持双方通过盟约认可的对等关系，互用皇帝尊号，交聘用对等之礼，且输送岁币。陈亮说，宋朝与契丹定盟约，“使之并帝，则汉唐之所未有也”。[1] 宋仁宗朝号称“天下为一，海内晏然”，乃“四海一家之天下”，仍有“南夷敢杀天子之命吏，西夷敢有倔强之王，北夷敢有抗礼之帝者”，出现“四夷不服，中国不尊，天下不实者”的窘境。[2] 靖康之变后，金人越江追击，赵构被迫入海逃难。宋人说“古来夷狄之患未尝及江以南，累年秦、齐、晋、魏被其残虐，中原讨掠殆尽，惟大江则不敢睥睨”。[3] 至绍兴和议，宋朝向金朝称臣纳贡。南宋所受“夷狄”之祸前所未有。如李纲所说“自古夷狄之祸中国，未有若此其甚也”，“夫夷狄盗贼之患，三代非无，然不致如此之甚”。[4] 倒悬之势亘古罕见。对势力远逊于辽金的周边民族政权，如本属“汉唐旧疆”内的交趾、西夏、吐蕃，宋朝虽视其为藩镇，但在其国内皆行皇帝制度，或称赞普。[5] 大理国也自行皇帝制度。可见，宋朝所面临的华夷困境并非偶然的寇边侵地，乃是基本政治秩序的“混乱”。

宋朝始终在如此巨大而持久的“夷狄”压力下立国，未能理顺华夷秩序。在华夷和“中国”问题上，宋朝既要强调华夷之辨，解说本

1 陈亮：《龙川集》卷四《问答》，文渊阁《四库全书》影印本，1990 年，第 1171 册，第 537 页。

2 欧阳修：《欧阳修全集》卷六〇《居士外集》卷一〇《本论》，中华书局 2001 年版，第 621 页。

3 苏籀：《双溪集》卷八《上门下侍郎书》，文渊阁《四库全书》影印本，1990 年，第 1136 册，第 186 页。

4 李纲：《李纲全集》卷五六《上皇帝封事》、卷一四七《李纲论封建郡县》，岳麓书社 2004 年版，第 626、1393 页。

5 北宋逐步形成了将西夏、河湟吐蕃、交趾、幽云视为“汉唐旧疆”的认识。参黄纯艳《“汉唐旧疆”话语下的宋神宗开边》，《历史研究》2016 年第 1 期。

朝的正统地位，又不能不与“夷狄”对等，甚至屈从于“夷狄”。对于正统王朝而言，华夷观念应该既是国内政治的基本原则，也是建立和解说与周边政权和各族关系的基本理念。但是，在宋朝却不能成为放之四海的普遍原则。与夷狄对等、臣服夷狄，甚至与“汉唐旧疆”内各族交往时放任其国内行皇帝制度，这样破坏华夷名分秩序的格局在宋朝国内政治场域中绝不可被承认或成为公共话语，否则宋朝皇帝便不能合法地居于华夷一统的天子地位。而绝对的华夷之辨和华夷秩序又断然不能施行于宋朝与辽、金，甚至已经立国称帝的交趾、西夏等国的实际政治交往。宋朝在政治实践中的基本对策是对外采取弹性做法，而对内实行绝对说法。即对周边政权破坏华夷秩序的行为根据关系形态的不同采取了弹性做法，而在国内政治场域中将华夷理念作为绝对话语。

宋太祖和宋太宗前期，以理顺宋辽华夷关系为目标，视辽为夷狄，积极谋划征服辽朝。宋朝如果打败了辽朝，就可以如汉武帝打败匈奴、唐太宗打败突厥那样，建立“华夷一统”的秩序。但是，对辽的太平兴国四年（979）高粱河之战和雍熙三年（986）北伐等战争的失败，使宋朝逐步放弃了征服乃至消灭辽朝的目标，随之逐步改变对辽朝关系的态度和做法。到澶渊之盟，以条约形式承认了双方的对等关系。学者们对宋辽对等关系的具体内容已多有论述，[1] 从华夷秩序而言，其核心是互称皇帝尊号和各用本朝正朔。两国国书互称“大契丹皇帝阙下”、“大宋皇帝阙下”。上举陈亮所说“使之（辽朝）并帝，则汉唐之所未有也”，并非前无并帝之事，但国书互称皇帝则汉唐所未有。宋辽两国自景德誓书始就在国书中各用本国年号。在外交活动中，事涉正朔也是各从本国之制。如苏颂出使契丹，遇冬至节，“本朝历先北朝一日，北人问公孰是。公曰：‘历家算术小异，迟速不同，谓如亥时节气当交则犹是今夕，若逾数刻即属子时，为明日矣。或先或后，各从

1 参陶晋生《宋辽关系史研究》第二章《宋辽间的平等外交关系》，第23—42页；黄纯艳：《宋代朝贡体系研究》，商务印书馆2014年版。

本朝之历可也。’虏人深以为然，遂各以其日为节”。苏颂回国后宋神宗很高兴地说：“朕思之此最难处，卿之所对极中事理。”[1]之所以说此事最难应对，就是因为历法事关正朔。

宋辽雍熙战争以后，高丽逐步为辽朝所控制，转奉辽朝正朔，与宋朝虽有交往，但不奉正朔，即“自王徽以降，虽通使不绝，然受契丹封册，奉其正朔，上朝廷及他文书，盖有称甲子者”。[2]甚至出现高丽遣使“入宋表奏，误书辽年号”的情况，“宋朝却其表”，[3]不能接受其对宋使用辽朝年号，但除了熙宁中苏轼任通判杭州，对经过的高丽使节对其文书“书称甲子”的情况，要求其“易书称熙宁”这样少数事例外，[4]一般情况下宋朝为了维持与辽朝的关系，默许了高丽不书宋朝年号的行为。

北宋在处理所有境外国家和政权关系时使用的文书格式和外交礼仪，辽朝仅用对等的“书”，是一个例外。北宋给西夏、高丽、交趾、吐蕃等除辽朝及徽、钦二朝对金以外的所有政权都使用君臣格式的文书，即用“诏”、“制”、“敕”，如“赐夏国主乞早颁封册允诏”、“安抚秦州蕃部尚波于诏”、“大理国王段和誉加恩制”、“王伷封高丽国王制”、“唃厮罗授依前保顺河西节度加食邑实封功臣制”、“赐交趾郡王李乾德奖谕敕书”、“赐甘州回纥天圣五年历日敕书”等。[5]而对辽朝使用了与其他政权不同的标准。

苏辙指责宋朝对辽的态度是“尊奉夷狄无知之人，交欢纳币，以为兄弟之国，奉之如骄子，不敢一触其意，此适足以坏天下义士之气，而长夷狄豪横之势耳”。[6]事实上就是“不敢一触其意”，对辽朝的外交

1 邹浩：《道乡集》卷三九《故观文殿大学士苏公（颂）行状》，文渊阁《四库全书》影印本，1990年，第1121册，第517页。

2 《宋史》卷四八七《高丽传》，中华书局1977年版，第14049页。

3 《高丽史》卷一〇《宣宗世家》，人民出版社、西南师范大学出版社2018年版，第293页。

4 《宋史》卷三三八《苏轼传》，第10808页。

5 司义祖：《宋大诏令集》卷二三五、二三七、二三八、二三九、二四〇，中华书局1962年版，第916、923、932、935、936、942、946页。

6 苏辙：《栾城应诏集》卷五《北狄论》，上海古籍出版社1987年版，第1622页。

标准可谓只有对等关系这一条底线。在对等关系的基本框架下让地、纳币，乃至和亲都可接受。有学者认为宋朝对外一律拒绝和亲，[1]似乎在这一点上北宋对辽与其他政权采取了同一标准，实则北宋在心理上可以接受与辽朝和亲，且有所准备。如庆历年间富弼出使辽朝，针对辽朝提出的割地、和亲等要求，持国书二、誓书三，准备了几套方案，“姻事合，则以姻事盟”，最后以增岁币了结。[2]王拱辰说：“陛下只有一女，万一欲请和亲，则如之何？”宋仁宗答以“苟利社稷，朕亦岂爱一女耶？”[3]只是最后用经济手段避免了和亲。

北宋既不能理顺与辽朝的华夷秩序，实现华夷一统的目标，为了政治解说和现实政治关系逐步确定了一个范围包括交趾、西夏、河湟、燕云的“汉唐旧疆”。与“汉唐旧疆”内政权的政治交往具有显示华夷观念的重要意义。交趾自丁部领建国即行皇帝制度，西夏于1038年以后也行皇帝制度，河湟吐蕃首领则称赞普。一开始，宋朝对交趾和西夏行皇帝制度的行为都加斥责，甚至不惜武力解决。丁部领“建国号大瞿越”，“制朝仪、群臣上尊号、曰大胜明皇帝”。[4]第三年用“太平”年号。宋朝“闻王称尊号，使遗王书”，斥责其僭越行为，提出警告：“俾我为绝蹯断节之计，用屠尔国，悔其焉追。”[5]交趾置之不理。太平兴国五年（980）宋朝出兵交趾，称其为“僭伪之邦”，“未归舆地之图”。[6]但并未能实现“归舆地之图”的目标。熙宁战争再次意欲“恢复”其为郡县，也无果而终。最后听任了其在国内行皇帝制度，但是在与宋朝交往时则必须遵守朝贡礼仪和君臣秩序，封给藩镇官衔，奉行宋朝正朔。

---

1 崔明德认为宋朝因民族偏见而拒绝辽和西夏的求婚。姜春晖认为北宋坚决拒绝和亲的原因还有文化优越感和守内虚外的国策。参见崔明德：《对两宋时期和亲理念的初步考察》，《烟台大学学报》2006年第3期；姜春晖：《宋人拒绝和亲之原因分析》，《湖北师范学院学报》2009年第2期。

2 《续资治通鉴长编》卷一三七“庆历二年九月癸亥”条，中华书局2004年版，第3291页。

3 魏泰：《东轩笔录》卷九，《全宋笔记》第二编第八册，大象出版社2006年版，第68页。

4 《大越史记全书·本纪全书》卷一《丁纪》，东京大学东洋文化研究所1984年版，第181页。

5 《越史略》卷上《丁纪》，文渊阁《四库全书》影印本，1990年，第466册，第573页。

6 《安南志略》卷二《太宗太平兴国五年八月征交趾诏》，中华书局2000年版，第60页。

西夏“于中国非素敌也，其祖其父皆臣也”，元昊称帝后，宋朝毅然用兵。宋朝自认为在本朝的朝贡秩序中“国家统临万国，垂九十年，蛮夷戎狄舍耶律氏则皆爵命而羁縻之。有不臣者，中国耻焉。西土之役由是而兴”。目的是恢复真正的朝廷和藩镇关系。但是宋朝屡战不胜，不能“革其僭悖之心，贬其车服名号，尽如臣礼”，只能接受“其国车服名号一无有损，徒以数幅之奏易万金之赂”，即以巨额岁赐换取其对宋朝交往时的君臣名分，而在其国中仍行皇帝制度的现实。尹洙质疑道：“如是，则彼之臣服果于我为得耶？于彼为得耶？”[1] 实际上对双方而言都是难以实现理想目标后采取的弹性做法，各得其利，又各有退让。河湟吐蕃首领称赞普，宋朝的态度与对交趾、西夏一样，即册封与放任并行。首先宋朝拒绝以正式承认其赞普名号。其首领立遵“屡表求赞普号”，宋朝认为“赞普，可汗号也”，破坏了藩镇名分，而承认其为“国”，只是“授立遵保顺军节度使”。[2] 宋朝对唃厮啰以后各首领都不册封“国”爵，而仅给藩镇官衔。

南宋对金朝的政策和态度则更大尺度地突破了华夷观念。北宋与金结海上之盟，最初希望通过用“诏书”、赐封金朝使节等办法造成事实上的宋金君臣关系，都被金太祖抗议和拒绝，最后以“敌国往来”即对等关系结成盟约。[3] 第二次开封保卫战时，宋钦宗上《降表》，请“望阙称臣，以奉正朔”，落款称臣，用金朝年号：“臣桓诚惶诚惧，顿首顿首。谨言。天会四年十二月日。”[4] 金朝不予理会。建炎三年（1129）宋高宗向金朝请求“愿去尊号，用正朔，比于藩臣”，“愿削去旧号，是天地之间皆大金之国，而尊无二上”。[5] 金朝仍不予理会。直到绍兴八年（1138）和议结成君臣关系，金“册康王为宋帝”，“世

---

1 尹洙：《河南集》卷八《议西夏臣服诚伪书》，文渊阁《四库全书》影印本，1990 年，第 1090 册，第 37 页。

2 《宋史》卷四九二《吐蕃传》、卷二五八《曹玮传》，第 14160、8986 页。

3 徐梦莘撰：《三朝北盟会编》卷一五“宣和五年三月一日”条，上海古籍出版社 1987 年版，第 103 页。

4 佚名：《大金吊伐录》卷三《宋主降表》，丛书集成初编，中华书局 1985 年版，第 82 页。

5 《建炎以来系年要录》卷二六“建炎三年八月丁卯”条，中华书局 2013 年版，第 524 页。

服臣职”。[1]对金朝要求的纳岁币、跪接国书等宋高宗一概接受。虽然隆兴和议有所改观，但外交仪式上仍存在事实上的君臣关系。

上述可见，宋朝处理辽、金、交趾、西夏等问题上对华夷观念的运用表现出很大的弹性。这样的弹性变通是基于宋朝对外交往，特别是军事对峙的实力。也可以说是军事失败逼出来的。南宋与金朝由对等到君臣的关系更是因军事上绝对劣势而主动请求的。对外宋朝只有在华夷观念上采取弹性做法，才能在现实环境中展开与这些政权的政治交往。

北宋对辽纳岁币，南宋对金称臣，这种华夷倒悬之势不仅使宋朝在东亚国际秩序中成为二等大国，而且给宋朝皇帝在国内政治中的合法性和华夷共主身份带来巨大的冲击和压力。国内政治场域中的说法显得尤为重要。在国内政治场域中宋王朝却必须绝对坚持华夷观念，并通过法理制度、朝贡活动和政治话语三个层面构建和演绎华夷秩序，使华夷观念成为绝对的说法。所谓法理制度上的构建首先是定德运，居正朔。赵匡胤建国伊始，定国号为宋，年号为建隆，确立正朔。建隆元年（960）即确定“国家受禅于周，周木德，木生火，合以火德王”，[2]与唐朝一脉相承，成为天命即德运的继承者。其次是通过政治祭祀演绎华夷秩序。演绎华夷秩序的最有代表性的政治祭祀是南郊和封禅。南郊大典要显示的是“华夷共播于欢声，宇宙遍凝于和气”、“四夷咸宾，万邦作乂”的华夷秩序。[3]而且需要蛮夷祝贺甚至到场来营造华夷拥戴的政治景象。至道二年（996）南郊，富州蛮向通汉上书“圣人郊祀，恩浃天壤”，并请求册封“因兹郊礼，特加真命”。[4]建炎三年南郊加封阇婆国王检校司空，并赐食邑、实食封。[5]从该年到淳熙

1 《金史》卷七七《宗弼传》，中华书局 1975 年版，第 1756 页。

2 《宋会要辑稿》运历一，上海古籍出版社 2014 年版，第 2679 页。

3 司义祖：《宋大诏令集》卷一二〇《淳化四年南郊赦天下制》、卷一二一《元符元年南郊赦天下制》，中华书局 1962 年版，第 409、416 页。

4 《宋史》卷四九三《西南溪峒诸蛮上》，中华书局 1977 年版，第 14174 页。

5 《宋史》卷四八九《阇婆国传》，中华书局 1977 年版，第 14093 页。

三年（1176）四十八年间对阇婆国王共加封了18次，[1]而南宋没有一次阇婆国入宋朝贡的记载，加封已成为与实际朝贡不必相关的华夷秩序的仪式表达，即宋高宗所说表示“日后郊祀，外国加恩，可令先次检举，庶知朝廷不忘怀远之意”。[2]宋真宗朝举行的东封西祀也是要营造“契丹求盟，夏台请吏，皆陛下威德所致。且如唐室贞观、开元，称为治世”，“可以镇服四海，夸示戎狄”的“四夷怀服”的盛世景象。[3]封禅大礼举行时，有“溪峒诸蛮献方物于泰山”，[4]还有大食、占城等诸蕃进奉使国人使亲到泰山，参与封禅。[5]还有大食蕃客献玉圭，称其五代相传“俟中国圣君行封禅礼，即驰贡之”。[6]可见在国内政治场域中很多华夷秩序是宋朝主动营造，有实际，也有虚像，总体上是显示华夷秩序的绝对性。

朝贡活动是对华夷秩序的典型演绎。朝贡活动中的礼仪和文书是对正统地位的表达。西夏、高丽、交趾、海外诸蕃、羁縻诸蛮等进奉使的朝见和朝辞仪都是对君臣秩序的演绎，贡使要行“跪奏”、“再拜”、“俯伏兴”、“喝拜舞蹈”等君臣之礼，契丹使节也需要跪拜、舞蹈，只是不“俯伏兴”，“其拜舞并依本国礼”。[7]这些礼仪的举行就是在国内政治场域中演绎宋朝皇帝是华夷共主。宋朝还通过外交文书营造“四夷怀服”的政治气象，规定了送达宋朝的诸国文书必须是华夷君臣格式和用语，如高丽《上大宋皇帝谢赐历日表》就用宋朝年号，用“伏蒙圣恩”、“本依正朔”等话语，[8]同时对不符合华夷君臣格式的文书在进入国内政治场域以前进行修润、改写，甚至代写未实际朝贡

1 参黄纯艳《宋代朝贡体系研究》，商务印书馆2014年版，第139页。

2 《宋会要辑稿》蕃夷四，第9830页。

3 《续资治通鉴长编》卷六七“景德四年十一月戊寅”条、“庚辰”条，中华书局2004年版，第1506页。

4 《宋史》卷四九三《西南溪峒诸蛮上》、卷四九六《黎州诸蛮传》，第14176、14234页。

5 《宋史》卷四九〇《大食传》，第14120页；《宋会要辑稿》蕃夷四，第9810、9819页；《续资治通鉴长编》卷七〇“大中祥符元年十一月辛酉”条，第1575页。

6 章如愚：《群书考索》后集卷六四《四夷方贡》，文渊阁《四库全书》影印本，1990年，第897页。

7 《宋史》卷一一九《礼二十二》，中华书局1977年版，第2805页。

8 《东文选》卷之三三郭元《上大宋皇帝谢赐历日表》，韩国国立大学奎章阁藏本。

国家的文书等方式，烘托宋朝莅中国而抚四夷。[1]对于“汉唐旧疆”内各政权和民族在朝贡活动中有违华夷君臣秩序的行为宋朝坚决纠正，以在国内政治场域中塑造绝对的华夷秩序。庆历议和时西夏自署官名，称本国大臣为太尉，“太尉，天子上公，非陪臣所得称”，“观其命官之意，欲与朝廷抗礼”，元昊则称子不称臣，并自称兀卒，汉语谐音“吾祖”。宋朝认为“以伪官进名，则是朝廷自开不臣之礼”。[2]西夏致熙河经略司牒文中曾署本国年号，“称大安二年”，宋朝“诏鄜延经略司，令牒宥州问妄称年号”。[3]对此，宋朝皆坚决斥责和拒绝。其严重的政治后果不仅破坏了国内营造的华夷秩序，而且“朝廷若许贼（西夏）不称臣，则虑北戎别索中国名分，此诚大患”，[4]还会使宋朝对辽的地位大为下降。南宋对外政治交往虽较北宋更为保守，但当出现交趾书本国年号的情况，“入贡不用正朔”，还是“用范仲淹却西夏书例，以不敢闻于朝还之”。[5]

华夷话语是宋朝在国内日常政治场域中更为频繁地申明华夷观念的重要途径。宋朝虽然不能收复燕云，失去对灵武、河西等地的控制，但仍宣称“宋受天命，一海内，四方次第平”。[6]“中国一君，内外莫非其臣。”[7]宋太宗诏书使用的话语仍是“奄有万邦，光被四表，无远弗届，无思不服”，“华夏蛮貊，罔不率俾”。[8]即使只有半壁江山的南宋也使用“坐明堂而朝万国”、“疆戎索以御四夷”、“宗社妥安，蛮夷率

1 黄纯艳：《多样形态与通用话语：宋朝在朝贡活动中对“四夷怀服”的营造》，《思想战线》2013年第5期。

2 《续资治通鉴长编》卷一三八“庆历二年十二月”条、卷一三九“庆历三年正月癸巳”条、“乙卯”条、卷一四〇“庆历三年三月乙酉”条、卷一四二“庆历三年七月癸巳”条，第3332、3343、3348、3358、3409页。西夏解释兀卒就“如古单于、可汗之类”，《西夏书事校证》卷一二称“兀卒者，华言青天子，谓中国为黄天子也”，有与宋朝对等之意（甘肃文化出版社1995年点校本，第149页）。

3 《宋史》卷四八五《夏国上》、卷四八六《夏国下》，第14000、14003、14015、14024页。

4 欧阳修：《欧阳修全集》卷九九《奏议》卷三《论西贼议和利害状》，第1531页。

5 《宋史》卷四一四《史嵩之传》，第12425页。

6 欧阳修：《欧阳修全集》卷三九《居士集》卷三九《峡州至喜亭记》，第564页。

7 陈襄：《古灵集》卷四《辞直舍人院兼判吏部流内铨兼天章阁侍讲状》，文渊阁《四库全书》影印本，1990年，第1093册，第520页。

8 《宋会要辑稿》蕃夷四，第2679页；《宋史》卷四八七《高丽传》，第14038页。

服”、“成大功以安四海”、“九服来王”等华夷君臣话语。[1]这些话语并非针对，也不可能宣示给辽朝和金朝，而主要是在国内政治场域中烘托皇帝居于华夷共主正统地位。

国内政治场域中华夷话语的另一个方面就是在国内对辽、金及境内外的所有非汉民族都称夷狄。李纲曾说北宋时“北结契丹以为欢邻，西制夏人，东招高丽，南抚交趾，率皆臣属，非有夷狄之虞也”[2]，是将宋朝境外所有政权皆称为夷狄。对西夏、交趾等政权及宋朝境内羁縻各族称夷狄，自不必言。宋朝在国内政治场域中对辽朝和金朝称夷狄是营造华夷秩序的重要方式。宋朝与辽朝的外交场合中互称“南朝”、“北朝”，而在国内政治场域中对辽朝则以戎狄称之，常用的称呼是虏、北虏、北狄、戎、犬戎。澶渊之盟前后都是如此。雍熙二年（985）田重进和卢汉赟奏言中说到“入虏界，攻下岐沟关”、“北虏南侵”。至道元年（995）宋太宗说“北虏常小西戎（指西夏）”。雍熙四年（987）说到“北虏未平”。澶渊之盟后仍然如此。景德四年（1007）宋真宗说，对霸州修葺城池“北虏之人有词”。[3]苏辙在奏章中也称辽朝为“虏”，称“此河（黄河）入虏界”。[4]政和六年（1116）诏书也说到“北虏不道，结衅女真”。宣和四年（1122）更是称“北虏伪后萧氏”。[5]庆历年间王拱辰与宋仁宗讨论宋辽谈判事时说“犬戎无厌，好窥中国之隙”。[6]崇宁四年（1105）宋徽宗说到“夷狄不足与较……新戎主多行不道”。[7]甚至将契丹比拟为禽兽，指斥契丹“戎狄贪婪，性同犬彘”、[8]“北狄之人，其性譬如禽兽”。[9]欧阳修撰《五代史》，

---

1 张纲：《华阳集》卷一三《高宗天申节功德疏》，文渊阁《四库全书》影印本，1990年，第1131册，第80页。

2 李纲：《李纲全集》一五一《论变乱生于所忽》，岳麓书社2004年版，第1420页。

3 《宋会要辑稿》兵一四、兵二二、兵二七，第8884、8886、9069、9189页。

4 苏辙：《栾城集》卷四二《再论回河札子》，上海古籍出版社1987年版，第922页。

5 《宋会要辑稿》蕃夷二，第9756、9758页。

6 魏泰：《东轩笔录》卷九，《全宋笔记》第二编第八册，大象出版社2006年版，第68页。

7 《宋会要辑稿》蕃夷二，第9756页。

8 《欧阳修全集》卷九九《奏议》卷三《论河北守备事宜札子》，第1517页。

9 苏辙：《栾城应诏集》卷五《北狄论》，第1621页。

将契丹列入四夷传，引起了辽朝的抗议，指责宋朝破坏兄弟之礼，“令臣下妄意作史，恬不经意”。[1] 说明这些话语一旦宣示于宋朝本国范围之外则必引起辽朝的抗议，而仅是宋朝在国内政治场域中营造华夷观念的方式。

南宋虽然屈事金朝，但国内君臣议事时总体上视金为夷狄。绍兴十一年（1141）宋高宗令宋朝国内官司之间的文书也需称“大金”，不能贬抑金朝：“自今官司文字并称大金，不得指斥。”[2] 说明以前称夷狄的现象很普遍。宋孝宗时强调区分夷夏，“夷狄虽强，不可加于中国。今使介之往，姑以大金名之，若有司行移，止当称金国”。即国内官司间的文书称“金国”，只是在与金朝外交往来，即“应接送馆伴奉使所以移文字，并依旧以大金称呼。”[3] 明确指出金是夷狄。双方关系紧张时或个人奏议则常称金为“虏”、“夷狄”等。绍兴八年（1138）胡铨上奏中称金为“虏”、“丑虏”、“金虏”、“夷狄”，还说“丑虏则犬豕也”。[4] 绍兴三十一年（1161）宋高宗诏书称“金虏无厌背盟失信……天亡北虏使自送死”、“中原赤子及诸国等人，久为金虏暴虐”。[5] 叶适反对议和时说：“今日之请和尤为无名。夫北虏乃吾仇也，非复可以夷狄畜。而执事过计，借夷狄之名以抚之。”[6] 朱熹曾说：本朝御戎，始终为“和”字所坏，“后来人见景德之和无恙，遂只管守之。殊不知当时本朝全盛，抵得住。后来与女真，彼此之势如何了”，[7] 将宋朝与契丹、女真关系都放在华夷话语中讨论。

可见在国内政治场域中，不论北宋，还是南宋，也不论皇帝诏书、臣僚奏章，还是君臣对话，对辽朝和金朝都以夷狄称之。这样就使得

1 《辽史》卷一〇四《刘辉传》，中华书局 1974 年版，第 1455 页。

2 《建炎以来系年要录》卷一四二“绍兴十一年十一月戊午”条，中华书局 2013 年版，第 2292 页。

3 《宋会要辑稿》职官五二，第 4445 页。

4 《宋史》卷三七四《胡铨传》，第 11581 页。

5 《宋会要辑稿》兵七、兵一五，第 874、8916 页。

6 叶适：《叶适集》卷四《外论二》，中华书局 2010 年版，第 687 页。

7 《朱子语类》卷一三三《本朝七 · 夷狄》，上海古籍出版社、安徽教育出版社 2010 年点校本，第 4166 页。

国内政治场域中，宋朝与所有国家和民族之间的关系都成为没有例外的绝对化的华夷秩序，宋朝皇帝是唯一的华夷共主。欧阳修在《正统论》中称“大宋之兴，统一天下，与尧舜三代无异”。但宋朝并未能建立欧阳修《正统论》所阐述的“正者，所以正天下之不正也。统者，所以合天下之不一也”的华夷一统的秩序。[1]宋朝实际是通过对外的弹性做法和对内的绝对说法虚实相映的办法来应对华夷观念的困境。

二、文化“中国”与地理“中国”的错位与解说

胡阿祥在《释中国》中指出历史上的“中国”有文化“中国”、地域“中国”和政治“中国”，而1912年以前没有政治“中国”，“中国”都是地域的或文化的概念。文化的“中国”在春秋战国到秦汉统一前已形成，就是根据礼乐教化的文化特征区别“中国”与蛮夷。而地域（地理）“中国”是指“中国”的地理范围，是不断变化的。[2]本文所言文化“中国”也是指依据文化道统所称之“中国”，地理“中国”指宋人语境中地理范围的“中国”。

宋朝在文化“中国”上自居绝对的地位，但同时也面临着辽朝和金朝的挑战。石介针对宋代佛教盛行的现象主张严格华夷之辨，维护文化“中国”。他将佛教作为排斥夷狄文化的代表，指出佛教“自西来入我中国”，是夷狄之教，改变了“中国”之文化、礼乐、居止、衣服、饮食、祭祀等，使“中国”人失父子君臣之礼，无宾师妻子之奉。“今不离此而去彼，背中国而趋佛老者几人？或曰‘如此将为之奈何？’曰‘各人其人，各俗其俗，各教其教，各礼其礼，各衣服其衣服，各居庐其居庐。四夷处四夷，中国处中国，各不相乱。如斯而已矣。则中国中国也，四夷四夷也”。[3]石介还作“怪说”，也是针对“举中国而

1　欧阳修：《欧阳修全集》卷一六《正统论》，第265页。
2　胡阿祥：《释“中国”》，见氏著《伟哉斯名——“中国”古今称谓研究》，湖北教育出版社2001年版。
3　石介：《徂徕石先生文集》卷一〇《中国论》，中华书局1984年版，第116—117页。

从佛老，举天下而学杨亿”的现象，维护文化“中国”。[1]他希望“天下一君也，中国一教也，无他道也”。[2]欧阳修说石介“斥佛老时文则有《怪说》《中国论》”。[3]黄震也说“《中国论》辟佛老也”。[4]可见石介所讨论的不是宋朝的现实对外关系，而是文化“中国”问题，与韩愈的辟佛之论一脉相承。欧阳修本人也提出“佛为夷狄，去中国最远”。佛所以为患是因为“王政阙，礼义废”，“补其阙，修其废，使王政明而礼义充，则虽有佛无所施于吾民矣”。“王道不明而仁义废，则夷狄之患至矣”。方今“其为患者，特佛尔”。[5]都是认为儒家礼乐制度代表的道统是唯一的文化“中国”，宋朝拥有它就是唯一的文化“中国”。

文化“中国”是宋朝可以君临天下、一统华夷的理论依据。宋朝是由汉人承继汉唐德运而建立的王朝，自然承袭了礼教传统，自居中华道统，是文化上理所当然、不证自明的唯一“中国”。如欧阳修《正统论》所说宋朝的正统地位“不待论说而明”，这个正统强调的是道统，即文化的正统及地位的合法。宋朝首先从华夷和道统，即文化角度占据“中国”之名，称“夫君臣名号，中国所以辨名分，别上下也。国家统临万国，垂九十年，蛮夷戎狄，舍耶律氏则皆爵命而羁縻之。有不臣者中国耻焉”。[6]就是申明宋朝唯一地占有“中国”名分，除辽朝可不受册命，其他所有蛮夷戎狄则都应臣事“中国”即宋朝。

宋朝的文化“中国”地位，甚至是唯一地位，在北宋时得到了周边政权和民族的承认。辽朝也不否认宋朝的文化“中国”地位。辽朝给宋朝的国书曾说“元昊负中国当诛”，[7]此“中国”即指宋朝。辽朝皇

1 石介:《徂徕石先生文集》卷五《怪说下》，第 63 页。
2 石介:《徂徕石先生文集》卷一三《上刘工部书》，第 153 页。
3 欧阳修:《欧阳修全集》卷三四《居士集》卷三四《徂徕石先生墓志铭》，第 506 页。
4 黄震:《黄氏日抄》卷四五《读诸儒书》。
5 《欧阳修全集》卷三四《居士集》卷一七《本论中》《本论下》，第 288、291 页。
6 尹洙:《河南集》卷八《议西夏臣伏诚伪书》，第 1090 册，第 37 页。
7 《续资治通鉴长编》卷一五一“庆历四年七月癸未”条，第 3668 页。

帝还曾对宋朝使节说"与中国通好久"。[1] 辽道宗称赞宋仁宗画像"真圣主也，我若生中国，不过与之执鞭捧盖"。[2] 都是将宋朝称为"中国"，实际上也承认辽朝自己不是"中国"。宋德金曾指出，在辽与五代、北宋的交往中，以及在辽朝内部，都不避讳称呼夷、蕃。[3] 辽朝这样做的角度当然是文化定位。西夏也曾"上书自言慕中国衣冠"，还称宋朝"中国者，礼乐之所存，恩信之所出，动止猷为，必适于正"。[4] 高丽回答辽朝责问其朝贡宋朝时说："中国，三甲子方得一朝，大邦，一周天每修六贡。"[5] 显然认为宋朝是"中国"，辽朝不是。高丽对宋朝的"中国"认同正是从道统即文化的意义上的认识。阇婆国遣使也称宋朝"中国有真主，声教所被"。[6] 阇婆国等南海诸国及于阗等西北诸国皆称宋朝为"中国"，此不一一举例。除了辽朝末期自称"中国"，在文化"中国"上构成对北宋唯一"中国"的质疑外，北宋的文化"中国"得到了自我和他者的普遍认可。

南宋王朝自身虽然失去中原，偏安一隅，但从其文化根源，仍自认为是文化上唯一"中国"，根据就是南宋承袭了正统的礼乐制度。陈亮称南宋是唯一的文化"中国"，不因偏安一隅而改变："中国，天地之正气也，天命之所钟也，人心之所会也，衣冠礼乐之所萃也，百代帝王之所以相承也。虽挈中国衣冠礼乐而寓之偏方，天命人心犹有所系。"[7] 章如愚也说："大抵东南衣冠之地皆往古之蛮夷，而西北左衽之乡尽先王之都邑"，"往往指燕云河湟为重，指江湖川广为轻，而不知地无常利，天运实衡其胜衰"，"人其居者皆可为中国，皆可以为夷狄"。[8] 地理"中国"可以随文化"中国"而转移，华夏所居，天命所

---

1 《宋史》卷三一五《韩综传》，第 10300 页。

2 邵博：《邵氏闻见后录》卷一，《全宋笔记》第四编第六册，大象出版社 2008 年版，第 8 页。

3 宋德金：《辽朝正统观念的形成与发展》，《传统文化与现代化》1996 年第 1 期。

4 《宋史》卷四八六《夏国下》，第 14012 页。

5 《宋史》卷四八七《高丽传》，第 14050 页。

6 《宋会要辑稿》蕃夷四，第 9830 页。

7 陈亮：《龙川集》卷一《上孝宗皇帝第一书》，第 499 页。

8 章如愚：《群书考索》续集卷四八《舆地门》，文渊阁《四库全书》影印本，1990 年，第 938 册，第 593 页。

在即为“中国”，所以“黄旗紫盖运在东南，中国正朔系焉”。[1]南宋是“中国”正朔，政权在东南，天命就在东南。南宋也因此不认为金朝是“中国”，自己是唯一“中国”，称“女真者，知中国所重在二帝，知中国所恨在劫质，知中国所畏在用兵”。称金朝为“女真”，即夷狄，而相对地自称“中国”。还说“天地之法，尝严于中国，而略于夷狄。严于中国，故尚教化，而以道德为强；略于夷狄，故尚功利，而以兵甲为强”。[2]显然是指自己因文化而为“中国”，金朝等“四裔（夷）”则是因文化的低劣而自然地列为夷狄。

宋朝还面临辽朝和金朝自称“中国”的问题。辽朝前期称中原王朝旧疆为“中国”，称辽太宗伐晋入汴梁“始得中国，宜以中国人治之”，“至于太宗，兼制中国，官分南、北，以国制治契丹，以汉制待汉人”，[3]都是说幽云及其以南的中原政权故疆为“中国”。所言“中国”显然是地理概念的“中国”。但尚未将辽朝整体成为“中国”。辽人明确以“中国”自谓见于辽道宗大安末年刘辉上书：“西边诸番为患，士卒远戍，中国之民疲于飞挽，非长久之策。”[4]这时辽人以“中国”自居，而称周边其他民族为“诸番”。[5]金朝初期未入中原以前，尚称宋朝为“中国”，如金太祖说：“我自入燕山，今为我有，中国安得之？”[6]建炎元年（1127）金人劝金太宗也说“中国无人，因兵就

---

1 李曾伯：《可斋续稿》后卷九《奏申回宣谕奏》，文渊阁《四库全书》影印本，1990年，第1179册，第750页。

2 《建炎以来系年要录》卷八九“绍兴五年五月丙戌”条、卷九三“绍兴五年九月己丑”条，第1720、1789页。

3 《辽史》卷七六《张砺传》、卷四五《百官一》，第685、1252页。

4 《辽史》卷一〇四《刘辉传》，第1455页。

5 此时已是辽朝的后期了。对于辽朝何时称“中国”，学界有不同的看法。宋德金指出，辽兴宗朝以前，辽与宋的交往中未以“中国”自居，兴、道朝以后，辽人自称“中国”、“诸夏”、“区夏”，宋德金以明确的“中国”二字为依据，认为辽朝称“中国”，刘浦江的观点与宋德金相近。赵永春通过分析辽朝的政治意识，认为辽朝建国之初既已以“中国”自居，且自始至终称“中国”。“中国”是有特定政治含义的概念，本文认可以明确的“中国”二字作为自称为辽称“中国”的标准，金朝“中国”也是如此。分见前引宋德金《辽朝正统观念的形成与发展》；刘浦江《德运之争与辽金王朝的正统性问题》（《中国社会科学》2004年第2期）；赵永春、李玉君《辽人自称中国考》（《社会科学辑刊》2010年第5期）。

6 徐梦莘：《三朝北盟会编》卷一六《政宣上帙》“宣和五年四月十七日”条，第112页。

粮可也”。[1]前一“中国”指北宋政权，后一“中国”仅指宋朝地理疆域，因金朝对南宋政权采取不承认的态度，绍兴八年（1138）宋金议和后金朝虽然承认了南宋政权，但不承认其为“中国”。金朝一开始虽反感被称为“夷狄”，但逐步默认，实际就是承认宋朝的文化“中国”地位。到海陵王耻为夷狄，欲接续中国之正统，金世宗时已自认为“华”，并把南宋、高丽等称为“蛮夷”、“岛夷”。[2]金章宗发起德运之议，“更定德运为土”，[3]绍北宋之德运（火德），实际上是自居正统，而否定南宋继续以火为德运的合法性，从而也否定了宋朝为文化“中国”。

辽、金自称“中国”，既因其占据往昔“中国”王朝旧地，也因其借鉴实行了中原王朝的礼乐制度。在文化上宋朝仍需解释与夷狄之国辽、金的关系，以及辽、金自称“中国”的问题。宋朝也需要对此做出解说。宋代《春秋》之学兴盛，一方面大力倡导华夷之辨的春秋大义，申明宋朝的中华正统，另一方面也强调“《春秋》之义夷狄，则夷狄之进于中国则中国之”，[4]“《春秋》之法，尊中国而卑夷狄。其时诸侯虽中国，或失其义，亦夷狄之，虽夷狄者，苟得其义亦中国之”。甚至认为“天下之正为鲁春秋，其善者善之，恶者恶之，不必乎中国夷狄也。《春秋》曰徐伐莒，徐本中国者也，既不善则夷狄之，曰齐人狄人盟于刑，狄人本夷狄人也，既善则中国之”。[5]宋人说到契丹和西夏“得中国土地，役中国人民，称中国位号，立中国家属，任中国贤才，读中国书籍，用中国车服，行中国法是令”，“所为皆与中国等”，“岂可以上古之夷狄视彼也?”特别是辽朝“典章文物、饮食服玩之盛，尽习汉风”，“非如汉之匈奴，唐之突厥，本以夷狄自处，与中国好尚之

---

1 《建炎以来系年要录》卷一“建炎元年五月”条，第 11 页。

2 宋德金:《正统观与金朝文化》,《历史研究》1990 年第 1 期；齐春风:《论金朝华夷观的演化》,《社会科学辑刊》2002 年第 6 期。

3 《金史》卷一一《章宗三》，中华书局 1975 年版，第 259 页。

4 石介:《徂徕石先生文集》卷七《归鲁名张生》，第 82 页。

5 释契嵩:《镡津集》卷九《万言书上仁宗皇帝》、卷一七《非韩子第一篇》，文渊阁《四库全书》影印本，1990 年，第 1091 册，第 491、582 页。

异也”，“其轻视中国，情可见矣”。[1]朱熹与其弟子谈到金世宗“专行仁政，中原之人呼他为‘小尧舜’”时说：“他能尊行尧舜之道，要做大尧舜也由他。”[2]宋朝以此解说辽金与宋朝的关系，但同时也认为他们仍只是习染了汉风、文化上近于“中国”的夷狄。“中国”化的夷狄仍是夷狄。如朱熹所认为的“他岂变夷狄之风？恐只是天资高，偶合仁政耳。”[3]

宋人指出宋朝所面临的“中国”危机有两个：即地理侵夺和文化混杂。石介在《中国论》中指出两个方面的危机：“九州分野之外入乎九州分野之内，是易地理也。非君臣父子夫妇兄弟宾客朋友之位，是悖人道也。苟天常乱于上，地理易于下，人道悖于中。中国不为中国矣。”[4]南宋陈亮也把夷狄越疆而来和华夷混然莫辨称为“二祸”。[5]两人都讲到“中国”地理上的夷狄侵占。文化上的危机可以通过话语解说来虚饰，地理的侵夺则是宋朝“中国”地位的现实挑战。叶适指出的宋朝与汉唐相比疆域地理的缺失：“太祖、太宗受天命，身自剪平者七国，尽有汉唐之天下。惟燕蓟前入契丹，力未能复。而赵保吉兄弟乱西方，灵夏继陷。其后耶律浸骄，继迁始自立”。“患不能保境土”，“讨伐二敌，以定西北之疆域。”[6]事实上，宋朝不能统辖的“汉唐旧疆”又何止于燕云和灵夏。

特别是南宋时期，金朝废刘齐政权，直接统治中原，自称“中国”，而称宋朝为“江南”。金朝因占据中原而从地理概念自称“中国”。海陵南征时，其母徒单氏和臣僚劝谏道“今又兴兵涉江、淮伐宋，疲弊中国”；“征天下兵以疲弊中国”；“不可疲中国有用之力”[7]。

---

1 《续资治通鉴长编》卷一五〇“庆历四年六月戊午”条；卷一四二“庆历三年七月甲午”条，第3641页。

2 《朱子语类》卷一三三《本朝七·夷狄》，第4161页。

3 《朱子语类》卷一三三《本朝七·夷狄》，第4161页。

4 石介：《徂徕石先生文集》卷一〇《中国论》，第116页。

5 陈亮：《龙川集》卷四《问答》，第537页。

6 叶适：《叶适集》卷四《始论一》，第757页。

7 《金史》卷六三《徒单氏传》、卷一三一《梁珫传》、卷八六《李石传》，第1506、1915页。

此“中国”已明确指金朝。金朝所言“中国”不仅是文化意义，而主要是地理“中国”。金人曾说：“宋虽羁栖江表，未尝一日忘中国，但力不足耳。”南宋“置忠义保捷军，取先世开宝、天禧纪元，岂忘中国者哉。”[1]所言南宋所不能忘的“中国”就是指中原地区。绍兴和议后，金朝承认了南宋的存在，仍不承认其为“中国”，将宋朝与“中国”对称，如“茶乃宋土草芽，而易中国丝绵锦绢有益之物”，[2]强调金朝是“中国”而宋非“中国”。金人还说，吐蕃部族青宜可“以宋政令不常，有改事中国之意”。[3]宋朝和其他民族都不是“中国”，金朝便成为唯一“中国”。

金朝自承认南宋政权后就称南宋为“江表”、“江南”。绍兴八年（1138）和谈时，金使“以江南诏谕为名，不著国号，而曰江南”，通过谈判，才“改江南为宋，诏谕为国信”。[4]实际上金朝册赵构为宋帝的册文仍说“俾尔越在江表”。[5]特别是金朝在国内称宋为“江南”。如：“今欲伐江南。江南闻我举兵，必远窜耳”；“既而，江南果称臣”；“江表旧臣于我”、“旧制，久历随朝职任者，得奉使江表”等，[6]以上所言“江表”已不仅是地理概念而是指称南宋政权。不仅《金史》如是记载，宋朝自己的文献记载金人的话时也透露了这一点：“淮南州县已是大国曾经略定，交与大齐，后来江南擅自占据”。[7]金朝实际就是把南宋视为东吴、南唐，不能为正统，而显示金朝的“中国”地位。

在现实的地理认知上，宋朝为了区隔现实的华与夷，即作为提供赋役兵员等统治基础的直辖郡县与非直辖的羁縻和境外“蛮夷”，宋朝

---

1 《金史》卷九三《独吉思忠传》、卷九八《完颜匡传》，第2064、2167页。
2 《金史》卷四九《食货四》，第1109页。
3 《金史》卷九八《完颜纲传》，第2175页。
4 《建炎以来系年要录》卷一二四“绍兴八年十二月戊午”条，第2327页；《宋史》卷四七三《秦桧传》，第13755页。
5 《金史》卷七七《宗弼传》，第1756页。
6 《金史》卷七六《宗本传》、卷七九《郦琼传》、卷九三《宗浩传》、卷九四《夹谷衡传》、卷一九二《张仲轲传》，第1736、1782、2078、2093、2782页。
7 《建炎以来系年要录》卷八一“绍兴四年冬十月己丑”条，第1535页。

人所主张的地理“中国”既不指辽朝、高丽、东北诸族、西北和南海诸国，也不指“汉唐旧疆”诸政权，甚至也不包括疆域内的羁縻各族，而仅指北宋的直辖郡县。宋人称，辽、夏“二虏相失而交攻，议者皆云中国之福”，[1]认为辽朝和西夏不是“中国”。也不认为交趾和吐蕃为“中国”。宋朝给交趾的制中称“卫我中国，使无疆场之虞”，[2]称赞吐蕃上书“情辞忠智，虽中国士大夫存心公家者不过如此”。[3]谈到西南溪峒诸蛮时有“特远人不知中国礼而然”、“旧不与中国通”等。[4]南宋颁布的条法中有“铜钱出中国界条约”、“禁掠卖生口入蛮夷溪峒及以铜钱出中国”，[5]包括了境外政权和羁縻各族。可见北宋和南宋自称的地理“中国”既不包括境外政权，也不包括羁縻各族，仅指直辖郡县。甚至宋朝也不认为直辖疆域内不实行直接统治的蛮夷为中国。如衡州之南的广袤山区有不受直接统治的夷区，“中国人逋逃其中，冒称夷人”，成为盗贼，“夷人谓中国无能为，必出助之”。[6]又可见宋人的“中国”常是文化与地理交融的。

一方面宋朝所申明的绝对唯一的文化“中国”，另一方面与从北宋建国到南宋灭亡宋朝疆域不仅与汉唐开拓的地理“中国”相比大为缩小，而且不断失地，加之辽金依据“中国”旧地而称“中国”，特别是金朝否定宋朝的“中国”地位，不论文化“中国”与地理“中国”的错位，还是地理“中国”的名实不副，宋朝都需要作出解说。北宋和南宋采取了相同的应对之策除了上述在国内坚持华夷观念的绝对说法以外，就是设定“旧疆”，申明“恢复”。北宋设定的“旧疆”是“汉唐旧疆”。北宋人强调“如言故地，当以汉唐为正”。[7]“汉唐旧疆”并

1 《欧阳修全集》卷一一八《论契丹侵地界状》，第 1823 页。

2 王安石：《王安石全集》卷四七《李日尊加恩制》，复旦大学出版社 2016 年版，第 875 页。

3 《宋史》卷四九二《吐蕃传》，第 14165 页。

4 《宋史》卷四九三《西南溪峒诸蛮上》、卷四九四《西南溪峒诸蛮下》，第 14179、4196 页。

5 《建炎以来系年要录》卷一八六“绍兴三十年十月己酉”条，第 3615 页；《宋史》卷二七《高宗四》，第 508 页。

6 王安石：《王安石全集》卷八八《司农卿分司南京陈公（良器）神道碑》，第 1535 页。

7 《宋史》卷三三五《种师道传》，第 10750 页。

非全部的汉唐疆土，而是宋朝根据现实政治状况和需要划定的范围，到宋仁宗朝“汉唐旧疆”稳定为幽云、交趾、河湟和西夏（包括河西地区）。宋神宗在“汉唐旧疆”的话语下确立并实行开拓计划也是这一范围。[1] 宋徽宗与金朝结盟，也试图大规模地“恢复汉唐旧疆”。其诏书说“乃眷幽燕，实为故壤，五季不造，陷于北戎”。[2] 赵良嗣劝说宋徽宗结女真就以“复中国往昔之疆”为辞。[3] 宋徽宗君臣也认为“复吾境土，则幽蓟之地皆汉有也”。[4] 都以“恢复”为名。

“旧疆”话语涉及南宋政权继承上的合法性，其重要性如胡铨对宋高宗所说：“夫天下者，祖宗之天下也。陛下所居之位，祖宗之位也。”[5] 但是南宋所设定的“旧疆”已进一步退缩，只是北宋旧疆，范围是陷落于金朝的北宋直辖疆土，已不包括北宋划定的“汉唐旧疆”。南宋臣僚反复强调的旧疆是“祖宗之故疆”。[6] 李纲解释“中国”道：“夫陕西者，中国劲兵健马之区也。河北、河东者，中国之屏蔽也。京畿及京东西者，中国之腹心也。江、淮、荆湖、川广者，中国之支派也。”[7] 所言“中国”范围就是北宋疆域。程珌强调“中原腹心也，吴蜀荆襄四肢也。腹心受病，未有四肢独安者”，[8] 必须把中原与南宋占有的吴蜀荆襄视为一个整体。陈亮上宋孝宗奏章中提出南宋不能自以为“可久安而无事”，“置中国于度外”，“天岂使南方自限于一江之表，而不使与中国而为一哉！”[9] 他所谈的“中国”就是陷于金朝的北

---

1 黄纯艳：《“汉唐旧疆”话语下的宋神宗开边》，《历史研究》2016 年第 1 期。
2 《宋会要辑稿》兵八，第 8762 页。
3 《宋史》卷四七二《赵良嗣传》，第 13734 页。
4 杨士奇等：《历代名臣奏议》卷三四四强几圣《论边事札子》，文渊阁《四库全书》影印本，1990 年，第 442 册，第 167 页。
5 胡铨：《澹庵文集》卷二《上高宗封事》，文渊阁《四库全书》影印本，1990 年，第 1137 册，第 19 页。
6 宗泽：《宗忠简集》卷七《遗事》，文渊阁《四库全书》影印本，1990 年，第 1125 册，第 72 页；李纲：《李纲全集》卷四八《谢赐御筵表》，第 556 页；李光：《庄简集》卷一二《论守御大计状》，文渊阁《四库全书》影印本，1990 年，第 1128 册，第 555 页。
7 李纲：《李纲全集》卷六三《议巡幸第一札子》，第 671—672 页。
8 程珌：《洺水集》卷二《丙子轮对札子》，文渊阁《四库全书》影印本，1990 年，第 1171 册，第 231 页。
9 陈亮：《龙川集》卷一《上孝宗皇帝第一书》《戊申再上孝宗皇帝书》，第 499、512 页。

宋故疆。

南宋作为“恢复”对象和政治话语的也是“祖宗故土”。称“以祖宗故土、国之西门，圣上一饭不忘，期于克复”；[1]“溃贾将率之余勇，尽还祖宗之旧疆”；[2]“祖宗之境土未复，宗庙之雠耻未除，戎虏之奸谲不常”；[3]“进可以复祖宗之境土，退可以保大宋之基业矣”；[4]“内治既修，则外患有不足忧，祖宗之境土指日而复矣”；[5]“（张浚）以未恢复祖宗之境土为己忧”；[6]“复祖宗之境土，复会诸侯于东都”[7]等等。尽管除绍兴初年和开禧北伐外，南宋未把“恢复”付诸实际，但“祖宗故土”成为南宋政权合法性的重要解说。就如绍兴初宋高宗所说“须当渐图恢复，若止循故辙，为退避之计，何以立国”。[8]“恢复”与“旧疆”是事关南宋立国一体两面的问题。

南宋“恢复”之论随战和而波动。宋高宗即位之初定下目标：“中国之势变强，归宅故都，迎奉二圣”，要求大臣主要任务是协助“图恢复之计”，“恢复之图所宜爱日讲究”，“夙夜勉励，以修政事，攘夷狄”，“不忘恢复”。[9]绍兴议和后，高宗说“士大夫言恢复者皆虚辞，非实用也。用兵自有次第”。即先使兵可战能守，等对方挑衅“然后可进讨，以图恢复，此用兵之序也”。[10]但是因为“恢复”事关南宋政权的合法性，历代皇帝都不能放弃“恢复”的旗帜。宋孝宗曾申明要“恢复旧疆”，称“朕不忘恢复者，欲混一四海”。[11]即使对明确认为“恢复”不可企及的宋宁宗也只能说“恢复岂非美事，但不量力尔”。[12]大

1 李曾伯：《可斋杂稿》卷一六《三辞免奏》，第1179册，第341页。

2 徐梦莘：《三朝北盟会编》卷二四六《炎兴下帙》“绍兴三十一年十二月四日壬寅”条，第1770页。

3 朱熹：《晦庵先生朱文公文集》卷一一《壬午应诏封事》，第571页。

4 杨士奇等：《历代名臣奏议》卷三三六“赵汝愚论边防”，第442册，第409页。

5 杨士奇等：《历代名臣奏议》卷五一“王师愈上奏”，第434册，第415页。

6 杨万里：《杨万里集笺校》卷一一五《张魏公（浚）传》，中华书局2007年版，第4423页。

7 王十朋：《王十朋全集》奏议卷二《论广海二寇札子》，上海古籍出版社2012年版，第620页。

8 《宋史全文》卷一九中“绍兴五年正月戊午”条，中华书局2016年版，第1383页。

9 《建炎以来系年要录》卷八四“绍兴五年辛亥”条，第1590页。

10 《建炎以来系年要录》卷一四〇“绍兴十一年五月壬子”条，第2639页。

11 《宋史全文》卷二六下“淳熙年六年九月丁卯”条，第2233页。

12 《宋史》卷四七四《韩侂胄传》，第13777页。

臣中也不断上书言“恢复”。如陈刚“投匦上书论恢复事”，[1]王十朋面对之时也谈“图恢复之计，御戎之策”。[2]即使主和者也会说“今日之和乃所以成他日之恢复”，或言“图议恢复”须待“积累之功”；[3]“今日图恢复，当审察至计，以图万全之举”。[4]正因为“恢复”事关南宋合法性，所以成为君臣、战和各方都必须主张的“政治正确”。

三、历史难题的宋朝解法

石介和陈亮概括的宋朝所面临的华夷和“中国”困境或夷狄之祸：即地理上的侵占，文化上的混同并非宋朝所特有。如宋神宗所说“夷狄之为中国患，其来尚矣”。[5]华夷和“中国”困境或夷狄之祸是自春秋战国以来的历史难题。一方面不同文明形态，特别是游牧民族和农耕民族两种文明形态相互关系的基本和恒定的模式是依存与融合、冲突与消长，不论空间、文化，还是血缘，华与夷的边界都始终不是清晰而稳定的。以贵华贱夷、华夷之辨为核心的华夷观念下，要建立的是华夷君臣的垂直秩序。于是，常常出现华与夷的交往融合模糊了华夷的血缘和文化边界，华与夷的实力消长破坏了华夷名分秩序，导致华夷观念的困境。另一方面，夷狄越疆而来，占据中原，甚至自称“中国”也不断上演，导致地理“中国”的困境。这两个困境成为反复出现、各朝都需要应对的历史难题。

最理想的办法当然是严华夷之辨，如石介所主张的“居天地之中者曰中国，居天地之偏者曰四夷。四夷外也，中国内也”，华与夷“皆自安也，相易则乱”。[6]但在实际交往中，理想模式常常不能实现，各

1 《建炎以来系年要录》卷一五五“绍兴十六年九月丙申”条，第2944页。
2 《宋史全文》卷二三上“绍兴三十年九月壬寅”条，第1872页。
3 《宋史全文》卷二四下“隆兴元年十一月丙寅”条，第2052页。
4 《宋史全文》卷二五上“乾道六年十二月戊午”条，第2096页。
5 王安礼：《王魏公集》卷四《元丰五年殿试进士策问》，文渊阁《四库全书》影印本，1990年，第1100册，第39页。
6 石介：《徂徕石先生文集》卷一〇《中国论》，第116页。

朝均需根据所面临的环境做出现实应对。王安礼说："古之御戎者，不过有命将帅而伐之者，有筑长城而绝之者，有奉金赍币而和亲之者，有卷甲轻举而破降之者"，对于历代御戎之策的运用，"严尤以为古无上策，周得中策，汉得下策，秦无策焉"。[1]苏辙将古之所以治夷狄之道总结为三策："用武而征伐"、"修文而和亲"、"闭拒而不纳"，[2]李纲更简单地概括为"自古夷狄为中国患，所以待之者，不过三策：曰和、曰战、曰守而已"。[3]

决定宋朝华夷和"中国"困境与危机的重要因素是宋辽及宋金关系，如同汉初与匈奴，唐初与突厥，其后与吐蕃的关系决定了汉唐中华一尊地位一样。如果北宋初期能实现剪除或臣服契丹的目标，太平兴国四年（979）的高粱河之役或雍熙北伐能取得胜利，必能理顺华夷关系，实现华夷一统。但是，与汉、唐不同的是，宋朝遭遇的是百年不衰之夷狄，辽、金几乎与其朝运相始终，且在双方关系中始终居于主导地位。熙宁十年（1077）苏颂出使辽朝回，宋神宗与其有一番关于契丹与汉之匈奴、唐之吐蕃的讨论："公曰：'彼讲和之日久，颇取中国典章礼义，以维持其政令，上下相安，未有离贰之意。昔人以谓匈奴直百年之运，言其盛衰有数也。'上曰：'契丹自耶律德光至今何止百年。'公曰：'汉武帝自谓高皇帝遗朕平城之忧，虽久勤征讨，而匈奴终不服。至宣帝，呼韩单于稽首称藩。唐自中叶以后，河湟陷于吐蕃，宪宗每读《贞观政要》，慨然有收复意，至宣宗时，乃以三关七州归于有司。由此观之，夷狄之叛服不常，不系中国之盛衰也。'上深然之。"[4]面对百年不衰之契丹也只能用"夷狄之叛服不常，不系中国之盛衰"来聊以解说了。

作为大一统王朝的汉唐都经历了初期与夷狄的倒悬之势到理顺华

1 王安礼：《王魏公集》卷四《元丰五年殿试进士策问》，第 40 页。
2 苏辙：《栾城应诏集》卷一一《王者不治夷狄论》，第 1698—1699 页。
3 李纲：《李纲全集》卷五六《上皇帝封事》，第 625 页。
4 邹浩：《道乡集》卷三九《故观文殿大学士苏公（颂）行状》，第 518 页。

夷秩序的转变，都用了上述和、战、守三策。西汉初期与匈奴关系一度出现贾谊所说的倒悬之势。汉匈之间有“长城以北，引弓之国，受令单于；长城以内，冠带之室，朕亦制之”、“匈奴无入塞，汉无出塞”的约定，以及“天所立匈奴大单于敬问皇帝无恙”、“皇帝敬问匈奴大单于无恙”的互称，[1]说明双方已以对等的关系交往。但不同于宋与辽结澶渊之盟，以条约形式规定双方的对等关系，西汉以和亲之策，即玉帛女子解决之，汉武帝发动汉匈战争，反击成功，一解倒悬之势，确定了汉匈的君臣名分。如苏颂所言，到汉宣帝时呼韩邪单于称臣朝贡。此后，汉朝盛衰虽有波动，“夷狄”之患屡有发生，但再无与之分庭抗礼之夷狄。

唐高祖太原起兵，正值突厥极盛之时。北朝后期突厥汗国迅速成为北方最强大的政权。北周和北齐皆争相臣事突厥，隋朝建立时，与突厥仍是倒悬之势。隋文帝北击突厥，分化瓦解，打败了突厥。使东、西突厥争相臣服隋朝。隋末大乱，突厥再次强大起来，拥百万大军，虎视中原。薛举、窦建德、刘武周、王世充、梁师都、李轨、高开道等割据政权都向突厥称臣。突厥封刘武周为定杨可汗、梁师都为大度毗伽可汗（又封解事天子）。为稳定太原，向突厥臣服，给突厥的信用上行文书格式“启”而非平行格式“书”，换得“屈于一人之下，伸于万人之上”。李渊称此做法为“掩耳盗钟”的权宜之计。[2]唐朝建立后的最初几年，屡遭突厥侵扰，唐对突厥卑辞厚礼，仍没有摆脱突厥灭顶的威胁，甚至一度讨论从长安迁都，以避突厥之祸。唐朝经过十年经营，629 年突厥也向唐朝称臣，并请和亲。630 年唐朝出兵彻底打败突厥，俘获颉利可汗。后西突厥虽一度强盛，但已不能构成如唐初那样的倒悬之势了。唐与吐蕃自唐太宗时虽既有“敌国”之意，且几次会盟、和亲，唐中叶以后，吐蕃一度兴盛，占领河湟河西等地，但并非百年不衰。唐后期，回鹘强而不能制，唐朝以和亲和互市维持了

1 《汉书》卷九四上《匈奴上》，第 3756、3762、3764 页。

2 温大雅：《大唐创业起居注》卷上，上海古籍出版社 1983 年版，第 11 页。

名义上的君臣关系。

汉唐时期，“夷狄”之祸盛衰起伏，危机之甚时不亚于宋朝，但汉唐王朝总体上能以上述战、守、和亲三策化解，在大部分时期维持了名分上华夷一统的独尊地位，没有以条约正式规定与匈奴、突厥或其他“夷狄”的对等关系或君臣名分，更未遭遇“夷狄”自称“中国”，抗礼中原王朝的情况。

宋朝自称一统，实则南北对峙，特别是南宋半壁江山陷落金朝之手，与东晋南北朝分裂时期一样都有华夷、“中国”分立相抗的困境。东晋时期，夷狄占据中原，东晋偏安江左，“中国”和华夷问题更为突出。慕容儁曾直接对东晋使者说：“汝还白汝天子，我承人乏，为中国所推，已为帝矣。”[1] 自己称“中国”皇帝，与东晋并立。统一了北方的前秦更是以“中国”自居。但当时的北方夷狄政权称“中国”，尚不称华，在文化上承认自己“国家本戎狄也，正朔会不归人”，[2] 而东晋是“中华正统”。东晋则以道统优势自居“中国”，不承认北方“夷狄”政权的“中国”地位。东晋与前秦及燕等“夷狄”政权一度势不两立，但其“中国”，尤其是文化“中国”之地位尚未被“夷狄”政权所否定。南宋却在名分上也无法与金朝对抗，在对金交往中不能得到文化或地理“中国”的任何承认。

南北朝时期，南北各称“中国”。南朝不承认北朝的正统地位。与东晋时期不同的是，北朝也不承认南朝的“华夏”和“中国”地位。北魏用“魏”的国号，称自己承袭曹魏的正统地位，是“中华之主”，使东晋和南朝的中华正统地位失去依据。[3] 南北双方在聘使往来时称南、北，而在各自内部，北朝称南朝为“岛夷”，南朝称北朝为“索虏”。[4] 南北双方在“华夷”和“中国”的问题上都持对立和不调和的态度。

1 《晋书》卷一一〇《慕容儁载记》，中华书局 1974 年版，第 2834 页。

2 《资治通鉴》卷一〇四晋纪二十六“太元七年十月”条，中华书局 2011 年版，第 3304 页。

3 何德章：《北魏国号与正统问题》，《历史研究》1992 年第 3 期。

4 牟发松：《南北朝交聘中所见南北文化关系略论》，《魏晋南北朝隋唐史资料》第 14 辑，武汉大学出版社 1996 年版。

可见南北朝时期自居中华正统的东晋南朝政权面临着与南北对峙的两宋王朝一样严峻的华夷和“中国”困境，只是关系形态和应对方法各有不同。

但是，不论是号称一统的汉唐，抑或分裂对峙的东晋南朝，亦不论其所面临的华夷和“中国”危机形态如何，在国内都无不把华夷观念作为绝对理念，塑造本政权唯一的中华正统角色。西汉初虽然匈奴之势在汉朝之上，但汉朝君臣仍是在华夷的话语中谈论匈奴问题。贾谊的上书称：“天下之势方倒县。凡天子者，天下之首，何也？上也。蛮夷者，天下之足，何也？下也。今匈奴嫚姆侵掠，至不敬也，为天下患，至亡已也，而汉岁致金絮采缯以奉之。夷狄征令，是主上之操也；天子共贡，是臣下之礼也。”[1]对于汉武帝征伐匈奴和其他开拓活动也是在华夷华语中表达，称“孝武之世，外攘四夷，内改法度”，“征讨四夷，锐志武功”。[2]征服匈奴后更是称“天下和平，四夷宾服”。[3]李渊太原起兵时臣事突厥，但与自己属下讨论给突厥文书用“启”还是用“书”时还是称突厥为夷狄：“自顷离乱，亡命甚多，走胡奔越，书生不少。中国之礼，并在诸夷。我若敬之，彼仍未信。如有轻慢，猜虑愈深。”[4]武德元年（618）李渊登皇帝位的册文号称是华夷的共主：“西戎即叙，东夷底定”，“远近宅心，华夷请命”。[5]唐太宗打败突厥后更是反复宣扬“天下大宁，绝域君长，皆来朝贡，九夷重译，相望于道”。“中国百姓，天下根本，四夷之人，犹于枝叶”，“九州殷富，四夷自服”。[6]

东晋南朝与北方“夷狄”政权抗衡对峙，且无臣服关系，更需要在国内营造华夷之辨，强化自身地位合法性和内部认同。江统的《徙

1 《汉书》卷四八《贾谊传》，中华书局 1964 年版，第 2240 页。
2 《汉书》卷八九《文翁传》、卷二二《礼乐志》，第 3623、1032 页。
3 《汉书》卷八六《何武传》，第 3481 页。
4 《大唐创业起居注》卷上，第 11 页。
5 《大唐创业起居注》卷下，第 44 页。
6 《贞观政要》卷五《诚信第十七》、卷九《安边第三十六》，上海古籍出版社 1978 年版，第 183、276、277 页。

戎论》是这一时期南方政权在其境内强调华夷之辨的典型代表。江统愤于“四夷乱华，宜杜其萌，乃作《徙戎论》”，强调“《春秋》之义，内诸夏而外夷狄”，分析了历代，特别是汉代对待“夷狄”的得失，指出“四夷之中，戎狄为甚”，力主将“戎狄”迁出“中国”，“反其旧土”，使其“与中国壤断土隔，不相侵涉”，“戎晋不杂，并得其所”，“则绝远中国，隔阂山河，虽为寇暴，所害不广”。[1]江统的主张虽然在现实中不可能实施，但反映了对峙分裂时期华夷对抗越是激烈，在本政权境内强调华夷之辨越是具有必要性。

如上所述，宋朝面临的华夷和“中国”困境有不同于以往各朝的特点。“古者，夷狄之势，大弱则臣，小弱则遁，大盛则侵，小盛则掠。吾兵良而食足，将贤而士勇，则患不及中原”，“今之蛮夷，姑无望其臣与遁，求其志止于侵掠而不可得也”。[2]汉之匈奴、唐之突厥、吐蕃，夷狄之祸皆起而转消，所谓“匈奴直百年之运，言其盛衰有数也”，但是宋朝所遇之“契丹自耶律德光至今何止百年”，[3]不同于汉之匈奴、唐之突厥、吐蕃。因而以往朝代的应对办法也不能完全适用于宋朝，“岂可以待外裔之常道而待之”，“妻之以女则不可，藉其力以平中国则不可”。[4]

上述石介提出的“四夷处四夷，中国处中国，各不相乱”的办法自是不可实行。叶适提出了解决“中国”困境的三个原则：“中国不治外裔，义也；中国为中国，外裔为外裔，名也”；“视其所以来而治之者，权也”。[5]他认为北宋澶渊之盟后坚守盟约，不相侵犯，是符合三原则的解决办法。石介和叶适所反映的理想化的华夷和“中国”思想，与江统的《徙戎论》一样，符合国内政治场域中申明华夷观念和文化“中国”的需要，在宋朝国内政治场域中得到运用，但其看似缜密的设

1 《晋书》卷五六《江统传》，第 1532 页。
2 《三苏全集》《苏洵集》卷九《审敌》，语文出版社 2001 年版，第 1201 页。
3 邹浩：《道乡集》卷三九《故观文殿大学士苏公（颂）行状》，第 518 页。
4 陈亮：《龙川集》卷四《问答》，第 537 页。
5 叶适：《叶适集》卷四《外论一》，第 684 页。

想在对外政治实践中无法操作，不能以之开展对外交往。面对“来者必不可拒”，“去者必不可追”的戎狄，[1]宋朝政治实践家们采取了比思想家们更灵活的措施和更弹性的标准，用正式条约的方式承认与辽的对等地位和与金的君臣关系，对西夏、交趾等“汉唐旧疆”内的“夷狄”政权行皇帝制度采取了与宋朝交往时遵行君臣朝贡礼仪，而放任其在国内行皇帝制度的灵活办法。由于宋朝军事对抗始终处于不利境地，故将经济代价作为重要的对外交往手段，即宋人自嘲的“北方以地为请，既以赂解之，西方以号为请，又以赂解之。二虏知我终不能以地与号假之也，将合谋必以地与号为请”，[2]“中国庙谋胜算，惟以金帛告人”。[3]但这正是在现实的内外政治环境下可行的选择。

四、结论

华夷观念自先秦形成以来即被历代王朝作为构建天下秩序的基本理念，“中国”则是在文化和地理上自居正统的重要旗帜。所以华夷和“中国”是关乎名分秩序和王朝合法性的根本问题，是历代王朝都必须加以解说的重要问题。自居正统的王朝理论上应该是天下推心、四夷怀服的华夷共主的“中国”，这是理想的状态。但事实上，“夷狄”的侵疆离叛、破坏名分的现象历代皆有，华夷和“中国”的危机是先秦以来的历史难题。在实践中，华夷和“中国”观念的运用不得不根据政治场域和关系形态的不同而具有灵活性。

宋朝面临的华夷和“中国”困境，以及绝对理念与弹性标准虚实相应的原则都具有历史的共通性，而其具体应对之策又有时代的特殊性。宋朝是自称继承汉唐德运的正统王朝，同时又遇百年不衰之“夷狄”，宋辽、宋金关系引发了宋朝诸多华夷和“中国”的困境。宋朝

1 苏辙:《栾城集》卷一一《王者不治夷狄论》，第 1699 页。
2 尹洙:《河南集》卷八《议西夏臣服诚伪书》，第 38 页。
3 《欧阳修全集》卷一〇二《奏议》卷六《论西贼议和请以五问诘大臣状》，第 1562 页。

既无法如汉唐那样以战、守、和亲之策理顺华夷秩序，也不能如东晋南朝那样在华夷和“中国”名分上不受“夷狄”政权的胁迫，勉力自守。处理对外关系时，宋朝统治者对华夷和“中国”问题总体上采用了弹性标准，维持了现实对外关系，保障王朝的外部安全。对内却以“华夷”和“中国”为绝对理念。对绝对理念的坚持更多的是为宋朝皇帝华夷共主地位作政治解说，而非如汉唐将理顺华夷关系、建立华夷一统秩序作为现实目标。宋朝的文化“中国”也并非没有挑战，地理“中国”则与其汉唐继承者身份大不相符。宋朝通过设置“旧疆”，申明“恢复”，解说自身的政治合法性。作为政治话语的“旧疆”并非昔日汉唐版图，“恢复”也并非一直作为必须实现的目标。除了宋神宗实施了以“恢复”为名的开拓计划，徽宗朝和南宋开禧一度做了不多且失败的“恢复”努力，两宋总体是大力“尊王”而消极“攘夷”。宋朝应对华夷和“中国”困境本身也说明其应对之策和理论来源都在春秋以来华夷和“中国”观念的框架之中，难以与民族主义或民族国家意识相联系。

（原载《南国学术》2019 年第 2 期）

从有宋一代政权格局透视文明统一性*

隋唐在政治上重新实现大一统，结束了魏晋南北朝以来的长期分裂局面；在文化上胡汉融合、兼容并收，使中华文明达到一个新的高度。宋朝上承隋唐，进一步推动中华文明向前发展。[1] 由于宋朝文化的高度发达，以至周边政权对“宋朝所代表的先进的政治制度、社会经济和思想文化，自觉不自觉地表示出认同、追随、仿效与移植”，从而使这一时期政治上相对独立的辽、夏、金、大理等在各方面“被一种共同的中国文明所笼罩”。[2] 探讨这一时期中国境内不同政权文明发展过程中呈现出的统一性，对更好地理解宋代多民族政权并立格局下中华文明的时代特征和历史地位有重要意义。

一、北方政权与宋朝政权的文明统一性

在多政权并列的宋代，辽、夏、金等北方民族政权在发展中不断

---

* 20 世纪 80 年代，邓广铭首先提出“大宋史”概念，强调两宋政权只是 10—13 世纪中国境土上同时并存的几个政权之一，必须对 10—13 世纪的全局作宏观观察（《谈谈有关宋史研究的几个问题》，《社会科学战线》1986 年第 2 期）。包伟民、李华瑞指出，“大宋史”并非以宋王朝为正统，而是强调对 10—13 世纪的中国史作整体性的通贯研究，以“大宋史”指代该时期是因为宋王朝存续时间最长，大体涵盖整个时期，中原地区是中华文明的核心区，农业文明是中华文明的核心内容，也是为了表达简便（参见包伟民《关于推进辽宋夏金史研究的三点思考》，“中国史学界第十次代表大会”大会学术报告，2021 年 7 月 29 日；李华瑞《说说“大宋史”》，《中国社会科学报》2020 年 7 月 6 日）。本文借鉴上述学者观点，以“宋代”指称辽、宋、夏、金并存的历史时期，而以宋朝、辽朝等指称具体王朝。

1 宋朝文化及其地位的评价自 20 世纪初以来讨论颇多，总体评价大体如邓小南所言，宋朝物质文明和精神文明成就突出，是中国历史上文明昌盛的辉煌阶段，参见《宋代历史再认识》，《河北学刊》2006 年第 5 期。近年李华瑞提出“宋型国家”概念，从多方面讨论了宋朝国家形态和文明特征参见《探索宋型国家的历史》，人民出版社 2018 年版；《宋型国家历史的演进》，商务印书馆 2022 年版。

2 虞云国：《试论十至十三世纪中国境内诸政权的互动》，《中华文史论丛》2005 年第 1 期；《剑桥中国辽西夏金元史（907—1368）》，中国社会科学出版社 1998 年版，第 24 页。

趋向宋朝所代表的中原传统，使得辽、夏、金与宋朝在政治制度、社会经济、文化思想等方面都表现出强烈的统一性。

政治制度的统一性，主要表现在接受并采用以皇帝制度为核心的中央集权政治体制。辽、夏、金建国后都沿用唐制、借鉴宋制，逐步从游牧部族体制转向中原王朝体制。辽、夏、金在中央借鉴唐宋以三省六部、枢密院、台谏为核心，行政、军事和监察并立的政治架构，并设置寺、监、院等各类机构，西夏还模仿宋制，设三司分掌财政，金也曾一度设置三司；在地方仿行宋制，设置路、府州、县。中原王朝体制成为辽、夏、金统治者摆脱旧有部族体制、构建君主集权王朝体制的理想模式。耶律阿保机称帝后，辽朝不断向南发展，体现的正是由部族体制走向君主集权国家体制的历史路径：需要从没有皇权根基的北方草原腹地转向中原汉地，以实现集权政治的建构。[1] 金熙宗和海陵王强化三省制及改三省为一省制等改革，也是为了强化皇权，以便在女真部族时代贵族集体议政体制废止后，建立新的君主集权政治体制。辽金由游牧部族体制向中原传统的君主集权政治体制转变，是一个渐进过程，所建立的君主集权国家体制虽也根据本族传统和实际情况有所变通，但在总体上趋同于宋朝所代表的中原政治体制。

文化思想的统一性，主要表现在各民族政权均推行科举制度，推动儒家思想成为社会主流思想。辽、夏、金都推行科举制度，其科目设置和考试程序不仅兼用唐宋之制，还特别吸收了宋朝开始制度化的殿试环节。辽朝分设诗赋进士和经义进士，三岁一试，并设恩科；西夏“策举人，立唱名法”；[2] 金朝“兼采唐、宋之法而增损之”，[3] 借用宋朝奏名、弥封、誊录和三甲制度。科举制的主要作用是加强中央集权，皇帝亲自主考的殿试制更是最终将取士权集中于皇帝之手。科举制直接促进了儒学教育的发展。宋朝复兴儒学和完善科举制，中央及地方

1　耿涛：《“中国之志”与“草原本位”：辽前期统治者的政治抉择》，《黑龙江社会科学》2022 年第 4 期。

2　周春撰、胡玉冰校补：《西夏书校补》卷三《王仁宗传》，中华书局 2014 年版，第 109 页。

3　《金史》卷五一《选举志一》，中华书局 1975 年版，第 1130 页。

的儒学教育空前发展。辽、夏、金都在境内推行系统的儒学教育，建立中央和地方学校，尊孔崇儒。科举制度和儒学教育推动官僚制度和文官政治进一步发展。科举出身者在各政权都受到社会推崇，晋升之道较其他途径入仕者更为通达，使得文官政治逐步成为当时各政权政治文明发展的主流方向；同时也使儒家价值观更加深入人心，成为宋代社会的基本价值观。如辽朝文化发展方向是“学唐比宋”、“华夷同风”，儒家观念成为维系国与家的精神支柱。[1] 儒学对西夏社会也产生了全方位影响，从统治者思想到社会风俗都深受儒家文化影响。[2] 金朝受儒学影响尤深。作为一种文化和观念，儒学在金朝各阶层都得到积极吸收和有效运用。[3]

社会经济的统一性，主要表现为辽、夏、金模仿中原制度建立国家财政体制。辽、夏、金建国后从游牧部族体制转向中原传统的中央集权国家体制，需要建立维持国家机器运行的经济制度。这一经济制度的核心是建立为国家机器提供财政支持的赋税制度。辽、夏、金经济制度与宋朝表现出很大的同质性，反映从唐代到宋代社会经济形态和国家治理方式所发生的新变化。

其一，农商并重的经济制度和财政结构。宋代是中国古代商品经济发展的一个新高峰，赋税制度沿袭和扩大了唐后期开辟工商业财源的做法，工商业在社会经济和国家财政中的地位空前提高，工商业者与国家的关系由汉武帝改制后的对立争利转变为共利分利。如欧阳修指出，在经济发展、利源增广的形势下，国家若想垄断商业利益已难实现，只有顺应新变，因势利导，建立与商人共利的制度和机制，才能获得最大利益，即“大国之善为术者，不惜其利而诱大商。此与商贾共利，取少而致多之术也”。[4] 宋朝的工商业政策也从汉唐以来的重

1 武玉环:《辽制研究》，吉林大学出版社 2001 年版，第 219 页；宋德金:《辽金论稿》，湖北教育出版社 2005 年版，第 30 页。

2 刘建丽:《论儒学对西夏社会的影响》,《西北师大学报》2000 年第 3 期。

3 刘辉:《金代儒学研究》，中国社会科学出版社 2017 年版，第 172 页。

4 《欧阳修全集》卷四五《通进司上书》，李逸安点校，中华书局 2001 年版，第 642、643 页。

农抑商转向农商并重。宋朝财政结构中禁榷、商税等工商业收入，不仅能与传统以两税为主的农业税收并驾齐驱，甚至能超过农业税收，宋人夸张地称当时工商收入“总其所得，又十倍于两税而不翅也”，[1]即工商收入是两税等农业收入的10倍以上。辽、夏、金国家财政的基本结构也是由田赋收入与工商收入组成，再加上向游牧民征收的牲畜税。与宋朝一样，辽、夏、金政权的田赋主要来自私田两税和官田租，工商收入主要来自禁榷收入和商税，盐酒禁榷成为国家财政大宗来源。据有中原的金朝赋税制度和财政结构最近于宋朝，田赋岁入总约1000万石，禁榷、商税、物力钱等岁入总2000万贯。[2]

其二，财产税成为基本制税原则。辽、宋、夏、金均承袭唐代两税法中的财产税征收原则，二税皆按亩征收。辽朝自太祖、太宗朝即逐步建立赋税制度，田赋“计亩出粟以赋公上”，辽人自言“民产若括之无遗，他日必长厚敛之弊”，[3]说明辽朝其他财产也是征税依据。宋朝视“亩税一斗者，天下之通法”，[4]职役摊牌依据则是按资产划分的户等。西夏田赋征收标准也是按田亩，如“一顷五十亩税一石八斗”。金朝对一般私田征“夏税亩取三合，秋税亩取五升，又纳秸一束”，女真私田“每牛一具，赋粟五斗”。[5]辽、夏、金的牲畜税按牲畜数量，金朝物力钱是按各类资产征收。

其三，货币经济蓬勃发展。辽、夏、金深受宋朝货币经济发展的影响，皆铸造铜钱。辽共铸造23种年号钱；西夏共铸造过十多种货币；[6]

1 杨士奇等奉敕编:《历代名臣奏议》卷九一《户部侍郎汪应辰应诏言事》，景印文渊阁《四库全书》，台湾商务印书馆1986年版，第435册，第567页。

2 刘云:《宋辽西夏金元财政史（下）》，叶振鹏主编:《中国财政通史》，湖南人民出版社2013年版，第297、302、307、322页。

3 《辽史》卷五九《食货志上》、卷一〇六《马人望传》，中华书局1974年版，第926、1462页。

4 沈括:《梦溪笔谈》卷九《人事一》，胡静宜整理，《全宋笔记》第2编第3册，大象出版社2006年版，第78页。

5 史金波:《西夏农业租税考——西夏农业租税文书译释》，《历史研究》2005年第1期;《金史》卷四七《食货志二》，第1055、1063页。

6 李丽新:《浅谈辽代年号钱》，《北方文物》2011年第2期；李鸣骥:《西夏钱币铸造特点及其变化原因初探》，《西夏研究》2017年第1期。

金所铸钱“轻重如宋小平钱”。[1] 辽、夏、金本国铸币皆不敷需求，而以宋钱为主要通货。苏辙在辽朝看到“公私交易，并使本朝铜钱”。[2] 西夏故地发现的10余处大型钱窖中，宋钱平均占90%。大榆堡乡金代窖藏出土24911枚钱币中金代钱币仅187枚。[3] 金朝还学习宋朝，发行纸币。宋代货币经济蓬勃发展和宋钱的通用性，有力地体现了辽、宋、夏、金经济形态的同质性。

有宋一代，契丹建立的辽朝和党项建立的西夏政权，充分吸收中原文明，采用中原传统的皇帝制度和职官制度，实行中原传统的礼制和法律，任用汉族贤才，读汉文书籍，“典章文物、饮食服玩之盛，尽习汉风”，“所为皆与中国等”，各方面都与“中国”（即中原王朝）接近，以至同时期的宋人也认识到辽朝和西夏接受中原文明的程度超过以往很多民族政权，[4] 不能再将他们视同“夷狄”。金朝接受中原文明较辽朝和西夏更加深入系统，特别是金世宗推行一系列仿效中原制度的政治改革，以至“中原之人呼他为‘小尧舜’”。宋人对金朝采用中原制度基本持肯定态度，朱熹甚至说如果金世宗“能尊行尧舜之道，要做大尧舜也由他”。[5]

辽、夏、金在模仿借鉴中原文明的同时，也努力维护本民族的一些游牧文化传统。这些政权内部始终存在保持游牧传统和向中原文化学习两种不同路径的竞争，对中原文明的吸收也并非简单的“以夏变夷”，而是不同传统的彼此融合。但辽、夏、金的政治体制、思想文化、经济制度乃至国家治理方式等方面，总体上表现出与中原王朝不

1 《金史》卷四八《食货志三》，第1069页。

2 苏辙著，曾枣庄、马德富点校：《栾城集》卷四二《北使还论北边事札子》，上海古籍出版社1987年版，第938页。

3 杨富学、李志鹏：《北宋钱荒之西夏因素考析》，《西夏研究》2014年第1期；《中国考古集成·东北卷》，北京出版社1997年版，第402—404页。

4 富弼：《上仁宗河北守御十三策》、韩琦：《上仁宗论备御七事》，《宋朝诸臣奏议》卷一三五、一三四，上海古籍出版社1999年版，第1502、1493—1494页。

5 《朱子语类》卷一三三《本朝七》，朱杰人等编：《朱子全书》，上海古籍出版社、安徽教育出版社2010年版，第18册，第4161页。

断增强的同质性。这既是农耕文明与游牧文明长期交流融合的结果，也反映了中原文明的领先效应和向心作用。

二、西南地区与中原地区的文明统一性

西南地区各族的文明形态及其与中原王朝的关系，表现出与北方游牧文明等其他区域文明的不同特点，构成了中华文明中的子文明，形成了中华民族多元一体格局中的“西南类型”。[1] 宋朝放弃汉唐时期中原政权在西南腹地设置直辖郡县的传统，在西南地区实行相对收缩的政策。宋朝与西南各族的关系由汉唐时期的交错互嵌变为彼此分界。宋代西南腹地的地方势力不再如汉唐时期那样受到中原王朝的直接控制，从而使西南地区发展出一些地方性政治体，出现了不同的地方势力并存的格局。但西南腹地脱离中原王朝直辖统治，并不意味着西南文明与中原文明在发展中出现相互疏离，恰恰相反，这一时期西南文明在具体发展过程中，在政治体制、社会文化、经济发展乃至社会治理等方面，均表现出与中原文明强烈的统一性。

首先，西南地区普遍采用中原传统的政治体制。大理学习中原体制，建立了中央和地方官制，并“开科取士，定制以僧道读儒书者应举”。[2] 西南地区纷起的地方势力大都借用中原制度。如宋代位于西南地区的自杞国“胜兵十余万，大国也”，其国书曾以“乾贞为年号”，可见已模仿中原王朝建立了年号。[3] 属于宋朝羁縻州的地方势力也采用州县制度构建地方秩序。如溪州地方豪族彭氏将所辖之地分设 20 州，彭氏自任下溪州刺史，“以下溪州刺史兼都誓主，十九州皆隶焉，谓之

---

1 李治安、王先明提出，中华文明内部包含了黄河中下游文明、长江中下游文明、大漠草原文明、东北文明、西北文明、西南文明等地域子文明，参见《关于中华文明发展进程的若干思考》，《史学集刊》2023 年第 1 期；黄纯艳、潘先林提出，古代西南地区的文明特征、西南民族与中原政权的关系形态都具有自己的特点，形成中华民族多元一体格局中的“西南类型”，参见《古代民族关系史的“西南类型”——基于〈西南古代民族关系史稿〉的思考》，《中国史研究动态》2021 年第 6 期。

2 倪蜕辑：《滇云历年传》，李埏点校，云南大学出版社 1992 年版，第 165 页。

3 吴儆：《竹洲集》卷一〇《邕州化外诸国土俗记》，景印文渊阁《四库全书》第 1142 册，第 256 页。

誓下州”。[1]在州之下设县，如下溪州直辖大乡、三亭两县，而百姓按团、保组织，并仿照中原王朝的赋税制度征收“赋租”。[2]

其次，西南地区大力推行中原文化。在宋代，以汉字、儒学为代表的中原文化成为西南地区的主流文化。汉字不仅是辽、夏、金，乃至东亚诸国的通用文字，也成为西南地区不同民族间的交往工具。[3]大理普遍使用汉文，大理商人到广西邕州横山寨博易场贸易，热衷于购买《史记》《汉书》《本草》《千金方》等汉籍；西南地方政权罗殿国“有文书，公文称‘守罗殿国王’”；[4]“西南番酋长自称检校太师、守牂牁国”，“其首领多能华言，纵行书”；自杞国“自罗殿致书生，教之华言，教之字画”，其国王“知书，能华言”。[5]与直辖郡县接壤的播州等地少数民族更能熟练使用汉字。播州杨氏本“濮僚之族”，[6]十分重视儒学，“性嗜读书，择名师授子经”，“建学养士，作家训十条”，宣扬儒家忠孝等观念，使得“蛮荒子弟多读书攻文，土俗为之大变”。[7]

中原文化在西南地区得到广泛传播还表现在：其一，西南各族更加普遍地采用汉姓。汉唐时期，随着中原文化不断深入，西南族群使用汉姓已十分常见，宋代更加普遍，“獠蛮不辨姓氏，所生男女，长幼次第呼之”，“今稍从汉俗，易为罗、杨等姓”。[8]广西诸洞蛮夷“乐慕圣化，自改姓赵”，“从国姓，今多姓赵氏，有举洞纯一姓者”。[9]其二，西南大族纷纷构建与华夏同源的家族历史。如播州杨氏自称“其先太

---

1 《宋史》卷四九三《蛮夷一》，中华书局1977年版，第14178页。

2 “复溪州铜柱记”铭文，参见乾隆《永顺县志》卷四《艺文志》，江苏古籍出版社、上海书店、巴蜀书社2004年版，第143页。

3 木芹、木霁弘：《儒学与云南政治经济的发展及文化转型》，云南大学出版社1999年版，第19页。

4 范成大：《桂海虞衡志·志蛮》，孔凡礼点校，中华书局2002年版，第146页。

5 吴儆：《竹洲集》卷一〇《邕州化外诸国土俗记》，景印文渊阁《四库全书》第1142册，第255、256页。

6 刘复生：《西南古代民族关系史稿》，上海古籍出版社2021年版，第159—160页。

7 宋濂：《宋学士文集》翰苑别集卷一《杨氏家传》，浙江古籍出版社2014年版，第1126—1127页。

8 曹学佺：《蜀中广记》卷三六《边防记第六》，景印文渊阁《四库全书》第591册，第470—471页。

9 《宋会要辑稿·蕃夷五》，上海古籍出版社2014年版，第9860页；范成大：《桂海虞衡志·志蛮》，第136页。

原人”，甚至称“守播者”均为宋朝名将杨业的后代。[1]攀附华夏是西南地方大族普遍做法，思州酋领田氏、巴东冉氏、溪州彭氏等皆如此。

再次，西南地区的经济发展不断趋向中原传统。农耕经济成为宋代西南地区基本经济形态。《史记》曾记载西南地区既有“耕田，有邑聚”的农耕经济，也有“随畜迁徙，毋常处”的游牧经济。[2]汉唐时期农耕经济已是西南豪族大姓形成的经济基础，[3]南诏“专于农，无贵贱皆耕”。[4]大理经济以农业为主，田赋按亩征收。宋代广西诸蛮也是“其田计口给民”，从事农耕。今贵州境内的西南蕃“其地平衍，多稻田”。[5]农耕成为西南地区各族最普遍的生计方式。

毋庸讳言，宋代西南社会始终存在发展程度的地域差异性，各地区接受儒家文化程度不尽一致。但总体看，这一时期西南文明与中原文明表现出日益增强的内在同质性，既是西南地区与中原之间经济文化长期交流的结果，更是受汉唐时期在西南地区推行直辖郡县制度的直接影响。

汉唐时期中原政权对西南地区的统治，羁縻制和郡县制两套体系并行。[6]从汉代册封西南民族首领王侯爵位，到唐代任命民族首领为知州等土官，羁縻制可谓一脉相承。自西汉在西南初设郡县到唐代直辖西南州县，郡县制也始终延续不断。其中，汉唐时期的直辖郡县制度对中原文明在西南社会传播发挥了重要作用。一是推行政令。直辖郡县本身是一整套派官、驻军、管民、组织生产、管理周边民族等的政令体系。郡县体系也吸纳地方豪族，“即其渠率而用之”，[7]任用当地民

1 宋濂:《宋学士文集》翰苑别集卷一《杨氏家传》，第 1124 页。

2 《史记》卷一一六《西南夷列传》，中华书局 1959 年版，第 2991 页。

3 尹建东等:《汉唐时期西南地区的豪族大姓与地方社会》，云南大学出版社 2013 年版，第 45 页。

4 《新唐书》卷二二二上《南蛮传》，中华书局 1975 年版，第 6270 页。

5 范成大:《桂海虞衡志 · 志蛮》，第 134 页；吴儆:《竹洲集》卷一〇《邕州化外诸国土俗记》，第 255 页。

6 木芹认为汉晋南中郡县有边郡特点，而其性质“与中原郡县是一致的”，形成“边郡制和羁縻制”“二者并行”格局，参见《木芹民族历史文集》第 3 集，云南民族出版社 2010 年版，第 43、44、50 页。

7 《三国志》卷三五《诸葛亮传》，中华书局 1959 年版，第 921 页。

族首领担任郡县官职。中原王朝常以各部“夷帅”服从政令为前提，承认其治民权力，将其纳入统治体系。[1]二是推行儒学教育。汉晋时期西南就设有郡县之学，教授儒家经典。[2]唐代虽不见设立学校，但儒学教育已成风气。三是组织移民。移民实边是汉唐西南郡县体制得以推行的基础，组织和引导了大量戍守、屯田、商贸等各类移民进入西南腹地，将中原的农耕经济、技术、习俗、儒学等传入西南地区，很多内地移民崛起为西南豪族，奉行儒家文化，维护中原王朝利益，从内部推动了中原文化的传播和民族融合。[3]成熟、严密的郡县体系和具有文化优势的内地移民，发挥了从各方面宣扬中原文明的作用，为西南各族建构地方秩序提供了可以仿行的制度模式。

汉唐时期在西南地区实施的推行郡县制度、传播儒家文化、建立农耕经济等一系列措施，对西南各族社会发展产生了直接影响，为宋代西南文明不断趋向宋朝所代表的中原传统奠定了重要基础。

三、各政权秉持相同的“天下秩序”

中国古代的“天下秩序”是以“中国—四夷”为想象的地理空间，以华夷观念为基本内核，以华夏“天子”为核心，强调华夷尊卑有等。因而“天下秩序”的实质是华夷一统的、一元化和等级制的差序格局。但“天下秩序”的基本理念并不因统治者华夏或非华夏身份而有所不同。宋代不同政权的文明统一性突出表现在，各政权共享着相同的“天下秩序”理念，并将这种“天下秩序”落实在国家管理的具体实践中。

首先，各政权皆依据“天下秩序”，自称“中国”，竞争中华正统。宋朝皇帝自称上承天命，为华夷共主，居“中国”正统。辽朝和金朝

1 尹建东等：《汉唐时期西南地区的豪族大姓与地方社会》，第179页。

2 木芹、木霁弘：《儒学与云南政治经济的发展及文化转型》，第44页。

3 尹建东等：《汉唐时期西南地区的豪族大姓与地方社会》，第35—37、159页。

也随其“天下”意识增强而自称正统。辽初契丹人曾自认为“蕃”，但辽圣宗时已不甘于“夷狄”地位，辽兴宗以后逐步产生辽为中华正统的思想，反而视其他民族为“诸番”，宣称契丹为轩辕之后、承后晋统绪和德运，自称“中国”，标榜中华正统。金朝虽不攀附华夏出身，但自熙宗以后也以多种方式标榜正统：自认“中华”，斥南宋等政权为“夷狄”；多次讨论德运问题，特别是自称承唐统而为金德，置宋于闰位；自称“中国”。[1]

宋辽以条约形式结成的对等关系，根本原因是双方实力相等，都难以实现理想中“天下秩序”，从而只能以对等关系的弹性举措开展现实交往，但弹性应对之举并未改变辽宋对建立“天下秩序”的追求。北宋从试图打败辽朝，臣服契丹，重建华夷一统，到始终不忘燕云情结和“汉唐旧疆”，并于宋太宗、神宗和徽宗一再尝试“恢复”汉唐故土。辽朝建国后的发展路径是从部族制走向集权国家，目标是实现统合蕃汉的“中国之志”。[2] 金朝也有大一统的理想，金熙宗和海陵王宣称“四海之内，皆朕臣子”，“混一天下，然后可为正统”。[3] 以上体现了宋代各族政权共有的“天下秩序”理念和追求大一统理想。“天下秩序”这一理念不可能导向“国族”意识下的独立国家或“民族国家”，因为其理想的目标始终是建立大一统的“天下国家”，即一元化、多民族、多制度、多层次的朝贡秩序。

其次，各政权均依据“天下秩序”建立朝贡体系。辽、宋、金各自建立了以本国为中心，包括西夏、大理、于阗、高昌、吐蕃等“朝贡者”的朝贡体系。朝贡体系可以有多种关系形态，但朝贡体系的原则和机制是相同的。一是一元化的君臣名分。辽、宋、金在各自构建

1 宋德金：《正统观与金代文化》，《历史研究》1990 年第 1 期；郭康松：《辽朝夷夏观的演变》，《中国史研究》2001 年第 2 期；齐春风：《论金朝华夷观的演化》，《社会科学辑刊》2002 年第 6 期；刘浦江：《德运之争与辽金王朝的正统性问题》，《中国社会科学》2004 年第 2 期。

2 耿涛：《“中国之志”与“草原本位”：辽前期统治者的政治抉择》，《黑龙江社会科学》2022 年第 4 期。

3 《金史》卷四《熙宗本纪》、卷八四《耨盌温敦思忠传》，第 85、1883 页。

的朝贡体系中，都自居于独尊地位，以封贡制度、文书格式和见辞礼仪象征双方的君臣关系。以官衔册封、年号使用、君臣话语等彰显君臣关系。朝见朝辞仪更是君臣关系的标准演绎。如辽、宋、金规定西夏使节朝见以拜跪礼，宋仪通计十八拜，辽、金仪通计十七拜等，表达君臣之礼。[1]

二是多层结构的朝贡体系。辽、宋、金的朝贡体系都被划分为多层次结构。北宋朝贡体系分为羁縻地区、朝廷与藩镇关系、宗藩体制下国家关系三个层次。南宋朝贡体系在空间和态度上都大为收缩，西北各族、西夏、大理逐步脱离南宋朝贡体系，朝贡体系被分为羁縻地区和宗藩体制下国家关系两个层次。辽朝和金朝朝贡体系都包括羁縻各族和藩属国。

三是维系朝贡关系的交聘制度。辽、宋、金都规定了与朝贡者的常聘制度，虽然稳定奉行的“朝贡者”甚少，但被作为维持朝贡关系的标准机制。常聘包括贺正旦和生辰的例年遣使，即位、报哀、会葬等重大国事的遣使。常贡使节可获得厚往薄来的回赐和伴随的贸易利益。交聘制度的正常运行意味着双方关系的正常化，交聘制度行或止，以及诣阙人数和礼物都被作为保持朝贡关系的手段。

再次，各政权均构建了多民族共存、多制度并行的治理模式。中国古代的“天下秩序”不是单一的“国族”体制，而是统合华夷的复合体制。“天下”的治理方式也不是整齐划一，而是多制度、多层次的管理体系，从先秦的“五服”制度，到西汉内地置郡县、沿边设“初郡”和羁縻册封并行，[2] 再到唐代直辖郡县与羁縻制度并用，都是如此。宋代不同政权在处理多民族共存问题上虽各有特点，但始终在相同的“天下秩序”理念下，实施多制度并存的治理模式。一是行政管理的多

---

1 《宋史》卷一一九《礼志二十二》，第 2808—2809 页；《辽史》卷五一《礼志三》，第 855 页；《金史》卷三八《礼志十一》，第 866 页。

2 “初郡”又名“边郡”、“新郡”，是汉武帝时期在西南和岭南新开拓地区设置的郡县。这些郡县一方面由中央直接派遣守令、派驻戍卒、征收赋税，另一方面又负有管理所辖各族的职能。“初郡”与中原郡县不同，是根据所辖部族范围进行设置。

制度并存。辽朝“因俗而治”的最基本方式是蕃汉分治，即“官分南、北，以国制治契丹，以汉制待汉人”，地方治理则是州县制和部族制并行，汉人、渤海人行州县制，百官之制“一用汉法”。[1] 契丹和奚人保持部族制，系籍女真、室韦、党项等族则一方面以酋领统部民，不征赋役，另一方面派遣详稳或节度使管理军事和朝贡事务。[2] 宋朝总体上是华夷分治。以直接统治管理直辖郡县，土地、人口载诸版籍，征收赋役。以间接统治管理羁縻地区，任命蛮夷首领，北宋羁縻地区分为南方羁縻州体制和北方部族体制，首领分别授予土知州县和军事性的蕃官。[3] 金朝在女真地区保留猛安谋克制，在汉人和渤海人地区实行州县制度。

二是差异化的法律和科举政策。各政权法律制度有着中华法系的基本共性，但也因对待番、汉而有差异。宋朝实行“羌自相犯，从其俗；犯边民者，论如律”，用“本土之法”和“国法”区别处理。[4] 辽朝有番、汉二律，番律吸收中原法律而杂用契丹旧俗，到辽道宗时番、汉二律逐步走向统一。西夏和金朝法律制度则全国统一。宋朝科举制主要是直辖郡县的选官制度。辽、夏、金科举制度都兼顾番汉关系。辽朝科举制最初是为稳定汉族士人而设，契丹人则以世选制等途径入仕。随着中原文化影响加强，科举及第者受到推崇，渤海、契丹等族人也有参加科举者。西夏规定蕃汉皆可应科举，以科举选拔官员。金初针对原宋境和辽境士人差异而分设南、北选，随着文化差异日渐缩小，最终实行南北通选，同时金世宗还为女真人设置了女真进士科。

三是保持本民族优势地位的措施。宋朝强调华夷观念，并以此处理民族关系。辽、夏、金虽不实行明显的民族等级制，但也努力保持本民族优势地位。北方少数民族政权如何避免“汉化”危及王朝安全，

1 《辽史》卷四五《百官志一》，第 685 页；卷七二《义宗倍传》，第 1210 页。

2 纪楠楠：《辽朝民族政策研究》，吉林大学博士学位论文，2013 年，第 146 页。

3 安国楼：《宋朝周边民族政策研究》，文津出版社 1997 年版，第 38、54 页。

4 《宋史》卷二五八《曹玮传》，第 8988 页；《续资治通鉴长编》卷七二“大中祥符二年十一月戊午”条，中华书局 2004 年版，第 1641 页。

如何使“汉化”与草原本位间保持足够张力，是政权建立后面临的普遍难题。[1]辽朝以世选制传统和北面官巩固契丹族优势地位，“军国大计，汉人不与”，[2]创制契丹文，禁止契丹人参加科举等措施保持契丹风俗。金朝创制女真文，用世官特权、设女真科举确保女真族地位。[3]西夏通过秃发令，“制小蕃文字，改大汉衣冠”，规定宰执及副都统、监军使以上军职由西夏人担任等方式保持本族特色。[4]

辽、宋、金等政权均构建了具有包容性的多制度、多层次的国家治理体系，从而能够有效统合政权内部的各民族，并在此基础上追求“大一统”。各政权均将共同秉持的“天下秩序”理念落实到国家治理的具体实践之中，深刻展现出了中华文明发展的统一性。

四、结论

宋代是不同政权并立的分裂时期，同时更是中华文明深度融合的新阶段。宋代不同民族政权的文明发展，深刻体现了中华文明始终存在着统一性。中华文明统一性在宋代的主要表现是，不同民族政权在文明发展过程中展现出同质性及整体性的特征。

宋代周边政权在发展过程中，政治、经济和文化上都逐步趋向宋朝所代表的中原传统。辽、夏、金、大理等政权及周边民族仿行中原制度、接受儒家文化，不断增强同质性。特别是辽、夏、金政权，政治上逐步摆脱部族体制，走向以皇帝制度为核心的中央集权体制；经济上出现农商并重的经济形态和财政结构，实行财产税的制税原则，积极发展货币经济；文化上以儒家思想为指导思想，推行儒学教育。

中国历史上各民族发展的整体性包括两个层次：一是以中原文化

---

1 林鹄：《耶律阿保机建国方略考——兼论非汉族政权之汉化命题》，《历史研究》2012 年第 4 期。

2 《辽史》卷一〇二《张琳传》，第 1441 页。

3 范树梁、贾祥恩：《金代民族政策评析》，《内蒙古师大学报》1996 年第 2 期。

4 《宋史》卷四八五《夏国上》，第 13995 页；戴锡章撰、罗矛昆校点：《西夏纪》卷六，宁夏人民出版社 1988 年版，第 156—157 页。

为中心、吸收周边各民族文化，发展出中华民族共有的社会结构和制度文化；二是即使在分裂时期，各政权也始终坚持相同的“天下秩序”、追求“大一统”。[1] 所以宋代多政权并立的分裂局面，没有破坏中华文明的整体性，反而彰显了中华文明的整体性特征。宋代不同政权发展过程中的整体性，首先表现在各政权内部构建的多民族共存、多制度并行、多层次管理的治理模式。这一模式有效处理了多民族国家的治理问题，是对秦汉以来统一多民族国家治理经验的继承与发展，对后世产生了深远影响。其次体现在宋代中国境内不同民族的政权，共享相同的“天下秩序”理念，以共同的理念认识及处理与外部世界的关系，并付诸具体实践。这一“天下秩序”寓含的正统观念和朝贡秩序始终指向大一统格局。

一部中国史，就是一部各民族交融汇聚成多元一体中华民族的历史。宋代各民族政权在政治、经济、文化等相互学习借鉴，共同推动了中华文明的发展。这一过程进一步加速了中国境内各民族向内凝聚的趋势，使中华文明呈现突出的统一性，为元明清大一统格局的形成奠定了基础。

古代中国始终存在民族间、区域间发展的多样性、异质性及不平衡性，各民族创造的文明成果各具特色，共同构成中华文明的丰富内涵。与此同时，不同民族、不同区域的文明发展也表现出鲜明的统一性。正是这种统一性始终引导着中华文明的发展方向，推动着中华文明不断向前。

（原载《历史研究》2023 年第 4 期）

1　方国瑜：《论中国历史发展的整体性》，《学术研究》1963 年第 9 期。

宋朝文明向东亚诸国的传播

在讨论宋朝文明向东亚诸国的传播之前，首先我们需要明确我们所讨论的宋代“东亚”跟现代国际关系或地理学的“东亚”概念的关系。现代地理学中的东亚是指中国、蒙古、朝鲜、韩国和日本五国地理区域。作为历史上区域共同体概念的“东亚”，并不完全与现代地理概念的“东亚”相吻合，而更强调文化因素。被认为形成于唐代的“东亚世界”就是指具有汉字、儒学、律令、佛教四个共同要素的区域共同体，包括中国（唐朝）、朝鲜（新罗）和日本。宋代政权格局和文化版图都与唐代略异，若将文化作为核心要素，兼顾政权疆域，宋代多国并立格局中的东亚可以指宋、辽、夏、金、大理、交趾、日本、高丽在内的地理空间。

在公元10—13世纪的东亚，从人口规模和疆域面积来讲，宋朝无疑是当时东亚的大国。现能够统计到的当时各国峰值人口如下：北宋人口达到1亿多（葛剑雄），辽朝人口是840万（孟古托力），西夏大约160万（杜建录），南宋7000万（吴松弟），金朝5350多万（刘浦江）。另据朴龙云的研究，12世纪高丽的人口数约为250—300万。交趾距宋朝最近的一个人口数据是1408年的约520万。相比之下宋朝人口最多。从疆域来说，在东亚诸国中北宋的疆域仅小于辽，但它占据的是当时最富庶的中原和江南地区。南宋的疆域只有北宋的三分之二，仍是仅小于金，在东亚也算一个面积很大的国家。

在军事上，宋朝却是一个积弱之国，不仅在与辽朝和金朝对抗中一再惨败，而且在与交趾和西夏这样的小国交战中也多次失败。可以说，宋朝每一次对外重要战争都导致了其国际地位的下降。但是，在东亚诸国中宋朝仍然拥有仅次于辽、金的政治影响力，建立了以本国为中心的朝贡体系，与西夏、交趾等建立了稳定的朝贡关系。而经济文化上，宋朝对东亚诸国的影响则远非辽、金所能比肩，成为各国，包括辽、金学习的榜样。宋朝立足于东亚的基础是其领先的文明。宋朝是当时东亚诸国中文明程度最高的国家，表现在经济最发达，文化最昌明，制度最成熟。也可以说宋朝是当时东亚文明的中心和高地，成为东亚各国汲取先进文明的源地。不论强盛的辽、金，还是西夏、高丽、大理、交趾等小国，甚至与宋朝无正式政治外交的日本都积极吸收宋朝的物质文明和精神文明。

一、宋朝对东亚诸国的物质文明输出

从现存于日本《朝野群载》的崇宁四年（1105）泉州商人李充往日本贸易的贸易公凭所列的货物清单是各种丝绸七十匹、瓷器三百床，反映了当时最主要的大宗商品是丝绸和瓷器。从著名的南宋沉船“南海一号”近20万件套文物可见，数量最多的货物是瓷器，其次是铁器，有100多吨铁器，应该还有丝绸，经过800多年的海水浸泡，已经看不到实物了。此外，有金、银、钱币等等。这与文献的记载是一致的。宋朝向诸国输出的主要商品是瓷器、丝绸、铁器、铜钱、书籍、茶叶、漆器等有较高技术含量的手工业品。海上贸易和陆上贸易的商品结构基本是如此。只是海上贸易瓷器更为重要，因而海上丝路又称“陶瓷之路”，陆上贸易针对的游牧民族以输出茶叶、丝绸为主。由于东亚诸国与宋朝在技术上的差异，宋朝输出的这些商品都是周边国家大量需要的，且对宋朝有很大的依赖性。这些物质文明的输出对当时东亚各国的经济文化和社会生活产生了重要影响。

一个能够突出反映宋朝物质文明传播对东亚社会经济影响的例子是铜钱。宋朝是中国古代铸钱数量最多的朝代，同时也是古代铜钱货币体系最稳定、最兴盛的时期，虽然出现了纸币，但是纸币价值也是按照铜钱来核算的。北宋时期钱的铸造总量有学者估计达2—3亿贯。

大量铜钱在市场上流通，商人就把铜钱走私出去。宋人形容铜钱的外流是“边关重车而出，海舶饱载而回”，陆上贸易中满车的铜钱被运出境，海上贸易满载而回的商船是铜钱交换回来的。铜钱大量外流使当时辽、夏、金、日本、交趾、高丽等国都使用铜钱，当时东亚各国还纷纷仿造宋朝铜钱来铸造本国铜钱。宋代的通宝钱、年号钱铸造精美，形制规范，受到东亚各国欢迎，辽、夏、金、日本、交趾、高丽等国都行用铜钱，形成了东亚铜钱货币体系。

铜钱的信用是以其自然价值为基础的，它跟纸币不一样，特别是小平钱，即一文顶一文用的铜钱，不是当大钱，它的铸造成本一般来说接近于它的市面价值，如果生产管理环节不善，小平钱铸造成本甚至会超过其市面价值。所以古代铜钱有其本身的自然价值，而且是稳定的。在手工业技术相对落后于宋朝的周边诸国，铜钱的自然价值就更大了。所以在古代，不同国家、不同历史时期铸造的铜钱是可以同时在市场上流通的。当时，宋朝周边国家除了金朝造的铜钱较为精良、不亚于宋朝以外，其他国家如日本、交趾等国铸造的铜钱都很粗糙，因此信用低下，大量的宋朝铜钱走私过去后，在当地市场上都让位于宋朝铜钱。日本的自铸钱最后就因此完全退出了市场。辽朝和西夏也主要以宋钱作为主要通货。宋人记载他们在辽朝看到“公私交易并使本朝铜钱”。在原辽朝境内出土的当时货币中 70% 都是宋钱。西夏使用宋钱的比例更高，西夏境内发掘的铜钱窖藏 90% 左右是宋钱。东亚诸国中只有高丽未能大范围行用铜钱。高丽也曾经铸造本国铜钱，并一度鼓励行用铜钱，但未能改变本国实物交换和使用银瓶的习惯。东亚各国都非常珍惜宋朝铜钱，都推行了同样的铜钱禁令，即铜钱许入不许出。宋朝也是严厉禁止铜钱出境的，甚至曾规定走私一贯钱为首者杀头。尽管如此，当时东亚诸国还是深度卷入了铜钱经济的大潮，不仅普遍行用铜钱，一些国家还把铜钱作为缴纳赋税、发放官俸的手段。

货币是衡量经济发展的一个综合指标，它能够一定程度上反映商品经济发展的程度，包括经济能力、技术能力等。宋朝铜钱的传播和流通充分反映了宋朝经济以及物质文明对东亚各国的影响。

二、宋朝文化在东亚的传播

宋朝文化向东亚传播的方式和深度都超过了以往朝代，其中一个非常重要的原因是印刷业的空前发展，雕版技术虽然不是宋朝所创，但是在宋朝得到了大规模应用，使写本时代进入印本时代。宋朝书籍生产、传播的方式、数量，包括知识传播的方式都发生巨大变化，出现了多个印刷中心，包括开封、两浙、福建、四川等，既有官刻、家刻，也有坊刻。坊刻最著名的就是福建建宁，其所属麻沙是一个以印书为主的镇，所印书籍称麻沙本。宋朝印刷的各类书籍通过官、私渠道流向东亚诸国。建宁的《上梁文》歌谣中有一句“儿郎伟，抛梁东，书籍高丽日本通”，说的就是麻沙本向高丽和日本行销。

宋朝在政策上只允许能教化“蛮夷”的儒经和佛经外流，其他书籍基本上是被禁止流出的，特别是那些涉及国家机事的邸报、兵书、地理、文集、阴阳历算等都是被禁止的。比如说个人文集往往记录作者讨论国家大事的奏议，作者如果担任过翰林学士或中书舍人，其为皇帝起草的诏、制也会被收入文集，因此也事关所谓国家机事，禁止流出。但实际上，宋朝开放的和禁止的各类书籍还是通过官、私各种渠道流向东亚诸国。

宋朝输出的书籍大致可以分为三类：第一类是儒家的经史；第二类是佛经；第三类是其他类，包括医书、兵书、诸子书等各种书籍。特别是医书，中原传统医学为东亚诸国所采用，宋朝是医书、方书大发展的时期，宋朝医书在东亚诸国很受欢迎。当时宋朝书籍在东亚诸国的流通很盛，甚至当朝编修的史书、文集等也很快传到周边国家。比如，北宋欧阳修编的《新五代史》，完成之后很快就传到了辽朝，辽朝人看到《新五代史》把契丹写进四夷传，大为光火，向宋朝抗议

“宋欧阳修编《五代史》，附我朝于四夷”。因为彼此是对等之国，且他们自认比宋朝武力强大，可是宋人居然把他们视为夷狄。

不仅宋朝印刷的书籍大量外传，宋朝的雕版印刷技术也传到了东亚诸国。辽、夏、金、高丽、日本、交趾，以及大理都输入了宋朝的雕版技术。东亚诸国大量印刷汉文书籍，也有是将汉文书籍翻译成本国文字并大量刊印的。雕版技术的输出大大促进了东亚诸国的文化传播。辽朝的官刻、私刻都非常发达，大量刻印各种书籍，包括史书、儒经、宋人文集，以及佛经等，而且还把大量的汉籍翻译成契丹文印刷。金朝印刷的汉籍就更多了，金朝灭北宋后从开封获得了大量宋朝雕版，这些雕版都被运回金朝进行印刷。金朝的官刻、私刻坊刻也非常兴盛，大量翻译汉籍为女真文并印刷。各国印刷量最大的是佛经。辽朝根据宋朝《开宝藏》刻印了《契丹藏》。开宝藏是宋太祖下令刻印的第一部木刻汉文佛教总集《大藏经》。金朝也根据《开宝藏》刻印了《大藏经》，称之为《金藏》。宋朝的《大藏经》还传到了日本、交趾、高丽等国。高丽印刷的《高丽藏》及其印版是迄今保存最完整的。

书籍和印刷技术的输出，扩大了宋朝文明的影响，使这一时期东亚各国学习中华文化的深入程度超过了此前历代。

三、宋朝制度向东亚诸国的输出

当时的东亚诸国也吸纳了宋朝制度很多新的因素。辽、夏、金是游牧民族建立的政权，各自努力保持本族习俗，创制本族文字。农耕文明为主的日本、高丽、大理、交趾实行着各有特色的制度。每一个国家都是其不一样的特点。另一方面，东亚诸国又有着前述的汉字、儒学、律令和佛教等方面文明核心要素的同质性。既有对唐朝制度的沿袭，也有对宋朝制度新的吸纳。

政治和军事上凌驾于宋朝之上的金朝，其职官制度也颇多是学习宋朝的，中央官制实行尚书省、六部制，地方设转运司、提刑司等，经济制度实行的两税法、禁榷制、商税制度、行铜钱、印纸币，推行儒家教育制度和科举制度等，既有沿袭于唐代和辽朝，也大量借鉴于宋朝，地方设立转运司、提刑司就是宋朝的地方制度。其商税制度、纸币制度都是源自宋朝的制度。在宋代建国的交趾更是全面借鉴宋朝制度，建立重文抑武、文武两班的中央官制，路、州、县的地方制度，儒学教育、科举制度等。高丽也继续学习宋朝制度，补充修订本国制度，重文轻武之风甚于宋朝。

学习宋朝制度最典型的是西夏。西夏建国后，学习宋朝制度，建立文武两班，建设置宰相、枢密院、三司分掌行政、军事、财政的分权体制。西夏也学习了宋朝的监察制度。西夏的首都兴庆府的地方机构也叫做开封府。地方设置转运司、州、县。西夏还学习宋朝的政治文化，借鉴唐宋法律制度，结合本国特点，编纂了本国法典《天盛律令》，推行“汉礼”，杂用唐宋礼仪，建立本国完备的礼仪制度，建立了汉学和番学，推行儒学教育和科举制度，各州都祭祀孔子。其宗教信仰也与宋朝一样，主流信仰是佛教，大量翻译佛经。西夏在经济上也建立以两税法为核心的赋税制度。可以说西夏就是保持本族文化特色、杂采各族文化，努力建设“宋型国家”的一种模式。

如果要选取一项东亚诸国借鉴宋朝最具普遍性的制度为例，无疑是科举制度。辽、夏、金、高丽、交趾、日本、大理诸国都实行了科举制度。诸国科举制各有特色，程度不一，但显示了儒学治国的共同特点。辽、高丽、日本在宋朝建立前即行科举制，但在宋朝建立后都不同程度地学习了宋朝科举制度的新举措。

辽、金、夏三个游牧民族政权学习宋朝科举制，兼顾汉蕃关系的处理。辽朝科举制主要针对汉族士人，契丹族入仕主要是世选制和恩荫制。随着科举的发展，科举出身之人的社会声望的提高，各族士人都争相应试。金朝初针对辽朝和宋朝区域内士人区分南选和北选，因辽境汉人和宋境汉人的文化程度不一样，儒学学术风尚也不一样，宋朝重经义、辽朝重诗赋，而分别试以经义和辞赋，后统一为通选。女真士人则另开女真进士科。西夏则规定蕃汉都可以应科举，西夏神宗遵顼就是科举出身，且是状元。

高丽、日本、交趾、大理等国吸纳宋朝科举制也有各自特点。高丽和日本都保持贵族制度，与宋代科举公平开放不同，高丽一般农家子弟和普通乡吏子弟没有应试资格。日本参加科举者为贵族官僚子弟，取士人数极少，且与贵族制世袭有冲突，于1177年废止。交趾科举制进士科虽最重，又有三教科及吏员科（试吏员）。大理有常科和制科，常科中除了儒学的科目外，又有道举、佛举科目。

同时，各国科举都不同程度地学习和借鉴宋朝科举制度若干新创的举措。殿试制度在宋朝正式称为三级考试制度之一。辽朝、金朝、西夏、交趾都学习宋朝的殿试制度，实行三级或四级考试制度。熙宁变法开始宋朝还实行三舍法，将太学分成外舍、内舍和上舍，逐级选拔，升上舍者可以直接授官。高丽学习了宋朝的三舍法。宋朝在考试内容、录取程序上的一些创新也被诸国吸纳，如金朝实行了宋朝新创的弥封、誊录、三甲等制度。

科举制度是古代的选官制度，是国家的基本制度，它体现了古代国家的治国理念、意识形态和主流文化，具有重要的导向作用和象征意义。宋朝科举制度向周边国家的传播，是宋朝文明对周边影响的一个重要的反映。跟科举制相适应的，就是当时东亚诸国都非常重视儒家立国的治国倾向和教育制度。各国不同程度推行文官政治，既包括辽、夏、金这样的游牧政权，也包括实行贵族制的日本和高丽等。科举出身的人都受到推崇，属于社会声望最高的一个群体。宋朝的教育体制也被各国借鉴。宋朝第一次全面实行州县学的学田保障制度，即给州县学配学田，以学田租就用做州县学运转的经费，是保障州县学的重要措施。宋朝还大力发展书院，特别是民间书院，是社会教育发展非常重要的事件。东亚诸国在学习宋朝的过程中也大力推行儒学教育，建立从中央官学到州县学完备的儒学教育，纷纷兴办书院。

四、宋朝文明的传播途径

宋朝文明向外传播既有官方途径，也有民间途径，而以民间为主。唐代，东亚的新罗和日本向中国学习的交流途径主要是官方的，通过派遣遣唐使、留学生和留学僧积极学习唐朝的律令制度，以建构其中央集权的国家体制。也有民间的交流，但唐朝禁止本国百姓出境，贸易发展程度也没有宋朝繁荣。到了宋代，日本和高丽已经完成了律令国体制的建构，官方组织大规模向宋朝学习制度文化的动力基本消失了。两宋时期仅高丽组织过一次官方留学生，于宋神宗朝时派遣权适等五个学生来宋朝太学学习，后来升到了上舍。回国以后权适负责高丽的教育，他把宋朝的三舍法引入高丽，并为高丽制定了相关礼仪以及教育和科举制度。

东亚诸国所遣入宋使节虽非以学习制度文化为使命，而主要是履行礼仪性外交使命，但多会向宋请赐或采购书籍，学习宋朝制度文化。辽、金都曾从开封掠夺了丰富的汉籍。辽灭后晋后从开封掳掠去大量史籍。金灭北宋，也把开封的三馆史书以及大量雕版运回。辽、金官方偶尔也向宋朝求书。大中祥符间，辽使节提出本国喜魏野诗，但只有半部，请求宋朝赠送全部。宋真宗命人寻得其《草堂集》，赐给了辽使。金章宗明昌五年（1194）曾向南宋购求《崇文总目》所录书籍。《崇文总目》是北宋仁宗朝编写的昭文、史馆、集贤三馆及秘阁所藏书籍目录。北宋三馆所藏大都被金朝掳走，但金仍向宋朝求取他们所缺。高丽、交趾派遣的使节也曾多次向宋朝求购或求赏图书。宋朝曾经应高丽使节的请求，前后八次赏赐《大藏经》。高丽使节还多次请赐和采购《九经》《文苑英华》《册府元龟》《史记》《两汉书》《三国志》《晋书》《圣惠方》，以及阴阳、地理等书籍。交趾官方也多次向宋朝求请《大藏经》。

东亚诸国向宋朝学习的主要方式已经不再通过官方，而主要是民间途径。一是移民。高丽有大量宋朝移民。高丽“王城有华人数百，多闽人因贾舶至者。密试其能，诱以禄仕”。很多到高丽的有文化的宋朝商人，会被高丽官方留下来任官。韩国（朝）家谱中多见追溯先祖来于宋朝者。如白川赵氏将其始祖追溯为宋太祖长子德昭第三子之遴避祸奔高丽，曾任景宗朝左仆射、参知政事。《静浦先生（韩雍）实记》追述先祖韩锐来自南宋，曾任宋宁宗朝兵部尚书，入高丽后，官至金紫光禄大夫、门下侍中、平章事，封谷山府院君，韩锐祖父韩奎哲为南宋丞相。此类记载难以枚举，多有攀附。

《高丽史》也记载几例“宋进士”授官。这些入仕为官的宋人不同程度影响高丽政治，传播宋朝制度文化。其中宋朝温州人周伫搭乘商船前往高丽，因为突出表现在《高丽史》立传。周伫到高丽以后，因为有文化被推荐给高丽朝廷任官，曾任翰林学士承旨等，最后做到礼部尚书，执掌高丽国君诏书起草。周伫拟的《本国（高丽）入宋进奉起居表》，文书格式完全遵循中原王朝制度礼仪，宋朝的制度文化、华夷观念都寓含其中。西夏也有不少为官的宋朝士人。西夏招纳“弟子不第”者，“或授以将帅，或任之公卿，推诚不疑，倚为谋主”。宋仁宗朝华州士人张元、吴昊投夏，被元昊重用，《西夏书事》载张元曾任中书令、国相，在西夏建国初的制度设计和政策制定上发挥了重要作用。精通文学的广州进士黄玮随侬智高逃入大理国，获大理国重用，对大理国学习宋朝科举制等制度产生了一定影响。交趾也大力欢迎宋朝士人，尤其是“曾经赴试士人及过犯停替胥吏”，以至“交趾公卿贵人多闽人”。这些从皇帝（国王）到重臣的宋朝移民在宋朝文明向诸国的传播中发挥了重要作用。

民间交流的另外一个渠道是僧侣。僧人在两宋时期的东亚佛教交流中间扮演着主要的角色。“名重辽宋”的高丽大觉国师义天就是宋丽佛教交流的重要推动者。义天是高丽文宗第四子，因为崇尚佛学而出家，成为高丽全国佛教僧统。元丰八年（1085），义天搭乘商船到宋朝，受到热烈接待，宋朝按照外交使节的规格来接待他。义天在宋朝遍访名师，学习各宗佛法。后来又搭乘商船回国，带回了三千多卷佛经。回国以后，义天把高丽的各派各宗佛教加以规范，开创了高丽的天台宗等多个宗派。同时他仍保持着跟宋朝和辽朝的交往，陆续又向宋朝和辽朝采购佛经四千多卷书。

日本没有与宋朝建立官方关系，但希望获取宋朝的文化、物资和信息，发展出以僧侣私人赴宋，取代官方使节的文化交流方式。宋朝则称“连贡方物，而来者皆僧也”。最著名的日本入宋僧是奝然。奝然入宋被认为是中日关系史上具有划时代意义的事件。奝然于983年入宋，交流佛学，巡礼五台山，回国时带回大量教经，其中包括一部《开宝藏》。这部《开宝藏》对日本佛教发展产生了很大影响。奝然入宋属于私人行为，但获得了官方批准。另一日本著名入宋僧成寻则是完全的私人行为，代表的是大多数日本入宋僧的状况。宋神宗熙宁五年（1072），成寻带着弟子来到宋朝，第二年他派弟子回国并带回400多卷史书，自己则留在宋朝直到去世。成寻所作《参天台五台山记》流传了下来，其中记载了大量当时宋朝的信息也传到日本。

民间交流中最重要的群体就是商人。两宋时期，东亚诸国与宋朝的交往，以及宋代与世界各地的交流中，主体力量就是商人。商人是东亚诸国人员、物资和文化交流的桥梁。上文提到的东亚文化交流的移民、僧侣，甚至使节多是搭乘商船往来。宋朝跟辽、夏、金、大理、交趾等国陆上榷场、博易场等贸易主要也由商人承担，他们一方面合法交易茶叶、香药、书籍等宋朝商品，另一方面通过走私向周边输出宋朝书籍、铜钱等。苏辙说他在辽朝看到的是“本朝民间开版印行文字”“北界无所不有”，甚至各类禁书“尽得流传北界”。严禁出境的铜钱大量外流，也由商人走私。

海上交流也是如此，宋代对外贸易重心完全转到海上，进入海洋贸易时代，中原王朝中第一次允许本国百姓出海贸易。基于庞大的人口基数，宋朝海商数量众多，他们拥有商品优势，即行销瓷器、铁器、书籍等有技术含量的商品，掌握指南针等先进的航海技术，由此成为亚洲海洋贸易中的主导力量。高丽史中可以统计到确切人数的宋朝商人，总计达4665人。日本的博多也有相当规模的宋朝商人居留。除了宋朝商人外，在东亚诸国交流中，高丽、日本、交趾等国商人也发挥了重要作用。

五、余论：宋朝文明传播的世界意义

宋朝政治、经济、思想、文化各方面的文明成果在相互交流中成为了东亚诸国共享的财富。宋朝文明向东亚诸国的传播，一方面延续和深化了东亚诸国在唐代形成的汉字、儒学、律令、佛教诸方面的同质性，另一方面又为东亚文明，乃至世界文明注入了新的因素。概括而言，宋朝文明的世界意义表现在以下方面：

一是文官政治。宋朝实行重文政策，改革科举制度，实现了武人政治向文人政治，贵族政治向官僚政治的转变，建立了文官政治的保障机制，引导了东亚诸国政治体制的方向。建国于宋代的交趾、西夏仿行宋朝文官体制，建立“宋型国家”，辽、金、高丽、大理也积极吸收宋朝文官政治因素，完善本国政治体制。这有利于各国及东亚地区的政治稳定。中国科举制度对西方文官制度影响中宋代科举制有核心贡献。

二是崇文重教。儒家治国的国家历来是崇文重教的，而宋朝不仅把崇文重教的基本国策强调到以往不及的高度，更重要的是通过中央官学、州县学、书院、科举制度的新创和完善，建立了长久而深入的崇文重教的机制。而雕版印刷的普及为宋代考试社会、读书社会提供技术支持。这些制度、风气和技术也为东亚诸国所借鉴，建立州县学、书院、乡校，完善科举制度，更进一步强化了“中华文化圈”“中华教育圈”。

三是贸易体系。宋朝实行对外开放的经济政策，在历代中原王朝中第一次允许并鼓励本国民众出海贸易，其中以明州市舶司专门管理对日本和高丽的贸易，促使了具有稳定的商品结构和市场关系、稳定的贸易力量和市场区域的南海贸易体系的形成。南海贸易体系是互惠机制，体现了互利理念，使东亚各国都卷入贸易浪潮，使东亚各国都卷入贸易浪潮，无法实现事实上的自我封闭，也为元明清的亚洲海上贸易奠定了基本模式。

四是朱子社会。从更长时段中看，“朱子社会”无疑是宋朝文明对东亚诸国重要而深远的影响。南宋后期理学官方化，为元明所继承。朱熹之学不仅成为科举蓝本，而且《朱子家训》《朱子家礼》、朱熹所定《白鹿洞书院学规》，增补的《吕氏乡约》，宋人所著《朱子读书法》，以及朱熹教化社会的精神都为东亚诸国所崇尚，成为东亚诸国齐家、治族、教民，构建社会秩序的样板。

此外，宋朝印刷技术和医学知识输出、指南针运用于航海等，也促进了东亚诸国社会发展，增加了东亚诸国同质性。甚至产生了更为广泛的世界影响。

当然，宋代文明向东亚诸国的传播并不意味着宋代的东亚是一个模板所铸就，而仍是丰富多样的世界，各国在本民族传统基础上吸收、内化宋朝文明，发展出富有本国特色的文明。同时，宋朝文明的传播使东亚诸国文明共享，经济互利，理念相通，成为更加紧密的区域共同体。

（原载《光明日报》2022 年 5 月 7 日第 10 版）

古代民族关系史的“西南类型”

——基于《西南古代民族关系史稿》的思考

中国西南民族研究，如张光直先生所说，既是学术宝库，又最为复杂。近年来，历史学、民族学、人类学等学科研究方法，区域史、整体史、全球史等不同研究视角都在西南研究中被充分运用，使西南民族史研究成为了学术热点，特别是明清西南研究取得了突出创获。刘复生先生的新著《西南古代民族关系史稿》(上海古籍出版社 2020 年版，以下简称《史稿》)“坚守本位，吸纳新知”，被同行称为西南民族关系史研究“目前所见完成最佳的著述”(段玉明：《西南民族关系史研究的典范之作》[以下简称“《典范之作》”]，载《中华读书报》2021 年 4 月 28 日)《史稿》以不长的篇幅对宏大而复杂的西南古代民族关系作了整体、详明的揭示，展现了西南古代民族关系研究走向“全新的天地”(见《典范之作》)的可能空间，具有重要的启迪意义。本文认同《典范之作》对《史稿》的评价，但《典范之作》三千余字的篇幅，多有未尽。本文简谈我们对《史稿》的理解，并就《史稿》可加申论之处，及该著在议题和方法上的启迪略述管见。

一、《史稿》的学术特色和创见

段玉明先生在《西南民族关系史研究的典范之作》概括地论述了《史稿》内容和方法创新。《典范之作》列举了《史稿》的观点创新：“巴”是一个区域泛称，包括了许多族群，统一的“巴国”并不存在；藏缅语族民族不能全部归入“氐羌系统”；廪君蛮、卢戎和江西彭氏构成土家族的族源；“云南八国”为“云南”与“(西山)八国”的合称而非大理的八个行政区划；僰人为白族先民无史实依据；悬棺葬非僰人习俗等等。指出其研究方法的特点主要表现在三个方面：一是有清晰的学科视野，坚持历史学的民族史实证研究方法；二是将西南民族演变与中央王朝治理分开讨论；三是动态讨论西南古代民族关系。《典范之作》评价道，厘清语属、系属极为复杂的西南古代民族的消长进退、彼此互嵌“是此前类似著述没有完成的任务”，“虽然耗费了很多学者的心力，而其收效却未必令人满意”，《史稿》的出版使“纷繁复杂的西南古代民族关系终于有了一个考证精详、持论公允、线索清晰的研究成果”。

《史稿》具体观点的创新《典范之作》仅举其要，作者考辨源流，反思前说，新见迭出，本文不拟在《典范之作》基础上再加枚举，仅从四个方面略举该书的特点：第一，整体视野下的系统性论述。相比与已有同类著作，《史稿》的篇幅不长（32 万字），但对西南民族关系研究脉络及其特点作了最为系统的梳理和阐释。《史稿》的系统性并非对西南民族关系史所有问题的面面俱到、巨细靡遗，而是以问题研究和族群流变为导向。一是对各主要族群源流的系统考镜，从《史记》《后汉书》所论西夷、南夷七大族群入手，论述了氐羌、濮僚、乌蛮、僰人、百越、夜郎、苗瑶等族群的迁徙、演变、交往、冲突与融合的过程，纲举目张地描述了各个历史时期西南民族构成格局及其变迁；二是作者的论述不以王朝和区域为限，而是抓住荆湖族群入蜀（古蜀国）、氐羌南下、乌蛮东迁、僚人北上、苗瑶西迁等跨区域、跨王朝的重大迁徙活动，整体地揭示了西南民族格局的时空演变；三是对西南民族互动关系作了多视角的综合考察，如，从历史、语言、文化等不同角度梳理了区别于藏缅、苗瑶、壮侗诸语族的“濮僚系统”民族的构成谱系和历史脉络，通过中原王朝开拓、乌蛮东迁、苗瑶和壮侗西迁冲击等考察，厘清了巴蜀、牂牁、泸夷等濮僚系统民族原始分布地区民族构成和民族关系的演变脉络，揭示了濮僚系统民族融合和“消亡”的轨迹。

第二，对历史学研究方法的坚持与反思。《史稿》充分吸收近年来历史人类学和区域史研究方法取得的成果，主张不同学科方法的互鉴互补，同时坚持历史学民族史研究的实证方法。百年来，民族史学视角下西南古代民族和民族关系研究逐步形成了语言、习俗、迁徙等成熟的研究路径，即以语言划分族群系统，以习俗辨识族群属性，以迁徙构建族群流变。但在现有某些研究中语言和迁徙成为简单化的路径依赖，出现证据缺环导致的“迁徙想象”和“一音之转”的简单嫁接，从而使经典路径成为研究陷阱。《史稿》一方面仍遵循这一基本研究路径，同时也保持了对这一传统的警惕和反思。作者指出，“语言”分类在氐羌与西南藏缅语族各族的源流关系认识上有简单化倾向，过去常以“氐羌系统”民族来指代现在西南藏缅语的藏、羌、彝、白、纳西等十七个民族，是不准确的“泛羌论”或“泛氐羌论”。“语言”同时也是作者重要的分析工具。例如众说纷纭的土家族族源诸说都未能解释土家语藏缅语族成分的来源，影响最大的巴人廪君蛮说，不能证实廪君蛮出于氐羌系统，而源于藏缅语乌蛮说则显然与乌蛮于唐宋时期才进入荆湖地区的历史相矛盾。作者认为，土家语藏缅语成分来源于西周开始东迁再南徙的卢戎，从“虎”字的土家语读音、“卢”字地名等方面论证了卢戎与廪君蛮、彭氏势力成为土家族先民三个来源之一。

“迁徙”是西南民族和民族关系史研究的另一基本路径，也是民族关系史上的重要问题。如上所述，迁徙是《史稿》梳理族群流变的叙述主线，同时作者也对迁徙的研究保持谨慎，指出，不能根据古籍所载的只言片语而陷入迁徙想象之中。在文献有限的西南民族史研究中可能落入用不同时空同名异实的名称建构某一民族整体历史的迁徙陷阱，如，已有研究认为西爨白蛮是迁徙过去的僰道的僰人，成为近世的白族，这是比较“主流”的说法，但用迁徙将僰道僰人与白族历史联系起来是一种“迁徙想象”，迄今没有发现哪怕一条有价值的材料，这一似是而非的看法始于明清的白、僰混写，继而被今天的学者接受。《史稿》认为滇国之地本就是僰人居住区，没有僰道之“僰”南迁之事，但此僰非彼僰。《史稿》指出，类似的迁徙想象还有追溯僰人等族源、以竹王传说论证夜郎国范围等，最多的迁徙想象构建是氐羌的迁徙及其影响。

第三，进行了深入的区域研究。西南山重水复的地理环境形成若干相对区隔的地理空间，活动于其间的族群长期相对稳定和独立，古人形象地称之为“溪洞”。“溪洞”并非凝固不动的，常在各族群迁徙、交流、冲突和融合中演进，强化西南区域内部联系的同时也塑造着西南区域的共性。西南民族关系史的研究需深入考察其中相对独立的小的区域历史。《史稿》在从族群流变对西南民族关系进行整体考察的同时，也注重对西南内部各区域历史作深入研究。该书对古蜀国历史演变，以及川西、泸南、溪州等区域族群互动历史都作了翔实的论述。作者考察了羌族南迁打破“蜀汉徼外蛮夷”构成态势，导致原住夷系民族大规模内属和南迁，是西南民族史上民族的大规模易位，对川西地区乃至整个西南民族关系产生了重大影响。而《史稿》区域研究最为精彩的是对泸南地区族群构成及演变的研究。泸南地区原住民族为僰人，在僚人北上运动中有都掌蛮留居于此，唐宋乌蛮东迁进入该地，总称为“泸夷”。北宋时朝廷借助都掌蛮征讨该地区的乌蛮和僰人而得以壮大，明代将该地势力最大的都掌蛮泛称为僰人，清代修地方志多有“僰人悬棺”记载。今人沿袭旧说，将“僰人悬棺”视为了定论，悬棺实则是僚人都掌蛮而非泸南土著僰人习俗。“僰人悬棺”正是将僚人都掌蛮习俗张冠李戴于僰人的结果。

第四，西南区域各少数民族间互动关系和西南各族与中原王朝互动关系两条主线交互并进。《典范之作》指出了《史稿》“将西南民族演变与中央王朝治理分开讨论”，重点是梳理了中原王朝对西南民族的政策和制度演变。笔者欲补充的是《史稿》在中原王朝治理西南的政策、制度以外，对中原与西南民族互动关系作了深入论述。例如，作者分析了汉代中央王朝势力深入西南，建立郡县，西南民族地方势力瓦解消散，魏晋南北朝时期中央王朝影响减弱，使西南大族势力膨胀，直到唐宋形成南诏、大理政权，罗殿、自杞等林立的大小政权。作者还对中央王朝与西南各族在相互交界的边缘地区的互动，特别是宋代对西南沿边汉夷土地交易和赋税政策，以及泸夷、播州、溪州诸夷与宋朝的互动作了深入考察。作者对中央王朝与西南民族间的茶马、盐马、锦马贸易的论述揭示了双方经济互动方式和互补关系，尤其详细地论述了南宋广马贸易与西南民族势力变动的关系。这些研究反映了中央王朝在西南地区的进出及与西南民族的互动深刻地影响着西南各族历史的发展。

《史稿》堪称西南民族关系史研究中“目前所见完成最佳的著述”（《典范之作》），该书以整体视角系统地论述了西南民族关系的演进历程，以族群流变为叙述主线，避免了按朝代论述导致的割裂，对传统民族史研究方法既有承继又有反思。如作者所言，《史稿》不是一部全面的西南民族关系史，也不以此为志。《史稿》的着力和留白都给我们进一步思考西南民族关系史研究提供了诸多启示。在《史稿》的启迪下有如下问题仍可进一步申论：一是梳理汉宋时期中原与西南的互动关系及其变化；二是注重西南内部结构及其与中原关系的差异性；三是在中华民族历史整体性中认识西南类型。

二、汉宋中原与西南民族互动关系及宋元转折

从西南与中原互动关系的角度，古代西南民族关系史可以为秦汉到唐前中期、唐后期到宋、元明清三个阶段。近年来学界对西南的关注主要着眼于宋代以后，特别是明清，对水西、湘西、云南、四川等区域的研究，关注最多的都是明清。《史稿》则把研究重心放在宋代以前，着墨最多的朝代是宋代，全书八章中一章论述元明清。从《史稿》作为重要叙述主线的族群流变而言，先秦至宋代无疑是迁徙、交融到基本稳定的时期，元明清时期由于中央王朝势力较汉唐更为强势地进入西南并不断扩大直辖郡县，西南民族构成格局除了部分民族的迁徙

变动外基本沿袭了宋代的形态。因而从族群流变角度，宋代以前无疑是论述的重点。从中原王朝与西南互动关系而言，既与西南区域内各民族关系交互影响，又表现出富有特色的变化轨迹。《史稿》将中央王朝将西南统治政策分为间接统治和直接统治两个阶段，秦汉道制、初郡制到唐宋羁縻州视为一脉相承的间接统治，以“间接统治形式：从道制到羁縻州制”论之，元明清土司制是直接统治，又称为特殊形式的直接统治，所谓“特殊”，因其含有羁縻的因素，说其“直接”，是中央政权可以直接对它发号施令，可以干预少数民族内部事务。

初郡制下郡守县令等流官掌郡县，部族首领封以王侯，具有土流兼治的特点，与内地直辖郡县有显著区别，但是深入“蛮夷”腹地设置流官直辖郡县作为中原王朝治理西南地区不同其他地区的重要方式，且产生了重要影响，又需要厘清流官治理的初郡制与唐宋册封蛮夷首领的羁縻州制的不同制度脉络，而不用“间接统治”或羁縻一言以蔽之。初郡制尽管在新征服的沿边地区设立的制度，但其本质是流官统治的直辖郡县，尽管这种直辖统治多是线状或点状的控制，所收赋税（对蛮夷无征调，仅纳土贡）远不足支持官员和驻军，往往治所之外即为蛮夷，控制程度有限，且常发生当地民族的反叛，除了就地调集其他民族参与平叛外，常常需要中央给予兵力和财力的支持，统治成本巨大。但仍不能否认其直辖郡县的性质和发挥的重要意义。

这种深入西南地区建立的点状或线状的直辖统治在秦统一全国进程中就已出现，设置蜀郡、巴郡和广汉郡，开五尺道，进入南中，张官置吏，向东深入贵州和湘西，里耶秦简的发现让我们了解了秦国在西南的直接统治方式。汉武帝开西南夷，设置犍为郡、牂牁郡、益州郡等七个“初郡”，东汉设多个属国，后逐步改郡，所设永昌郡，将开拓范围延伸到滇西。此后或设都督，或置校尉，或立州郡，直到唐朝，历代都以不同方式在西南腹地建立与羁縻体系并存的直辖郡县体系，中原王朝在西南夷地区设郡县，驻军队，兴屯田，通道路，置邮亭，形成流官掌治郡县，对部族首领赐封爵位官衔的土流并治格局。

但这一统治系统不能用“羁縻”混同于通过当地民族首领实现的间接统治，其意义至少有三个方面：一是宣示中央王朝的存在，直辖郡县官员虽对辖区少数民族实际统治程度有限，但代表中央行使对少数民族的统治权力，履行纳贡、赐封等权利和义务；二是发挥着十分重要的稳定和平衡作用。中央势力直接进入，平衡了西南少数民族势力，产生了抑制地方割据膨胀的作用；三是对西南少数民族在文化、观念和制度等方面产生了深刻影响，文献记载和考古发掘都表明，中原的生产方式、礼仪制度、社会文化、制度体系等都随着中原王朝势力及与之相随的移民的影响下根植到西南少数民族社会之中，塑造着西南民族与中原内地的诸多同质性（见下文论述）。这显示了中原王朝治理西南少数民族地区时与册封“蛮夷”首领不同的另一方式。对这一方式及其影响的梳理是研究西南民族关系的重要内容。

但是，秦汉以降的直辖传统并非没有起伏。宋代除了个别时期的开边，总体上全面退出对西南少数民族腹地的直辖统治。《史稿》从羁縻州制向土司制转变的角度论述了由宋入元，中央王朝对西南少数民族统治方式由间接到直接的转变。我们认为宋代西南政策的重要转向还体现在总体上全面放弃对西南腹地重建直辖郡县的政策。这是认识西南民族关系和长时段考察西南与中原互动关系演变的重要内容。宋代的这一变化是在唐后期和五代政策承袭基础上的变化。唐朝中后期为了利用西南民族势力牵制吐蕃，接受并扶持南诏立国。南诏在唐王朝自身衰落和唐蕃争战的局势下不断壮大。唐朝失去了对其有效控制，不得不逐步退出云南，以至于攻陷成都的南诏人南归过大渡河时对被掳的华人说“此吾南境，去尔国，当哭”。大渡河以南已完全成为南诏的势力范围。前蜀政权也承认了大渡河以南为南诏所有的事实，将侵犯黎州的南诏军驱过大渡河便不再追讨。在黔南地区也不再复置以前的郡县，昆明和牂牁势力因而得到发展，特别是乌蛮在黔南地区逐步占据主导地位。在湘西地区，唐朝曾设置的直辖郡县溪州，五代时被彭氏以楚国溪州刺史身份据有，并逐步割据自立，楚国虽经争战，最终还是承认了彭氏的自立事实。宋朝建立后，沿袭了这一既有局面，并进而在西南少数民族地区实行全面收缩、退却的政策，不仅放弃了汉唐时期在大渡河以南曾经设置的郡县，完全退出了云南地区，在川西、川南、贵州、湘西等地区也只保留了汉唐曾经设置过的不多的直辖郡县，在西南政策采取不深入，“不生事”，甚至不接触的政策。宋代既是对唐后期和五代既有格局的承袭，更是对秦汉以来西南地区政策的重大转向。

宋代收缩、随机和放任的西南民族政策对西南少数民族地区的政治格局和民族格局的影响就是民族势力纷纷崛起，出现了“多国”林立的局面。西南出现了秦汉以后统治区域最大、文明程度最高的地方政权大理国，同时罗氏鬼国、罗殿国、自杞国、特磨道、邛部蛮、播州杨氏、溪州彭氏等民族势力纷纷崛起，形成了割据势力林立的局面。如《史稿》指出的，秦汉以来中原王朝对西南地区的开拓让原住民族无招架之力，原有的“君长”系统被打乱，夜郎、滇等“王国”不复存在，归顺后的夜郎王、滇王只是名义上的封号，失掉了“君长”的濮僚系等民族再也无力聚合起新的势力集团，两晋南北朝对西南的统治有所削弱，地方大姓豪族势力逐步发展。宋代中央势力的退出使民族势力林立的局面为秦汉以来最盛。从中央王朝控制西南各族的主要手段从内部的制衡转向沿边建立严密而庞大的军事镇寨系统，辅之以朝贡和互市手段。

从中原王朝势力直接进入西南少数民族地区，建立直辖郡县这一层面看，宋王朝的西南少数民族政策是对汉唐传统的终结。元代的政策与宋朝相比则再次出现重大转变。元代实施“斡腹之谋”，从四川进入云南，再东出贵州、广西和湖南，征服所经之地，虽对部分五代宋朝为大族据有的汉唐直辖郡县以土司制加以承认，但在西南各地建立行省、路、府、州、县，重建了王朝的直辖体系，不仅通过建立土流并治的土司制度，在西南实行直接统治。明清沿袭并不断强化直辖郡县系统，而且建立遍设卫所、汛塘系统，军事控制也更加有力。宋代出现的各族势力整合壮大，多“国”并立的格局在元明清彻底消失。元明清对西南的统治方式又并非简单接续汉唐，而是较汉唐更为广泛、深入且有很大不同。因而可以说，《史稿》揭示的宋元之际西南少数民族地区与中原王朝关系的重要转折是一个重要的学术议题，但这一时期的重要转折还包含需要进一步揭示的重要方面。甚至也可以说，如果没有元代的重新调整，中原王朝将西南少数民族地区整合于直接统治的空间深度和时间进程可能是另一种走势。因而宋王朝对面积辽阔，民族众多的西南地区的政策需要放在历史长河中重新考量，不能因宋朝与北方民族互动的“波澜壮阔”，而忽视其在西南“悄无声息”的挥斧切割，相反应更深入地探究。

三、西南民族内部构成及其与中原关系的差异性

《史稿》强调研究西南民族关系史需深入探寻王朝统治者对西南民族间接统治的多样性。因而研究西南民族关系史既要看到西南民族内部的差异性，也要关注西南不同区域民族与中原关系的多样性。《史稿》对西南族群流变的系统梳理、对不同区域族群交流、冲突和融合历史的探讨都是对“多样性”的深入考察。历史时期的西南，其地理环境、空间范围、族群结构及其与中原关系的伸缩演进。司马迁在《史记》中描述的“西南夷”，建立起了此后相当长时期内中原对西南认识的知识谱系。此后“西南”地理范围日益宽广，几乎涵盖了今天习惯上所指称的西南，包括《史稿》关注较多的泸南、夜郎所及的贵州、湘西，还包括地域宽广的云南、广西沿边和川西、藏边地带。“西南”地区从《史记》记载的时代就存在很大的差异性。有魋结的夜郎、滇、邛都，编发的嶲、昆明，以及徙、筰都、冉駹、白马等；西南地区政权林立，其中西南夷的夜郎、靡莫之属的滇及邛都、徙、筰都、冉駹、氐类的白马等有大君长；西南地区社会经济发展形态多样，夜郎、滇、邛都等耕田、有邑聚，嶲、昆明随畜迁徙、毋常处、毋君长。

徙、筰都、冉駹、白马或土著、或移徙。范围广、多民族、政权林立、社会经济形态多样，这些要素组成了较长时期内西南的内部结构。厘清这些差异性及其流变是西南民族关系史研究的首要任务。

秦汉王朝的势力进入西南，中原与西南民族的互动关系由此展开。前文梳理秦汉道制、初郡制到唐宋羁縻州制，再到元明清的土司制，不论是间接统治还是直接统治，西南地区与中原的关系都因地理位置、民族种类、经济文化水平等因素出现较大的差异。但值得注意的是，这种差异性却区别于其他的民族互动关系，具有鲜明的西南特点。《史稿》认为唐宋羁縻州制到元代土司制度是间接统治向直接统治的重要转变，指出土司制在政治上改变了羁縻州制下朝廷对归顺首领授予虚职，不设流官，不实际管理其内部事务的象征性统治，而实行流官与土官参用，各级土司均由朝廷任命和撤销；军事上朝廷可以征调土司管辖的土兵，参与土司辖区以外的轮戍或征讨；在赋税上羁縻州制一般没有向朝廷缴纳赋税的义务，国家也不掌握羁縻州户口，而土司制下朝廷掌握土司户口，并征缴赋税，朝贡也不再是自愿或主动行为，而是应尽的义务。《史稿》透过唐宋羁縻州制和元代土司制的“羁縻”共性遮蔽，辨析两种制度的差异，对于揭示西南少数民族地区与中原走向一统的内在逻辑具有重要意义。

《史稿》揭示的土司制特点确实是一个显著现象和重大问题，但更多地反映了与直辖郡县接壤的“内边”土司的典型状况，还需进一步考虑这一制度实际展开中的地域差异，“内边”土司制与中央关系的某些特点在西南腹地，特别是云南沿边土司地区可能淡薄甚至阙如。因而，“特殊的直接统治”仍只是土司制中的一种形态。仅就云南一省而言，江应樑先生在论及明代云南的土官与土司时，引顾炎武《天下郡国利病书》区分明代云南为内地和西南夷两种政治区域的看法，将明代云南土官与土司区分为三种区域：一是内域区土官。内域区完全照内地行政制度，成立正规的府州县，设官情况与全国正规制度一律。在内域区设置的土职，一般称为土官。二是羁縻区土司。羁縻区无府州县之名，另有一套区域名称，设置企图与要求也与内域区不同。在羁縻区设置的土职，一般称为土司。三是御夷区，又区分为御夷府州和御夷长官司。御夷府州就是名义上是府州而实际上委官设治全同羁縻区，御夷长官司就是名义上是土司区而另有一种政治作用使之接近内域区。御夷区域内的土职，有隶属吏部的土官，也有隶属兵部的土司，实质上这一区域的土官也可以归入羁縻区的土司类。龚荫先生《中国土司制度》在此基础上，将明代云南土司设置区分为内地、夷地、御夷地区三类。同时，对土司进行分省纂要，除西南外，包括甘肃、青海、西藏等省区，也充分注意到了“内边”土司、边疆土司与中原关系的较大差异性。

与土司制度密切相关的改土归流政策及其过程，从一开始就存在着基于地域、民族、气候、地缘政治等因素的制约，产生了较大的差异性。魏源在《雍正西南夷改流记》中，全面叙述了清王朝在滇东北、滇南、贵州、广西等地的政策方略及其改流的过程。其中对于云南，他分为两类：滇边西南以澜沧江为界，江外为车里、缅甸、老挝诸土司，江内为镇沅、威远等土司，时人针对不同情况提出“江外宜土不宜流，江内宜流不宜土”。贵州则“苗患甚于土司”，改土归流主要考虑其对“苗疆”治理的影响。虽然关于云南江外、江内之议和贵州的苗疆开发一直存在较大争议，但这种中央王朝的治边方略和西南民族与中原互动关系的差异性，却是极为明显且影响深远的。到了近代，由于西方列强对中国西南边疆政治、经济、文化全方位入侵的深入，边疆危机加剧。这一时期的西南内部，改土归流在“内边”地区也基本完成，而沿边地区的土司大多保留下来，成为中华民族抵抗外敌入侵的第一道屏障和坚强力量。随着中国近代化历程向沿边地区的逐渐推进，交通、教育、民族主义、反帝反封建斗争等成为社会发展的主流。

讨论西南内部及其与中原关系差异性的同时，又必须关注同质性是西南与中原关系一个不同于其他地区的显著特点。秦汉以来随着王朝势力和民间交往，西南与中原工的统治性不断增长。即使经过南诏、大理政权五百多年的割据统治，到此时距大理段氏覆灭仅三十年的元世祖至元十七年至二十年（1280—1283）间，西台御史郭松年巡行云南，他看到的是大理之民的居室、楼观、言语、书数，以及冠婚丧祭之礼、干戈战阵之法，都“略本于汉”，也可称为其“故国之遗风”。就是说，南诏、大理与中原之间，并未因几百年的政治区隔与疏离而凸显双方的异质性，反而因模仿中原的制度体系和融入中原的文化体系而增强了双方的同质性。这正是秦汉隋唐设置直辖郡县，以及直至宋代开展经济文化交流互动的成果。到近代，西南与中原经济、政治、文化的同质性发展到了一个全新的高度，云南各族人民主动融入时代发展潮流，以救国救民、推翻清王朝腐朽统治、建立近代多民族国家为己任。在辛亥革命、护国运动、护法运动、抗日战争等重大事件上作出了重大贡献，出现了“西南政策”、“西南主义”等政治旗帜与口号。这一时期的西南，已经融入了中国历史的整体发展之中。而西南内部的各族人民，也已经融入中华民族历史的整体发展之中，这就为我们进一步思考中华民族多元一体格局中的西南类型这一重大命题打下了较好的理论和学理基础。

四、中华民族多元一体格局中的西南类型

《史稿》“绪论”提出古代民族关系史研究应包括各少数民族间的关系、各少数民族与汉族的关系、各少数民族与中原政权或其他政权的关系，同时要注意到西南民族因其经济形态和地理特点而表现出“与北方草原游牧民族区是不同类型”。《史稿》意在系统揭示西南古代民族关系史复杂和动态的演进过程，并不以回答中华民族多元一体格局中“西南类型”的特点为目标。但《史稿》对西南民族关系历史整体、清晰和翔实的论述启发我们进一步思考不同地区民族及其与中原王朝关系差异性，认识“西南类型”及其与中华民族历史整体性的

关系。

西南社会的特殊性早已为学者们所关注，江应樑先生1948年发表《西南社会与“西南学”》提出了作为学术概念的“西南学”，这一概念对西南古代民族和民族关系研究尤其具有解释力和指导意义。西南古代民族和民族关系有哪些自身特点，其特殊类型何以形成，如何融入中华民族整体格局，是值得西南民族和民族关系研究者深入探讨的问题。不论是方国瑜所提出的“中华民族历史发展的整体性”，还是费孝通提出的“中华民族多元一体格局”，探究不同地区、不同文明类型的民族和民族关系的差异性、多样性及其如何构成中华民族整体性，是民族和民族关系史研究的重要旨归。

西南古代民族的基本经济类型是农耕经济，相对于北方游牧民族，西南农耕民族更乐土重迁，尽管如《史稿》所论的西南古代民族进行着持续不断的迁徙，但与北方游牧民族相比，西南民族的迁徙要缓慢得多。西南少数民族所居的山重水疑的“溪洞”环境，各民族分散错居于若干相对独立的地理单元，导致民族势力相对零散弱小，没有出现北方草原反复上演的那样大规模的民族整合和区域统一，而是众多族群长期共存演进。安土重迁的农耕经济和山水相隔的地理环境使民族构成最为复杂多样，文化习俗差异性很大，并不断固化和扩大。西南古代民族发展的区域特点决定了其与中原政权互动方式的特点。

与北方草原游牧民族相比，西南古代民族与中原政权互动关系有以下几个显著特点：一是中央王朝在西南腹地建立直辖郡县。自秦汉开始，除宋朝外，历代中原王朝势力都直接进入西南少数民族地区，建立直辖郡县，如上所述，中央势力直接进入产生了平衡西南少数民族势力、抑制地方割据的作用，虽然唐后期，特别是宋代出现退缩，但元代在西南地区建立了秦汉以来最大范围的直辖统治体系，西南地区大族称霸，政权割据的局面彻底消失，基本上被纳入直辖郡县和土司制度的直接统治体系之中。明代在西南地区进一步巩固和扩大直辖郡县，严密土司制度，广设卫所，加快了西南与中原的一体化进程。

二是西南少数民族地区与中原经济、政治、文化的同质性不断增强。西南经济类型自来以农耕为主，早期的“随畜迁徙，毋常处”的昆明等族也日渐融入农耕文明。华夏文明随着中原势力在西南地区的开拓逐步浸染西南少数民族地区。既表现在政治制度，也表现在社会文化。一方面是历代中原政权在西南少数民族地区的直辖统治，植入了中原政治制度和文化观念，同时通过儒学教育、商业贸易、土地交易等多种方式传播内地的思想观念和生活方式，汉族民众也不断进入西南少数民族腹地，元明清汉人的进入更不断增加，汉夷杂居，从而“变夷为汉”。另一方面西南各族积极吸纳中原文明，中原政治制度成为西南地方政权和大族、土司建立其统治体系的样板，从大理国建立的皇帝制度和中央集权体制，到罗殿国等地方政权，以及如溪州彭氏等大族建立的地方秩序都模仿中原的制度体系和统治方法。华夏文明也逐步改变西南民族社会文化。“无氏族之别，又无名字”的各族逐步接受汉俗，使用汉姓，构建家族观念和历史，“遂同华人”。如《史稿》论及本为濮僚的播州杨氏攀附杨业，构建家族历史就是一个典型事例。

三是西南少数民族与中原政权虽然始终存在冲突，但不是文明类型的冲突，主要表现为局部矛盾，规模较小。南部汉夷边界既无万里长城，也更未屯驻如北方那样庞大军队，但冲突和融合的进程并不像北方那样大开大合。这既因为西南古代少数民族势力相对零散，没有整合出北方游牧民族一再出现的那样强大势力，如南诏数次攻入成都平原那样的大规模冲突并不多见，也因为中原政权势力受地理环境制约，向西南开拓难以实现整体推进，而多以点线结合的网状覆盖，建立郡县、军寨、卫所、汛塘等军事体系，实行不同形式的羁縻措施，渐次深化“以夏变夷”的进程。

西南民族和民族关系上述方面是其有别于草原游牧民族及东北和西域地区民族的自身特点。中原政权与草原游牧民族的关系难以如西南地区那样，进入其腹地建立直辖郡县，也难以如此深入地实现政治、经济和文化方面的同质性塑造。北方游牧文明与中原农耕文明既构成彼此最大威胁，又相互依赖、彼此互补，双方冲突和融合历史表现出与西南不同的特点。将西南民族和民族关系史置于中华民族多元一体格局形成的历史进程中考察，既可以更好地认识中华民族历史整体性的丰富内涵，也可以更深入地理解“西南类型”自身的特点及其在中华民族多元一体格局中的地位。

五、余论

《史稿》既运用传统研究路径，又贯穿着对已有路径的反思和新问题、新视角的探寻。如《史稿》中一再指出的，既有研究路径下“迁徙想象”、“一音之转”之类的“迁徙”和“语言”陷阱并不少见，必须以更为深入详明的实证才能使既有路径的研究百尺竿头更进一步。《史稿》对西南古代民族关系史长时段的系统考察，启示了进一步深化西南民族和民族关系史研究的方向，即“民族”、“区域”、“整体”研究的统一。“民族”的研究，即厘清西南各民族历史的演变及其与其他民族的交往、冲突和融合仍是西南民族关系史研究的基础。这是西南民族和民族关系史研究中积累最为深厚的领域，成果难以枚举。《史稿》对僰人、濮僚系统、土家族、自杞等民族和族群的重新考证和对已有观点和方法的辨正有力地深化了西南民族的研究。西南古代民族研究引入新的研究方法和研究手段，包括自然科学的手段，必常做常新。近年来，“区域”史视角下对川西羌藏地区、贵州水西地区、湖南酉水流域等民族历史研究和历史学、人类学方法的综合运用，取得了丰硕的成果。《史稿》对泸南、川西、溪州等区域民族和民族关系也作了较已往更为深入和清晰的揭示。区域研究立足于地方视角，着眼于区域社会内部的构成状况和运行形态，是进一步深化西南民族史研究的重要途径。深入的“民族”和“区域”研究才能更好地认识中华民族历史整体性所寓含的丰富的多样性。《史稿》对西南古代民族关系整体而精审的揭示为我们提供了认识“西南类型”的基础。《史稿》对研究方法的深刻反思，学术观点的丰富创见，以及对西南古代民族和民族关系研究可能空间和方向的启示，都具有重要的学术贡献。

（原载《中国史研究动态》2021年第6期，本文与潘先林共同署名）

宋代处理周边关系中的西南政策

遵循宋朝的“内”“外”逻辑，综合汉唐西南地区的行政设置和现代疆域的前提下，宋代的“周边”是指宋朝直辖郡县之外的、邻近的羁縻地区、民族政权和境外国家。宋代“西南”讨论的大致范围用今地理标示为川西、川（渝）南、鄂西、湘西、桂西、越南北部（交趾）、贵州、云南。

宋代相对于汉唐“西南”政策的转向，以及元代西南政策的再转向，则为“国家比以西北二边为意，而鲜复留意南方”，军事重心在西、北，而南方看似相对平静。目前宋代周边关系研究总体上重北轻南。刘复生、郭声波、段玉明等作了大量研究，还可再深化。近年来，民族史、区域史、历史人类学等学科方法在西南研究被深入运用，西南研究出现新的取向，取得了丰富的成果。西南研究总体上，偏重元明清，特别是明清时期，而汉宋是西南社会若干传统逐步形成的时期，宋代在西南社会演变中具有转折意义，尤其值得关注。

一、直辖郡县传统的转向

宋代延续唐代，在西南地区推行羁縻州制，封土著蛮酋为知州，改变了汉代以来封王侯爵位的做法，强化其“地方”属性。这一转变对元明清土司制度形成有重要意义。讨论已多。需要特别关注的是自西汉以来在西南腹地建立直辖郡县的传统。

实际在西南地区设置直辖郡县从秦既有之。如里耶秦简的发现，证明秦国在宋代成为羁縻州的湘西地区已建立了规范的郡县制。秦在云贵等地的设置情况不明，汉武帝开边后郡县设置记载较详。

西汉“初郡”制度：汉武帝开边，在西南和南方设置“初郡”，“诛羌，灭南越，番禺以西至蜀南者置初郡十七”。南越之地建九郡：南海、苍梧、郁林、合浦、交趾、九真、日南、珠崖、儋耳郡。西南夷地区建八郡：武都、牂牁、越巂、沈黎、汶山、犍为、零陵、益州郡。

“初郡”的基本结构是土流二重制。一方面封土著酋领为王侯，另一方面派遣流官。以益州郡为例：一是维持原有社会体系。滇举国降，请置吏、入朝。于是以为益州郡，赐滇王王印，复长其民。以其故俗治，毋赋税。二是建立直辖统治。以滇王之地为益州郡，户八万一千九百四十六，口五十八万四百六十三，县二十四。最西为不韦县。设太守、县令，“费仰大农”。越巂郡，户六万一千二百八，口四十八万八千四百五。县十五。牂牁郡，户二万四千二百一十九，口十五万三千三百六十。县十七。

西南地区的直辖郡县传统即使在魏晋南北朝中原分裂时期仍然得到延续。方国瑜《云南郡县两千年》：“汉晋时云南政区虽统称郡，其具体设施又与内地郡县不同而称为边郡（或初郡）边郡的特点是：一、郡县区域，大都以部族联系范围为基础；二、既设郡县，任命太守、令、长掌治之，又任命土长为王、侯、邑长，实行两重统治；三、边郡出赋，由土长解纳土贡，无定额赋税；四、边郡太守主兵，由内郡遣戍。”

唐代在西南腹地仍设置直辖郡县。剑南道南部置姚州、戎州、南宁州、巂州、黎州、泸州等。姚州：武德四年（621）置，正州。永徽三年（652）降为羁縻州，麟德元年（664）复为正州，天宝十三载（754）陷于南诏。每岁差兵募五百人往姚州镇守。岭南道西部设置：安南都护府……邕州都督府置邕州、宾州、田州等。田州：开元十五年（727）升羁縻田州为正州，户四千一百六十八。辖都救、惠佳、横山、武龙、如赖五县，皆正县。黔中郡：开元二十六年（738）置。设黔州、思州、施州、溪州、辰州、播州等。溪州：天授二年（691）析辰州置。土贡：丹砂、犀角、茶牙。户二千一百八十四，口万五千二百八十二。县二：大乡、三亭。

唐王朝的直辖郡县深入今云南、贵州腹地，姚州是唐朝经营云南西部的重要桥头堡，今贵州境设置有播州、思州等直辖郡县，今广西境直辖郡县深入桂西北的田州等地。交趾建安南都护府。唐代以边州都督府（正州）管理羁縻州。如姚州都督府、泸州都督府、戎州都督府、黔州都督府下辖若干羁縻州县。同时有羁縻都督府，“贡赋版籍，多不上户部，然声教所暨，皆边州都督、都护所领”。

宋代改变西南腹地设置直辖郡县的传统，虽然很大程度上是对唐末五代逐渐形成的现实格局的承袭，但作为王朝基本政策，仍是对汉唐传统的重要转向。所谓“宋挥玉斧”传说也反映了宋代西南政策总体收缩的特点。西南地区形成了汉夷分界带。这个分界带是动态的，伴随着直辖郡县地域空间的伸缩变化、正州与羁縻州的升降转换，以及汉夷的杂居互嵌。

以元丰六年（1083）神宗开边后的状况看，汉夷的边界自西到东、南，大致是：威、茂、雅、黎、戎、泸、黔；施、澧、辰、沅、诚；融、宜、邕。上述沿边正州各领若干羁縻州。云贵腹地不再设置直辖郡县，交趾于 968 年建国。

相对于汉唐，宋代实行了总体收缩的西南政策。不仅云贵腹地的汉唐正州多不恢复，从汉夷互嵌变成汉夷分界，且汉夷边界也总体退缩。溪州秦汉至唐皆置正州，宋代袭五代之旧，成为羁縻州。这一格局持续到雍正改土归流。田州由正州变为羁縻州。还有不少宋初变羁縻州，后升正州者，如茂州、南平军、长宁军；播州、珍州、思州；平州、观州，等等。

二、族群整合与羁縻统治

（一）西南族群的整合

宋朝总体退出西南腹地的直辖统治，西南地区政治格局发生显著变化，呈现出“多国”林立的局面。首先，交趾独立建国，结束“郡县时代”。其次，云南地区出现秦汉以后统治区域最大、文明程度最高的地方政权大理国。同时出现罗氏鬼国、罗殿国、自杞国、特磨道、邛部蛮、播州杨氏、溪州彭氏等众多政治体。宋代西南看似纷乱的格局却衍生着族群整合的内生因素，既显示着汉唐时期长期的郡县传统的深刻影响，也在离异中滋长着经济文化的同质性，同时推动着族群自身整合。

汉唐的直辖郡县传统对西南各族历史演进产生了多方面的深刻影响：一是宣示中央王朝存在，树立对中原王朝的认同；二是稳定和平衡地方势力，抑制地方割据；三是对西南各族社会、文化、观念和制度产生深刻影响。刘复生认为秦汉以来中原王朝对西南地区的开拓让原住民族无招架之力，原有的“君长”系统被打乱，夜郎、滇等“王国”不复存在，归顺后的夜郎王、滇王只是名义上的封号，失掉了“君长”的濮僚系等民族再也无力聚合起新的势力集团。

两晋南北朝对西南的统治有所削弱，地方大姓豪族势力逐步发展，但尚未出现较大地域性统一的政治体。这既与区域内族群历史自身演进过程有关，也与中央直辖统治的深入有关。深入非华夏族群建立的直辖统治，常常是点状的和线状的控制，统治成本巨大。

中央派驻流官，驻扎军队，而当地蛮族只纳贡物，无定额赋税，主要“费仰大农”。当地有限的编户根本不能提供财力支持。自秦朝在西南置吏主之、汉代边郡，到唐代边州，莫不如此。远距离供输西南腹地的直辖郡县只是统治成本之一。另一更大的成本是平定持续不断的反抗。自西汉滇王、夜郎王等的反叛，到南诏叛唐，以至于桂林之祸，冲突不断。

冲突也伴随着交流与融合。郡县传统极大地推动了中原的生产方式、礼仪制度、社会文化、制度体系等对西南的影响，使中原传统移植到西南各族社会之中，塑造着西南与中原的诸多同质性。尽管西南各族历史发展始终存在着多样性和差异性，历史进程不完全同步，西南也是多种文明交融之地。但郡县传统为西南各族提供了丰富的借用资源，总体上引导着西南历史的走向，并使其与草原等北方各族表现出与中原不同的互动方式。

首先是制度体系。唐末五代到宋代，西南纷起的大大小小的政治体大都借用中原制度。交趾和大理都仿行中原皇帝制度，设国号、行年号、上尊号、立皇后，建立与皇帝制度相应的中央和地方行政制度和政治文化。学习中原土地制度、赋役制度和货币制度等经济制度，以天下、朝贡的观念和制度展开与周边政权和族群的交往。溪州、播州等小的政治体也用郡县制度建立本政治体内部的统治体系，“大者为州，小者为县，又小者为洞”，“其酋皆世袭”。

其次是文化宗教。汉字成为西南众多政治体内使用的文字，不仅交趾、大理，而且自杞、罗殿、五姓蕃、播州、溪州等都使用汉字。交趾、大理自不待言。罗殿也用汉文，“有文书，公文称‘守罗殿国王’”，与“其首领多能华言，纵行书，如中国童蒙所书”。自杞国也“自罗殿致书生，教之华言，教之字画”，“候问寒温之式与中国不异”。自杞国也有国王，设年号，建立了一支强大的军队。儒学也在西南主要的政治体中流传，交趾、大理奉行儒学、施行科举，在西南大族中儒学自魏晋已降即被移植；家族结构和社会结构，广泛使用汉姓汉名、构建家族历史（溪州彭氏、播州杨氏、云南爨氏等），村、洞、团、户等社会组织；汉地佛教也成为西南主要信仰之一，交趾、大理都如此。

再次是生产方式。秦汉开西南夷，各种原因进入西南的汉民、兵士、商人、罪徒等移民，带来中原农耕技术，使原来“耕田，有邑聚”的族群农业经济得到进步，“随畜迁徙”的族群逐步接受农耕经济。宋代，大理、交趾，以及较大的政治体都有了较为发达的农业经济。这使得西南各族与宋朝的互动有不同于北方的两个特点：一是政治体林立，冲突多是局部性的，规模较小；二是经济、政治、文化的同质性，使彼此冲突不是文明类型的冲突，更为和缓。

（二）羁縻统治的方式

宋代对交趾、大理另有制度，对大理采取“欲寇不能，欲臣不得”的疏离态度，对交趾有较为完备的朝贡制度和政治意图。对羁縻各族实行间接统治和防御为主的策略。

一是正州领羁縻州，实行间接统治。各边境正州分领数量不等的羁縻州。羁縻州首领的任命来自朝廷，但并不能直接沟通朝廷，而需经过所属正州。羁縻州“即其土人建立郡县，有时贡，无地租，领州者多许夷人世袭”。分属就近正州管辖。如，“南江诸蛮亦隶辰州，贡进则给以驿券”。北江彭氏刺史承袭，先由都誓主率群酋合议推举当立者，后“具州名移辰州为保证，申钤辖司以闻”。大渡河外诸蛮则经过黎州。宋太宗曾“命黎州造舟大渡河，以济西南蛮朝贡者”。正州常被赋予专决蛮事的权力。如茂州管下各羁縻州事务“得专决”，“事无巨细皆自处”，各羁縻州“自推一人为将，统其众，将常在州听要束”。正州还负责调解羁縻州内部的纠纷，如邕州“洞丁有争，各讼诸酋，酋不能决，若酋自争，则讼诸寨或提举。又不能决，讼诸邕管，次至帅司而止”。正州也有平定蛮乱之责。如刘平权泸州事时“夷人寇淯井监”，刘平“率土丁三千击走之”。

二是册封朝贡制度。按制度，羁縻州首领承袭需得宋朝廷册封，并有朝贡之责，即“荆、广、川、峡溪洞诸蛮及部落蕃夷受本朝官封，而时有进贡者，本朝悉制为羁縻州。”宋朝对羁縻州朝贡实行限制政策。因西南蕃使团动辄数百人甚至上千人。西南蕃遣使咸平五年（1002）1600人，大中祥符七年（1014）1500人。泸州蛮贡马也每岁“从而至者几二千人”。明道元年（1032）规定邛部川蛮五年一贡。元丰年间规定西南五姓蕃“五岁听一贡，人有定数，无辄增加”，等等。

三是军事防御。“惟城要害，置屯戍，来则通之，去则备之，羁縻而已”。正州知州一般兼溪洞巡检使。如邕州“知州兼溪洞都巡检，提举七州兵甲”，“募土丁置砦将，与官军杂戍界上”；施州为防备管下羁縻等五州，“置十二砦守之，管义军、土丁、砦将一千二百余人”；黔州“置砦三十二守之，管土军三千四百人”等。宋朝针对羁縻州的镇寨控扼体系是以防御为主，即“来则通之，去则备之，羁縻而已”。

四是边境人员管理。因西南政策与北方、西北政策的差异，宋朝对西南沿边的边民、“蛮民”及其交流的管理也有自身特点。边民管理措施：一是“禁中国人随外蕃进奉使出境，边吏严加伺察，违者论如律”；二是按户等被征为土丁、洞丁、枪仗手、弩手等。如，荆湖路“溪洞诸蛮，保据岩险，叛服不常，其控制须土人”，乃置土丁、弩手，“皆选自户籍，蠲免徭赋，番戍砦栅”。“蛮民”管理：熟蛮、生蛮有不同管理。熟蛮即“系籍熟户”，编户籍，输赋税，获土地归籍，获“耕作省地，岁输税米于官”，“以民官治理之，兵官镇压之，以诸洞财力养官军，以民丁备招集驱使，上下相维，有臂指之势”。生蛮的管理则以蛮酋“因其故俗治”，“洞酋虽号知州、县，多服皂白布袍，类里正、户长”。汉夷交流则采用互市贸易，土地买卖和互耕等，汉夷纠纷等都形成管理办法和惯例。

三、对西南的开边与弃地

刘复生指出：“除宋神宗、徽宗时期等少数几次‘开边’活动外，宋朝在西南边疆民族地区一般采取较为温和的开拓政策，总的说来以‘不生事’为行事原则。”北宋前期对主动蛮夷主动纳土也多拒而不受。如，天禧中，富州刺史向光泽“不为亲族所容，上表纳土，上察其意，不许”。

但宋朝直辖之地仍然在以各种方式向羁縻地区推移。最重要的是宋神宗和宋徽宗朝的武力开边，将蛮地变为省地。武力开边中交趾是具有特殊性。宋初仍视交趾为藩镇，以将其“恢复”郡县为目标。太平兴国五年（980）和熙宁八年两次战争均败，乃放弃“恢复”。熙宁开边以前，西南地区如太平兴国五年（1075）这样主动发动对交趾

“恢复”战争的情况极少。

但也偶见因蛮夷内犯，宋朝以武力平定后，将其地纳为省地者。如宝元元年（1038）讨安化蛮，苏绅提出“许以送款，而徙之内郡，收其土地，募民耕种，异时足以拓外夷为屏蔽也”的办法，得到宋仁宗同意。这还是局部的开拓，并未废罢安化羁縻州。康定中，雷简夫平定溪州彭仕羲，“拓取故省地石马崖五百余里”，也未罢羁縻溪州。

熙宁开边是宋朝首次在西南羁縻地区大规模开拓。开拓的重点区域：一是荆湖南北江和梅山地区。二是四川泸州地区。其他地区也有开拓。

荆湖开边：熙宁间，“以章惇察访湖北，经制蛮事，而南江之舒氏、北江之彭氏、梅山之苏氏、诚州之杨氏相继纳土，创立城砦，使之比内地为王民”。虽称“北江下溪州刺史彭师晏内附，录其地里四至、户口以数闻”，“北江下溪州已纳土，其每户合纳丁身粟米自熙宁十年为始”。实际是于“下溪州新筑城寨名会溪城、黔安寨”，加以钳制，而未改为正州。张翘言：“南江诸蛮虽有十六州之地，惟富、峡、叙仅有千户，余不满百，土广无兵，加以荐饥。近向永晤与绣、鹤、叙诸州蛮自相仇杀，众苦之，咸思归化。愿先招富、峡二州，俾纳土，则余州自归，并及彭师晏之孱弱，皆可郡县。”熙宁五年（1072），章惇进兵破懿州，南江州峒悉平，遂置沅州，以懿州新城为治所，寻又置诚州。“南江杀戮过当，非辜者十八九，以至浮尸蔽江，下流之人不敢食鱼者数月。”

开梅山蛮：熙宁五年，章惇经制梅山蛮事，“措置梅山、武冈猺人，得主客万四千八百九户，丁七万九千八十九口，田二十六万四百三十六亩，起税租及修筑武阳、关硖城寨”。“熙宁经理五溪，渐条利害以上察访使，使者诱以区画，遂建新化、安化二县。”

开泸夷：熙宁六年（1073），遣熊本措置泸州夷。苏轼指出：“熙宁以来，王安石用事，始求边功，生隙四夷。王韶以熙河进，章惇以五溪用，熊本以泸夷奋，沈起、刘彝闻而效之，结怨安南。”开泸夷取得了三个结果：一是将泸州各姓蛮夷“宠以刺史、巡检之秩”，“尽籍丁口、土田”“受贡职”；二是将夷人所献长宁等十州置淯井监，隶泸州（政和四年［1114］建为长宁军）；三是平定南川獠乱，熟獠以“地五百里来归，为四砦九堡，建铜佛坝为南平军”。

宋徽宗开边，“崇宁间，复议开边”。宋徽宗朝的西南开边，在川南、广西更加频繁。播州：大观二年（1108）“南平夷人杨文贵等献其地，建为州，领播川、琅川、带水三县”。珍州：大观二年大骆解上下族帅献其地，建为珍州。遵义军：大观二年播州杨文贵献其地，以遵义寨建。纯州：大观初，泸、戎诸夷纳土，以建立纯。平州：崇宁四年（1105）王江古州蛮户纳土，于王口寨怀远建军，又以融州融江、文村、浔江、临溪四堡寨隶军，改怀远军为平州。观州：大观元年，克南丹州，以为观州。镇州：大观元年，以黎母山夷峒建镇州。广南西路：大观元年（1107），割融、柳、宜及平、允、从、庭、孚、观九州为黔南路，融州为帅府，宜州为望郡。三年（1109），以黔南路并入广西，以广西黔南路为名。四年（1110），依旧称广南西路。

熙宁开边和徽宗开边主要集中在三个地区荆湖南北江和梅山、四川泸州地区、广西西北部。开边的特点在于，一是事关安全的重点地区，这些地区既是蛮夷成分复杂，纷争频繁地区，也各有不同的军事意义。南北江和梅山地区既关系荆湖两路腹地安全，又是进入广西融、桂的通道，即可“创通融州道路”。泸夷地区是井盐产地，又是稳定川南黔北的要地。左右江溪洞事关稳定广西和防御交趾、大理。二是浅攻之策。宋朝在西南的两次开边都是浅攻之计，虽然有边臣贪功冒进之举，但总体取向是以弭乱为目的，如宋神宗所说“非贪其土地，但欲弭患耳”，因而局限于汉夷交界地带。三是西南开边与宋朝周边政策变动是同步的。北宋前期虽然有因为沿边个别汉夷冲突导致的归流，总体上是不生事的态度。熙宁年间在交趾、荆湖、泸州等地的开边是熙宁南北大规模开边的一部分。宋徽宗崇宁大观的开边也是西北和西南并举的。宋人说：“大抵宋有天下三百余年，由建隆初迄治平末，一百四年，州郡沿革无大增损。熙宁始务辟土，而种谔先取绥州，韩绛继取银州，王韶取熙河，章惇取懿、洽，谢景温取徽、诚，熊本取南平，郭逵取广源，最后李宪取兰州，沈括取葭芦、米脂、浮图、安疆等寨。”“崇宁以来，开边拓土之议复炽，于是安化上三州及思广洞蒙光明、乐安峒程大法、都丹团黄光明、靖州西道杨再立、辰州覃都管骂等各愿纳土输贡赋。又令广西招纳左、右江四百五十余峒。”

但西南各族地理环境和政治格局，使其并非为宋朝国家安全的主要威胁。西南配置禁军极少，大规模的西南开边不仅要调动北方禁军，而且开边及其后续的维持成本巨大而收益甚微。于是宋朝两次开边后，都出现较大规模的弃地。熙宁开边“费巨万，公私骚然，荆湖两路为之空竭”。元祐初乃诏荆湖南北及广西路“悉废所置州郡，复祖宗之旧焉”。崇宁开边所置观州，设知州以下官吏 61 人、兵员千余人，岁费钱 12900 余贯、米 8817 石，“州无税租户籍，皆仰给邻郡，飞挽涉险阻”，“靡费亦不可胜计”。平州“靡费甚于观州”，二州皆废，“复祖宗旧制”。到绍兴初“崇、观、宣和间所开新边，比来往往弃而不守”。

四、结论

宋代实行收缩退让的西南政策，既是对唐末五代格局的承袭，更是对汉唐传统的转向，使西南地区历史走向呈现了新的可能性。宋代西南政策总体上与其周边政策同频共振，只是除交趾政策外，因非军事重心而更加消极，开边的总体取向也是浅攻之策。从汉唐到元明西南政策演进轨迹中可知看似平静的宋代西南政策对西南区域及中华民族历史具有重要影响和意义。宋代在处理西南汉夷互动的具体举措也可以深化对宋代“民族主义”“国族形成”等若干问题的反思。

宋代“世界”知识的生成与整合

宋代没有现代地理学的内涵清晰、外延明确的“世界”概念，但宋代对外部世界的认识也并非只有想象的“天下”。宋人有很多途径了解本国以外的人类生存样态和环境，获得了丰富的基于实情的对外部世界的认知。韩森在《公元 1000 年：全球化的开端》一书中说到，公元 1000 年的中国是“世界上最全球化的地方”，“中国人没有经历全球化的准备阶段，他们本就生活在一个全球化的世界里。而中国全球化的世界在宋朝统治的三百多年里走向了成熟”。经济文化繁荣的宋代中国吸引着各国人前来。中国通过本国人和外国人获得的“世界”知识也爆发性增长。

另一方面，不论官方，还是民间，宋人认知“世界”的方式和逻辑，与欧洲人、阿拉伯人还是存在明显差异，从而构成中国独特的知识体系。如绘制于公元 1—2 世纪的托勒密地图描绘了圆形的地图，1154 年绘制的伊德里斯地图反映了伊斯兰地理学家对圆形地球和欧洲、亚洲和非洲方位的认识。与伊德里斯地图大体同时代的南宋“古今华夷区域总要图”所描绘的“世界”则是以“九州”为中心的舆地图，一个平面的“九州—四海”的“天下”结构。“九州”以外的“世界”简略而模糊。

那么，为什么如此“全球化”的宋代中国，仍然延续着独具特色的“世界”知识体系？为什么宋朝统治者知道“世界”的存在，仍然绝对地坚持“天下”的“世界观”？

一、宋代“世界”知识的生成途径

宋人通过历代书籍的记载，以及来往于宋朝与外部世界的使节、商人、僧侣等获得关于“世界”的知识和信息。

（一）书籍传习

在人类古代文明中，中国是历史文献连续性最好、数量最大的国家，各种知识通过文献世代传承。宋代是印刷业大发展的时期。印版制作后，可以反复印刷，使书籍数量剧增，成本大降。书籍发展史真正从写本时代进入印本时代，改变了知识生产和知识传播的方式。历代，包括宋朝新修的正史、政书、编年体等各类史书，大量刊印，是境外知识传播的重要途径。

而且，由于商贸、使节等频繁往来，书籍在东亚各国快速、广泛地传播。如，欧阳修编撰的《新五代史》很快传到辽朝，辽人看到该书把契丹写进“四夷附录”，大为恼怒，向宋朝抗议“宋欧阳修编《五代史》，附我朝于四夷，妄加贬訾”。各类史书在宋朝国内的传播更可想而知。这些书中所载历代境外知识也随之广泛传播。

其中，有三类书籍在境外知识传播中有重要意义：

一是类书。是广搜各书，按类编排的资料工具书。

官修的大型类书《太平御览》《册府元龟》都包括了“华夏”之外丰富资料，包括中原周边民族，也涉及中亚、西亚、欧洲，向南涉及东南亚。私修类书，如《玉海》的“朝贡”三卷。编刊私修类书的重要目的是作为考试参考书，有重要的知识传播作用。

二是宋代官员、士人撰写的专书。

关注边政是历代官员、士人的传统。宋人编撰了大量关于境外诸国和各族的专书，特别是与宋朝国家安全密切相关的辽、夏、金、吐蕃等的书籍。如，《匈奴（契丹）须知》《燕北杂录》《西夏须知》《西夏杂志》《金敌节要》《松漠纪闻》《真宗时通西域诸蕃事迹》，等等。

宋代的一大变化就是由于海上贸易的繁荣和交趾独立，出现了大量关于南海诸国的书籍图录，现存内容最丰富的是周去非著《岭外代答》和赵汝适著《诸蕃志》。现存《宣和奉使高丽图经》《桂海虞衡志》等也记载了宋朝境外的信息。但现存文献只是宋人有关境外著述的极少部分。从文献记载可知，宋人，尤其是这些多是在福建、岭南任官者，还撰写了《海外诸域图》《海外诸蕃地理图》《广南市舶录》《交趾事迹》《占城国录》等大量海外诸国的书籍。

三是地图。

印刷技术的进步和运用使宋代成为地图绘制和刊刻剧增的时期。成一农指出，中国古代，尤其士大夫绘制新地图是非常困难的事，因而极少出现完全崭新的地图。除了几幅出土于墓葬的秦汉地图外，“目前存世的古地图，基本都是宋代之后的”。“十五国风”系列地图“最早就是宋代绘制的”，“各类古籍所引用的地图也大都如此”。

宋人税安礼绘制的《历代地理指掌图》，收录了地图 47 幅，是我国目前存世最早的历史地图集。这套图的基本政区是宋代的，因而不可能基于唐代或之前地图改绘。该地图集刊行本的第一幅即“古今华夷区域总要图”，还有“太宗皇帝统一之图”、“本朝化外州郡图”等都有境外信息。如此规模的地图集得以保存和流传正因于雕版印刷技术的发展。

（二）内外使节

使节出使除达成使命，还有搜集信息的责任。宋朝使节有撰写行程录的责任，记录出使国的山川形势、道里远近、风俗人情、皇帝政要个人信息、职官制度、盛衰形势、对宋政策等政情、军情和社情信息。使节在搜集信息上有其优势。使节有严格的选任和管理制度，大多学养较高，行事严谨，有政治经验，有皇城司派人随行监察。行程录收存于枢密院，以备参考。宋代最多的是出使辽、金行程录。

行程录在宋代已多有散佚，赵永春《奉使辽金行程录》校注使臣行程录21种。辽金以外的行程录还有王延德使高昌《西州程记》，宋镐使交趾行程录，佚名《大理国行程》、刘涣《刘氏西行录》等。现存最丰富的行程录是徐兢《宣和奉使高丽图经》。宋朝向外遣使范围有限，主要是辽、金，其次是西夏、高丽、交趾，对高昌、大理和占城也曾派使。

境外来使也是获得"世界"知识的途径。礼部和鸿胪寺等官员接待来使时有责任"图其衣冠，书其山川风俗"，"询问国邑、风俗、道途远近，及图画衣冠、人物两本，一进内，一送史馆"。市舶司和沿边有关官员也有向入境使节了解信息的责任。如政和五年（1115）罗斛国入贡，市舶司"依《政和令》询问其国远近、大小强弱，与已入贡何国"。其他官司接待诸蕃初入贡者也需"体问其国所在远近大小，与见今入贡何国为比"。这些第一手的信息都会送达皇帝和史馆。

皇帝接见使节时也会询问境外信息。如大食国使节向宋太宗介绍：其国"与大秦国相邻，为其统属。今本国所管之民才及数千，有都城介山海间"，所产"惟犀象香药"等等。宋神宗向于阗使节询问过其离本国以来时间、经涉何国，以及使节途径的达靼、回纥、董毡等国的情况以及达靼与夏国、于阗与辽朝的关系。于阗使节还送上"达靼诸国距汉境远近图"。

（三）商人、僧侣等

宋代陆上仍然沿袭汉唐制度，法律上不允许本国民众出境，仍有于阗等西域商人前来贸易。但与汉唐不同的是，宋朝允许并鼓励本国人经营海外贸易，更加积极地招徕海外商人来华贸易。往来中外的海商数量空前增长。中外海商在贸易实践中掌握了有关各国的丰富信息和知识。这些信息和知识通过宋朝官员的搜集、上报、著书和刊印，为君臣和民众所了解。

这些"世界"信息和知识包括贸易所及的范围。赵汝适"询诸贾胡，俾列其国名，道其风土，与夫道里之联属、山泽之蓄产，译以华言，删其秽渫，存其事实”，撰《诸蕃志》，“载海国之通互市者”70余“国”信息，涉及东亚、东南亚、印度洋沿岸、西亚、北非等。

商人关注的主要是航路、物产、市场、风土、政策等与商业贸易直接相关的信息。如，三佛齐国“在泉之正南。冬月顺风，月余方至”，“土地所产，玳瑁、脑子……”，“若商舶过不入，即出船合战”，“番商兴贩用金银、瓷器、锦绫……”等。

僧人历来是传播信息的途径。太祖朝，沧州僧道圆自天竺还“所历风俗山川道里，一一能记”；太宗朝，天竺僧施护详细介绍了五印度西至西海，南达南海所经国家和里程；婆罗门僧永世介绍了本国国王和王妃生活、服饰、国相、物产、风俗及至大食里程等信息。日本僧奝然介绍了其国政治、风俗、物产、钱币、音乐等信息。

此外，宋朝还通过间谍、归正人、归明人、边民等多种渠道获取直接接壤的辽、夏、金的信息。

二、宋代“世界”知识的构成

（一）对现实“世界”的认知

1. 地理空间的认知

宋朝立国形势与汉唐相同的是朝运兴亡系乎西北。来自游牧民族的威胁仍然是国家安全的最大忧患。因而，王朝统治者对西北，特别是辽、夏、金的信息最为重视，从历代记录和现实渠道，对辽、夏、金，以及高丽、吐蕃等的信息有较为全面的了解。

宋朝“世界”认知的最大变化是“南海诸国”信息的剧增。欧阳修著《新五代史》说：“五代四夷见中国者，远不过于阗、占城。史之所纪，其西北颇详，而东南尤略。盖其远而罕至，且不为中国利害云。”汉唐也是如此。

由于海外贸易的繁荣，宋朝对亚洲海域及贸易所及地区的认识空前扩展和清晰，通过中外国海商和使节获得丰富的海外知识。《岭外代答》以交趾、三佛齐、阇婆、细兰、故临、大食等为定位点，描述了境外诸国的方位：“以交趾定其方隅。直交趾之南则占城、真腊、佛罗安也。交趾之西北则大理、黑水、吐蕃也。”细兰海“中有一大洲名细兰国，渡之而西复有诸国。其南为故临国，其北为大秦国王舍城、天竺国。又其西有海曰东大食海，渡之而西，则大食诸国也”。大食之西有西大食海，“渡之而西，则木兰皮诸国，凡千余，更西，则日之所入不得而闻也”。东南亚海岛诸国被分为“正南诸国”、“东南诸国”。“正南诸国，三佛齐其都会也。东南诸国，阇婆其都会也”。三佛齐“在南海之中”，“东自阇婆诸国，西自大食、故临诸国，无不由其境而入中国者”。阇婆国则“在海东南”，以东是“东南海上诸杂国”。

《诸蕃志》更详细记载了亚洲海域各国的方位和彼此航程。如，阇婆国“西北泛海十五日”，至渤泥国，渤泥国往北到麻逸、三屿，三屿往北是流求国，“流求国当泉州之东”。

宋人对海上诸国地理方位判断总体上与实际符合，特别是对东亚、东南亚方位认识基本正确。对印度洋沿岸和西亚、北非诸国地理判断也大致近于实际。汉唐对亚洲海域还存在模糊认识，认为日本“与儋耳相近”，宋代《宣和奉使高丽图经》等已有清晰记载。

赵汝适称曾见《诸蕃图》，因而撰《诸蕃志》。今图已不存，但若志为图解，应是亚洲海域较为清晰的“世界地图”。

2. 对境外人群生存形态的认识

宋朝官民交往中对境外人群的城市、居止、官制、形象、服饰、生计、习俗、信仰等的认识。宋人了解到高丽于逐水草迁徙的夷狄不同，“立宗庙社稷，治邑屋州闾，高堞周屏，模范中华”。也知道占城国都新州“甃砖为城，护以石塔”，注辇国“有城七重，高七尺”。了解占城、三佛齐等国国王生活、官僚制度、治民法律等基本政治制度。知道东南亚诸国多热少寒，土地肥沃，田多人少，米谷廉平，生产香药、象牙、翠毛等自然状况。知道大食幅员辽阔、国力富强，“其国雄壮，其地广袤，民俗侈丽，甲于诸蕃”。国王“出朝坐于帘后，官有丞相为之。民食专仰米谷，好嗜细麦、羔羊，贫者食鱼菜”“取蒲萄汁为酒”。知道伊斯兰教诸国多礼拜堂，“官民皆赴堂礼拜”，“一日五次礼拜”，每年有斋月，不食猪肉。信仰基督教的大秦国“遇七日”即往礼拜堂礼拜。

宋人还对前代不见于记载的菲律宾群岛“诸国”有了较为清晰的认识。如麻逸国人，其国有酋长，民众居住方式是“团聚千余家，夹溪而居”，穿着是“披布如被，或腰布蔽体”，信仰“有铜佛像”，贸易时商舶入港，“蛮贾丛至，随簸篱搬取物货而去”，售毕后“以所得准偿舶商”。其地“土产黄蜡、吉贝、真珠、玳瑁、药、槟榔、于达布，商人用瓷器、货金、铁鼎、乌铅、五色琉璃珠、铁针等博易”。

身处庙堂的君臣也不只通过书籍了解真实的“世界”，他们可以通过境外使节目睹不同的人类。宋朝秘阁还藏有占城、三佛齐、罗斛、交趾职贡图、真腊职贡图、外国入贡图、华夷列国入贡图等图画资料。在广州、泉州的民众还可从居住在“蕃坊”的外国人更加直接地认识“世界”不同地区人类的相貌、习俗、文化和信仰。

3. 东亚格局

宋人在与周边诸国展开现实交往时比以往任何王朝都深刻认识到，现实的“世界”并非宋王朝独尊的一元“天下”。

宋朝立国之初，是立志恢复汉唐规模的。宋太祖有一句名言：“天下一家，卧榻之侧岂容他人鼾睡乎?”他设立封桩库，专门储备收复燕云、征服契丹的费用。宋太宗也声称“朕奄有万邦，光被四表，无远弗届，无思不服”，要“契丹小丑，克日殄平。其奚、霫、渤海之国各选重望亲嫡，封册为王”。都是要建立宋朝主导的一元化的天下秩序。

但，宋朝在对辽长期争战中屡屡失败，“宋与契丹大小八十一战，惟张齐贤太原之战才一胜耳”。景德元年（1004）澶渊之盟，以条约方式规定了对等关系，且向辽送纳岁币。东亚出现天有二日的格局。南宋则于向金朝乞和，达成绍兴和议，“宋约奉表称臣”，定“君臣之礼”。隆兴二年（1164）和议不再称臣，但仍处于被动地位。同时，宋朝还面临着其一直意欲“恢复”的朝贡国交趾和西夏在国内行皇帝制度。丁部领和元昊行皇帝制度，宋朝都严正警告，并以武力问罪，皆以失败告终，结果是将两国与宋朝的关系由藩镇升格为“国”。

4. 宋人认识的局限

宋朝对“世界”认识还有诸多局限。如，对西域和中亚的交往和认识都不及汉唐。与欧洲的直接交往和相互了解限于停滞。宋人认识“朝享不绝”的拂菻显然也非汉代的“大秦国”(罗马)。

对境外实情的了解还多不清晰、不准确处。宋人眼中的海洋虽非秦汉人描述的神仙世界，但也仍然没有消除穿胸国、长臂国、女子国等等的奇异想象和怪诞描述。

宋人实践认知仍然受到“天下”观念的“地方”说局限，认为“世界”是四方形且有边际的。

认为渤海之东有归虚；日本“地极东，近日所出”；台州以东有尾闾，“为东海泄水处”，为东海边际。长砂石塘以东“尾闾所泄，沦入九幽”；阇婆国“愈东则尾闾之所泄，非复人世”；“三佛齐之南，南大洋海也”，“愈南不可通矣”；木兰皮之西是“日之所入，不得而闻也”，为南海的边际。勾勒出了宋人对“世界”认知的边际。

但，对宋朝统治者来说，实际了解“世界”是一个多元文化、多种生计的丰富多样的空间。与“世界”诸国交往，也并非都须如西北互市那样主要作为驭戎手段，而是可以互利互惠，即宋高宗所言“市舶之利颇助国用”的。

对于宋朝民众而言，现实的交往，使其认识到“世界”是可以牟利的生计空间，与海外各国贸易，可以“常获数倍之货”。这都激发了宋人更深入了解“世界”的热情。

（二）对“世界”的“天下”想象

“天下”是兼具政治、地理和民族（华夷）的概念。作为政治概念，就是一元化、等级制的秩序，作为地理概念是“九州—四海”的想象空间，作为民族概念是涵括“华—夷”的差序结构。

宋人对现实“世界”的认识，知道“世界”的多元和丰富，宋王朝并非天下至尊，四夷也并非都认同宋朝的“天下”秩序。用现实知识反思“九州—四海”结构，也认识到“西、北二海所未尝见”，“无有所谓西海”。但是，“天下”关乎宋朝皇帝作为华夷共主——“天子”的合法性。在官方知识体系中，“天下秩序”必须是解释“世界”的绝对理念。

那么，如何维持“天下”呢？宋朝官方通过以下方式坚持把“世界”解说为“天下”：

一是构建“天下”的制度和话语。宋朝自称承天命，居正统，“宋之为宋，受之于天”，定德运（火德），设年号（建隆），修历法（应天历）。使用“华夷一统”话语。宋虽未复燕云，且失河西，仍宣称“大宋之兴，统一天下，与尧舜三代无异”。即使半壁江山的南宋仍使用“坐明堂而朝万国”、“宗社妥安，蛮夷率服”。在国内政治场域中对包括辽、金在内所有非汉民族都称夷狄。

二是构建以本王朝为中心的朝贡体系。

北宋和南宋都构建以自己为中心的朝贡体系，用朝见仪、朝辞仪等朝贡礼仪规定了一元化、多层次的名分秩序。北宋的朝贡体系被分为三个层次（1）羁縻州郡；（2）朝廷与藩镇（归义军、西夏、河湟吐蕃、交趾等）；（3）宗主与藩属国（高丽、于阗、大理、南海诸国等）。南宋朝贡体系大为萎缩，仍存在两个层次：（1）羁縻州郡；（2）宗主与藩属国（南海诸国）。

三是祭祀和册封四海王。

祭祀四海神成为国家祭祀的重要组成部分。春、夏、秋、冬分别祭祀东、南、西、北四海神。北宋在莱州和广州设东海和南海神本庙祭祀，对无实际海域的西海和北海则分布在河渎庙和济渎庙望祭。北宋时海神祭祀为中祀，南宋在明州设东海神本庙，并将海神祭祀升格为大祀。同时册封四海神以王爵，因灵验事件而不断加封，以显示“天子之命，非但行于明也，亦行乎幽。朝廷之事，非但百官受职也，百神亦受其职”。

三、宋代“世界”知识的整合与传承

（一）“原始”信息的加工

“天下”观念及其知识体系一直沿袭到清代，与朝贡体制互为表里。实际交往中实践知识不断新增，对“世界”实情的认知不断丰富。官方如何将实践生成的知识嵌入“天下”知识体系，运用其巩固“天下”知识体系？

采访、亲历获得实情资料的官员、士人以其政治意识和文化自觉，撰著成稿时会主动将其穿靴戴帽，植入“天下”模式。《诸蕃志》对“询诸贾胡”所得信息加以增补，将商人讲述植入“天下”话语之中。如“三佛齐”条收录海商所述航路、官制、政策、风俗、市场、物产等信息，还记载其国建隆至元祐等年间的多次朝贡，且称咸平六年(1003)“上言本国建佛寺以祝圣寿，愿赐名及钟”，宋真宗特赐钟并“承天万寿”题额。另如“大食国”条，也详细记载了宋太祖至宋哲宗朝共10次朝贡。赵汝适还把他书所载的“舶主陁婆离上言‘愿执方物赴泰山’”，写成“大中祥符车驾东封，其主陁婆离上言‘愿执方物赴泰山’”。还载“大食国人无西忽卢华百三十岁，耳有重轮，貌甚伟异，自言远慕皇化，附古逻国舶船而来”。海商自然无从获得长达百年的朝贡信息。

周去非著《岭外代答》也如此。其“注辇国”(朱罗王朝)条除了朝贡活动外，还宣称“真宗大中祥符八年，注辇国王遣使贡真珠等，译者道其言曰‘愿以表远人慕化之心’”。

徐兢《宣和奉使高丽图经》在“序”中就说明了著书的原由是“天子元正大朝会，毕列四海图籍于庭”，“职方氏掌天下之图，以掌天下之地，辨其邦国、都鄙、四夷、八蛮、七闽、九貉、五戎、六狄之人民，周知其利害”，使节应该“有书用以复命于王，俾得以周知天下之故”。

不符合“天下”话语的外交文书也会被修润和改写，营造成“四夷怀服”的景象。

特别是不同文化背景、不了解宋朝朝贡礼仪，且对宋朝没有政治诉求的国家，文书自然不符合朝贡礼仪。如庆历八年（1048）南蕃塗渤国国书译语人初译稿中国王并不自称臣，而称“我”，对宋朝皇帝的称呼被按宋朝俗称，译为“大朝官家”。这样的文本当然不能在宋朝政治场域展示，于是该国书被加入了“臣”、“大宋皇帝陛下”、“华夷”、“伏乞天慈，俯词鉴纳”等表达华夷秩序的词语。

同样，开禧元年（1205）真里富国书的直译稿用词称宋朝为“大朝”，自称“新州”，虽有“进奉”一词，大概是礼貌性而非君臣秩序表达。宋人唐士耻所撰《代真里富贡方物表》则是标准的“天下”秩序表达，其中“葵心北户，久怀航海之诚，象译南琛，初上职方之奏。毕输诚于蝼蚁，实慕义于衣冠”皆非不同文化背景的真里富所能表达的。

（二）史家的选择和书写

宋代大量“原始”或被加工、修润、改写的境外信息，经史家的再选择，成为著述的“史料”。

如，《文献通考》“注辇国”条共1383字，是《岭外代答》“注辇国”条（259字）的五倍有余，三分之二篇幅（917字）描述入宋朝贡事迹。对入贡活动的书写可谓“天下”秩序的标准文本。大肆宣扬了其国辽远，“自古不通中国，水行至广州约四十一万一千四百里”。657字描写大中祥符八年（1015）朝贡，“其国主表”称“臣罗茶罗乍”。表文分三部分：赞颂宋真宗天下申明英主；表达夷狄的谦卑臣服；丰厚的贡物礼单。

臣宋之有天下也，二帝开基，圣人继统，登封大岳，礼祀汾阴，至德升闻，上穹眷命。臣昌期斯遇，古语幸闻辄倾就日之诚，仰露朝天之款。臣伏闻，人君之御统也，无远不臻，臣子之推诚也，有道则服。伏惟皇帝陛下功超邃古，道建大中，衣裳垂而保合乾坤，剑戟铸而范围区宇……窃念臣微类酰鸡，贱如刍狗，世居夷落，地远华风，虚荷烛幽，曾无执贽。今者窃听歌颂普及遐陬……敢倾倒赤心，遥瞻丹阙，任土作贡，同蝼蚁之慕膻，委质事君，比葵藿之向日。

国书称，娑里三文"离本国凡千一百五十日至广州焉"。朝贡原由是闻"十年来海无风涛，古老传云，如此则中国有圣人，故遣三文等入贡"，"谨遣专使等五十二人，奉土物朝贡"，贡品包括真珠衫帽各1、真珠26700两、象牙60株、香药3900斤。

马端临虽然作了这样的选择和书写，但他心知肚明，特作了一段按语："按，注辇国水行至广州约四十一万一千四百里，凡千一百五十日而至，其去中国最远，又自古未尝相通，至大中祥符间始入贡。然其表文，叙述有理，词采可观，略无岛夷侏离鄙俚之谈，有类中土操觚文士之笔。高丽交趾反所不逮。窃疑史文容有缘饰，非其实也。"

宋人获得的"世界"知识可以画出一幅，但作为知识和观念传播，仍然如"古今华夷区域总要图"一样，描绘一个华夷秩序的"天下"。

（三）后世的整合与传承

1. 元修《宋史》对宋代"外国"信息的整合

元修《宋史》如何整合、描述"宋代的'世界'知识"？主要依据宋朝国史、实录、会要等各类官修史书外，参考了诸多私人著述："宋代疆理北不尽燕城，南不尽交趾，西不尽灵夏，东不尽高丽。宜仿《晋书》'载记'，各纪其事。当访寻四境关涉诸书：《高丽图经》《至道云南录》《赵元昊西夏事实》《交趾记》《丙午录》《辽金誓书》《国书本末》《使辽录》《西夏事宜》。"

实际引用不止上述，如《诸蕃志》就是《宋史》重要史源。在此基础上，进行选择和书写。《诸蕃志》记载海外70余国，《玉海》《文昌杂录》等共记载朝贡国42个，其中10余国可补《诸蕃志》。《宋史》“外国传”选择29国立传：西夏、高丽、交趾、大理、吐蕃；占城、真腊、蒲甘、邈黎、三佛齐、阇婆、南毗、勃泥、注辇、丹眉流；天竺、于阗、高昌、回鹘、大食、层檀、龟兹、沙州、拂菻；流求国、定安国、渤海国、日本国、党项。

为这些“国”立传既是元人对宋代“外国”的塑造，也反映了宋人的逻辑，其标准一是朝贡关系，二是地缘因素。除南毗和流求国外都有朝贡记载。《宋史》“外国”内容选择最重要的是朝贡，其次为“国情”，包括方位、航路和风俗。如，《阇婆国传》含两部分，前部分叙其方位和风俗（513字），后部分叙其国朝贡（557字）。社会风俗部分442字直接取自《诸蕃志》，其他71字出自庞元英《文昌杂录》和宋朝《国史》。《宋史》《阇婆国传》如此，《渤泥国传》《三佛齐国传》《注辇国传》等也都如此。

《诸蕃志》《岭外代答》虽有“天下”书写的自觉，总的来说，内容还是以海商所述占多数，有些没有“朝贡”的“国”甚至完全记载商业实用的航路、物产、制度、风俗等信息。

《宋史》“外国”内容的选择则主要是“天下”秩序的建构，以风俗表达华夷不同风，以朝贡表达“天下”秩序，以方位和航路表达远夷来服。

2. 民间知识的传承

宋代允许本国民众出海贸易。本国民众合法、大规模地赴海外经商、居住，是以往王朝未曾有过的。他们掌握了“中国”交通境外和有关“世界”的大量新知识。

这些知识部分被士人记录和传承。如《诸蕃志》在宋代就广为流传，还被后世著作《宋史》《岛夷志略》《东西洋考》等传抄，其中主要是宋代商人积累的知识。而大量民间知识的世代传承是在航海的民众中，或以实用的文字，或口耳相传。特别是航路知识和航行技术，只有运用者才能有效传承。如《宣和奉使高丽图经》所载从明州到高丽的航路、水情、航行方式，包括导航方式、帆舵操作方式、风浪应对办法等知识，需要海商的长期航海实践积累。

《梦粱录》记载："舟师观海洋中日出日入则知阴阳，验云气则知风色逆顺，毫发无差。远见浪花则知风自彼来，见巨涛拍岸则知次日当起南风。见电光则云夏风对闪……相水之清浑便知山之近远。大洋之水碧黑如淀，有山之水碧而绿，傍山之水浑而白矣。有鱼所聚必多礁石，盖石中多藻苔，则鱼所依耳……凡测水之时必视其底，知是何等泥沙，所以知近山有港。"

北宋后期指南针被运用于航海，有专门人员舟师（火长）司掌，"舟师识地理，夜则观星，昼则观日，阴晦观指南针"，"风雨晦冥时惟凭针盘而行，乃火长掌之，毫厘不敢差误，盖一舟人之命所系也"。他们掌握了不同航路上的针路，如，知道阇婆国"于泉州为丙巳方。率以冬月发船，盖藉北风之便，顺风昼夜行，月余可到"，等等。

这些经验知识主要在实践中积累和传承。元代航海者承袭宋代技术，熟练掌握前往南海诸国的针路，如"温州开洋，行丁未针，历闽广海外诸州港口，过七洲洋，经交趾洋，到占城，又自占城顺风可半月到真蒲，乃其境也。又自真蒲行坤申针，过昆仑洋入港"。明清航海者沿袭着宋人开创的技术路径，用针路标识航线，绘制航海图，写作海航指南。直到近代，沿海渔民仍然使用着这些知识。

四、结论

10—13 世纪是亚洲各国和地区间交流的新阶段，一方面经历着政治格局的变动，另一方面经历着不断深化的文化和宗教整合，经济贸易日益繁荣。香料和瓷器成为主要贸易品，贸易重心引向东方，"贸易转向中国"，中国成为"世界上最全球化的地方"（韩森语）。

尽管中国与中亚的交流因政治环境影响而有所衰微，但中国不论出于政治安全，还是经济利益，与境外各国交往的愿望和实践都显著地增强了。亚洲各国与中国的交往愿望显著增长。但交往愿望和实践增长的同时，彼此仍是“雾里看花”，宋朝与阿拔斯王朝如此，缺乏直接交往的欧洲与中国更是如此。

“雾里看花”来自政治环境的阻隔，交往的深度有限，更来自知识体系和文化观念的差异。宋朝对外的官、私交往获得了丰富的、基于实情的“世界”知识，知晓“世界”上存在不同文化、不同信仰、不同生计的人群，也深刻地感受了宋朝并非“世界”至尊。

但是，“天下”秩序事关身处“天下”传统中的宋朝的合法性。不论是士大夫的政治意识和文化自觉，还是王朝的现实需要，官、民获得的“世界”知识被汰选、修改和书写，“九州—四海”的“天下”想象仍得到绝对坚持。从而，一个多元的“世界”被转化为一元的“天下”：一个华夷不同风和四夷怀服的“天下”。

宋朝官方的“世界”解读，特别是现实应对，有新的变化，但其基本观念和基本逻辑并未脱离王朝体制的轨道，不具有实质性的变革。

另一方面，宋代民众首次合法地、大规模地出海贸易，不仅掌握了与外部世界交往的技术知识，更形成了与世界不同文化、不同环境的人群交往的多元观念和开放心态。

这些技术、观念和心态构成的民间的“世界”知识世代传承，使元明清直到近代，民间与“世界”交往不断增长，并反向地推动着官方“世界”观念的改变。这就是宋代“世界”知识积累的意义。

如何观察宋代的“边疆”？

本人1989年秋至1990年夏，在云南省孟连县勐马镇支教时，常常到距离不到十公里的勐阿赶街（集市），每逢赶街日，对面缅甸的人跨过南马河上的简易竹桥，竹桥的中间标有红漆的线，在街子上与中国人相交易，去来并不见边防站检查。缅甸人使用的货币中还有英国殖民地时期的铜币，当时一枚等于一角钱人民币。在云南陇川县，一个当地老乡告诉我，有些国界就是田埂。我问，田埂上立界碑吗？他说，不立，如果立碑，就得双方各退规定的距离，不能耕种。可见，国界是多种形态的，其意义也是多重的，对国家而言是严格的领土标示，对边疆地带的人群则又因其生计而变得似有若无。在“边疆”，感受到其特有属性主要来自两个方面：一是管理政策和社会经济多方面与中心区域的差异性，二是相邻政权互动关系的影响。

从学术研究角度，目前的边疆研究其实有两种概念的“边疆”（实际上常常见到的是没有任何界定的、被先验地使用的“边疆”）：一是从现代中华人民共和国疆域出发界定的边疆，内陆国境线内侧的省区几乎都被纳入“边疆”的范畴。现代边疆学或边疆史研究的主要是这个区域历史和现状。而且在历史和现状的联结中，实际上也就框定了其探讨的古代边疆的地理范围。二是中国古代具体王朝的“边疆”。以宋代边疆、明代边疆、清代边疆，或其他王朝边疆为题的论著难以枚举，事实上，作为一个独立政治体的王朝，其边疆自有与当代立场不同的逻辑，各王朝边疆的逻辑和形态也不尽相同。

前者的对象是今日“边疆”地区的历史如何演进，及其在统一多民族国家形成过程中的角色，后者的对象是历史上各王朝疆域内与中心区不同的边疆地区的发展状况。两者研究对象有异有同，在视角、逻辑上都有差异，不能相互混同。例如，即使是大一统时期的清朝，其疆域范围与今天中国不同，王朝时期的制度、观念和逻辑也与今日不同，而分裂时期的宋朝与今天中国的差异更大，如辽朝和金朝疆域的大部分地区可以纳入当代立场的“边疆”逻辑中讨论，而在宋人的逻辑中，辽、金不是“中心”与“边疆”，而是“内”与“外”。

在边界和边疆讨论中宋辽“澶渊之盟”与中俄《尼布楚条约》都被赋予标志意义。认识两个事件的性质及其逻辑对我们认识古代的边疆也非常重要。

1004年，宋辽交战，双方派员谈判，订立了澶渊之盟，约定：双方为对等关系，结为兄弟（亲属）关系；宋每年送辽岁币绢银三十万匹两；沿边州军，各守疆界，两地人户，不得交侵；不纳叛人；不得创筑城隍，开拔河道；誓书之外，各无所求。

宋辽疆界处理几乎具有了所有“近代性”：划界程序——议界、划界、勘界、资料保存；疆界形态——自然疆界（分水岭、山脊、河岸）；人为疆界（界壕、界碑、界墙等）。是否说明中国古代是否“有疆无界”？是否意味着宋代的疆界划分是一次变革？有学者以近代民族国家理论为坐标，或以中国自身传统变革，赋予宋辽划界以“近代性”意义。

1689年，雅克萨之战后，中俄双方派员谈判，签订《尼布楚条约》条约：格尔必齐河、额尔古纳河及外兴安岭为中俄边界，乌第河地区为待议地区；两国人严禁越界入侵和收纳逃人；两国人民可持护照者以过界往来贸易。

周平指出，《尼布楚条约》是中国与西方国家，依据近代主权国观念签订的第一份国际条约。该条约确立了近代意义上的中国东北和北部边界，使中国出现了固定的边界，而且在中国开了以条约方式确定国家边界的先河。《中俄尼布楚条约》和《布连斯奇条约》签订以后，古老的王朝国家开始有了固定的边界，世界近代以来民族国家的主权观念以一种特殊的方式从外部嵌入到了王朝国家之中（《我国边疆概念的历史演变》）。李大龙也强调了受“天下观”影响，中国传统王朝在

《尼布楚条约》后才有了明确“国界线”，之前的“疆域”多是由直接管辖和藩属两大区域构成（《“中国边疆”的内涵及其特征》）。

不论宋朝，抑或清朝，疆界都是多样形态，上述两个条约涉及的其中一种形态，更为重要的是，《尼布楚条约》出现于近代国际关系，即主权国家原则和领土观念，以及其后西方强势力量扩张的新环境，但宋代的情形不同。宋辽澶渊之盟是双方都在理想的天下秩序不能实现是均衡局势下的现实弹性应对，并不改变宋朝和辽朝秉持的基本理念，即天下观念和大一统目标。对宋代“变革”的阐释中，疆界问题和华夷观念被赋予的特别意义，衍生出的近代转型、民族主义、国族意识等观点，需要在“边疆”视角中重新审视。

疆界在观念解说和实践应对中有不同态度，对于官方和民间也有不同的意义。也需要特别关注边疆人群的生存形态。王明珂指出，族群认同是由族群间的边缘决定的。从沿边族群的角度，省熟之界是模糊的“带状华夏边缘，而非地理上线状的、截然划分的汉与非汉的族群边界”。王明珂观察的是西南地区，但仍有普遍的意义（《华夏边缘：历史记忆与族群认同》）。拉特摩尔也强调了人群，“线状边界概念中的限制或隔绝意义，会渐渐变得缓和中立，而这种边界也会从一条物理边界本身转为边疆地带的人群”（《中国的亚洲内陆边疆》）。

一、如何界定宋代的“边疆”

宋代“边疆”的内涵和外延是什么？我们略举数例包含宋代边疆关键词的研究，如《宋代边疆市场研究》，讨论的内容是宋朝与并存多个民族政权间的互市、榷场、博易场等贸易，认为这些贸易形成了交易规模较大的边疆市场。《宋代边疆祠神信仰与国家正祀》，研究西北地区湫神、军神三圣神、边臣祠神信仰。《宋代在西南边疆出现的“越人”国家》讨论的是越南丁朝（大瞿越）到陈朝的兴亡史。这些研究没有界定何为宋朝的“边疆”，甚至将交趾纳入宋朝边疆讨论范畴。

宋人语境中也有“边”、“沿边”、“缘边”和“边疆”，如北宋沿边路分，指河北、河东、陕西，在军事边防上存在“三边”或“两边”，即极边、次边、近里，或极边、次边的划分。宋人使用的“边疆”，如“边疆之祸”、“来挠边疆”、“边疆警急”、“久任边疆”、“窥伺边疆”等等，都是指宋朝直辖疆域的边缘，而不包括羁縻地区或境外政权。

宋人语境中的“边”、“沿边”、“缘边”、“边疆”虽可明确是宋朝直辖疆域的边缘，但其外延并不清晰。军事边防角度，北宋将陕西、河东、河北根据距离边境远近及军情缓急分为极边、次边、近里三级，特别如河东路、河北路各州的三级划分相对明确和稳定。西南也有极边和次边的划分，外延相对模糊。三边或两边的划分也是对宋朝直辖郡县的划分，不涉及羁縻地区。但是，三边或两边的划分，也并非宋代对接近边境地区普遍的划分办法，空间和时间上都有变化。

羁縻地区与王朝的关系是中国历史上极富特点的现象，这种不同于政权或国家关系的间接统治形式是否被视为王朝的疆域，历史地理学界有不同的处理原则。如谭其骧主编《中国历史地图》将羁縻地区划入宋朝疆域，而中国文化大学编《中国历史地图》则不纳入宋朝疆域。

确定宋代“边疆”研究对象，难以简单地依据宋人的对“边”的较为模糊的描述来界定。今天学者对“边疆”做出多种定义：

杜芝明认为，边疆为靠近边界内侧地带，边疆的主体是边疆少数民族，而边界与边疆围成的区域为疆域（《宋代边疆地理思想研究》）。李大龙提出，“中国边疆”是一个地理概念，或称之为“地理空间”，是历史发展而来的，靠近国界线的领土（《“中国边疆”的内涵及其特征》）。李鸿宾认为，“边疆”是人群依托的地理空间，且只有人群建立组织并依托高度成熟的政治体展开活动之时，即人群被严密地组织在特定地区共同维系生产活动的架构之内，地域的观念才具有“疆界”的属性，疆域、疆界的边缘地带抑或“边疆”的观念才因此而萌生（《对“中国边疆研究”概念的认识与界定——兼谈“中国边疆学”学术体系之建构》）。

那么，中国王朝时期的“边疆”仅是“边界内侧地带，边疆的主体是边疆少数民族”吗？“靠近国界线的领土”如何界定其内涵和外延？抑或如李鸿宾所言“1911 年以前的‘边疆’是王朝国家地域的外层组织，它是王朝内外双重结构的组成要素之一；1911 年以后的‘边疆’则体现为国家整体的一个构成，它与内层（中原内地）没有轻重缓急之别，只有地理空间的远近含义”？

周平从政治学的角度对“边疆”做了界定：“边疆”是处于传统统治区域外围或核心区以外的边缘、需要采取专门措施治理或实行特殊政策进行治理的区域。王朝时期的“边疆”，即王朝国家统治核心区之外的边缘区域，有必要把边缘性区域区分出来，采取不同于中心区域的统治方式和治理政策，把王朝国家的统治向外延展扩大。并指出，“边疆”是建构的，变动的，并非所有的国家都有边疆。周平的界定中概括了“边疆”不同于核心区的两个核心特征，即处于边缘性和实行特殊治理措施，较之于宽泛而模糊的地理空间或族属界定更为明确。

根据宋代实情，我们可以把宋代的“边疆”可以界定为：王朝统治核心区之外的边缘，具有不同于核心区域的特质，明显受到相邻政治体或相邻族群互动关系影响，实行不同于核心区域的统治方式和治理措施的区域。包括直辖郡县受相邻政治体或族群互动关系直接影响的“边”地和实行羁縻统治的地区。并非宋朝疆域所有的边缘都可称“边疆”，疆域不同方向的“边疆”具有不同的特点。

二、“边疆”制度

宋人所说的“边”地仍然王朝直辖地区，主要从军事边防角度实行有别于内地的政治和制度。最显著的特点是上述的三边或两边的划分。河北路的“极边”包括与契丹接壤的真定府、定州、北平军、保州、威虏军、静戎军、雄州、霸州、破虏军、乾宁军和沧州，以及不接壤的祁州、深州、宁边军、顺安军、莫州、瀛州和平戎军。“次边”

包括赵州、邢州、磁州、洺州、永静军、冀州和恩州。“近里”包括滨州、棣州、德州、博州、大名府、澶州、相州、通利军、卫州和怀州。

州军长官的任用有所区别，如“极边”多用武官。天圣七年（1029），臣僚言：“近边内地州郡，多是儒臣知州，边事武略，安肯留意……”。“令武臣合门祗候以上知州军，代还日，知州言事五件，内三件民间利害，二件边事或兵马利便；其知军言事三件，内二件民间利害，一件边事或兵马利便”。南宋也是如此，绍兴九年诏：“以武臣作郡，往往不晓民事，且多恣横，新复州郡只差文臣。续因臣僚言，极边控扼去处，仍差武臣，其不系极边，文武臣通差。”

常有针对边疆事务特设的机构，如熙河开边时设置了熙河兰会经制财用司，其职权可管熙河路财政、市易，甚至赋税征收等。沿边军事机构的职权关系也常不同于内地的分权制衡，而多有兼管军、政、财、民事务者。南宋四大战区的宣抚司和总领所的设置就是应对边防的最重要机制。总领所不仅可以多供给本战区钱粮的各路有一定催督监察权，而常直接感于州军地方事务，如淮东总领所对镇江府民政和财政的直接管理。而沿边知州也常带军事，如邕州知州兼溪洞都巡检提举七州兵甲贼盗。

边州官员待遇也有所不同，如嘉祐五年（1060）诏：“广南东、西路摄官处，皆荒远灾瘴之地，而月俸不足以自给，其月增钱一千五百。”元丰五年（1082）诏：“钦州极边烟瘴，知州许依邕、宜二州奏子孙一人恩泽，著为令。”绍兴三十一年（1161）令“邕、宜、钦极边烟瘴知州，听奏子孙一人”等等。

关于羁縻地区的管理制度，刘复生、郭声波、安国楼等学者已有深入研究。羁縻地区不同于境外政权的是宋王朝对其首领授予官衔，“以其故俗治”，以沿边正州统领若干羁縻州，实行间接统治，该地区与宋王朝边境稳定直接相关。北宋对北方和西北羁縻统治地区的蕃部首领封以武职的蕃官，南方则授予知州、知县等。

以西南羁縻制度为例。宋代改变西南腹地设置直辖郡县的传统，虽然很大程度上是对唐末五代逐渐形成的现实格局的承袭，但作为王朝基本政策，是对汉唐传统的重要转向。西南地区形成了汉夷分界带。这个分界带是动态的，伴随着直辖郡县地域空间的伸缩变化、正州与羁縻州的升降转换，以及汉夷的杂居互嵌。

以元丰六年（1083）神宗开边后的状况看，汉夷的边界自西到东、南，大致是：

威、茂、雅、黎、戎、泸、黔；

施、澧、辰、沅、诚；

融、宜、邕。

上述沿边正州各领若干羁縻州。云贵腹地不再设置直辖郡县，交趾于968年建国。宋代对交趾、大理另有制度。对大理采取“欲寇不能，欲臣不得”的疏离态度。对交趾有较为完备的朝贡制度和政治意图。羁縻州“即其土人建立郡县，有时贡，无地租，领州者多许夷人世袭”，但受间接统治、军事控扼和经济贸易的羁縻统治，与境外政权关系有本质区别。

一是正州领羁縻州，实行间接统治。各边境正州分领数量不等的羁縻州。羁縻州首领的任命来自朝廷，但并不能直接沟通朝廷，而需经过所属正州。正州常被赋予专决蛮事的权力。如茂州管下各羁縻州事务“得专决”，“事无巨细皆自处”，各羁縻州“自推一人为将，统其众，将常在州听要束”。正州还负责调解羁縻州内部的纠纷，如邕州“洞丁有争，各讼诸酋，酋不能决，若酋自争，则讼诸寨或提举。又不能决，讼诸邕管，次至帅司而止”。正州也有平定蛮乱之责。如刘平权泸州事时“夷人寇淯井监”，刘平“率土丁三千击走之”。

二是朝贡册封制度。按制度，羁縻州首领承袭需得宋朝廷册封，并有朝贡之责，即“荆、广、川、峡溪洞诸蛮及部落蕃夷受本朝官封，而时有进贡者，本朝悉制为羁縻州。”如，南北江诸蛮：“南江诸蛮亦隶辰州，贡进则给以驿券”。北江彭氏刺史承袭，先由都誓主率群酋合议推举当立者，后“具州名移辰州为保证，申钤辖司以闻”。大渡河外诸蛮则经过黎州。宋太宗曾“命黎州造舟大度河，以济西南蛮朝贡者”。

宋朝对羁縻州朝贡实行限制政策。因西南蕃使团动辄数百人甚至上千人。西南蕃遣使咸平五年（1002）1600人，大中祥符七年（1012）1500人。泸州蛮贡马也每岁“从而至者几二千人”。明道元年（1032）规定邛部川蛮五年一贡。元丰年间规定西南五姓蕃“五岁听一贡，人有定数，无辄增加”，等等。

三是军事防御。“惟城要害，置屯戍，来则通之，去则备之，羁縻而已”。在北方和西南沿边建立镇寨体系。正州知州一般兼溪洞巡检使。如邕州“知州兼溪洞都巡检，提举七州兵甲”，“募土丁置砦将，与官军杂戍界上”；施州为防备管下羁縻等五州，“置十二砦守之，管义军、土丁、砦将一千二百余人”；黔州“置砦三十二守之，管土军三千四百人”等。宋朝针对羁縻州的镇寨控扼体系是以防御为主。

四是经济贸易。普遍实行互市贸易，西北有茶马贸易和互市、榷场，南方有互市和西南的博易场等等。贸易是宋朝利用各族对中原地区经济需求，实现控制的重要手段。

三、“边疆”社会

（一）沿边汉民社会

边疆民众受到边境情势的影响，其生存状态，如赋役负担、生计发展，社会心理等都有不同于内地的特点。特别是宋代，宋—辽—夏及宋—金，处于长期的强力对峙状态，边疆地带承受的对峙局势的压力超过以往任何朝代。如苏颂和宋神宗讨论的，“昔人以为匈奴直百年之运，言其盛衰有数也”，而“契丹自耶律德光至今何止百”，而且内部稳定，“通盟岁久，颇取中国典章礼义，以维持其政令，上下相安，未有离贰之意”。宋朝遭遇的是百年不率，且稳定强大的契丹。南宋与女真政权金朝对峙也达百年。长期的紧张对峙，直接影响着边疆社会运行。

北宋河北是宋辽对峙最关键的地区，百姓承担赋役负担，特别是临时摊牌的维护河道、修筑设施、运输粮草，乃至养马、巡警等负担肯定重于内地，甚至是内地所无的，且这些力役负担在王土王民逻辑下常常是不能拒绝，甚至是无偿的。河北极边两州三军的百姓需团结弓箭社 588 社，651 火，共计 31411 人，参与边防。不仅河北，南北几乎所有边境地带的民众都有参与不同名称的军事边防力役。为阻挡辽朝骑兵，河北遍置塘泺，广种林木，这些也必须使河北民众需要有与以前不同的生计方式。河北存在的宋、辽双方同时管理的两属户，更是边疆社会特有的人群，他们的生计方式、国家观念也因其特殊的身份而不同于内地及边疆其他民众。两属民户在西北、西南的边疆地带是常有现象，只是河北是汉民，而其他地区的两属民户多为非汉民族。但同样是边疆的特殊环境塑造的特殊身份。自不待言，生存于宋夏对峙最关键的陕西的民众也有着不同于内地的生计和观念。如北宋陕西产生多个武将家族，同样的家族却不能在河北产生。当然，闽浙那样的学术和官僚世家，在边疆地带是难以产生的。

北宋时深处内地的淮南、京西、湖北、四川，在南宋时成为了边疆。江淮防线直接拱卫临安，而宋朝的江淮边防是以淮防为藩篱，以江防为门户的纵深防御策略，一旦金军南下，淮南预设为滞迟敌军，扰敌后路的敌后区。淮南社会的发展必然存在潜在的紧张，民众生活的稳定性和安全感不如内地，也难以有长期的规划。边防的紧张和压力实际上一直传递到江防重镇的镇江、建康等，使这些地区社会的发展不能如两浙、福建等地那样从容稳定。往西的唐邓襄阳、川陕交界地带等受到宋金对峙局势直接影响的带，莫不表现出边疆社会特有的状况。

贾志扬在《棘闱：宋代科举与社会》将科举成绩分为两类：一类是成功的路，即有 1500 名以上进士的路，主要在东南（福建、两浙东西、江南东西），其次是四川部分地区（成都府路和梓州路），在南宋共 16 个路的全部进士中占 84%。另一类是不成功的路，在南部和中部的京西南路、广南东西、荆湖南北，四川的利州路和夔州路，淮南东西路。这些路的进士数没有一个超过400名。不成功的路几乎都是边疆地区。科举成绩反映的是其背后经济发展、学校教育、交通运输等多种因素的综合效应，体现了边疆社会的一个面相。

（二）沿边夷民社会

边疆社会的视角下，需要在羁縻政策视角之外关注非汉族群的社会样态。被纳入王朝间接统治体系的羁縻或熟夷有着与生夷有所差异的生存形态。熟蛮即“系籍熟户”，编户籍，输赋税，获土地归籍，获“耕作省地，岁输税米于官”，“以民官治理之，兵官镇压之，以诸洞财力养官军，以民丁备招集驱使，上下相维，有臂指之势”。

边疆地带的非汉民众也是宋王朝司法所及的地区，这是其与相邻政权关系不同的重要特点之一。宋朝规定“羌自相犯，从其俗；犯边民者，论如律”，南方也是如此。熙宁八年（1075），知黔州张克明言：思、费、夷、播四州新籍蛮人“若一概以敕律治之，恐必致惊扰”，“请黔南獠与汉人相犯论如常法，同类相犯，杀人者罚钱自五十千，伤人折二支，已下罚自二十千至六千，窃盗视所盗数罚两倍，强盗视所盗数罚两倍，其罚钱听以畜产器甲等物计价准当”。

另一方面，“夷”民在间接统治下，有自身的政治秩序、社会结构和生计方式。北方诸族社会机构以部族制为主，南方羁縻各族则主要借鉴中原郡县制，其人口规模当然远小于内地州县，即“洞酋虽号知州、县，多服皂白布袍，类里正、户长”。如云南地区出现秦汉以后统治区域最大、文明程度最高的地方政权大理国，即是以皇帝制度、郡县制度、赋役制度和儒家意识形态支撑的政权，其内部固然有若干民族特色，但基本模式是仿行中原传统。西南出现的罗氏鬼国、罗殿国、自杞国、特磨道、邛部蛮、播州杨氏、溪州彭氏等众多政治体，都是用郡县制度建立本政治体内部的统治体系，“大者为州，小者为县，又小者为洞”，“其酋皆世袭”。

如《复溪州铜柱记》所反映的溪州社会：

（溪州静边都）当都头将本营诸团百姓、军人，及祖父本分田场土产归明王化。当州大乡、三亭两县苦无税课，归顺之后请祇旧额供输，不许管界团保军人、百姓乱入诸军四界劫掠，并盗逃去户人。凡是王庭差纲收买溪货，并都幕采伐土产，不许辄有庇占。其五姓主首、州县职掌有罪，本州申上科惩，如别无罪名，请不降官军攻讨。……王曰：尔能恭顺，我无差徭，本州赋租自为供赡，本都兵士亦不抽差。

静边都指挥使金紫光禄大夫检校太保使持节溪州诸军事守溪州刺史上柱国陇西县开国男食邑三百户彭士愁

武安军节度左押衙金紫光禄大夫检校司徒前溪州诸军事守溪州刺史兼御史大夫上柱国彭师佐

武安军节度左押衙充溪州副使银青光禄大夫检校尚书右仆射守溪州三亭县令兼御史大夫上柱国彭师裕

武安军节度左押衙左义胜第三都将银青光禄大夫检校刑部尚书前守富州别驾兼御史大夫上柱国彭师杲

文化宗教学习中原传统。汉字成为西南众多政治体内使用的文字，不仅交趾、大理，而且自杞、罗殿、五姓蕃、播州、溪州等都使用汉字。交趾、大理自不待言。罗殿也用汉文，“有文书，公文称‘守罗殿国王’”，与“其首领多能华言，纵行书，如中国童蒙所书”。自杞国也“自罗殿致书生，教之华言，教之字画”，“候问寒温之式与中国不异”。自杞国也有国王，设年号，建立了一支强大的军队。儒学也在西南主要的政治体中流传，交趾、大理奉行儒学、施行科举，在西南大族中儒学自魏晋已降即被移植；汉地佛教也成为西南主要信仰之一，交趾、大理都如此。家族结构和社会结构，广泛使用汉姓汉名、构建家族历史（溪州彭氏、播州杨氏、云南爨氏等），村、洞、团、户等社会组织；

秦汉开西南夷，各种原因进入西南的汉民、兵士、商人、罪徒等移民，带来中原农耕技术，使原来“耕田，有邑聚”的族群农业经济得到进步，“随畜迁徙”的族群逐步接受农耕经济。宋代，大理、交趾，以及较大的政治体都有了较为发达的农业经济。这使得西南各族与宋朝的互动有不同于北方的两个特点：一是政治体林立，冲突多是局部性的，规模较小；二是经济、政治、文化的同质性使彼此冲突不是文明类型的冲突，更为和缓。

宋代西南看似纷乱的格局却衍生着族群整合的内生因素，既显示着汉唐时期长期的郡县传统的深刻影响，也在离异中滋长着经济文化的同质性，同时推动着族群自身整合。

边疆地带难以因政权界限或族类不同，而相互隔绝。相反，边疆地带不同政权间、直辖地区与羁縻州县间存在普遍的经济交流、土地买卖、租佃与寄名，以及人员流动。互市、榷场、博易场正常渠道的贸易是交流的重要途径，私下的交易更普遍地存在。土地耕种因为省民与蛮夷承担赋税与否而产生了利用空间，省民将土地隐匿于蛮夷名下，或名义上卖与蛮夷，而可以逃税。甚至有地方官不顾省民土地隐匿导致国家两税的流失，为多收更多分隶地方的契税，而放任这种土地的流动。省民耕种蛮地，蛮人耕种省地也是常见的现象。人员的流动也十分频繁。既有汉民入夷地，如“有华人亡入蛮境，乃与蛮俱来朝贡，以冒赏赐。丙辰，诏知益州马知节辨认厘革之”，“襄州人聂廷宪等数辈有谋，窃入蛮界为判官，至巫山，津吏捕得以闻，因著条约”。也有夷入汉地，成为入籍的归明人。当然还有更多的是各类身份不见诸官方的越境人员。

四、余论：“边疆”对于认识宋朝的意义

如李鸿宾所言：“从边疆维度认识和理解中国古今历史及呈现出居于世界东方之文明体的衍化与特点，具有其他维度不可替代又不可或缺的作用和价值”。从边疆认识宋代，也可以加深对诸多问题的理解。

（一）外在压力如何影响宋朝社会

从王朝统治看，追求安全，实现控制与成本考量，都深刻地影响到王朝的政策、制度和观念。从民众生活看，边境地区民众的负担、心态和生计都不同于内地的民众。

（二）战争状态与盟约体制

对峙局势战争不可避免，边疆地区直接受到战事的影响，国家管理机制、动员机制，以及民众生活都出现战时状态。但和平在时间轴上占据更为多的长度。如宋辽、宋金更常态的关系形态对峙背景下的“澶渊体制”（陶晋生《宋代外交史》），即盟约体制或和议体制。

（三）双向认识和整体史观

边疆互动直接体现不同政权、不同族群的相互认识。从中可以更清晰地看到现实应对与思想观念、士人主张的关系，即实践与观念的关系。也可以从全局的眼光认识相邻政权及相邻民族间的相互认识、彼此互动。上述几点正是从边疆出发的“大宋史”观。

（四）问题反思

对于如赵宋王朝这样的具体王朝“边疆”的深入考察，可以更好地辨析基于当代立场“边疆史”、“边疆学”与具体王朝“边疆”的观念、逻辑的差异。也有助于认识中国古代是否“王者无疆”“有疆无界”，或存在所谓“天下之界、政权之界、内部边界”，是否具有出现“民族主义”“国族形成”，或“近代转型”的观念基础等问题。

“大宋史”研究：取向或方法

近年来，宋史学界积极倡导邓广铭先生提出的“大宋史”研究，希望藉此推动宋史研究开出新境界。邓先生微言大义地提出“大宋史”研究，其重要性如刘子健先生所言“许多这类的问题，都可以由比较年长的历史学者提出，供给大家讨论”，是史学家的责任。邓先生提出的“大宋史”研究为我们思考如何开展宋代历史研究提供了空间和方向。那么，如何理解“大宋史”研究？

邓广铭在《谈谈有关宋史研究的几个问题》一文中说到：“两宋政权只是从 10 世纪到 13 世纪先后出现在中国境土上的几个割据政权之一，而先后与之对峙的辽（也叫契丹）、西夏和金，也都同样是当时的一个割据政权。对其同时并存的诸政权，例如辽与北宋和西夏，金与南宋和西夏，如果我们只以其中的某一个政权及其统辖区域内的事物作为研究对象，对其他两个则弃置不顾，这是很不合适的，实际上也是做不通的。所以说很不合适，是因为我们不论要以哪个政权及其统辖区域内的事物作为研究对象，我们都必须对那一时期的全局作宏观的观察，不能再依照历史上原来的政治格局而加以分割。所以说实际上做不通，则是因为，它们之间既经常有些交涉和战争，如仅仅明了一方的情况而不了解对方的，则这一研究工作必不能到达应有的深度与广度”。

1990 年“国际宋史研讨会”邓先生在致辞中说到，对 10 到 13 世纪中叶的中国史“为求能够全面地、正确地、深入透彻地予以剖析、说明，并作出公正的评价，这就需要运用多种视角、多种尺度、多种思想方法和思考方式来进行研究，进行观察，进行探索，进行衡量”。综合邓先生在不同地方的表述，其所言“大宋史”研究核心有两点：

一是整体史观，即对那一时期作的全局作宏观的观察，不能再依照历史上原来的政权格局而加以分割；二是互动关系，即并存的不同政权之间既经常有些交涉和战争，如仅仅明了一方的情况而不了解对方的，则这一研究工作必不能到达应有的深度与广度。

李华瑞教授在《说说“大宋史”》一文（《中国社会科学报》2020年7月6日）中概括了邓先生的“大宋史”研究，认为“邓广铭先生倡导研究‘大宋史’，我个人理解这有两层含义，一是学科间、专门史间、断代史间的整合研究，形成大的视野，全面完整地认识10—13世纪中国的历史文化”，“第二层含义我个人的理解是研究者应具备纵向兼通唐史和元史，横向宋辽西夏金史要互通的治史素养”。他说，一言以蔽之，“大宋史”指的是宋史学者在讨论宋史问题时，旨在强调与当时前后并存的辽、西夏、金各王朝之间的联系与影响，而不是局限于赵宋王朝。邓广铭提倡的“大宋史”研究是一种大视野的历史研究理念，需要打破畛域、融会贯通，纵向贯通长时段、横向兼通各断代的大视野、大格局。

包伟民教授在“中国史学界第十次代表大会”主题报告《关于推进辽宋夏金史研究的三点思考》(2021年7月29日，嘉兴）中，引用了邓先生关于“大宋史”研究的论述说到“既不应把宋朝作为正统王朝看待，更不应把它与那时的中国等同起来”。在该主题报告中提出了“大宋史观”的概念：融通经济、政治和文化等各方史事，跨越不同政权隔阂，对整个10至13世纪的中国历史有一个全局性的关照，即所谓的“大宋史”观。他强调，“大宋史”观并非以赵宋王朝为正统的传统史学观念的翻版，之所以以“大宋史”指代10至13世纪的中国史主要考虑几个因素：即用语简便；赵宋王朝存在的时间最长，大体上可以涵盖整个时期；中原地区为中华文明核心区；农业文明为中华文明的核心内容。“大宋史”观也不是要求每一位研究者都非要同时涉足辽宋夏金史的专题研究，而是从一个全局眼光来观察历史。他同时指出，作为一种“观察取向”，或“研究理念”，“大宋史”研究并非涵盖所有议题。这一点，邓先生在《谈谈有关宋史研究的几个问题》中也曾指出："在某些并不相关的问题上，不但可以把辽、宋、西夏、金的历史问题分别进行研究，即在辽、宋、西夏与金的辖区之内，也可以进行分地区、分行业、分专题的研究"。

"大宋史"研究近年来在多个学术会议中成为重要话题，包伟民、李华瑞等学者积极提倡。2017 年 10 月 25 日澎湃新闻以"走出'唐宋变革论'，迈向'大宋史'研究"为题报道 2017 年 10 月 21—22 日在上海师范大学举办的"新视角·新方法·新观点——宋史学术前沿论坛"。那么，"大宋史"研究或"大宋史观"与"唐宋变革论"构成取代关系吗？作为取向和理念的"大宋史研究"或"大宋史观"是否能成为一种理论？是关系史、交流史应有之义，还是具有更深广的学理逻辑？

"唐宋变革论"是在社会分期，或社会进化论的理论背景中阐释唐宋之际中国社会的变革，核心是宋代近世说，对君主独裁、官僚政治、"商业革命"、平民社会等等，政治、经济和社会领域的"变革"都指向社会形态的变革。"唐宋变革论"也有一个逐步发展的过程。内藤湖南提出的宋代近世说，并从政治、经济、文化方面列举了唐宋之际的变化。但只是基于知识积累和直觉判断的结论，没有进行系统的实证研究。内藤湖南的学生宫崎市定等进一步充实和发展了其学说，将其假说概括为"唐宋变革论"，进行深入的实证研究，使这一假说发展成较为完整的理论体系，逐步褪去内藤湖南关注现实政治的色彩，主要对宋代近世说进行学理论证。因而，唐宋变革论的社会进化史观和社会分期的西方路径，以及寓含的政治企图，都有其局限性，但是，作为阐释唐宋历史发展的一种理论，其具有宏观解释力，如牟发松教授指出，该理论有其独创性和开放性，为这一学术命题的继承、发展、证伪、立异留下广阔空间，并不断激发出新的课题。也有其价值，对唐宋历史研究作出过贡献。李华瑞教授提醒的唐宋研究需"走出唐宋变革论"，"翻过这一页"，针对的是防止唐宋变革论应用的泛化，使其成为流于形式的“议题框”，而非否定这一理论已有的价值。

因而，“走出”并非着意“告别”，与任何一种自称体系的研究理论一样，无需也不可能告别唐宋变革论，甚至也无需执着于对其证成或证伪。从上述“大宋史研究”或“大宋史观”的内涵看，即使“走出唐宋变革论”，也不可能迈向“大宋史研究”，两者完全不构成取代关系。两者的理论性、指向性、涵括性有着显著区别。

吴承明先生在阐述经济史研究方法时说到理论方法的三个层次：一是世界观意义的方法，即从整体上指导我们研究的思维工具，如历史唯物主义；二是认识论意义上的方法，就是解释、推理、求证的思维工具，分为逻辑思维和非逻辑思维；三是专业和技术研究方法，学科方法、区域、比较方法等。历史具体问题的研究中更多的涉及第三类，即专业和技术研究方法。如包伟民教授指出，“至于怎样在具体的专题研究中将全局视野内化为一种观察取向，尚有待于学界同仁共同的努力。如果“大宋史”研究仅止于整体通贯和关注互动的取向，有可能仍无异于可施之任何其他时期的大历史观，也难以揭示分政权研究及政权（民族）关系史研究更为深广的历史现象，最终流于形式，或成为标签，而担负不了推动宋史研究开出新境界的重任。

“大宋史观”的根本旨趣应该是着意于如何更好地认识 10 到 13 世纪分裂格局下历史发展的整体状况，理解华夷多政权并立格局下宋代文明的时代特征，惟其如此，“大宋史观”才能不成为如李华瑞批评“唐宋变革论”泛用一样的另一个“议题框”，也才能使这一研究取向具有一般性和方法论的意义。

宋代是不同民族政权并立的时期，同时又是中华文明融合的新阶段，整体体现了 10 到 13 世纪中华文明重要的时代特征。辽、夏、金等各民族政权都从游牧部族体制走向王朝体制，都共同秉持天下秩序的基本理念，以共同的原理认识和处理与外部世界的关系，都表现出由唐入宋官僚政治和文官政治倾向、农商并重的经济形态和财政结构、财产税制税原则、货币经济活跃等中华文明新变化和新格局。辽、宋、夏、金各政权都采取了应对本政权内多民族共存、多制度并行的因俗而治的治理模式，比较有效地处理了多民族国家治理问题。这是10到13世纪中华文明重要的时代特征之一。

另一重要的时代特征就是长期对峙状态，对各政权形成了有形和无形的压力，深刻影响着各政权的内外政策、政治军事制度、思想观念，以及东亚秩序运行的整体形态，直接受到相邻政权互动关系影响的区域和人群的发展路向、生计方式、赋役负担，国家的管理政策等都表现出不同的特点。

对待理论的态度，如同吴承明先生所言，需要价值判断，即实证判断（历史条件下的判断）和规范判断（今天价值观的评论），但需要足够谦虚。在经济史研究中，一切历史学和经济学的方法都应视为方法论：思考方法和分析方法。史无定法，需根据时空条件，所研究的问题性质和资料可能选用适当的方法（吴承明：《经济史：历史观与方法论》，商务印书馆2017年版）。刘子健同样强调"史无定法""因问求法"，"探讨活的国史，动的通史"的阐述（李涵：《与刘子健君一席谈》，《宋史研究通讯》1987年第3期）从这个角度而言，我们需要明确没有任何一种理论和方法涵括所有领域，解释所有议题，"唐宋变革论"如此，"大宋史"观也如此。

近四十年宋代中外关系史研究评述

自1978年以来的四十年，宋代中外关系史研究取得了显著成绩，表现出几个鲜明的特点：一是学术话语进一步融通并出现新变，近四十年中国大陆中外关系史研究理论走向多元，研究取向转向深入探索实情，国内外同行话语、议题共同性日益增强，以今天标准划定的“中外关系史”学术范畴和学术概念与历史逻辑和历史话语有了更好的融通；二是“丝绸之路”分析框架为宋代中外关系史研究赋予了整体视野和新的解释力；三是交流史领域的若干传统议题研究进一步深化。梳理近四十年来宋代对外关系史研究取得的成果，进行理论方法反思，对于进一步推动该领域研究，乃至整个中外关系史研究都具有重要意义。

一、政治关系研究的视角转换

作为现代学术概念的“中外关系史”之“中外”是以“中华人民共和国”疆域界定的地理空间。这固然具有理解历史如何造就今日“中国”的重要意义，但要更深入地揭示古代王朝的内外观念和对外关系的制度逻辑，更准确地把握这些观念和制度下的关系形态，则又不能拘泥于当代立场。邓广铭先生首倡“大宋史”研究，也是在“中国史”的整体视野中研究10至13世纪的宋、辽、夏、金诸王朝的历史。依据今天立场界定的宋代“中外关系史”范畴，必须置于当时的历史逻辑中考察，融通宋代内外观念与今天学科概念的关系。

从今天“中国”的角度，历史上今天中国疆域内各族皆为中华民族的组成部分，今天研究的“中国史”就是今日“中国”疆域内各民族的历史，这无疑是正确的。另一方面，在这一思维支配下，历史上不同政权的关系被纳入“民族关系”之中，最常见的叙述是以中原王朝为视角，将今天“中国”疆域内的其他政权皆系于“民族关系”下讨论。如张其凡《宋代史》将今日“中国”疆域内吐蕃、大理、西夏、辽朝、金朝、喀喇汗诸政权列入“宋朝的周边民族与民族关系”一章，将今日“中国”疆域之外的各国列入“宋朝与世界各国的交往”一章。[1]赵永春在《金宋关系史》中指出：“宋金关系史是中国民族关系史的一个重要组成部分”，“金朝和宋朝都是中国，都是中国历史的组成部分”。两位学者的态度完全符合“中国史”学术界定，而且在论述中也很好地把握了当代立场和历史逻辑的关系，如赵永春在“民族关系”的基本话语下，围绕金朝对宋政策变化深入揭示了金、宋两个独立王朝的实质性国家关系。[2]

但是宋代王朝看待对外关系时以本政权为内外标准，具体而言就是依据区隔直辖郡县与非直辖郡县而界定内外。[3]从其自身视角所持的华夷理念和朝贡秩序具有普遍的适用性，因而从宋人的逻辑出发，认识当时对外关系的制度设计及其逻辑，是讨论今天立场所界定的宋代中外关系的基础。陶晋生还指出，中国古代王朝除了维持朝贡关系的传统外，还有当理想的世界秩序不能实现时，为维持和平而采取具有弹性的“实质性关系”，即“与邻国实际维持的对等关系”的传统，宋辽就以盟约形式约定双方国与国的对等关系。[4]站在今天的立场是“民族关系”，在宋人眼中则是置身于多国体系下的并立，甚至对等的内外关系。[5]在论述宋、辽、金王朝外交制度和观念时，难以用今天的地理

1 张其凡：《宋代史》，澳亚周刊出版有限公司 2004 年版，第 758—1081 页。

2 赵永春：《金宋关系史》“绪论”，人民出版社 2009 年版，第 1、2 页。

3 黄纯艳：《宋代朝贡体系研究》，商务印书馆 2014 年版；《宋代的疆界形态与疆界意识》，《历史研究》2019 年第 5 期。

4 陶晋生：《宋辽关系史研究》，中华书局 2008 年版，第 3、4、5、7、84、85 页。

5 Wang Gunwu: *The Rhetoric of a Lesser Empire: Early Sung Relations with Its Neighbors*; Herbert Franke: *Some General Observations; China among Equals*, University of California Press 1983, P47–64, 116–148.

范畴来区分，否则就离开了当时的逻辑。

正因于此，学者们讨论宋、辽、金对外政策、制度和思想时，基本遵循了历史逻辑。宋辽官方交往是典型的外交，澶渊之盟后形成了完备的交聘制度、外交仪式和外交文书。[1] 吴晓萍将宋朝处理辽、金、高丽、西夏、交趾、大理、吐蕃，以及南海诸国和西北诸国等直辖郡县和羁縻各族以外的国家和政权关系，都纳入“外交”的范畴，并根据不同的外交对象，采取不同的外交途径。[2] 冒志祥指出古代“外交”是指国家和朝廷之间的关系，历史上的“国家”现在或已今天成为中华民族大家庭的一员，或现在仍然是以国家的形式存在，因而称“宋朝对辽、金、高丽、西夏等的交往，实际就是宋朝的外交”。[3] 外交思想更深入触及宋朝的内外观念。张云筝分析了今日“中国”界定的外交和古代王朝的外交内涵的差异，认为在宋朝的外交思想中，辽、金、西夏等政权都被包括到“外交”范畴，虽然在今天看来两宋与辽、夏、金的关系和宋朝与高丽、日本、交趾等国的关系有着本质的不同，前者是国内民族关系，后者是国与国的关系，但对宋人而言并没有什么本质的不同。[4] 由此，我们可以说，历史逻辑中的宋王朝“对外关系”与依据今天“中国”疆域划定的“中外关系”是既相互联系又有明显区别的两个范畴，今天学术范畴的“中外关系”是宋人“对外关系”的组成部分，考察宋代“中外关系”中的对外政治关系和外交思想时，只有在宋人“对外关系”的整体逻辑中才能得到更深入的阐释。

黄纯艳从整体视野中讨论了宋代东亚二元并存和多层结构的国际秩序，揭示了宋、辽、金在其朝贡体系下以相同的外交理念和礼仪秩序处理与仍在今天“中国”疆域内的诸政权和高丽、交趾等今天“中

---

1 Wright David Curtis: *Sung-Liao Diplomatic Practices*, Princeton University, 1993.

2 吴晓萍：《宋代外交制度研究》，安徽人民出版社 2007 年版。

3 冒志祥：《宋朝的对外交往格局：论宋朝外交文书形态》，广陵书社 2012 年版，第 3、4 页。

4 张云筝：《宋代外交思想研究》，中国社会科学出版社 2012 年版，第 14、15—17 页。

国”疆域外诸政权的关系，构建以本王朝为中心的一元化的垂直秩序，同时这一理念和礼仪也不同程度被与宋、辽、金王朝交往的各国和政权所遵循。[1] 只有在宋，包括辽、金王朝，构建的朝贡体系的整体秩序及其背后的观念下，结合双向认识的视野，才能更好地阐释作为当代学术概念的宋代“中外关系史”。

学者们对宋朝与交趾关系的不同认识即说明若不如此，就可能导致现代话语与历史逻辑的错位。交趾在宋代独立建国，宋朝与交趾由此前的中央与直辖郡县变为事实上的国与国关系。但是北宋和南宋初期所持的逻辑仍是交趾为“藩镇”，并有在交趾“恢复”郡县的目标，使得宋朝与交趾并不以国与国的关系展开交往。今人对宋朝与交趾熙宁战争的讨论就显示了上述的错位。如粟冠昌、陈朝阳等都使用了“主权国家”和“干涉内政”的话语评说熙宁战争认为太平兴国宋越战争是宋朝“干预交趾内政所造成的”，宋朝加强边防、推行改革，“作为一个有主权的国家来讲”无可厚非，“是北宋本国内政”，且“交趾已经完全具有独立主权国家的意识和能力”。[2] 黄纯艳则认为，“主权国家”和“干涉内政”等话语就简单逻辑而言，似乎是“正确”的，却脱离了宋代的历史逻辑。今人对宋越战争的是非判断不应影响对历史逻辑的揭示，宋王朝主导下的国际关系所秉持的华夷观念和垂直等级秩序与现代国际关系的无政府状态理念和平等原则完全无涉。从宋朝角度，熙宁战争必须在“恢复汉唐旧疆”话语及以此为解说的宋神宗包括河湟、西夏、燕云等范围的开边的整体视野中认识，熙宁战争以交趾率先入侵宋朝与宋朝早已谋划“恢复”交趾并非二元对立，非此即彼的关系。[3] 戴可来还指出，宋朝与交趾宗藩关系及相应的朝贡礼仪

1 黄纯艳：《宋代朝贡体系研究》，商务印书馆 2014 年版。

2 粟冠昌、魏火贤：《北宋王朝与交趾关系叙论》，《中国边疆史地研究》1991 年第 2 期；陈朝阳：《熙宁宋交战争考述》，《中国史研究》2012 年第 2 期。

3 黄纯艳：《“汉唐旧疆”话语下的宋神宗开边》，《历史研究》2016 年第 1 期、《宋神宗开边的战争责任与政治解说——兼谈古代东亚国际关系研究中的历史逻辑与现代话语》，《厦门大学学报》2016 年第 6 期。

在双方交往时均以认同和遵守，虽然其目的不同，交趾主动向宋朝朝贡是为了谋取经济利益，和藉以巩固其在国内统治地位的册封，宋朝则获得“天朝大国”的宗主地位。直到淳熙元年（1174）宋朝才正式承认安南王国，不复视为“中国郡县”。[1]黄纯艳也认为宋朝与西夏、交趾等政权交往时的华夷观念和君臣名分得到双方认同和遵守，交趾接受宋朝册封其首领的藩镇官衔，交趾到宋朝朝贡时，与今天在中国疆域内的西夏、吐蕃一样遵行标示君臣名分的礼仪。[2]

宋、辽、金三个王朝与高丽的关系既是国家关系也是君臣关系，学者们的研究也是在华夷观念和朝贡秩序的背景和逻辑下展开。杨渭生讨论了高丽与宋朝间以朝贡秩序为特点的政治关系，并指出宋与高丽的关系不能简单地用事大主义概括，但也不能否认事大关系的存在。[3]辽朝的东北政策就是通过武力征服和威慑，与高丽、女真、渤海等各族势力建立朝贡秩序，确立君臣关系。[4]宋、辽、金与高丽政治关系都在相同的制度逻辑中展开。[5]总之，不能以今天主权国家的外交理念，从汉族中心主义视角维护宋朝的立场来评论宋代朝贡体制下的交往形态。近四十年来宋代中外关系史研究的趋势也是逐步改变将宋朝与辽、金等政权关系仅局限于民族关系的话语中，也逐步超越对关系主流、战争性质等议题的偏重，更多着眼于宋代观念和逻辑下的制度设计和关系形态，融通了当代中外关系史学科话语与宋代历史逻辑的关系，深化了宋代中外关系的研究。

---

1 戴可来:《略论古代中国和越南之间的宗藩关系》,《中国边疆史地研究》2004 年第 2 期。

2 黄纯艳:《宋朝对境外诸国和政权的册封制度》,《厦门大学学报》2013 年第 4 期；黄纯艳:《宋代朝贡体系研究》，商务印书馆 2014 年版，第 372 页。

3 杨渭生:《宋丽关系史研究》，杭州大学出版社 1997 年版。

4 金渭显:《契丹的东北政策》，华世出版社 1981 年版，第 75—124、142—154 页。

5 安周燮:《高丽契丹战争史研究》，明知大学校大学院 2002 年版；沈载锡:《高麗時代 宋에 의한 國王冊封의 展開》,《清溪史学》1996 年 4 月；全海宗:《高丽的对宋外交》,《朝鲜史研究》1983 年 5 月；罗钟宇:《高麗時代의 對宋關係》,《圆光史学》1984 年 3 月,《朝鲜史研究》1983 年 5 月；姜吉仲:《南宋과 高麗의 政治外交와 貿易關係에 대한 考察》，경희사학，1991 年。《高丽与宋金外交经贸关系史论》，文博出版社 2004 年版。

二、经济文化交流史研究新进展

1978年以前，宋代中外交流史已经取得了一定的成果，对市舶制度、贸易港、香药贸易、海商和日宋交流等问题作了较为系统的探讨，但总体上还处于初步发展阶段，尚未出现对宋代经济文化交流进行整体研究的著作，若干问题研究刚刚展开，有待进一步深化。近四十年来宋代中外交流史研究的主要进展表现在：一是整体研究和国家间交流史研究的继续深入。1981年陈高华、吴泰出版第一部全面研究宋代海外贸易的著作《宋元时期的海外贸易》，系统地论述了宋代海外贸易的整体发展状况，对宋代海外贸易的经营者、船舶组织、商品结构、市舶结构、市舶条法、市舶港口，以及海外贸易对宋代社会的影响做了较为全面的论述，分析了宋代海外贸易繁荣的原因。[1]2003年，黄纯艳出版了《宋代海外贸易》，在宋代贸易港、来华外商、进口品的运销和应用，以及海外贸易与东南沿海地区经济发展的关系等方面做了进一步讨论。[2]2017年，土肥祐子出版《宋代南海貿易史の研究》，讨论了宋代与南海贸易的商品结构，宋高宗和宋孝宗朝与占城的贡赐贸易，以及南宋来华贸易商人，以及泉州港的贸易情况。[3]该书虽然皆讨论具体案例，但涉及了宋代海外贸易的主要方面，可以概见南宋海外贸易的基本面貌，对南宋贡赐贸易的展开形态的研究有较大推进。

二是国别交流，特别是宋日、宋丽的经济文化交流有较大推进。宋朝与高丽交流史研究方面的进展主要表现是贸易商人和文化交流研究的深化。宋晞较早研究了宋朝商人从事的宋丽贸易及其对两国政治、经济和文化交流的贡献。[4]杨渭生统计了宋商到高丽的贸易活动，分析了宋商在宋丽关系中的作用。[5]朴玉杰、芦敏、李镇汉等从不同角度考

---

1 陈高华、吴泰：《宋元时期的海外贸易》，天津人民出版社1981年版。

2 黄纯艳：《宋代海外贸易》，社会科学文献出版社2003年版。

3 土肥祐子：《宋代南海貿易史の研究》，汲古书院2017年版。

4 宋晞：《宋商在宋丽贸易中的贡献》《宋史研究论集》第2辑，中国文化学院出版社1980年版。

5 杨渭生：《宋丽关系史研究》，杭州大学出版社1997年版，第264—484页。

察了宋朝商人航海高丽、赴丽宋商的地域构成和商队组织、宋朝对高丽海难商人的救助、以及商人在两国政治、经济、信息传递、民间往来等方面的作用。[1] 杨渭生还较为全面地考察了宋朝与高丽间展开的书籍、印刷术、人才、教育、医药、科技、文学、音乐、五代、书画、宗教等方面的文化交流，对宋朝与高丽的科举制度、法律制度作了比较研究。[2] 金渭显讨论了宋朝文化在高丽的传播及其影响。[3] 宋晞探讨了北宋、高丽间文化交往与贸易的关系。[4] 金杜珍和崔圣银则考察了宋朝与高丽间的佛教文化交流。[5]

宋日经济文化交流研究积累宏富，近四十年来该领域研究继续推向深入。首先是对贸易商人的研究更为具体。赵莹波考察了宋商在日本的居住、生活、政治作用等问题，论述了在日宋商贸易中的语言、货物、货币、诉讼、联姻、改名、公凭、置产、社交等问题，以及日本海外贸易政策变迁对在日宋商的影响，宋商在官民交往中的作用等问题，还利用中日史料为十余位在日宋商分别立传，丰富了对中日海商的研究。[6] 林文理、榎本涉、柳原敏昭、山内晋次等也考察了宋朝商人和日本商人的贸易和居住等问题。[7] 李广志专门讨论了南宋商人谢国明在日本的活动，特别是兴建博多承天寺，援助重建杭州径山寺，布施行善，传播中国文化等方面的活动及影响。[8]

---

1 朴玉杰：《高麗来航宋商人과麗．宋의貿易政策》，《大同文化研究》，1997 年 12 月；芦敏：《宋丽贸易研究》，博士学位论文，厦门大学 2008 年；李镇汉：《高丽时代宋商往来研究》，景仁文化社 2011 年版。

2 杨渭生：《宋丽关系史研究》，杭州大学出版社 1997 年版，第 264—484 页。

3 金渭显：《宋丽关系与宋代文化在高丽的传播及其影响》，《中国海洋发展史论文集》，1997 年，台北。

4 宋晞：《论北宋与高丽间的文化与贸易关系》《宋史研究论集》第 28 辑，台北“国立编译馆”，1998 年。

5 金杜珍：《義天의 天台宗과 宋・高麗 불교계와의 관계》，《仁荷史学》，2003 年 2 月；崔圣银：《高麗時代佛教彫刻의 對宋關係》，《美术史学研究》2003 年 3 月。

6 赵莹波：《宋日贸易研究——以在日宋商为中心》，博士学位论文，南京大学 2012 年。

7 林文理：《博多“纲首”的历史位置——博多的权利贸易》，清文堂 1998 年版；榎本涉：《宋代的“日本商人”再研究》《史学杂志》2001 年 110-2；柳原敏昭：《中世前期九州的港口和宋人的居住地》《日本史研究》1999 年 448；山内晋次：《東アジア・東南アジア海域における海商と国家》，吉川弘文馆 2003 年版。

8 李广志：《南宋海商谢国明与中国文化在日本的传播》，《宁波大学学报》2018 年第 6 期。

宋代中国与其他国家间交流的研究也取得了新的成果。黄纯艳指出宋朝与交趾的不属于市舶贸易，而被宋朝以边境互市管理，分析了双方贸易的方式和变化。[1] 邓昌友考察了宋朝与交趾间的经济文化交流。[2] 刘森论述了宋朝与越南的货币文化交流。[3] 游彪讨论了宋朝与阿拉伯国家的贸易往来，指出市舶贸易是宋朝与大食贸易的重要形式。[4] 贾志扬围绕 10 到 13 世纪爪哇市场讨论了东南亚、印度洋和中国南海的贸易繁荣状况及其对爪哇和相关贸易国经济发展的意义。[5]

三是专题研究进一步深入。特别是市舶制度、外商和香药的研究更为深入。市舶制度作为宋代海上贸易的基本制度，备受关注。上引陈高华、吴泰、黄纯艳、土肥祐子等研究著作中都较为系统地讨论了宋代市舶司设置时间、市舶司职能、市舶条法等问题。同时，出现多篇专门研究该问题的论著，在已有研究基础上有了新的推进。章深从市舶司机构设置的角度，将宋代市舶司分为宋朝建立到北宋熙宁初年、宋神宗朝、北宋哲宗朝到南宋灭亡三个时期，变化的主要原因是中央强化对外贸的垄断。他还从南宋市舶司及其官吏设置的分析中提出并不存在宋末元初泉州海外贸易超过广州的问题，整个南宋广州市舶机构都稳定健全。[6] 廖大珂则从市舶司官制角度提出宋代市舶司制度经历了元丰三年（1080）以前“多州郡兼领”、元丰三年至崇宁初“转运司兼提举”、崇宁初至南宋末“专置提举”的演变过程，认为这一变化体现了封建政权对海外贸易的管理逐渐完善和正规化，同时也日益严密的过程。[7] 葛金芳考察了“专置提举制”下的南宋市舶司及其职能，

---

1 黄纯艳：《宋朝与交趾的贸易》，《中国社会经济史研究》2009 年第 2 期。

2 邓昌友：《宋朝与越南关系研究》，博士学位论文，暨南大学 2004 年。

3 刘森：《宋代中越两国货币文化交流史述》，《货币史研究》1992 年第 1 期。

4 游彪：《宋朝与阿拉伯国家的交往》，《国家人文历史》2018 年第 10 期。

5 Jan Wisseman Christie: *Javanese Markets and the Asian Sea Trade Boom of the Tenth to Thirteenth Centuries,* Journal of the Economic and Social History of the Orient, Vol.41, No.3, 1998, pp.344–381.

6 章深：《南宋市舶司初探》，《学术研究》1992 年第 5 期；《重评宋代市舶司的主要功能》，《广东社会科学》1998 年第 4 期。

7 廖大珂：《试论宋代市舶司官制的演变》，《历史研究》1998 年第 3 期。

分析了广南、福建和两浙市舶机构的变化特点。[1]除了机构的讨论，市舶官员的研究也受到重视。杨文新系统地考察了宋代市舶官员的选任、奖惩考核、入仕途径，详细考证了各路共473人市舶官员的姓名、生卒年、字号、籍贯、科举、任期等问题。[2]曹家齐和陈少丰探讨了港口发舶制度。[3]关履权较为全面地研究了广州港的市舶贸易，[4]泉州、江阴军等港口的市舶制度也有了较为深入的讨论。[5]

外商是研究的另一个颇受关注的问题，深入讨论了宋朝对待外国人的法律政策和外国人在华生活两个方面的问题。学者们对“外国人”的界定基本以今天“中国”为标准。高树异认为“唐宋时在中国的外国人，一般理解为原居外国，后到中国居住，不属中国血统的一切外国人，包括日本、新罗、百济、高丽、扶南、真腊、天竺、波斯、大食、拂林（东罗马帝国）等国人”。[6]而吕英亭在讨论宋代“涉外法律”包括了“外国人”和“归正人”、“归明人”，所言“外国人”指今天中国疆域之“外”，而“归正人”和“归明人”是宋人的逻辑的“外”来。[7]高树异较早讨论了宋代外国人的法律地位问题，包括来华外国人在华居住权、教育权、政治权利、财产权、婚姻权、继承权、法律诉讼权等。[8]胡天明、黄纯艳、郭东旭、吕英亭、邱树森、刘莉等也探讨了宋代对待来华外商，基本内容仍是上述诸方面，而讨论更为详实、深入。[9]

---

1 柳平生、葛金芳：《南宋市舶司的建置沿革及其职能考述》，《浙江学刊》2014年第2期。

2 杨文新：《宋代市舶司研究》，厦门大学出版社2014年版。

3 曹家齐：《宋朝限定沿海发舶港口问题新探》，《上海交通大学学报》2013年第3期。陈少丰：《宋朝的发舶港与发舶权》，《史志学刊》2017年第4期。

4 关履权：《宋代广州的海外贸易》，广东人民出版社1994年版。

5 邓端本：《宋代广州市舶司》，《岭南文史》1986年第1期；傅宗文：《宋代泉州市舶司设立问题探索》，《福建论坛》1983年第3期；周振鹤：《宋代江阴军市舶务小史》，《海交史研究》1988年第1期。

6 高树异：《唐宋时期外国人在中国的法律地位》，《吉林大学学报》1978年第1期。

7 吕英亭：《宋代涉外法律初探》，博士学位论文，山东大学2006年。

8 高树异：《唐宋时期外国人在中国的法律地位》，《吉林大学学报》1978年第1期。

9 胡天明：《宋代外国人来华及其在中国的法律地位》，《中州学刊》1994年第5期；黄纯艳：《宋代来华外商述论》，《云南社会科学》1997年第4期；郭东旭：《宋代招商政策探析》，《河北大学学报》2001年第3期；吕英亭：《宋代涉外法律初探》，博士学位论文，山东大学2006年；章深：《宋代外商城市居住权探析》，《开放时代》2002年第6期；黄纯艳：《宋代来华外商述论》，《云南社会科学》1997年第4期；刘莉：《试论唐宋时期的蕃坊》，《中央民族大学学报》1999年第6期；邱树森：《唐宋“蕃坊”与“治外法权”》，《宁夏社会科学》2001年第5期。

香药是宋代进口品中最大宗的商品，较早既受关注，近四十年在香药贸易、香药消费、香药在中医药中应用三个方面有了更为深入的研究。林天蔚于1986年出版《宋代香药贸易史》(为1960年版《宋代香药贸易史稿》修订稿)，对宋代香药贸易作了迄今最为系统深入的研究，论述了香药产地、运销路线，考订了62种香药的性状、功能，以及海外20余国香药种类和输入中国情况，也讨论宋代官方的香药贸易管理制度及对香药的利用。[1]温翠芳指出，唐代主要进口沉香，政府是香药消费者的角色，而宋代主要进口乳香，政府是香药专卖者或经营者的角色，平民消费力量的兴起推动了乳香贸易的活跃。[2]夏时华对香药贸易的研究对林天蔚的主要补充表现在对陆路香药贸易的论述，对宋代香药的民间经营和加工在林天蔚研究的基础上也更为详细。[3]

宋代香药消费盛行，香药在社会生活、经济活动和宗教祭祀等多个领域被广泛应用。林天蔚、陈高华、吴泰、黄纯艳等都论述了香药在宋代医药、饮食、用具、焚香、熏香、饰物、礼物、宗教等方面的应用。[4]夏时华进一步讨论了宋代各阶层和各领域的香药消费及其特点，论述了香药在饮食业、酿酒业、制药业、制瓷业、建筑业、器具制造业，以及宗教活动中的应用。[5]纪昌兰则讨论了宋代社会宴饮用香问题。[6]彭波等人指出，宋代财政依赖实物资产提供信用保障，进口香料为政府提供了重要的财政支持和金融工具，具有了货币性质。[7]

香药进入中国后对中医药产生了较大影响。林天蔚指出，香药在

1 林天蔚:《宋代香药贸易史》，中国文化大学出版部1986年版。

2 温翠芳:《从沉香到乳香——唐宋两代朝贡贸易中进口的主要香药之变迁研究》，《西南大学学报》2015年第5期。

3 夏时华:《宋代香药业经济研究》，博士学位论文，山东大学2012年;《宋代市舶香药的抽解与博买》，《云南社会科学》2014年第5期;《宋代香药走私贸易》《云南社会科学》2011年第6期。

4 林天蔚:《宋代香药贸易史》，中国文化大学出版部1986年版;陈高华、吴泰:《宋元时期的海外贸易》，天津人民出版社1981年版;黄纯艳:《宋代海外贸易》，社会科学文献出版社2003年版。

5 夏时华:《宋代香药业经济研究》，博士学位论文，山东大学2012年;《宋代上层社会生活中的香药消费》，《云南社会科学》2010年第5期;《宋代平民社会生活中的香药消费述论》，《江西社会科学》2010年第12期。

6 纪昌兰:《异域来香:宋代宴饮中的香药》，《安徽史学》2018年第6期。

7 彭波、陈争平、熊金武:《论宋代香料的货币性质》，《中国社会经济史研究》2014年第2期。

实用上主要作为医药，从早期用于防腐到后来主要用于医药。[1] 李少华和刘冬雪论述了进口香药输入对中医药发展的影响，分析了香药入方的情况及其在方剂学、瘟病学和外科领域广泛应用，以及对中药四气五味芳理论、香药性理论、中药剂型的变化和性气理论等的补充。[2] 高驰等也讨论了宋代香方，指出宋代方剂大量应用香药香方，通过不同的配伍组合，在临症各科中发挥着不同的作用，促进了中医学理论的发展。[3] 王棣考察了在宋代中国与印度洋沿岸印度、阿拉伯及东非地区的医药文化的双向交流。[4]

三、"丝绸之路"视野下的整体研究

丝绸之路研究成为近年来的学术热点。丝绸之路研究为中外关系史提供了新的阐述框架，也赋予了新的解释力。丝绸之路研究的逻辑是将通过陆路和海路连接中国到西亚的交通网络视为一个整体。宋代是中国对外交往中心由陆路转移到海路的时期，因而丝绸之路研究也多在比较视野下展开。

陆上丝绸之路研究主要讨论了向西域方向的交通线路及贸易情况、西夏在丝绸之路上的作用。李华瑞指出，宋代陆路交通由此前近千年的主动经营转变为被动经营，对外交通从汉唐以陆路交通为主转向宋代以海上丝路为主，陆路为辅的新格局，宋朝不能有效管理和保障经营对象和交通路线，宋太宗朝与辽朝两次大战失败，经营东西陆路交通的政策发生转变，宋神宗至宋徽宗一度积极经营东西陆路交通。[5] 杨蕤也指出，五代以降是陆上丝绸之路的重要"转型"时期，相比于唐

1 林天蔚：《宋代香药贸易史》，中国文化大学出版部 1986 年版。

2 李少华：《阿拉伯香药输入史及其对中医药的影响》，硕士学位论文，北京中医药大学 2005 年；刘冬雪：《宋代香药贸易对中医药发展的影响——以香药方的研究为中心》，硕士学位论文，上海师范大学 2011 年。

3 高驰、朱建平：《宋代香方与医学》，《中华中医药杂志》2013 年第 5 期。

4 王棣：《宋代中国与印度洋沿岸各国的医药文化交流》，《华南师范大学学报》1992 年第 2 期。

5 李华瑞：《北宋东西陆路交通之经营》，《求索》2016 年第 2 期。

代，陆上丝绸之路渐趋衰落，陆上丝绸之路进入“回鹘时代”，西夏占据丝绸之路的主动脉后，丝绸之路贸易中长途贩运不逮前朝，但割据形势却造就了兴盛的中继贸易，并促成了涵括丝路沿线多个多家的贸易网络的形成。[1] 申慧青也指出，宋代陆上丝绸之路功能逊于汉唐的同时丝绸之路仍然发挥着沟通中原与西域诸国间经济文化交流的作用。[2] 西夏控制河西地区后，河湟吐蕃唃厮啰政权在西域与中原交通上发挥了重要作用。祝启源、马旭俊等认为，丝绸之路北道被西夏控制后，商人改走青海道，唃厮啰政权聚集了不同地区的商人，维持了中原与西域交通的畅通。[3]

西夏政权崛起，占领河西地区，控制了传统丝绸之路商道，对丝绸之路产生了怎样的影响，是陆上丝路研究的重要问题。罗丰讨论了五代宋初灵州在丝绸之路上地位的变化及其影响，并指出西夏崛起对于西北陆路贸易产生了强烈影响。[4] 杨蕤也认为，西夏攻取河西走廊对丝路贸易以及西北地区的交通状况产生了强烈影响。[5] 藤枝晃认为，西夏崛起后阻断了西域诸国入宋的朝贡道路，西域诸国避开西夏，转道迂回入宋。[6] 更多的学者认为西夏控制河西后丝绸之路交流仍然存在，西夏对丝绸之路畅通有消极影响，但也采取推动丝绸之路贸易的若干措施。钱伯泉、彭向前、李辉等认为西域诸国与辽国的贸易需通过西夏国境，与宋朝的贸易除青海道外也有经过西夏者，西夏控制丝绸之路，采取了一系列灵活务实的经营措施，获得了巨额利润，丝绸之路东段控制权的获得是西夏由停滞而走向强盛的历史转折点，另一方面

1 杨蕤：《略论五代以来陆上丝绸之路的几点变化》，《宁夏社会科学》2008 年第 6 期；《北宋时期陆上丝路贸易初探》，《西域研究》2003 年第 3 期；《宋代陆上丝绸之路贸易三论》，《新疆大学学报》2009 年第 5 期。

2 申慧青：《简论北宋对丝绸之路的经营与利用》《宋史研究论丛》第十九辑，河北大学出版社 2017 年版。

3 祝启源：《唃厮啰政权对维护中西交通线的贡献》，《中国藏学》1998 年第 l 期；马旭俊、杨军：《唃厮啰政权的兴起与青唐道贸易》，《西藏大学学报》2016 年第 3 期。

4 罗丰：《五代、宋初灵州与“丝绸之路”》，《西北民族研究》1998 年第 1 期。

5 杨蕤：《关于西夏丝路研究中几个问题的再探讨》，《中国历史地理论丛》2003 年第 4 期。

6 藤枝晃：《李继迁的兴起与东西交通》，《日本学者研究中国史论著选译》第九卷，中华书局 1993 年版。

也使海上丝绸之路大为兴旺，陆上的丝绸之路日渐衰落。[1] 李学江强调不能用片面的史料认为西夏阻断了丝路贸易，西夏统治者十分重视商业利益西夏时期，丝绸之路基本上是畅通的。[2] 杨富学等利用黑水城出土文献，指出黑水城在陆上丝路交流方面发挥了“中转站”的功能，与大食等国保持着贸易往来。[3]

学者们还在丝绸之路的研究框架下讨论了辽朝的对外交流，特别是辽朝通过草原丝绸之路展开的贸易。王坤等研究指出，草原丝绸之路始于新石器时代，兴盛于汉唐，辽朝进一步打通了草原丝绸之路。[4] 武玉环等认为，辽朝重新开辟和保障由来已久的草原丝绸之路，以互市和朝贡的方式加强了和西域诸国乃至中亚、西亚等国的联系。[5] 周路星分析了辽朝和亲政策对草原丝绸之路繁荣的影响，认为辽朝崛起后掌握了草原丝绸之路的控制权，通过与丝路沿线政权和亲巩固对这条丝路的控制与经营，草原丝绸之路日渐繁盛。[6] 杨蕤则强调通过对现存辽代丝绸之路文物考古材料的梳理，可补充文献记载不足，加深对辽代陆上丝绸之路的认识。[7] 还有学者从钱币、器物、宗教、外交等角度对辽代丝绸之路做了研究。[8]

宋代陆上丝绸之路贸易的研究还涉及了南方丝绸之路。蓝勇讨论了唐宋时期南方陆上丝绸之路的贸易范围、贸易形式等问题，梳理了

1 钱伯泉：《西夏对丝绸之路的经营及其强盛》，《西北民族研究》1993 年第 2 期；彭向前：《西夏王朝对丝绸之路的经营》，《宁夏大学学报》2006 年第 2 期；李辉：《西夏与丝绸之路》，《社科纵横》2001 年第 3 期。

2 李学江：《西夏时期的丝绸之路》，《宁夏社会科学》2002 年第 1 期。

3 杨富学、陈爱峰：《西夏与丝绸之路的关系——以黑水城出土文献为中心》，《黑水城人文与环境研究——黑水城人文与环境国际学术讨论会文集》，中国人民大学出版社 2007 年版；《黑水城文献所见西夏与大食之贸易》，《赵俪生先生纪念文集》，甘肃民族出版社 2009 年版。

4 王坤、傅惟光：《辽代的契丹和草原丝绸之路》，《理论观察》2015 年第 6 期。

5 武玉环、程嘉静：《辽代对草原丝绸之路的控制与经营》，《求索》2014 年第 7 期。

6 周路星：《辽代和亲政策与草原丝绸之路的繁盛》，《唐山师范学院学报》2019 年第 2 期。

7 杨蕤：《文物考古学视野下的辽代丝绸之路》，《北方民族大学学报》2015 年第 2 期。

8 可参卫月望：《契丹外交与草原丝绸之路及货币》，《辽代货币文集》，内蒙古人民出版社 1993 年版；马建春：《辽与西域伊斯兰地区交聘初探》，《回族研究》2008 年第 1 期；姜歆等：《伊斯兰教在辽朝的传播与发展探析》，《赤峰学院学报》2005 年第 6 期；傅宁：《内蒙古地区发现的辽代伊斯兰玻璃器——兼论辽时期对外贸易和文化交流》，《内蒙古文物考古》2006 年第 2 期等。

宋代从西域进入西南地区的丝路贸易。[1] 朱安女考察了南诏、大理国时期南方丝绸之路的文化交流。[2] 张泽洪等考察了南诏、大理国时期阿吒力教的传播，阿吒力梵僧的传教与白蛮大姓的结合，以及阿吒力教经历文化传播而地方化、民族化等问题。[3]

黄纯艳系统地论述了宋代中外交往重心转移背景下海上丝绸之路的新格局，认为宋代完成了对外贸易重心由陆上丝路向海上丝路的转移，形成了近海区域市场和南海贸易体系，浙东和福建沿海地区形成了海洋性地域特征，海洋知识、海洋观念也进入一个新的阶段，中国对外贸易进入海洋贸易时代，奠定后世对外贸易的基本格局。[4] 李华瑞等也从唐宋和陆海丝绸之路比较的视野下讨论了宋代海上丝绸之路的转型问题，认为对外交通出现汉唐由政治经贸文化并重向宋代以经济贸易为主的转型，交通方向从西北陆路通向印度、西亚、欧洲为主转向海路向南海周围东南亚为主，汉唐以吸收外来文化为主的态势在宋代已被益形强固的民族本位文化所取代。[5] 蒋致洁也讨论唐宋时期陆上丝绸之路与海上丝绸之路的消长变化和过程。[6] 汪汉利分析了处于海上丝路要冲的三佛齐与宋朝的海上交往情况及其在中国与南印度、中东间海上丝绸之路发展中的重要价值。[7]

以器物、图像、金石等实物及考古材料研究海上丝绸之路也成为新的取向。刘恒武以宋朝与日本间石塔、画像、雕刻、款识铭文、以及铜钱、瓦当等的传播，讨论海上丝绸之路交流史，分析了图像资料对研究海上丝绸之路的重要意义。[8] 赵莹波从日本出宋朝土陶瓷器探讨

1　蓝勇：《唐宋南方陆上“丝绸之路”的传输贸易》，《中国社会经济史研究》1990 年第 4 期。

2　朱安女：《论南诏大理国时期南方丝绸之路的文化特点》，《大理学院学报》2015 年第 11 期。

3　张泽洪、廖玲：《南方丝绸之路阿吒力教研究——以南诏大理国时期为中心》，《思想战线》2018 年第 2 期。

4　黄纯艳：《变革与衍生：宋代海上丝路的新格局》，《南国学术》2017 年第 1 期；《宋元海洋意识新变与海洋贸易时代确立》，《思想战线》2017 年第 6 期。

5　李华瑞、张倩：《中唐以后至宋朝海路交通的转型》，《中国史研究》2017 年第 4 期。

6　蒋致洁：《唐宋之际丝路贸易与海路贸易的消长》，《社会科学战线》1993 年第 5 期；《丝路贸易与海路贸易关系试探》，《兰州商学院学报》1989 年第 1 期。

7　汪汉利：《三佛齐：宋代海上丝绸之路重要节点》，《浙江海洋大学学报》2017 年第 6 期。

8　刘恒武：《图像观识与海上丝绸之路史》，《学术月刊》2017 年第 12 期。

了宋日贸易。[1]近年来水下考古取得了丰硕成果，特别是“南海Ⅰ号”等沉船的发掘为海上丝绸之路研究提供了新的材料和新的视角。林唐欧探讨了“南海Ⅰ号”发掘以来出土的大量瓷器墨书，指出墨书内容丰富且保存完好，传达了南宋时期海上丝绸之路贸易的活动信息，可更好地理解和阐释南宋时期的海外贸易情况和社会人员结构。[2]杨睿通过“南海Ⅰ号”沉船出土器物风格讨论搭载蕃人问题，并分析了船上物品的违禁问题和发舶港，认为该船的铜器、铜钱、兵器原料等都属违禁品，该船应从泉州发舶。[3]黄纯艳根据“南海Ⅰ号”二期发掘报告，结合宋代文献讨论了“南海Ⅰ号”船舶大小、发舶方式和发舶港问题，认为“南海Ⅰ号”属于宋代的大型海船，具有福建船的形制特征，该船应是从市舶司港口正常发舶后在海上装载违禁品，不久沉没，其发舶港为广州的可能性更大。[4]

四、结语

近四十年来，宋代中外关系史的研究有了很大推进，刊布了更多的高质量学术成果，在视角、话语和方法也出现诸多新的变化。中外关系史的学术范畴是依据今天“中国”疆域确定的，这已经成为基本原则和共识，但古代，特别是宋代多国并立的东亚局势下，“内”与“外”的区分有当时的观念和逻辑。宋、辽、金诸王朝用朝贡秩序和华夷理念看待对外关系，且普遍适用于其构建的朝贡体系之中，其施用的范围与今天“中国”疆域并不吻合，这就需要现代话语与历史逻辑间的融通。在现代逻辑主导下的重要议题或话语，如关系主流是战争冲突或和平友好、冲突性质是正义或非正义、政权关系的阶级属性、

1 赵莹波:《宋日贸易再考——海上丝绸之路东亚贸易圈的形成》,《河南社会科学》2009 年第 1 期。
2 林唐欧:《“南海Ⅰ号”沉船瓷器墨书初步研究》,《南海学刊》2018 年第 4 期。
3 杨睿:《“南海Ⅰ号”沉船若干问题考辨》,《博物院》2018 年第 2 期。
4 黄纯艳:《舶商与私贩:〈“南海Ⅰ号”沉船考古报告之二〉的贸易史解读》,《丝绸之路考古》第三辑,科学出版社 2019 年版。

主权国家、干涉内政等，以民族关系涵括当时的内外观念等取向，近四十年来逐步转向对历史逻辑和历史实情的揭示，从而深化宋代中外关系史的研究。

近四十年，宋代中外交流史的研究不再停留于物质、人员输出入的现象描述，而更加深入地讨论交流什么、如何展开和有何影响。重视商人群体的研究，深入探讨了外商在华生活状态和权利保障，对宋朝海商的研究不仅重视其贸易活动，更深入其在日本和高丽居留状况、生活方式，与当地社会互动等问题。对贸易品的研究则不停留于有哪些种类，而深入讨论这些其应用和影响，其中最深入研究是进口香药在宋朝各阶层生活、医药、宗教等方面的应用，特别是对中医药药方、医治疗效、中医药理论的影响，更好地揭示了中外交流对宋朝社会的影响。对市舶制度的研究也更关注国家与地方互动、市舶司官员群体等更为具体的问题。

丝绸之路框架揭示了宋代中外关系史研究新的内涵，显示了对中外关系史新的解释力。首先，丝绸之路分析框架是一种整体视野，其内含的逻辑是将丝绸之路视为一个整体，即使是以从某一个政权出发的讨论也是以整个丝绸之路交通网络为背景，丝绸之路框架下讨论的陆上丝绸之路、草原丝绸之路、海上丝绸之路和南方丝路，涵盖和构画了两端相连、中间相通的几条丝绸之路形成的宋代中国对外交往的基本格局。其次，丝绸之路框架下对宋代中外关系史研究也包含这比较研究的视野，宋代是对外交往重心从西北陆路转向东南海路的时期，很多研究都关注到两条丝绸之路地位兴替及其原因，体现了对宋代中外关系史的宏观和整体的关照。

近四十年宋代中外关系史研究的一些取向也指示了该领域继续前行的方向。一是多种实物资料的发掘和利用，除了中外传统文献外，国内外相关的石刻、造像、建筑、器物、图像等实物资料已经受到关注，进一步深入发掘和利用必将为中外关系史研究拓展新的空间；二是考古材料的运用，近四十年考古发掘取得了很大进展，提供了丰富的新材料，特别水下考古的蓬勃发展，发掘了大量反映中外交流的实物资料，加以充分利用，必将推进宋代中外关系史诸多问题的研究；三是文献材料仍需继续发掘，陈高华较早利用保存于日本史籍中的李充公凭，为认识宋代商人贸易和管理的具体状况提供了完整的文本，近年来有学者发掘日本所藏宋日交往相关的文书、书信，推进了寺院、商人在宋日交流中具体角色的讨论，中外资料的发掘和参用可为宋代中外关系史研究提供新的证据。未来的宋代中外关系史也如同过去的四十年，时代更替、社会演进、环境变化，必将激发新的视角、新的理论和新的思考，宋代中外关系史研究也必将常做常新。

（原载《南开史学》2020年第2期）

第二编

海洋文明

“御夷狄”与“通财用”：中国古代海外贸易的政策取向

中国古代海外贸易政策的“开放”或“封闭”是一个久讼不决的学术公案。从根本上说，是源于历史现象的复杂性和多面相，也因此常出现“选精集萃”导致的定性分析结论的大相径庭。“开放”“封闭”这一立足于当代视角的定性判断不失为讨论中国古代对外政策的可行路径，但这一分析路径也有其局限性：一是容易陷入“开放—封闭”的二元对立分析模式，强调一面，忽视或遮蔽另一面；[1] 二是难以从整体上揭示中国古代对外政策的复杂性、多样性及其背后的历史逻辑；[2] 三是“开放”或“封闭”只是观察者对海外贸易政策的主观评价，而非政策自身的逻辑，政策制定的内在逻辑是如何实现预期的政治经济目标。继续推进这一问题的研究需要在“开放—封闭”的二元判断之外探寻新的分析路径。本文拟对中国古代海外贸易政策取向作一长时段考察，试图从另一角度理解中国古代对外贸易政策演变的历史逻辑。[3]

一、海外贸易是“御夷狄”的手段

宋人章如愚梳理了“历代御夷狄”，即处理周边关系的政策，且认

1 如，魏明孔在《唐代对外政策的开放性与封闭性及其评价》(《社会科学》1989 年第 2 期）指出，对唐代对外政策的分析往往强调允许外国来华的开放一面，而忽视严禁本国人私自出境的封闭一面，唐代的对外开放并非全面的开放，始终局限于对外国人的开放，而没有也不可能迈出允许本国出境这一步。

2 如，陈尚胜在《“闭关”或“开放”类型分析的局限性》(《文史哲》2002 年第 6 期）指出，对清朝前期海外贸易政策“闭关”或“开放”类型分析路径难以处理历史演变的复杂进程。

3 中国古代海外贸易对象基本上也是今天的“对外关系”，为体现古代对外贸易政策逻辑的整体性，文中涉及陆上贸易的若干史实在今天视角为“内”，当时逻辑则为“外”。本文主要是从中原王朝视角的讨论。

为“历代待夷狄皆非上策”，“和之以亲而不庭，怀之以文而不至，要之以盟而无信，饵之以货而无厌”。[1]“御夷狄”是华夷观念下历代王朝的要务，一则源于处理周边关系，保障政权安全，二则源于天下秩序的构建和解说。在华夷观念下，自居“中国”的王朝处理周边关系的行为即“御夷狄”，不论对内统治，还是对外关系，其合法性都必须在华夷一统的天下秩序中才能得到合法性解说。这就需要营造一个既有利于王朝安全，也符合天下秩序的对外关系。在“中国—四夷”或“九州—四海”的天下格局中，海陆四方的“夷狄”皆在“绥御四夷”的整体视域中。如章如愚所说，历代“御夷狄”有和亲、怀柔、盟约、贸易等多种手段。李纲概括为“曰和、曰战、曰守”三策。[2]李纲所说的“和”是和议而非和亲。概括起来历代“御夷狄”的主要手段就是战争、守御、和亲、和议及贸易。

战争是中原王朝处理周边关系的常见手段。在清朝后期国家安全最大威胁变为西方势力的海上攻击以前，历代中原王朝最大的安全威胁都来自北方游牧势力，关乎中原王朝安全的战争多是与北方草原势力的冲突。战争并非恒常，而是处理周边关系的极端手段。在中原与周边关系演进的时间轴上大规模战争占据的绝对时间是少部分，海上对外战争则更少。有唐朝和明朝为稳定以本王朝为中心的东亚秩序，参与朝鲜半岛反击日本侵略的战争等。守御是常态化的军事手段，自南宋始成为国防要务，但清代抗击西方势力以前，海防以弹压海盗为主，防御外敌居次。

和亲是汉唐时期“御夷狄”的常见手段，但毕竟是以华夏之尊下结蛮夷，到宋代进一步强化华夷观念的背景下，和亲被为辱国之举。庆历二年（1042）契丹乘宋夏战争之机提出割地、和亲要求，贾昌朝提出“和亲辱国，而尺地不可许”，于是又“欲以金缯啖契丹”。[3]最终

1　章如愚：《群书考索》别集卷二二《历代御夷狄》，中华再造善本影印北京大学图书馆藏元延祐七年（1320）圆沙书院刻本，北京图书馆出版社2006年版，第80册，第3页。

2　李纲：《李纲全集》卷五六《上皇帝封事》，岳麓书社2004年版，第625页。

3　王珪：《华阳集》卷五六《贾昌朝墓志铭》，文渊阁《四库全书》影印本，第1093册，第411页。

还是以加岁币解除危机，避免了和亲。元朝人曾说，唐太宗既有“包括四海，指麾群夷”的伟业，也有“屈己和亲”的缺失。[1]明代李如松因朝鲜抗倭之功加官增禄，反对者“诋其和亲辱国，屡攻击之”。[2]和亲是“御夷狄”的不得已之举，并非理想手段。

和议或盟约自春秋战国即是处理不同势力的手段，历史上也屡见正式的盟约，如唐朝与吐蕃的建中会盟，双方遣高官会谈，签订盟约，载之盟文，“藏于宗庙，副在有司，二国之成，其永保之”。[3]宋代处理周边关系常用和议手段，可称之和议体制，与辽、金、西夏都订立正式盟约，作为长期交涉双边关系的依据。与夷狄和议并非华夷观念下处理周边关系的理想模式，被视为“尊奉夷狄”，“坏天下义士之气，而长夷狄豪横之势”的屈辱行为。[4]多是双方形成均势，甚至华夷倒悬之势，理想模式不能建立而采取的弹性应对。中国古代，包括清朝前期，海外诸国尚无可抗衡的势力，因而也无需和议手段。

战争、和亲、和议都是“御夷狄”的非常之策而非理想模式。在诸种手段中，多种形式的贸易是最为持久和常态的手段。中原王朝对外贸易的基础是经济的互补性。一是经济类型决定的互补，如中原农耕经济与北方游牧经济因经济类型差异而存在互补性需求，互市、榷场等形式的贸易是历代处理周边关系的重要手段。二是技术水平和地理物产导致的互补中国古代经济文化发展水平长期领先于周边国家，周边诸国不能生产丝绸、瓷器、铜钱、书籍等手工业品，或生产质量远逊于中国，从而依赖于中国，而中国因自然环境所限需要海外诸国出产的香药、珠宝等资源性商品。

贸易作为“御夷狄”的手段因其基于互补性需求而成为非战争状态下维持常态化关系最有效的手段，与战争、和亲、割地相比，互惠

1 吴莱:《渊颖集》卷一〇《读唐太宗〈帝范〉》，中华再造善本影印元末刻本，北京图书馆出版社2005年版，第4册，第2页。

2 《明史》卷二三八《李如松传》，中华书局1974年版，第6195页。

3 《旧唐书》卷一九六下《吐蕃下》，中华书局1975年版，第5248页。

4 苏辙:《栾城应诏集》卷五《北狄论》，上海古籍出版社1987年版，第1622页。

互利的贸易付出的政治和经济代价最小，且无损华夷名分。如后人评论，汉武帝用兵“震威而损费”，[1]与夷狄和议“中国之威于是尽矣”，又“不能以地与号假之”，[2]“御夷狄”的最好办法是利用夷狄“贸易百货悉仰中国”约束之，即“夷中贫薄，所以不轻犯约束，以生生之具皆仰于汉”，[3]可以此使其保持朝贡关系。陆上对外交往中自汉武帝开西域，隋炀帝用互市招徕系于西域诸国，唐朝西市外商云集，直到明朝以互市招徕蒙古，都是利用其“贪求赏赉与互市之利”，而诱其“遣使求贡”。[4]

海外贸易作为“御夷狄”的手段，包含了两个方面的目的。一是吸引“诸蕃”来华贸易，营造华夷一统的天下秩序。这对在周边关系交往中显示朝贡关系普遍性，以及国内政治场域解说华夷共主地位都有重要意义。因而海上交通中除明清海禁时期，历代对“外国人”来华都实行开放政策。《汉书》称黄支国等海上诸国“自武帝以来皆献见”，汉朝也曾遣使“入海市明珠、璧流离、奇石异物，赍黄金杂缯而往”。[5]《梁书》专列《海南诸国传》，称海南诸国“自武帝以来皆朝贡。后汉桓帝世，大秦、天竺皆由此道遣使贡献”，孙权时有大秦“贾人字秦论来到交趾”，又被送去见孙权，特别是“自梁革运，其奉正朔，修贡职，航海岁至，逾于前代矣”，[6]广州海舶“每岁数至，外国贾人以通货易”，[7]交州也是“舟舶继路，商使交属”。[8]南海来华者多为商人，所

1 夏竦：《文庄集》卷二四《平边颂》，宋集珍本丛刊第二册，线装书局2004年版，第631页。

2 赵汝愚编：《宋朝诸臣奏议》卷一三四余靖《上仁宗论元昊请和当令权在我》，上海古籍出版社1999年版，第1488页；尹洙：《河南先生文集》卷八《议西夏臣伏诚伪书》，宋集珍本丛刊第三册，线装书局2004年版，第380页。

3 《资治通鉴》卷二九二《后周纪三》“显德二年正月癸未”条，中华书局1956年版，第9523页；刘敞：《公是集》卷五一《先考益州府君行状》，文渊阁《四库全书》影印本，第1095册，第861页。

4 《明穆宗庄皇帝实录》卷五九“隆庆五年七月戊寅”条，台北“中研院”历史语言所1962年版，第1445页。

5 《汉书》卷二八下《地理志下》，中华书局1962年版，第1671页。

6 《梁书》卷五四《海南诸国传》，中华书局1973年版，第798页。

7 《梁书》卷三三《王僧孺传》，第470页。

8 《宋书》卷九七《夷蛮传》，中华书局1974年版，第2399页；《南齐书》卷一四《州郡上》，中华书局1972年版，第266页。

谓“朝贡”、“贡献”皆是将商人贸易营造为远夷来朝。

唐、宋、元三朝来华海外商人数量大增，王朝对外商的政策也更为开放。唐代海路来华商人大增。唐代的交州、广州、泉州和扬州四大港都有大量外国商人，贸易港设置蕃坊，允许外国商人居住，任命蕃长自我管理，蕃商“有同类自相犯者，须问本国之制，依其俗法断之”，[1] 允许其保持信仰，穆斯林商人建清真寺，“作祷告，宣讲教义”。[2] 宋朝的广州和泉州也设置蕃坊，为鼓励海外商人来华，对“市舶纲首能招诱舶舟，抽解物货，累价及五万贯、十万贯者补官有差”。[3] 不少蕃商因此获得官职，最著名的是在南宋末任提举泉州市舶司的大食蕃商蒲寿庚。宋元两代还设置了专门管理海外贸易的市舶司，主要目的是获取市舶收入，同时也招徕朝贡，即“掌蕃货海舶征榷之事，以来远人，通远物”。[4] 蕃商来华同样被营造为慕义来朝，称“南海蕃舶，本以慕化而来”，[5] 蕃坊蕃长招徕蕃商来华贸易的职责被解说为“专切招邀蕃商入贡”。[6]

海外贸易作为“御夷狄”手段的另一目的是建立与海外诸国的朝贡关系。海外诸国因需求和依赖中国商品，为顺利展开商业贸易，也希望通过官方交往建立良好关系。所有官方交往都主动或被动纳入朝贡体系。朝贡制度既满足了中国中原王朝营造天下秩序的目的，也可实现了海外诸国获取贸易利益的意图。吸引“夷狄”来朝的经济策略就是“厚往薄来”的回赐制度。如，宋朝的回赐由贡物折价、加赐、国主礼物、使节赏赐等构成。贡物折价都是优予折价并加价回赐，加赐、国主礼物、使节赏赐则是贡物以外的无偿赐予，使节赏赐按照使

1 长孙无忌等撰，刘俊文点校《唐律疏义》卷六，中华书局 1983 年版，第 133 页。

2 穆根来等译：《中国印度见闻录》，中华书局 1983 年版，第 7 页。

3 《宋史》卷一八五《食货下七》，中华书局 1974 年版，第 4537 页。

4 《宋史》卷一六七《职官志七》，第 3971 页。

5 《全唐文》卷七五《太和八年病愈德音》，上海古籍出版社 1990 年版，第 342 页。

6 朱彧撰、李伟国整理：《萍洲可谈》卷二，《全宋笔记》第二编第六册，大象出版社 2013 年版，第 150 页。

等级赐予。[1] 明代同样“四夷来宾，厚往薄来，各有定制”，“进贡赏赐俱有例”，规定了贡物折价标准、特赐、加赐、使臣赏赐的制度。[2] 厚往薄来与华夷尊卑相表里，因而历代莫不如此，实质就是用经济利益招抚四夷。正因为此，元朝可对安南国说“厚往薄来，怀抚之惠亦至，圣朝果何负于贵国?”[3]

朝贡制度目的是构建天下秩序，因中国与海外诸国关系形态的复杂多样，既有双向认同的“朝贡”，也有中国单方营造的“朝贡”。中原王朝会对纯粹以贸易目的、并不理解朝贡制度的海外诸国通过修润、代写文书等方式营造为朝贡关系，而谙熟朝贡制度海外商人，也常迎合中国王朝需要而伪称朝贡使节。但共同的特点是海外诸国对中国确实普遍存在经济需求。中原王朝也正利用这一需求，通过规定物规模和朝贡资格等限制性朝贡政策，维持双方朝贡关系的稳定持久。

汉唐海外朝贡还不多，来者不拒，未见对海外来贡的限制政策，元朝醉心于“坐享年年职贡来，厚往薄来蒙圣惠，从今南海净无埃”的气象，[4] 对朝贡不加限制。南宋为减少回赐和接待压力，对交趾贡物“十分为率，止受一分，就界首交割”。[5] 明朝以勘合制度限制朝贡贸易，规定了暹罗、日本、占城、爪哇等十五国为有朝贡资格的“有勘合国分”，[6] 规定了诸国朝贡的贡期、贡道及人船、贡品数量，[7] 本质也是“御夷狄”。海禁时期朝贡成为唯一合法的贸易途径，即“有贡舶即有互市，非入贡即不许其互市”，同时朝贡国“许带方物，官设牙行，与民贸易，谓之互市”。[8] 清朝的政策和观念与历代王朝一脉相承，仍把

1 黄纯艳：《宋代朝贡贸易中的回赐问题》，《厦门大学学报》2011 年第 3 期。

2 俞汝楫编：《礼部志稿》卷九一《朝贡备考》，文渊阁《四库全书》影印本，第 598 册，第 656 页。

3 《元史》卷二〇九《安南传》，中华书局 1976 年版，第 4651 页。

4 胡祗遹：《紫山大全集》卷七《八蛮来朝诗》，文渊阁《四库全书》影印本，第 1196 册，第 126 页。

5 《宋会要辑稿》蕃夷四，上海古籍出版社 2011 年版，第 9801 页。

6 俞汝楫编：《礼部志稿》卷三六《朝贡通例》，文渊阁《四库全书》影印本，第 597 册，第 672 页。

7 李金明、廖大珂：《中国古代海外贸易史》，广西人民出版社 1995 年版，第 218—223 页。

8 胡宗宪、郑若曾编，李致忠点校：《筹海图编》卷一二下《开互市》，中华书局 2007 年版，第 852 页。

朝贡贸易和商业贸易视为“御夷狄”的手段，乃至英国马嘎尔尼使团来华，乾隆皇帝给英国王颁赐“敕谕”，称“尔国王远慕声教，向化维殷，遣使恭赍表贡”，“天朝物产丰盈，无所不有，原不藉外夷货物以通有无，特因天朝所产茶叶、磁器、丝筋为西洋各国及尔国必需之物”，因而许在澳门开市，“俾得日用有资，并沾余润”。[1]

二、海外贸易有“通财用”的目的

清朝总结处理周边关系，“以互市通财用。朝鲜贸易设市于中江，喀尔喀贸易设市于库伦，准噶尔贸易设市于巴里坤及乌里雅苏台，鄂罗斯贸易设市于恰克图”。[2] 海路朝贡贸易和开禁后的海关贸易也是“以互市通财用”的重要方面。“通财用”并非单向满足周边或海外需求，经济类型和地理物产的差异导致的经济互补性决定了中原王朝与周边诸国有经济上的相互需求。从中国古代王朝角度看，海外贸易中的经济需求主要表现在两个方面：一是对海外物品的互补性需求，二是对海外贸易的财政需求。

对海外物品的互补性需求主要是因地理环境所限，中国不出产或出产较少的象牙、犀角、珠宝、香料、药材等资源性商品，也有少量特色手工业品。对海外物品的互补性需求自秦汉以后逐步进入官方视野，且宋代以前海外贸易的财政意义微不足道，经济需求主要表现在物品的互补性需求。秦始皇开岭南，将王朝疆域拓展到南海。史称其开岭南的原因是“利越之犀角、象齿、翡翠、珠玑”。[3] 虽然在当时自然环境下，南地区也出产这些物产，但《史记》说“番禺亦其一都会也，珠玑、犀、瑇瑁、果、布之凑”，[4] 或有来自海外者。李金明认为

1 《清高宗实录》卷一四三五“乾隆五十八年八月己卯”条，《清实录》第27册，中华书局1985年版，第185页。

2 《大清会典》卷六五《职方清吏司》，文渊阁《四库全书》影印本，第619册，第564页。

3 陈广忠译注：《淮南子》卷一八《人间训》，中华书局2012年版，第1090页。

4 《史记》卷一二九《货殖列传》，中华书局1962年版，第3268页。

"这些物品大多是由海外输入的奢侈品"。[1] 汉武帝遣使带着黄金、杂缯，"与应募者俱入海，市明珠、璧、流离、奇石、异物"，[2] 也是满足对这些物品的需求。史载南北朝时期"商舶远届，委输南州，故交、广富实，牣积王府"，[3] 官方积存了丰富的海外进口品。

唐代海外贸易在汉晋南北朝基础上有了更大发展，"外国之货日至，珠、香、象犀、玳瑁、奇物，溢于中国，不可胜用"，[4] 朝廷设置专门筹办进口品的市舶使。胡三省说"唐置市舶使于广州，以收商舶之利，时以宦者为之"，[5] 宦官任使的"收商舶之利"纯粹是为宫廷采办进口品，"虽有命使之名，而无责成之实，但拱手监临大略而已"，并不负贸易管理之责。唐后期，王虔休出任市舶使，职责有所扩大，开始直接管理海外贸易事务，但首要职责还是采办贡品，即"进奉事大，实惧阙供"。[6] 在唐王朝眼中，海外贸易的经济意义主要是供宫廷消费和营造"四夷怀服"的气象。

宋代完成了对外贸易重心由西北陆路向东南海路的转移，对外贸易开始进入海洋贸易时代，元代进一步强化了这一重大转变。[7] 海外贸易空前繁荣，进口品规模有了巨大增长。宫廷"象犀、珠玉、香药、宝货充牣府库"，[8] 仍有供给宫廷消费的目的。明清时期也是如此，明人说"若夫东南诸夷，利我中国之货，犹中国利彼夷之货，以所有易所无，即中国交易之意也"，[9] 但宋开始，及元明清各代，官方获得的进口品数量已远超宫廷消费需要，进口品在医药、服饰、熏香、食用、宗教等领域广泛使用，已经具有了产生财政收入的市场基础，海外贸易

1 《中国古代海外贸易史》，广西人民出版社 1995 年版，第 1 页。

2 《汉书》卷二八下《地理志下》，第 1671 页。

3 《南齐书》卷五八《东南夷传》，第 1018 页。

4 韩愈撰，魏仲举集注，郝润华、王东峰整理：《五百家注韩昌黎集》卷二一《送郑权尚书序》，中华书局 2019 年版，第 1024 页。

5 《资治通鉴》卷二二三唐代宗"广德元年七月"条，第 4828 页。

6 《全唐文》卷四七三《论岭南请于安南置市舶中使状》，第 2138 页。

7 黄纯艳：《宋元海洋意识的新变与海洋贸易时代的确立》，《思想战线》2017 年第 6 期。

8 《宋史》卷一八六《食货下八》，第 4559 页。

9 张瀚撰，盛冬铃点校：《松窗梦语》卷四《商贾纪》，中华书局 1985 年版，第 86 页。

的财政需求已超过了对进口品使用价值的需求。

王朝统治者以财政眼光看待海外贸易有一个逐步发展的曲折过程。海外贸易的发展总会使中央或地方获得一定的收益，但足以使财政成为王朝统治者主动发展海外贸易的动力是宋代以后。南北朝时期，交州、广州港口地区已因“商舶远届，委输南州，故交、广富实”，[1]“南土沃实，在任者常致巨富。世云‘广州刺史但经城门一过，便得三千万’也”，[2]地方政府和地方官员均能获利。但海外贸易的管理还是地方事务，收入也非国家财政法定名目，还不足以引起王朝统治者的关注。

唐代依然如此。唐文宗德音说到“其岭南、福建及扬州蕃客，宜委节度观察使常加存问。除舶脚、收市、进奉外，任其往来通流，自为交易，不得重加率税”。[3]唐朝可从海外贸易中获得舶脚税、收市物和进奉物。“纳舶脚”即征收下碇税：“蕃舶泊步有下碇税。”[4]“收市”即按官定价收买，所得物供给宫廷，即商舶“至十日内依数交付价值，市了，任百姓交易。其官市物送少府监简择进内”。[5]因此“收市”物即“进奉”物。这些收入使学者们认为“广州的海外贸易对于唐朝的财政收入影响极大”，[6]“市舶收入在唐国家财政中的地位日趋重要”，甚至有“举足轻重的地位”。[7]陈明光辨析史料，指出“下淀之税”并非国家法定税收，而是地方官的擅征，多落入了地方官私囊。目前看不到唐朝有开征全国性商税从而获得海外贸易收入的证据。“收市”制度完全是为帝室财政服务的财政支出。朝廷财政从海外交易中并无财政收入，而只有支出，地方财政市舶之利的获益也微乎其微。[8]可见直到唐代，海外贸易的经济意义主要还是海外商品消费性需求。

1 《南齐书》卷五八《东南夷传》，第 1018 页。
2 《南齐书》卷三二《王琨传》，第 578 页。
3 《全唐文》卷七五《太和八年疾愈德音》，第 342 页。
4 《全唐文》卷五六三《正议大夫尚书左丞孔公墓志铭》，第 2526 页。
5 《唐会要》卷六六《少府监》，中华书局 1955 年版，第 1156 页。
6 李金明、廖大珂：《中国古代海外贸易史》，第 35 页。
7 刘玉峰：《试论唐代海外贸易的管理》，《山东大学学报》2000 年第 6 期。
8 陈明光、靳小龙：《论唐代广州的海外交易、市舶制度与财政》，《中国经济史研究》2005 年第 1 期。

宋元两代是真正从财政角度看待海外贸易的中原王朝，具体表现如下：一是宋元都设置了专门管理海上贸易的机构和制度，市舶抽解成为法定税收。专门的机构即市舶司，专门的制度即宋朝所称“市舶条法”，元朝所称“市舶则法”。市舶司依据市舶条法管理海上贸易，其职责具体而言就是接待贡使、招徕蕃商、发放公凭、检查蕃舶出入港、抽解和博买舶货、执行禁令等，其核心是保障以获取市舶收入为目的的抽解和博买。抽解是按规定比例对进口品征税，博买即按官定价购买一定比例的进口品。抽解和博买比例多有变动，进口品的粗、细二色也有不同。宋哲宗时“以十分为率，真珠、龙脑凡细色抽一分；玳瑁、苏木凡粗色抽三分，抽外官市各有差”。[1] 元“延祐市舶则法”规定“粗货拾伍分中抽贰分，细货拾分中贰分”。[2] 官府抽买所得进口品远远超过统治者自身消费需要，主要通过市场转化为财政收入。

二是市舶收入有了一定规模。北宋用复合单位统计市舶收入，每年市舶收入在几十万至一百余万复合单位。南宋以贯（缗）统计市舶收入，常见数据是一百万上下，最高达二百万贯。北宋市舶收入难以推估其在全国财政总量中的比重。南宋市舶收入的财政比重有20%、5%等不同看法，郭正忠在分析南宋财政构成的基础上指出市舶收入“在国家财政岁赋中的比率从来不曾达到百分之三，一般只在百分之一、二间摆动”。[3] 元代进一步鼓励海外贸易，发展了私营贸易、官营贸易、斡脱贸易、官本船贸易等多种形式，力图最大限度地增加市舶收入。市舶收入的财政比重虽难以推估，但较宋代应有所提高。而且宋代建立了系统的商税制度，“诸客人买到抽解下物货，并于市舶司请公凭引目，许往外州货卖”，[4] 进口品在国内市场运销的商税也成为国家财政。元代对舶货的“双抽”就是市甲市舶司已抽解舶货运抵乙市舶

---

1 《萍洲可谈》卷二，第148页。

2 方龄贵校注：《通制条格校注》卷一八《市舶》，中华书局2001年版，第533页。

3 郭正忠：《南宋海外贸易收入及其在财政岁赋中的比率》，《中华文史论丛》1982年第1期。

4 《宋会要辑稿》职官四四，第4205、4206页。

司，“兴贩已抽舶货，三十取其一”，舶货进入内地市场再缴纳商税，[1]王朝也可获得财政税收。

明代前期实行全面海禁，国家不在意海外贸易的财政意义，将朝贡贸易作为唯一合法的海外贸易，在厚往薄来的原则下，出多入少，以至于难以为继。隆庆元年（1567）开禁，设置征税机构督饷馆，饷税成为法定税收，“官给批引，上注：船长若干，阔若干，载货若干，税银若干，随遇湾泊，照验批引，有货税货，无货税船”，[2]设置了引税、水饷、陆饷和加增饷，其中最重要的水饷按船舶丈尺抽税，“岁征税饷二万有奇”，“漳南沿海一带守汛兵众数千，年费粮赏五万八千有奇，内二万则取足于商税”，有了一定的财政意义。[3]明代还允许外商在广州和澳门贸易，由市舶司按船只大小征税。万历二十六年（1598）澳门饷税为26000两。[4]饷税收入在国家财政总量的比重还比较有限，但设置了专司贸易的督饷馆，饷税不仅与宋元市舶抽解一样成为国家法定税收，而且既有货物税也有船舶税，税制更加丰富。

清初期与明前期一样，实行海禁政策，朝贡贸易是唯一合法的海外贸易。康熙开禁后，设置粤、闽、浙、江四个海关，放开海外贸易。虽然其与近代海关有很大区别，但在中国古代海外贸易管理历史上仍显示出重要变化：一是专司贸易的管理机构进一步完善。宋元市舶司职责主要是管理贸易，同时兼管朝贡，明代市舶司则以管理朝贡为主。如同明后期督饷馆一样，海关专司贸易，其设置更广，职责更全面，管理与贸易相关的商舶、商人、商品、税收、稽私、行商等事务。二是进一步完善了海外贸易税制。清代海关正税借鉴明代而设船钞和货税，较明代饷税制更为细化，船舶税对本国海商船和东西洋商船实行不同的征税办法，货物税划分按类别和等级征收。三是设置管理贸易

1 《至正四明续志》卷六《市舶》。

2 王文禄：《策枢》卷一《通货》，《丛书集成初编》，商务印书馆1936年版，第12页。

3 陈子龙等：《明经世文编》第5册，许孚远：《通海禁疏》，中华书局1962年版，第4332—4333页。

4 参李金明、廖大珂：《中国古代海外贸易史》，第312—315页。

经营事务的洋行，明代曾设官牙三十六行，清代在四个海关设置洋行，实行“以官制商，以商制夷”的管理办法，同时对国内商人和外洋商人的税收区别开来。[1]这与宋元时期所有事务由市舶司统管，内外海商皆实行同一“抽解”制度相比，管理上进一步专门化。

三、如何认识海外贸易政策的性质

要对中国古代海外贸易政策有更全面的认识，避免限于“闭关”“开放”非此即彼的二元判断和类型分析，需要进行充分的比较研究，做长时段和更为深入的考察。

1. 进行充分的比较研究

陈尚胜已指出，认识清前期海外贸易政策的应加强比较研究，包括对本国商人出海政策和外商来华政策的比较、清朝与其他王朝的比较、清朝与同一时期其他国家的比较。前引魏明孔文也说到，对明清闭关锁国政策的认识要“放在一个大跨度上看，至少从唐代算起，才能有比较清晰的认识”。[2]笔者深以为是。本文要补充的是不仅清前期，对中国古代海外贸易政策的认识都需重视长时段的纵向比较和同时期的横向比较。如何做到充分的比较研究呢？

一是横向比较充分关注同一王朝对外贸易政策的复杂性和多面相。如对唐代对外政策开放性的认识，有学者强调唐代的开明和开放，“是中国古代对外开放成就最大的一个时期”。[3]是否可称“中国古代对外开放成就最大的一个时期”还需更深入的比较研究，但其他基本判断无疑是成立的。另一方面，如魏明孔所指出的，在充分肯定唐代对外籍工商者实行比较开明开放政策的同时应注意到对本国居民外出的封

1 参万明：《中国融入世界的步履——明与清前期海外政策比较研究》，社会科学文献出版社 2000 年版，第 382—390 页。

2 陈尚胜：《“闭关”或“开放”类型分析的局限性》，《文史哲》2002 年第 6 期；魏明孔：《唐代对外政策的开放性与封闭性及其评价》，《社会科学》1989 年第 2 期。

3 方亚光：《唐代对外开放述论》，《江苏社会科学》1997 年第 6 期。

闭，唐政府严禁本国居民私自外出经商等活动，“唐代所谓比较开明的对外政策只是在向外籍人开放这一点上徘徊，没有也不可能迈出允许本国居民外出这关键的一步”。[1] 宋代规定本国民众只要申领贸易公凭，即可出海贸易，但海外贸易也仍在华夷观念和天下秩序下运行。陆上贸易则依然严格限制本国人出境，只能在国内互市场或榷场与境外商人贸易。宋代仍然不是全面开放的对外贸易政策，看到其开放性的同时也需注意其局限性。

二是纵向比较不仅要考察不同王朝对外贸易政策的变化，也要重视王朝间的因袭。在海外贸易管理机构设置上，汉唐时期基本由港口所在地的地方官管理，唐后期市舶使参与部分管理，但其身份是临时性使职，未设专门机构，也无专门制度。宋代海外贸易管理经历了地方官兼管到中央派官直接管理的变化，设置了专门管理海外贸易的市舶司和市舶条法，海外贸易被作为相对独立的经济领域来管理。元代因袭宋代做法且进一步重视和加强对海外贸易的管理。明清在开禁时期设置的督饷馆和海关不仅基本剥离了宋代至明朝的市舶司管理朝贡的职能，而专司贸易，且征税制度进一步细化。在本国海商贸易管理上，汉唐时期未见允许本国民众前往海外的法令，即使有中国海商出海贸易，法律上仍属偷渡。宋元在法律上允许本国民众从事海外贸易，这一政策在明清开禁时期得到延续。虽然明清开禁有限口通商之令，中国民间海商也在西方势力强势压力下失去了亚洲海上贸易的主导地位，但从事贸易的人数和民间贸易的规模应更甚于宋元。

2. 重视影响王朝政策的内外动力

汉唐时期来自海洋的因素对王朝统治总体上还较为有限，除了应付近海海寇，还没有需要采取明清那样的大规模的海禁政策。自宋代开始，亚洲海洋贸易迅猛发展，国内东南沿海地区海洋性地域特征日益显现，从外部和内在两方面形成发展海洋贸易的巨大需求，成为影

1 魏明孔：《唐代对外政策的开放性与封闭性及其评价》，《社会科学》1989 年第 2 期。

响王朝海外贸易政策的内外动力。

宋代以后亚洲海洋贸易迅猛发展，海外诸国对中国的贸易需求不断增长。Janet Abu-Lughod 认为，13 世纪和此前很长时期，阿拉伯海、印度洋和南中国海已形成三个有联锁关系的海上贸易圈：最西边是穆斯林区域，中间是印度化地区，最东边是中国的“天下”，即朝贡贸易区，同时指出中国是亚洲贸易最主要的动力。[1] 进入宋朝建国的 10 世纪末，上述海上贸易圈发生了重大变化：一是宋朝允许并鼓励本国民众经营海外贸易，拥有商品结构优势和技术优势，数量庞大的中国商人成为亚洲海洋贸易的主导力量之一；二是追逐香料、瓷器等东方商品的阿拉伯商人进一步向东发展，在印度、东南亚和中国东南沿海建立若干贸易据点；三是东南亚，特别是东南亚海岛地区快速发展。这些变化推动了具有稳定的商品结构和互补性市场关系、稳定的贸易力量、明确贸易区域的南海市场体系的形成，将上述三个贸易圈紧密地联结在一起。[2] 韩森称宋代中国“比起世界上其他民族，中国人的对外贸易联系更为广泛”，是“世界上最全球化的地方”。[3] 在此基础上形成了 15、16 世纪以来的亚洲多边贸易网，即以中国、印度为两个轴心，以东南亚为媒介的亚洲经济圈。[4] 这也形成了海外诸国对中国巨大而持久的贸易需求，对中国王朝海外贸易政策产生日益强烈的影响。

内部动力主要来自滨海地域经济结构变化和贸易需求增强。汉唐时期法律上不允许本国民众经营海外贸易，滨海地域人群虽然从事与海洋相关的渔业、盐业和航海等生计，但除盐户和陆居人群被纳入王朝体制外，“入海”和“浮海”人群多游离于王朝体系之外，入海、浮海受到抑制，滨海人群的主要目标是“上岸”。[5] 这一政策背景下，海

---

1 Janet Abu-Lughod, *Before European Hegemony: The World System A.D. 1250–1350*, Oxford: Oxford University Press, 1989, pp.251–253、327.

2 黄纯艳：《论南海贸易体系的形成》，《国家航海》第三辑，上海古籍出版社 2012 年版。

3 韩森著、刘云军译：《公元以前年：全球化的开端》，北京日报出版社 2021 年版，第 235 页。

4 前引滨下武志：《近代中国的国际契机：朝贡贸易体系与近代亚洲经济圈》，第 36、10 页。

5 鲁西奇：《中古时代滨海地域的“水上人群”》，《历史研究》2015 年第 3 期，第 62—77 页；《中古时代的滨海地域》，《南国学术》2016 年第 4 期，第 620—622 页。

外贸易尚难成为滨海人群重要的谋生方式。

宋代实行鼓励本国民众出海贸易的政策。向海谋生的巨大利益吸引着滨海民众积极发展与海洋相关的生计，特别是海外贸易。福建和浙东沿海等地区逐步发展出与海洋相关的工商业经济占主导、海洋性生计、习俗和观念日益增强的海洋性地域特征。宋王朝也已探索出将不同生计的滨海人群纳入王朝体制的方式，即以禁榷体制和版籍制度管理盐户和陆居民众，以市舶制度管理入海之民，对浮海人群编籍管理。从而，滨海陆居、浮海、入海各类人群都纳入了王朝管理体系，成为王朝的统治基础。[1]从而也使王朝政策与贸易需求相互顺应，相得益彰。

元代海外贸易政策和滨海地域经济沿着宋代的趋势继续发展。明清时期虽曾实行海禁，但东南沿海地区宋元时期业已形成的海洋性地域特征并未消失，且使民众向海谋生的需求随着人口和环境压力更加强烈。杨培娜指出，明清时期闽粤滨海民众的多样生计包括渔盐之利，海上贸易和入海为盗，即使在海禁时期，沿海地区也是“官市不开，私市不止”的状态，窝藏、接济和通番成为沿海民众日常生活状态。[2]沿海民众已经形成“山海之利居田之半”的生计结构，[3]甚至“滨海编氓以海为田，每岁出没于波涛之中”。[4]

内外动力的增强影响和改变着统治者的海外贸易观念和政策。宋朝统治者已明确指出海外贸易官民两得其利。宋神宗在诏书中说到“东南之利，舶商居其一”。[5]宋高宗则给予更高的肯定：“市舶之利，颇助国用”，“于国计诚非小补”，乃“富国裕民之本”。[6]元世祖继之也肯定了“市舶司的勾当哏是国家大得济的勾当有”。[7]元朝统治者还说

---

1 参黄纯艳：《宋代福建和浙东沿海地区海洋性地域特征的形成》，［日］《中国史学》第27卷，2017年10月；《宋代对海陆关系的认知及其新变》，《南国学术》2021年第2期。

2 杨培娜：《生计与制度：明清闽粤滨海社会秩序》，社会科学文献出版社2023年版，第177—178页。

3 乾隆《泉州府志》卷二〇《风俗》，上海书店出版社2000年版，第482页。

4 《大清会典则例》卷五三《蠲邮一》，文渊阁《四库全书》影印本，第621册，第660页。

5 《宋史》卷一八六《食货下八》，第4560页。

6 《建炎以来系年要录》卷一八六“绍兴三十年十月己酉”条，中华书局2013年版，第3614页。

7 《元典章》卷二二《市舶》，中国书店2011年版，第393页。

“设立市舶，下番博易，非图利国，本以便民”。[1]宋元两朝统治者以经济眼光和趋利态度肯定海洋贸易于国计民生的作用，与其相对开放的海外贸易政策相呼应，这是汉唐所没有的。

随着国内外对发展海外贸易需求的增长，海外贸易政策已经关乎能否有效实现滨海社会控制和化解海上威胁。宋元政策与需求的相互顺应，较好地解决了这一问题。明朝和清初海禁政策使海洋政策与滨海社会控制及海上威胁的矛盾空前突出。明人指出，在内外压力下海禁并不能真正禁绝贸易，“闽人以海为田，一日不下海即无生。番人日用必中国之产，一日不往即阑入”，事实也是“犀角、象牙、香料非两洋不产，今宇内诸货充斥，而犹曰禁洋不开，是真掩耳而盗铃也”，应该开放贸易，“使朝廷少收养兵之费”，国家“收其税，以资国用”。[2]开放贸易，官为抽税，可使“中外得利”，“华夷两利”。[3]这既是对明代海外贸易政策的思考，也是历代海外贸易政策发展趋势的总结。

3. 深入考察政策制定的政治逻辑

决定中国古代王朝海外贸易政策的基本逻辑是以华夷观念为基本内核的天下秩序。如前所述，天下秩序是王朝合法性解说的重要基础，因而处理周边关系时华夷观念既是王朝内部的绝对理念，也是对外努力建构的理想模式。历代中原王朝与海外诸国交往中，总体上能够利用自身经济文化的综合优势以及由此形成的诸国对自己的经济文化需求，发展与海外诸国的朝贡秩序。如北宋时可以利用“高丽之臣事中朝也，盖欲慕华风利岁赐”，[4]使高丽保持朝贡关系，南宋也可以与生生之具悉仰于与中国的交趾“约五事：一无犯边，二归我侵地，三还卤掠生口，四奉正朔，五通贸易”，[5]将安全、朝贡和贸易作为相互关联的条件。

1 方龄贵校注：《通制条格校注》卷一八《市舶》，中华书局2001年版，第533页。

2 倪元璐：《倪文贞集》卷九《胪陈生节疏》，影印文渊阁《四库全书》本，第1297册，第296页。

3 胡宗宪、郑若曾编，李致忠点校：《筹海图编》卷一二下《开互市》，第855、853页。

4 《文献通考》卷三二五《四裔考》，中华书局2011年版，第8962页。

5 《宋史》卷四一四《董槐传》，第12430页。

宋代以后，随着海上贸易不断发展，各国对中国贸易需求不断增长，因而更深入地、自觉或不自觉地纳入以中国朝贡体系。滨下武志指出，西方殖民者东来以前，亚洲历史体系的特征是以中国为中心的地域圈的朝贡贸易关系。诸国维系与中国关系的基本方式是朝贡关系，而朝贡关系又是以商业交易为基础的，后者成为前者的推动力，从而使以朝贡贸易关系为基础的亚洲多边贸易网络得以形成。[1] 正因为贸易已成为朝贡体系得以成立的基础，滨下武志将其称为朝贡贸易体系。

对中国中原王朝而言，即便与海外诸国关系是朝贡其表而贸易其实，也需要坚持华夷秩序下的朝贡关系。既然华夷秩序下所有与中国交往的国家都被视为“蛮夷”，双方的关系就必须视为朝贡。这既关乎王朝在国内的合法性解说，也关乎朝贡关系对外的普遍适用性，不论“朝贡国”是否理解中国规定的朝贡秩序。因而，海外贸易与陆上互市一样，是使“蛮夷”“久享交市之利，俛首帖耳”的羁縻之术。[2] 这既是海外贸易政策的政治逻辑，也是整个对外贸易政策的基本逻辑。这一逻辑也决定了中国古代王朝与所有海外诸国都不可能发展出国家间的对等贸易关系。明清面与西方势力交往之初也秉持同样的逻辑和做法，与亚洲诸国一样，以“蛮夷朝贡”对待荷兰、葡萄牙等西方势力，直到乾嘉时期管理西方商人的政策仍称《防范外夷规条》《民夷交易章程》。

四、结论

明人郑晓曾说“东夷有马市，西夷有茶市，江南海夷有市舶，所以通华夷之情，迁有无之货，收征税之利，减戍守之费”，[3] 可谓全面概

1 滨下武志：《近代中国的国际契机：朝贡贸易体系与近代亚洲经济圈》，中国社会科学出版社 1999 年版，第 33、36 页；《中国、东亚与全球经济：区域和历史的视角》，社会科学文献出版社 2009 年版，第 23—25 页。

2 度正：《性善堂稿》卷六《重庆府到任条奏便民五事》，文渊阁《四库全书》影印本，第 1170 册，第 195 页。

3 胡宗宪、郑若曾编，李致忠点校：《筹海图编》卷一二下《开互市》，第 854 页。

括了中国古代对外贸易，包括海外贸易政策“御夷狄”、“通财用”的取向。华夷观念和天下秩序事关古代中原王朝的合法性，被作为处理对外关系和制定海外贸易政策的绝对原则。华夷君臣的等级制秩序、中国经济文化的领先地位和内陆型的经济结构，决定海外贸易政策首先立足于政治目的，作为营造“四夷怀服”的手段，同时也决定了中国古代王朝不可能发展出与海外诸国国家间的对等贸易关系。

中国古代王朝吸引“四夷”来华贸易的动力是经济上的互补性需求，既有经济类型不同导致的互补性，也有技术水平和地理环境差异导致的互补性。海外诸国对以瓷器、丝绸等手工业产品为代表的中国商品有较为强烈的需求，希望展开“厚往薄来”的朝贡贸易和互惠互利的商业贸易。互补性决定了中国中原王朝也存在着对海外诸国的经济需求，从汉唐以物品的互补性需求为主发展到宋代以后以财政需求为主，海外贸易政策“通财用”的取向不断增强。宋代以后，中国东南沿海地区逐步显现海洋性地域特征，向海取利在民众生计中日益重要，亚洲海洋贸易迅猛发展，形成了推动中国古代王朝海洋贸易政策的内外动力，使王朝统治者日益认识到，不论是营造“四夷怀服”，还是保障滨海社会控制、海防安全和财政收入，开放的贸易政策是唯一有效的途径，推动海外贸易政策总体上不断走向专门和系统化。

从汉唐到清朝前期，海外贸易政策始终是华夷理念和朝贡体制下的“御夷狄”和“通财用”，有量的增长而无质的变革。这一量变的积累也是中国能够实现近代转型的重要基础，与船坚炮利的西方势力和不同国际关系规则的全球化浪潮交互作用，使清朝逐步改变既有轨道，被动地接纳新的体制和观念。

（原载《华东师范大学学报》2023年第4期）

宋代对海陆关系的认知及其新变

引　言

如何认识海洋与陆地的关系，对于依靠陆地进行人、地控制的内陆王朝的国家和民众来说，是一个十分重要的问题。传统中国的海洋知识体系的一个重要方面是以“四海”为想象，海洋与陆地相互关联，构成了“天下”整体。

自秦朝以来，历代中原王朝面对万里滨海的疆域，影响海陆关系的认知有两个基本因素：一是根植于陆地运行的王朝体制，即主要依靠基于对陆地人、地控制的赋役体系运行的内陆王朝体制；二是“九州—四海”的“天下”观念，海洋处于陆地的次属地位。但是，日益丰富的海洋实践，又不断冲击和影响着内陆王朝体制和“天下”观念，推动着海陆关系认知的新生和变化。

宋代是中国古代海陆关系认知发生重要变化的时期，既有对传统认识的继承，也出现了若干重要变化，对后世产生了深刻影响。鉴于对宋代海洋史相关领域的研究都涉及海陆关系认识，但尚没有系统的阐释，本文拟在不同时期的比较中对宋代海陆关系认知的新变和特点作一考察。

一、海陆观念从“九州—四海”到以陆识海

中国古代构想的“天下”，其人文空间是“中国—四夷”结构的华夷一统的世界，地理空间是“九州—四海”的陆海共存的整体。在“九州—四海”的“天下”结构中，海洋被认为是陆地的边缘。《初学

记·地部中》称："天地四方皆海水相通，地在其中盖无几也。"意即海洋围绕陆地，是陆地的边缘。《毛诗·商颂·玄鸟》称颂武丁"邦畿千里，维民所止，肇域彼四海"，此"四海"既指四夷，也指陆地的边缘。《博物志》解释将四夷称四海，是因为"七戎、六蛮、九夷、八狄，经总而言之，谓之四海，言皆近海"，言陆地的核心是九州，四周为四夷，四夷四边接海。"天下"作为一种政治解说，深刻影响着海陆关系的认知；与"中国—四夷"一样，在"九州—四海"的结构中，立足内陆的王朝以陆地即"九州"为本位，海洋被置于陆地的次属地位。以"九州"为中心的"舆地图"就典型而直观地反映了海洋次属地位的观念，南宋《古今华夷区域总要图》对"九州"地名有较详细的标注，而对海洋和海上地名则随意描画，如将阇婆国和注辇国置于海南岛以东海域等[1]，显示海洋只是烘托"九州"和"天下"而存在。

在海陆关系中，陆地本位思想体现在诸多方面。例如，流放者和罪徒离开大陆、置之"海外"，被认为是加重处罚。苏轼因诗陷狱，又因诗被政敌从惠州再贬到被称为"海外"的海南岛，因而在《东坡志林·记养黄中》中说："吾终日默坐，以守黄中，非谪居海外，安得此庆耶？"称海南岛为海外。在海南岛，他为当地好学之士姜唐佐题诗，有"沧海何曾断地脉"之句。苏辙在补全该诗时，有"适从琼管鱼龙窟，秀出羊城翰墨场"[2]，寓含着当时陆地本位的基本观念。苏轼遇赦离开海南岛到达合浦时，郭功父寄诗提醒他："君恩浩荡似阳春，海外移来住海滨。莫向沙边弄明月，夜深无数采珠人。"[3]警示他，从海外刚踏上大陆，不要再因诗惹祸而又入海外。宋代流配海岛是极重的处罚，如销钱为铜器的炉户"决配海外，永不放回"[4]，宋徽宗将诋毁时政的举

1 税安礼：《历代地理指掌图》，收入《续修四库全书》，上海古籍出版社 2013 年版，第 585 册，第 473—474 页。

2 张邦基：《墨庄漫录》，收入《全宋笔记》，大象出版社 2008 年版，第三编第九册，第 8—9 页。

3 罗大经：《鹤林玉露·诗祸》，上海古籍出版社 2012 年版，孙雪霄点校，第 115 页。

4 李心传：《建炎以来朝野杂记·甲集·铸钱诸监》，中华书局 2000 年版，第 358 页。

子雍孝闻“减死，窜海外”[1]，都表明放之海外是极严厉的处罚。北宋重犯流配登州沙门岛（今山东烟台的庙岛），从沙门岛移配广南远恶州县算是减轻刑罚。靖康中，清算蔡京父子，蔡攸初被安置于滨海的雷州，有人提出“若不窜之海外，不惟未正凶人之罪，亦恐不足服国人之心”，于是改谪海南岛万安军（今海南省万宁市）。蔡京本也被“投之海外”，未入海而亡，“身死内地，抵掌而叹者纷然”。[2]

除了在“天下”结构对海洋与陆地关系的主观构建和想象外，现实中人们置身海滨、面对海洋，不禁会思考海洋是什么形态，与他们立足的陆地是什么关系，对陆地意味着什么。邹衍的裨（小）海环绕小九州、大瀛海环绕大九州之说，以及由此演变而成的“九州—四海”之说，仍然是以想象描述的陆地与海洋的平面构成关系。《庄子》《列子》分别用“尾闾”、“归墟”来解释陆地之水汇入海洋，“万川归之”、“八弦九野之水，天汉之流，莫不注之，而无增无减焉”等自然现象，提出“四海之在天地之间”的结构，认为海洋是充斥金玉珠玕、不老之药的世界。[3] 面对百川入海、潮汐涨落、日月运行等动态自然现象的背后，陆地与海洋如何依存互动，先秦时期已形成“海与陆作为宇宙整体结构的部分和要素，其间蕴含着动静、常变、反复等动态关系”的认识[4]。这些主观想象，一方面成为后人思考海陆关系的路径，另一方面因其对现实的解释难以周延，并不能消除海陆关系的疑问。

秦始皇“琅邪台刻石”称：“事已大毕，乃临于海。皇帝之功，勤劳本事。上农除末，黔首是富。普天之下，抟心揖志”，“日月所照，舟舆所载，皆终其命，莫不得意”。[5] 以农立国的王朝统治者站在其完成了统一的陆地边缘，面对的大海仍是其权力不及的未知世界。曹操

1 王明清：《挥麈前录》，收入《全宋笔记》第六编第一册，第 28 页。

2 徐梦莘：《三朝北盟会编 · 靖康元年九月壬申》，上海古籍出版社 1987 年版，第 406 页。

3 《列子集释》，中华书局 2008 年版，第 151 页；《庄子集释 · 秋水》，中华书局 2008 年版，第 563 页。

4 李强华：《中国传统认知取向视阈下的先秦海洋观探析》，《广东海洋大学学报》2016 年第 5 期，第 47—51 页。

5 司马迁：《史记 · 秦始皇本纪》，中华书局 1959 年版，第 245 页。

的《观沧海》诗中“东临碣石，以观沧海……秋风萧瑟，洪波涌起。日月之行，若出其中。星汉灿烂，若出其里”，对水天一际的海洋是怎样的世界也充满疑惑。海洋是陆地的地理边缘，也是陆地王朝权力的边缘。秦始皇、汉武帝都相信，与他们现实权力覆盖的陆地不同的海洋是一个缥缈、可求仙药的神仙世界，除了观念上四海统属于“天下”外，并未把海洋视为其权力范围。孙吴曾遣将军卫温、诸葛直率甲士万人浮海求夷洲及亶洲，其意图并非在海外扩张其权力，仅掳掠数千人口而已。[1]隋炀帝、唐太宗等都曾作望海诗，当他们与秦皇汉武一样站在陆地帝国的边缘，眺望大海，“之罘思汉帝，碣石想秦皇”[2]，对其权力不能深入的海洋及其与陆地、日月的关系有着同样的不解。

海、陆、天如何依存互动，有着不同的想象和解释。或认为，“天如鸡子，地如鸡中黄，孤居于天内。天大而地小，天表里有水，天地各乘气而立，载水而行”；或认为，“天在地外，水在天外”，“水浮天而载地”。[3]唐代卢肇则解释道：“水实浮地，在海之心”，“地浮于水，天在水外”，“天右旋入海，而日随之，日之至也，水其可以附之乎？故因其灼激而退焉。退于彼，盈于此，则潮之往来不足怪也。其小大之期则制之于月”。[4]宋代知识阶层仍然用天、地（陆）、水（海）这一基本思路认识海陆运动，他们强调了“气”在海陆互动中的作用。燕肃认为，潮汐涨落是元气升降于海陆之间和日月运行而产生。[5]宋人对天、地、水、气的表里内外关系有不同的解说。徐兢提出，“天包水，水承地，而一元之气升降于太空之中”，“地承水力以自持，且与元气升降互为抑扬”，潮汐涨落因于“气”之升降。[6]朱熹及其弟子讨论了天、地、水、气关系的不同解释，认为“天外是水，所以浮天而载地”

1　王子今：“秦汉时期的近海航运”，《福建论坛》1991年第5期，第61—64页。

2　彭定求等编：《全唐诗·太宗皇帝·春日望海》，中华书局1999年版，第7页。

3　房玄龄等：《晋书·天文上》，中华书局1974年版，第281、282页。

4　姚铉编：《唐文粹·海潮赋》，收入文渊阁《四库全书》影印本，上海古籍出版社1990年版，第1343册，第42、49页。

5　陈仁玉等：《淳祐临安志·江潮》，中华书局1990年版，第3315—3316页。

6　徐兢：《宣和奉使高丽图经·海道一》，收入《全宋笔记》第三编第八册，第128页。

不正确，应该是“天外无水，地下是水载”，“地之下与地之四边皆海水周流，地浮水上，与天接。天包水与地”；“海那岸便与天接”，而“天”无形质，“天只是气”，“只是气旋转得紧”，“海水无边，那边只是气蓄得住”。[1]

宋代的知识阶层仍然在“天下”想象的逻辑下展开对海陆关系认识的承继、质疑和辩难。燕肃、徐兢都有对潮汐实地观察的经验。徐兢认为，前人对潮汐的诸多解释“皆持臆说，执偏见”[2]，但他与燕肃对潮汐的解释也未跳出天、地、水、气互动的基本逻辑，仍是对海陆关系的探寻。另一方面，他们意识到航海实践者的知识体系对认识海陆关系有更直接的指导意义。余靖评论燕肃的《海潮论》时说到东海之潮候、南海之潮候之不同：“尝问于海贾，云：潮生东南，此乘舟候潮而进退者耳。古今之说以为地缺东南，水归之。海贾云：潮生东南，亦近之矣。今通二海之盈缩以志其期。西北二海所未尝见，故阙而不纪云。”[3] 虽然其逻辑仍是用航海实践的知识验证“四海”想象，但把航海实践作为验证标准。

航海实践者从陆地出入海洋，陆地是出发点和归属地，对海陆关系有不同于“九州—四海”想象的认知，有实际指导作用的知识就是根据出入海洋的陆地标识海洋，开始根据陆地定位将海洋划分为不同的海域。南宋时，明确提出了不仅河北、京东路一带海域为东海，“国家驻跸东南，东海、南海实在封域之内……通、泰、明、越、温、台、泉、福，皆东海分界也”[4]，实际即以福建、广东为界划分了东海与南海的地理界限[5]。宋代以陆地州域、方位等多种方式命名海域，出现“苏州洋”、“明州洋”、“南洋”、“西洋”、“北洋”等不同海域名称，以水

1 朱熹：《朱子语类》，上海古籍出版社2002年版，第1593、102、146、147页。

2 徐兢：《宣和奉使高丽图经·海道一》，第127页。

3 余靖：《武溪集·海潮图序》，收入文渊阁《四库全书》影印本，第1089册，第29—30页。

4 马端临：《文献通考·郊社考十六》，中华书局2011年版，第2560—2561页。

5 黄纯艳：《中国古代官方海洋知识的生成与书写——以唐宋为中心》，《学术月刊》2018年第1期，第175—184页。

情命名的海域也是用来判断距离陆地的航程，海洋空间的认知由抽象的“海”向具象的“洋”转变[1]。正是因为现实海洋活动的增加，不同海域在经济活动、民众生计、海上航行等方面具有了不同的意义。

随着对不同海域的辨识，宋代出现海域“界”限的划分。进入某地近海，便称某州海界、某国界或某国境，如“潮州海界蛇州洋”、“漳州海界沙涛州”、“本州（泉州）海界围头洋”等，以及“海道自北洋（温州一带海域）入本州（泉州）界首”、“自南洋（潮州一带海域）海道入州（潮州）界”等。[2]宋代文献还有多处说到与国家相关的海界。一是《武经总要·广南东路》称广州至东南亚航路上的不劳山“在蠳州国界”，指不劳山位于占城国近海海域。二是《岭外代答·航海外夷》称“三佛齐之来也，正北行舟历上、下竺与交洋，乃至中国之境”。似乎交趾洋以北海域即为“中国”，实际是指过交趾洋即进入宋朝设治的海南岛近海海域。三是《宣和奉使高丽图经·海道二》说到航行近高丽时，“正东望一山如屏，即夹界山也，高丽以此为界限”，其义也是如此。只是用最近的陆地州域表示海域的位置，而非言海域的权属。四是北宋在登州以北海岛上设海防水军“下北海驼基岛驻扎，系以驼基石为界，自与北朝通好，不曾根究海上北界”，后水军巡逻范围再向北延伸，“以末岛、呜呼岛为界”。[3]因为，宋朝登州与辽朝苏州（今辽宁省大连市金州区）水路相望，自登州泛海由小谢、驼基、末岛等一系列岛屿数日可抵辽朝苏州关下，“塞外山川隐约可见”，因此，“登州地近东北，号为极边”。[4]此“界”是海上军事防御的边界。宋朝视此“界”以内的海岛为自己的辖境，如“登州奏，有辽人船二只为风漂，达我驼基岛”[5]。宋人将岛屿视为陆地向大海的延伸，朱熹说：“南边虽近海，然地形则未尽，如海外有岛夷诸国，则地犹连

1 黄纯艳：《宋元时期海洋知识中的“海”与“洋”》，《学术月刊》2020 年第 3 期，第 155—166 页。
2 真德秀：《西山文集》，收入文渊阁《四库全书》影印本，第 1174 册，第 123、124、131 页。
3 徐松：《宋会要辑稿·兵二九》，上海古籍出版社 2014 年版，第 9239 页。
4 张志烈等主编：《苏轼全集校注·文集·登州召还议水军状》，河北人民出版社 2010 年版，第 3005 页。
5 徐梦莘：《三朝北盟会编·政和七年七月四日庚寅》，第 1 页。

属彼处。海犹有底，至海无底处地形方尽。”[1] 这些“界”是从陆地视角对海域的辨识，甚至本身就是表示陆地的界限，尚不是主张海洋权利的意识。

二、王朝政策由拒斥海洋到海陆融通

秦汉至隋唐，王朝国家获取赋役的基本方式是对土地和人口的控制，以及与之一体的户籍制度，尚没有通过建立稳定的税收制度与海上贸易商人实现共享分利。对王朝国家而言，陆地是统治的基础，臣民进入海洋，即被视为脱逸出赋役和户籍体制，不再为王朝提供支撑，因而对居于陆地、提供赋役的人、地实行封闭管理，对海洋采取拒斥的态度，成为汉唐及中国古代大部分王朝的政策取向。

首先，陆地能够获得海洋的出产，补其所缺。《荀子·王制》说：“北海则有走马吠犬焉，然而中国得而畜使之。南海则有羽翮、齿革、曾青、丹干焉，然而中国得而财之。东海则有紫纮、鱼盐焉，然而中国得而衣食之。西海则有皮革、文旄焉，然而中国得而用之。”荀子所处的时代，华夏世界还不达于秦始皇开岭南后的南海，所言南海还是华夏南方边缘及以南的“蛮夷”地带，北海和西海也是泛指这两个方向的华夏边缘。东海的鱼盐则是来自海洋的物产。管子主政齐国，就实行“官山海”，由国家经营盐业。汉武帝实行管榷政策后，盐业由国家垄断经营。盐业生产结构单一，具有很强的商品性，但盐户的生产几乎等同于定居农耕模式，国家对盐户和盐业的管理是农业管理制度的延伸。但是，除了盐业外，海洋没有成为国家财政来源。

其次，海洋不仅不能获得财政收益，还成为国家权力不能深入、常令王朝不安的空间。在汉代，“海贼”就常表现为反政府的海上武装集团，对沿海地方行政秩序形成威胁，尤其是那些势力较大的“海

1 朱熹：《朱子语类·理气下》，第 146 页。

贼”。[1]例如，东汉吕母“攻海曲县，杀其宰以祭子墓。引兵入海，其众浸多，后皆万数”[2]；东汉“海贼”张伯路等三千余人“寇滨海九郡，杀二千石令长”[3]。不仅如此，“海贼”势力还将海洋作为逃避政府打击和积蓄力量的避难所。“七国之乱”时，吴王刘濞势力的计划就是“击之不胜，乃逃入海，未晚也”[4]。东汉政府镇压张伯路时也担心，“贼若乘船浮海，深入远岛，攻之未易也”[5]。在南朝，最大的一次海上反叛活动就是孙恩、卢循反晋。他们用五斗米道发动群众，失败后逃到海上；当寻找到合适时机后，孙恩又率众登陆，占领江东八郡，但在东晋政府的镇压下，再次退回海岛。以后，孙恩以海岛为据点，多次登陆。孙恩死后，卢循率众由海路占领广州，再从广州北上试图占领建康（今江苏南京）。

正是因为王朝权力不能深入海洋，既无利益且有威胁，所以便视海洋为与陆地相离异的空间，将王朝直辖的民众束缚于陆地，严禁出海。在唐代，鉴真东渡之所以一再被人告发和中途追回，即因法令上不允许本国民众出海，“唐朝严厉禁止本国居民的外出，唐政府采取了一系列有力措施，严厉取缔本国居民私自外出经商等活动，对于擅自外出者，甚至采取了无情镇压的手段”，“唐代所谓比较开明的对外政策只是在向外籍人开放这一点上徘徊，没有也不可能迈出允许本国居民外出这关键的一步”。[6]

在拒斥海洋的时期，国家政策允许的海陆交通是单向的，只接受来自海外诸蛮的朝贡，以及被视为“朝贡”的来华外国商人，以营造“四海宾服”的“天下”秩序。朝贡遵循“厚往薄来”的原则，王朝国家从单向的海陆交通中获得的主要是政治意义，而非经济利益。统

---

1 王子今、李禹阶：《汉代的“海贼”》，《中国史研究》2010 年第 1 期，第 37—50 页。
2 班固：《汉书 · 王莽传下》，中华书局 1962 年版，第 4150 页。
3 范晔：《后汉书 · 法雄传》，中华书局 1965 年版，第 1277 页。
4 司马迁：《史记 · 吴王濞列传》，第 2835 页。
5 范晔：《后汉书 · 法雄传》，第 1277 页。
6 魏明孔：《唐代对外政策的开放性与封闭性及其评价》，《甘肃社会科学》1989 年第 2 期，第 73—77 页。

治者对海洋的经济期许主要停留在奇珍异宝，而非财政收益。在时人的观念中，海洋“藏积无量珍宝”[1]。唐代在广州派驻市舶使，主要职责是为宫廷采办宝货；蕃舶到岸后，市舶使“临而存之。除供进备物之外，并任蕃商列肆而市”[2]。唐后期，市舶使职责扩大，虽然兼有“籍其名物，纳舶脚，禁珍异”[3]，主要职责仍是为宫中采办贡物，“进奉事大，实惧阙供”[4]。

到了宋代，在政策上第一次融通海洋与陆地。宋王朝不仅欢迎外国商人来华贸易，而且第一次允许并鼓励本国民众出海贸易，建立了系统的市舶制度。外国海商和本国海商都通过市舶抽解和博买制度与国家实现了共利分利。统治者认识到，“国家之利莫盛于市舶”，市舶收入“于国计诚非小补”，[5]海洋与陆地一样，也能为国生财，而不是王朝的威胁，可成为王朝的统治基础。在王朝政策中，海洋和陆地第一次成为相互融通的整体。宋朝鼓励海上贸易的积极政策等因素推动了南海贸易体系的形成，亚洲海上贸易进入一个新的阶段，也促进了中国近海贸易的空前发展，海外市场、近海区域市场与内陆市场相互联通。[6]亚洲海上贸易的空前繁荣，使宋代影响陆地的海上势力不再是入海聚集或避难的政治反叛势力，甚至也没有出现真正的海上政治对抗势力，多是藉海而生的经济力量，其主体是经营海上贸易、通过市舶制度与国共利的海商群体，同时也滋生依靠抢掠海商和沿海民众而存在的海盗。另外，亚洲海上市场稳定机制的形成，中国在亚洲海上贸易的商品结构和贸易力量方面的重要地位，使海洋对陆地的影响变得持久而强大，已不能通过禁止本国民众出海的简单拒斥就能化解。

在汉晋时期，由于进入海洋的反政府或离异势力都是旋起旋灭，

1 潘自牧：《记纂渊海·地理部》，收入文渊阁《四库全书》影印本，第930册，第158页。
2 董浩等：《全唐文·进岭南王馆市舶使院图表》，中华书局1983年版，第5235页。
3 李肇：《唐国史补》，收入《历代笔记小说大观》，上海古籍出版社2012年版，第84页。
4 董浩等：《全唐文·论岭南请于安南置市舶中使状》，第4828页。
5 李心传：《建炎以来系年要录·绍兴三十年十月己酉》，中华书局2013年版，第3614页。
6 黄纯艳：《变革与衍生：宋代海上丝路的新格局》，《南国学术》2017年第1期，第59页。

尚未构成王朝长期而持续的威胁，特别是王朝秩序比较稳定的时期，他们难以形成大的海上势力，而王朝国家也未建立稳定的海防体系，对海的防御主要是保障陆地安全，也无维护海上秩序的意识和政策。直到唐朝，才在登州、莱州有军队镇守，“东莱守捉，莱州刺史领之，管兵千人”，“东牟守捉，登州刺史领之，管兵千人”，[1] 兼有对海防卫的职能，但也并非专门的海防军队，且“守捉”是小规模的戍边之兵。登、莱有对朝鲜半岛防卫的作用，南方则没有这样具有对海防御的军队设置。

在宋王朝眼中，海洋既有威胁，也有利益，因而不再是单向的防御和排斥，海防政策发生了重要变化：一是设置了专门的海防军队；二是海防职能既保障陆地安全，也维护海上正常秩序。这表明，国家不是简单地站在陆地的立场上排斥海洋，而是着力维护海洋与陆地的融通。出现这一变化的基本原因，是衍生于海上的势力持续稳定地增长，使海洋对宋朝的国家安全和统治秩序具有了重要影响。北宋在登州设刀鱼战棹司及澄海水军、平海水军，“教习水战”，“屯兵常不下四五千人”。[2] 南宋设置专门的海防水军，有称御前水军的许浦水军和沿海制置司水军即定海水军构成的中央军水军；乾道七年（1171），御前许浦水军额为七千人，沿海制置司水军额为四千人。此外，还有福建殿前左翼军水军、广南摧锋军水军，以及两浙、福建、广南各路安抚司所辖巡检土军中负责海防的军队，沿海还设置了严密的军寨体系，从而构成了从北到南的海防体系，分区负责淮东、浙西、浙东、福建、广南沿海的海防。[3]

北宋在京东的海防设置有对辽防御的重要目的，南宋也有防止金朝自海陆来袭的目的，但无论辽朝还是金朝，皆不具备在海上与宋朝

---

1 宋祁、欧阳修等：《旧唐书·地理一》，中华书局 1975 年版，第 1389 页。

2 张志烈等主编：《苏轼全集校注·文集·登州召还议水军状》，第 3005—3006 页。

3 李心传：《建炎以来朝野杂记·甲集·平江许浦水军（江阴、左翼、摧锋、延祥、江上水军）》，第 422 页；罗浚：《宝庆四明志·制置司水军》，中华书局 1990 年版，第 5068—5069 页；范成大：《吴郡志·御前许浦水军寨》，中华书局 1990 年版，第 722 页。

对抗的实力，如同北宋人谈京东海防时所说：“敌知有备，故未尝有警。”[1]金朝除了绍兴末在胶西造海船被南宋李宝奔袭摧毁外，也几乎未作这方面的努力。宋代的海防，主要职能是维护海上秩序；特别是南宋，不断加强海防建设，主要也是发挥防御本国海盗的作用。南宋较之北宋，海盗日趋猖炽，因而海防军力大有增强，设置更为严密。宋代海盗对王朝的秩序有破坏和离异，但并非张伯路、孙恩那样的反政府的政治性海上势力，他们主要是以日趋繁荣的海上贸易和滨海地域经济为生存基础，是藉海而生的经济性海盗，主要生存方式是打劫海商。例如，钱塘江入海一带海盗猖獗，“出江入海”，“专施其毒于客舟”，“客舟非三五十艘气势联合，不敢西上”；[2]明州海域海盗“掠商人财物入海，吏不能禁”[3]；福州之境海盗聚集于“行劫商船之所”[4]。海盗通过劫掠海商壮大自己，“每劫客船，小则焚之，大即取为已之船……而掳其强壮能使船者为己之用”，“其始出海不过三两船，俄即添至二三十只。始不过三五十人，俄即添至数百以至千人”。[5]遇到官府打击时，或“乘风绝洋而遁”，或“孤桨单下变为客舟，官兵不能辨也”。[6]

宋代的海商是国家利益来源，也是海防设置的保护对象，打击海盗的目的是防止出现“贼遂大炽，商舶不通”的状况[7]。李纲明确指出：“番禺为广东都会，多富商大贾蕃客之家，号为富庶。在朝廷则市舶香盐所在，利尽南海，故为盗贼垂涎之地。今欲保护广东，必先保护番禺。”[8]北宋时，广州港往东南亚的航路上“置官望舶”[9]，即设置望舶巡

---

1 张志烈等主编：《苏轼全集校注·文集·登州召还议水军状》，第 3005 页。

2 方逢辰：《蛟峰文集·与庙堂书》，收入文渊阁《四库全书》影印本，第 1187 册，第 511 页。

3 脱脱等：《宋史·杨纮传》，中华书局 1977 年版，第 10085 页。

4 包恢：《敝帚稿略·防海寇申省状（福建提刑）》，收入文渊阁《四库全书》，第 1178 册，第 712 页。

5 真德秀：《西山文集·申枢密院乞修沿海军政》，第 228 页。

6 杨士奇等：《历代名臣奏议·郑刚中上奏》，收入文渊阁《四库全书》影印本，第 441 册，第 816 页。

7 脱脱等：《宋史·赵子潚传》，第 8747—8748 页。

8 李纲：《李纲全集·与秦相公第四书别幅》，岳麓书社 2004 年版，王瑞明点校，第 1119 页。

9 马端临：《文献通考·市籴考一》，第 588 页。

检；自广州离港至溽洲，“有望舶巡检司，谓之一望，稍北又有第二、第三望，过溽洲则沧溟矣。商船去时至溽洲少需以诀，然后解去，谓之放洋。还至溽洲，则相庆贺。寨兵有酒肉之馈，并防护赴广州。既至，泊船市舶亭下，五洲巡检司差兵监视，谓之编栏”[1]。福建沿海巡检职能也是防护海商，“号为招舶”，“夏间下海”，在每年夏季季风南海商船回舶时，入海防护。宋代的海防同时也有防护官府纲运船舶和打击海上走私的目的。蔡襄说：“军贼今来入海，尽是劫夺官船”，沿海州军巡检也有“出入海路收捉茶盐”之责。[2] 宋代打击海盗与保护海商成为海防政策的一体两面，都是维护正常的海上秩序。从另一方面看，海洋和陆地第一次同样成为了国家的统治基础，而非简单的排斥对象。

三、滨海地域从“上岸”到趋海

滨海地域是海洋与陆地的结合部，是海陆互动最直接的展开空间，生活其间的人群的生计和习俗受到海洋的强烈影响，赋予该地域鲜明的海洋因素，具有与内陆不同的地域特点。对滨海地域的认识和管理是认识海陆关系的重要体现。陈寅恪最早提出滨海地域及其政治和文化特殊性，指出该地域“为不同文化接触最先之地”，具有易于接受外来影响的地域特点，并阐述了东汉末至北魏滨海地域对政治变局和文化演进的影响。[3] 鲁西奇对滨海地域作了界定，认为滨海地域“应当是靠海为生的人群生活、活动的区域。它既包括一部分陆地、岛屿，也包括一部分海域”，他强调了“以海为生的人群乃是界定滨海地域的关键”，滨海地域“首先是一种立基于自然地理区域的经济区域，是以与海洋有关的生计方式和经济形态为主要依据界定的区域”，分析了滨海地域的地域特点和文化形成过程，认为“生计方式、交流与贸易、王

1 朱彧：《萍洲可谈》，收入《全宋笔记》第二编第六册，第 148 页。

2 蔡襄：《蔡襄集》，上海古籍出版社 1996 年版，第 366、370 页。

3 陈寅恪：《天师道与滨海地域之关系》，《金明馆丛稿初编》，上海古籍出版社 1980 年版，第 1—40 页。

朝国家的政治控制、神明信仰与奉祀乃是影响与制约滨海地域社会建构与文化形态的四个核心要素”。[1]

海洋与陆地的互动形态决定着统治者对滨海地域特殊性的认识和政策。鲁西奇指出：汉唐时期，滨海地域的人群主要有三种生计方式，即渔业、盐业和航海，很多人可能是三种生计同时经营。滨海人群活动的基本形态是入海、浮海和上岸：“入海”有反叛、逃避苛征等原因，如张伯路、孙恩等类人群；“浮海”则是“居止常在船上，兼结庐海畔，随时移徙，不常厥所”，如“白水郎”、“游艇子”，“入海”和“浮海”的人群在其移动前后，多未被纳入王朝国家的控制体系之内，不入王朝版籍；“上岸”则意味着纳入不同类型的版籍，或“游民业盐者为亭户”，纳入禁榷体制，编入特殊户籍，或有纳入编民户籍，如白水郎被编为“夷户”、“输半课”，其首领被授官，统摄其众，或被直接纳入版籍，重为编户齐民。他特别指出，尽管不同时期、不同地区，入海、浮海和上岸各有差异，但汉唐时期滨海地域的以上人群主要的目标是上岸，不论张伯路、孙恩之类的反叛群体，还是浮海的“白水郎”，都希望上岸归入陆地的生活，张伯路等人群的“根本动因应是试图上岸留居”，“海螺姑娘”的故事则揭示了“白水郎”等浮海人群希望上岸的意图。[2]

综而论之，从滨海人群的角度看，汉唐时期由于海上贸易发展有限，国家对本国民众海上贸易实行禁止政策，虽然千里海疆并不能完全杜绝民众出海，也存在着浮海而居，靠海谋生的群体，但在这一政策背景下，海上贸易尚难以成为滨海人群获得更大发展的途径，因而“上岸”成为不同活动形态的滨海人群共同目标。从国家对待滨海地域的政策看，“上岸”意味着纳入王朝统治体系，而“入海”、“浮海”

1 鲁西奇：《中古时代滨海地域的“水上人群”》，《历史研究》2015 年第 3 期，第 62—77 页；《汉唐时期滨海地域的社会与文化》，《历史研究》2019 年第 3 期，第 4—22 页。

2 鲁西奇：《中古时代滨海地域的“水上人群”》，《历史研究》2015 年第 3 期，第 62—77 页；《中古时代的滨海地域》，《南国学术》2016 年第 4 期，第 620—622 页。

被视为脱逸王朝控制，王朝政策的基本取向自然是禁止入海，排斥浮海，将民众禁锢于岸上（陆地）。

宋代海上贸易空前繁荣，政府实行鼓励本国民众出海贸易的积极政策，使海洋成为滨海民众可以生财取利的重要空间。向海谋生成为岸上和浮海等不同居止形态的滨海民众追求生计的重要趋向。趋海谋生的途径有三：一是经营渔盐。滨海咸卤，耕地较少，“濒海之民，其生不勤，有川不潴，有田不耕……转入山海，持茗与盐以给衣食”[1]，“濒海斥卤地，百姓藉盐以自活”[2]。另外，“濒海细民素无资产，以渔为生”[3]，“濒海细民以渔为业”[4]，渔盐经济结构单一，必参与市场才能为生，“煮盐鬻鱼为业”之地必是“商贾鳞集，富商巨贾鳞集其间”[5]，“渔盐之薮，人相哄成市”[6]。二是入海贸易。海上贸易最为活跃的“漳、泉、福、兴化滨海之民所造船乃自备财力，兴贩牟利”[7]，浙东沿海“小人多商贩”[8]，“其人多贾”[9]，而且浙东“濒海村落间类多山东游民，航海而来，以贩籴为事”[10]。三是从事与海上贸易相关的手工业和商品化农业。“宋代由于适应瓷器对外输出的需要，东南沿海几省涌现了数以百计的瓷窑。”[11] 福建瓷业生产在宋元海外贸易发展时，沿海地区瓷业大兴；海外贸易衰落后，瓷业又退回瓷土丰富的北方山区。[12] 尽管滨海州县官员仍努力劝农，“以海濒逐末者众，首劝民务本业”[13]，但耕地缺乏

1 陈舜俞：《都官集 · 海盐李宰遗爱碑记》，收入文渊阁《四库全书》影印本，第1096册，第497页。

2 真德秀：《西山文集 · 赵邵武（侯）墓志铭》，第710页。

3 罗浚：《宝庆四明志 · 郡志卷第二》，第5017页。

4 徐松：《宋会要辑稿 · 刑法二》，第8372页。

5 祝穆撰：《方舆胜览 · 泉州》，中华书局2003年版，施和金点校，第207页。

6 陈耆卿：《篔窗集 · 竹居说》，收入文渊阁《四库全书》影印本，第1178册，第64页。

7 徐松：《宋会要 · 刑法二》，第8365页。

8 张津等：《干道四明图经 · 风俗》，中华书局1990年版，第4877页。

9 程俱：《北山集 · 席益差知温州》，收入文渊阁《四库全书》影印本，第1130册，第221页。

10 徐松：《宋会要辑稿 · 兵二九》，第9242页。

11 冯先铭主编：《中国陶瓷》，上海古籍出版社1994年版，第401页。

12 许清泉：“宋元泉州陶瓷的生产”，《海交史研究》1986年第1期，第88—92页。

13 洪咨夔：《平斋集 · 吏部巩公（嵘）墓志铭》，收入文渊阁《四库全书》影印本，第1175册，第319页。

和利益驱使导致沿海出现农业商品化浪潮。[1]福建“糖霜户治良田，种佳蔗”，与种稻相比“谨土作一也，而收功每异”，“有暴富者”，[2]人们纷纷“多费良田以种瓜植蔗”[3]。福建荔枝“水浮陆转”，销往国内外，“商人贩益广，而乡人种益多”。[4]

上述从事不同生计的滨海民众都通过赋役制度成为了宋王朝的统治基础。盐户则被纳入禁榷体制中，以渔为业者则于“夏、秋二时，官司令纳簄税、采浦钱”[5]。福建沿海因工商业和农业商品化，以及耕地较少，农业两税收入甚少，泉州一州“苗额不及江浙一大县”[6]，兴化军（今福建莆田）甚至“赋入不敌江浙一大户”[7]，税收主要来自农业以外。滨海的明州（治所在今宁波市鄞州区）也“全靠海舶住泊，有司资回税之利，居民有贸易之饶”[8]。滨海民众对国家另一重要支撑就是下述的海船应役，因而官府也视民众从事的海上生计是其“本业”，官员也会考虑征调民船应避免“妨废兴贩，中下之家往往失业”[9]，使船户“不失本业”[10]。

宋王朝对滨海地域的管理与汉唐相比发生了显著变化。表现之一是，除了纳入版籍外，还编订船籍。按照制度，官府“每岁遇夏初，则海船案已行检举。不论大船小船，有船无船，并行根括一次。文移遍于村落，乞取竭于鸡犬”[11]，要“尽籍管内所有船只”[12]。登记船籍的目

1 傅宗文：《宋代福建沿海的商业化浪潮》，《中国社会经济史研究》1989 年第 3 期，第 22—29 页。
2 王灼：《糖霜谱》，收入黄纯艳、战秀梅点校《宋代经济谱录》，甘肃人民出版社 2008 年版，第 6 页。
3 韩元吉：《南涧甲乙稿 · 建宁劝农文》，收入文渊阁《四库全书》影印本，第 1165 册，第 283 页。
4 蔡襄：《蔡襄集 · 荔枝谱》，第 647 页。
5 徐松：《宋会要辑稿 · 食货六三》，第 7603 页。
6 真德秀：《西山文集 · 申尚书省乞拨将度牒添助宗子请给》，第 233 页。
7 郝玉麟等：《福建通志 · 名宦二 · 张友》，收入文渊阁《四库全书》影印本，第 528 册，第 475 页。
8 罗濬：《宝庆四明志 · 郡志卷第六》，第 5054 页。
9 周必大：《文忠集 · 大兄奏札（淳熙三年）》，收入文渊阁《四库全书》影印本，第 1147 册，第 847 页。
10 徐松：《宋会要辑稿 · 食货五〇》，第 7128 页。
11 梅应发等：《开庆四明续志 · 省札》，中华书局 1990 年版，第 5991 页。
12 廖刚：《高峰文集 · 漳州到任条具民间利病五事奏状》，收入文渊阁《四库全书》影印本，第 1142 册，第 363 页。

的，有利于海防和纲运中“按籍科调”[1]。福建民船梁宽一丈二尺，两浙民船梁宽一丈，皆登记在册，福建路“各分三番应募把隘”[2]；浙东海船“分为十番，岁起船三百余只，前来定海把隘，及分拨前去淮东、镇江戍守”[3]；此外，船户还被编伍在近海“每夜轮五船巡逻”[4]，海防征调标准以下的船只会被应征纲运。登记海船的目的，“非徒稽查盗贼，亦欲差使之”，“纲运即轮差不及一丈二尺海船”，福建“纲运皆由海道”；[5]广东转运司也募客舟运米，自海道至福建和行在。[6]这是宋代海防成为国防要务和海洋运输对国家重要性增强而出现的新现象。

宋代滨海地域管理变化的另一表现是，滨海社会实行特殊编伍和建立官民联防体制。建炎四年（1130）宋高宗下令：“福建、温、台、明、越、通、泰、苏、秀等州，有海船民户，及尝作水手之人，权行籍定，五家为保。”[7]绍兴五年（1135），又在全国滨海地区正式实行“诸路沿海州县，应有海船人户，以五家为一保”[8]。编伍的目的：一是加强对船户的控制，相互担保。沿海两浙、福建、广南“三路十数郡，沿海数千里，并与行下逐州逐县严结保伍，每十家为一甲，递相纠察”[9]，防止不领取公凭而私自出海，“不许透漏海舟出界，犯者籍其资，同保人减一等”[10]，“如一船有犯，同保并科”[11]。二是保障其正常应役。浙东路沿海实行“义船法”，“如一都岁调三舟，而有舟者五六十家，则众办六舟，半以应命，半以自食其利。有余资，俾蓄以备来岁

1 梅应发等：《开庆四明续志·三郡隘船》，第 5991 页。

2 徐松：《宋会要辑稿·食货五〇》，第 7128 页。

3 梅应发等：《开庆四明续志·三郡隘船》，第 5991 页。

4 梅应发等：《开庆四明续志·夜飞山永平寨》，第 5982 页。

5 徐松：《宋会要辑稿·食货五〇》，第 7128 页；廖刚：《高峰文集·漳州到任条具民间利病五事奏状》，第 363 页。

6 李心传：《建炎以来系年要录·绍兴五年六月辛未》，第 1746 页。

7 李心传：《建炎以来系年要录·建炎四年八月壬申》，第 811 页。

8 李心传：《建炎以来系年要录·绍兴五年五月壬辰》，第 1724 页。

9 包恢：《敝帚稿略》，第 712、715 页。

10 李心传：《建炎以来系年要录·绍兴五年五月壬辰》，第 1724 页。

11 徐松：《宋会要辑稿·兵一三》，第 8869 页。

用”；[1] 福建则有忠义社，“以所籍船尽团结，立忠义社”，按甲、队、部、社、都依次编排。[2] 三是使滨海船户与官府形成联防机制。如果海盗焚劫海滨郡县，“朝廷征兵以剿之，而调遣于内地，岂能朝发夕至”，最好的办法是“令沿海之民自为捍守。濒海州县各有屿澳，澳置一长，择地方之习知武艺者而任之。仍令结为保伍，旦夕训练……一旦寇至，澳长径率其众御之”[3]，“与官军相犄角”[4]。所以，沿海州县船舶造籍不仅有一州一县总数，还有各湾各澳具体数目，即“按境内濒海诸湾澳船户之籍，凡有船总若干，分为若干，陈各随诸湾澳推其才力过人者，郡补为首领以统率之”[5]。官军和滨海民众在打击海盗时联合作战，“广东帅司调发摧锋水军，与本州左翼军及诸澳民船会合掩捕”[6]。

宋代滨海地域管理变化之三是，与汉唐时期“浮海”、“入海”人群被排斥于国家统治体系之外不同，宋代努力将这两类群体都纳入王朝体制。宋朝统治者认为，即使完全“以舟为室，视水如陆，浮生江海”的浮海之民“亦王民尔”[7]，应使其“各有统属，各有界分，各有役于官，以是知无逃乎天地之间”[8]。管理方式有二：一是以陆居主户间接管理，“边海州军许土著富民养蜑户，遇入海得珠，则约价以偿惠养之直，所贵蜑户不为外夷所诱”，“遇有出入，须令主户知其所往”，[9] 使其不脱离国家体系；二是国家直接编籍管理，“立水居船户五户至十户为一甲”[10]。

宋朝允许本国民众经营海上贸易，并通过市舶制度与“入海”贸

1 梅应发等：《开庆四明续志 · 三郡隘船》，第 5991 页。

2 梁克家：《淳熙三山志 · 版籍类五》，中华书局 1990 年版，第 7901—7902 页。

3 郑兴裔：《郑忠肃奏议遗集 · 请置澚长御海寇疏》，收入文渊阁《四库全书》影印本，第 1140 册，第 21 页。

4 徐鹿卿：《清正存稿 · 四年丁酉六月轮对第二札》，收入文渊阁《四库全书》影印本，第 1178 册，第 814 页。

5 陈淳：《北溪大全集 · 与李推论海盗利害》，收入文渊阁《四库全书》影印本，第 1168 册，第 861 页。

6 真德秀：《西山文集 · 申尚书省乞措置收捕海盗》，第 230 页。

7 蔡绦：《铁围山丛谈》，收入《全宋笔记》第三编第十册，第 240 页。

8 周去非：《岭外代答 · 外国门下》，中华书局 1999 年版，杨武泉校注，第 116 页。

9 李焘：《续资治通鉴长编 · 熙宁九年六月辛卯》，中华书局 2004 年版，第 6744 页。

10 脱脱等：《宋史 · 神宗二》，第 298 页。

易商人形成了共利分利关系，同时通过公凭、保任、告赏等措施实现对经营近海、海外贸易海商的控制。不论从事近海贸易，还是海外贸易，商人都必须领取公凭，载明所有人员姓名和货物清单，写明贸易目的地、发舶港和回舶港，“如有违条约及海船无公凭，许诸色人告捉。船物并没官，仍估物价钱支一半与告人充赏”；商人出海贸易，还需“召本土有物力居民三名结罪保明”。[1]保人对被担保人的违法行为承担连带责任，“减犯人三等”处罚，如违禁者钱物不足给告赏，由保人备赏。[2]官府同时也有正向的引导措施，贸易达到一定规模可以补官，“诸市舶纲首能招诱舶舟，抽解物货，累价及五万贯、十万贯者补官有差”[3]，回舶及时可以减税，“商贾由海道兴贩诸蕃及海南州县，近立限回舶”，“自给公凭日为始，若在五月内回舶，与优饶抽税。如满一年内，不在饶税之限。满一年已上，许从本司根究，责罚施行”。[4]

结　语

中国自先秦以来，就把“天下”视为天、地、海依存互动的动态系统。到了宋代，更强调“气”在这一动态系统中的调节作用。在这种构建和想象的海陆关系中，海洋处于陆地的次属地位，作为陆地的边缘而存在。而航海实践中，海洋并非抽象的概念，不同海域对人们出入海洋的陆地有着不同的关系和意义，因而被以陆地为基础标识出不同的名称和界限。这些界限，是从陆地视角对海域的辨识，并非主张海洋权属的意识，但也体现了海陆关系在以陆识海的海域认知中变得更加具体清晰。

1　张志烈等主编：《苏轼全集校注·文集·乞禁商旅过外国状》，第 3331 页。

2　徐松：《宋会要辑稿·刑法二》，第 8316、8317 页。

3　脱脱等：《宋史·食货下七》，第 4537 页。

4　徐松：《宋会要·职官四四》，第 4218 页。

自先秦已确立的基于对土地和人口控制的赋役制度、户籍制度，视陆地为王朝的统治基础，除了渔盐之利外，王朝从海洋所得甚少，因为海洋是与陆地相互离异的空间，进入海洋即脱离了赋役和户籍构成的统治体系，所以，除了标示四夷来朝、允许外国人自海而来之外，在制度上将提供赋役的本国人封闭于陆地，对海洋采取拒斥的态度。直到宋代，才从政策上第一次融通海洋与陆地，允许并鼓励本国民众出海贸易，通过市舶制度实现了国家与商人的共利分利；入海的势力并不都是与国家离异的力量，更主要的是以海谋生，为国生财。海洋与陆地一样，都是统治的基础，是为国生财的空间，而不是王朝的威胁。宋朝统治者对海洋不再是单一的防御和排斥，而是既保障陆地安全，也维护海上正常秩序。

与汉唐时期“浮海”、“入海”即意味着脱离王朝体制不同，宋王朝通过渔盐征榷和市舶制度，对滨海民众的海洋生计因势利导，与之形成利益共同体。王朝对入海和浮海的人群不再简单地疏离和排斥，亦不执着于将其驱入陆地，而是通过多种方式将其纳入国家统治体系；对滨海地域的管理政策，也以保障海陆正常互动为取向。在这一背景下，滨海民众的生计取向不再以上岸为目标，而是积极向海谋生，合法地从事渔盐生产、海上贸易，以及与海上贸易密切相关的工商业和商品化农业。国家对滨海地域的管理政策和民众合法生计都呈现出海陆融通、官民两利的局面。

正是宋朝及其后的元朝实行相对开放的海上贸易政策，使亚洲海洋逐步形成具有稳定运行机制的贸易体系，滨海民众向海谋生的经济环境、生计方式和观念习俗也逐步形成；作为亚洲海洋贸易重要参与者的中国，海洋对陆地的影响势不可挡地增长。作为海洋与陆地互动直接展开的空间，滨海地域的特殊性及其在王朝统治体系中的影响也持续增强。不论王朝政策开放抑或封闭，人们对海陆关系的认识都不可能再停留于想象世界，海陆互动更不可能以简单的排斥能够应对。如明代官员所说：“边海之民皆以船为家，以海为田，以贩番为命”，政府禁海，即是“断其生活”，必“溃裂以出”。经验和教训、问题和方案就是“向年未通番而地方多事，迩来既通番而内外乂安”。[1] 要实现稳定的统治，只有融通海陆，官民互利。

（原载《南国学术》2021年第2期）

1 《明神宗显皇帝实录·万历二十一年七月乙亥》，台北“中研院”史语所1962年，影印国立北平图书馆红格本，第4864—4865页。

宋元海洋知识中的“海”与“洋”

唐代仍严厉禁止本国民众经商等出境活动，所谓比较开明的对外政策只是向外国人开放，没有迈出允许本国民众外出的关键一步。[1]与此不同，宋元不仅鼓励外国人来华，也允许和鼓励本国民众出海，海洋实践空前发展，海洋知识空前增长，对海洋地理的认知从模糊的想象世界变为真切具体的现实空间，在知识和观念上都进入一个新的阶段，为明清海洋知识发展，乃至应对全球化带来的知识和观念冲击、交融奠定了重要基础。相关的研究讨论了宋元海洋知识、中国古代海域命名、明清南海东西洋、七洲洋等问题。[2]在海洋知识和观念发展史上宋元是重大变化和承上启下的时期，需要从整体视野更好地认识和总结，本文拟从这一角度对宋元时期海洋地理空间认知作一讨论。

一、对“海”认知的衍变

宋元时期，“九州—四海”的天下观念仍然是官方和士人认识海洋的重要知识框架。天下的结构是“外际乎天，内包乎地，三旁无垠，而下无底者，大瀛海也”。[3]海围绕于九州为中心的陆地四周，构成“天下”。国家通过册封和祭祀四海神，倡导和维护“九州—四海”的天下观念。宋代，海神封号由宋太祖朝所封两字，宋仁宗康定元年（1040）加为四字，东、南、西、北四海神分别封为渊圣广德王、

1 魏明孔：《唐代对外政策的开放性与封闭性及其评价》，《甘肃社会科学》1989年第2期。

2 冯承钧、藤田丰八、刘迎胜、万明、谭其骧、韩振华、陈佳荣、吴松弟、刘义杰、黄纯艳等学者分别讨论了上述问题，其相关论著将随文讨论，此不赘举。

3 吴澄：《吴文正集》卷四八《大瀛海道院记》，文渊阁《四库全书》影印本，1990年，第1197册，第498页。

洪圣广利王、通圣广润王、冲圣广泽王。[1]在宋人海洋活动日益频繁的东海和南海二海的海神不断因“圣迹”获得加封。宋高宗建炎四年（1130）东海神封号已加封至八字，为助顺佑圣渊德显灵王（乾道五年［1169］改为助顺孚圣广德威济王）。[2]绍兴七年（1137）南海神亦加封至八字，为洪圣广利昭顺威显王。[3]北宋设东海神本庙于渤海湾中的莱州，于立春日祀东海神于莱州，设南海神本庙于广州，于立夏日祀南海神于广州。西海神和北海神祭祀则实行望祭，立秋日于河中府河渎庙望祭西海神，立冬祀于孟州济渎庙望祭北海神。[4]显示宋朝皇帝对包括四海在内的“天下”的绝对统治权，“天子之命，非但行于明也，亦行乎幽。朝廷之事，非但百官受职也，百神亦受其职”。[5]

蒙古入主中原后，也把祭祀四海神作为国家祭祀活动的重要组成部分。蒙古灭南宋以前的至元三年（1266）正式“定岁祀岳、镇、海、渎之制”，祭东海于莱州界，对南海、西海和北海神则分别于莱州、河中府和登州望祭。灭亡南宋后，罢南海神望祭，在广州祭祀南海神，于河渎附祭西海神，济渎庙附祭北海神。[6]元朝对四海神重新册封，从二字王爵逐步加封到四字王，东海神为广德灵会王，南海神为广利灵孚王，西海神为广润灵通王，北海神为广泽灵佑王。[7]目的同样是显示皇帝绝对拥有“九州—四海”的天下，即“岳、渎、四海皆在封宇之内。”[8]

士人仍以“四海”观念解释海洋。南宋为了与金朝争夺正统，在明州设东海神祭祀本庙，并解释其合理性，认为北起渤海，南到福建

1 《宋史》卷一〇二《礼五》，中华书局1977年版，第2485页。

2 罗浚：《宝庆四明志》卷一九《定海县志第二·神庙》，中华书局1990年版，第5239页；《宋会要辑稿》礼二一，上海古籍出版社2014年版，第1085页。

3 《建炎以来系年要录》卷一一四“绍兴七年九月戊子”条，中华书局2013年版，第2141页。

4 《宋史》卷一〇二《礼五》，第2485页。

5 郑刚中：《北山集》卷一四《宣谕祭江神文》，文渊阁《四库全书》影印本，1990年，第1138册，第156页。

6 《元史》卷七六《岳镇海渎》，中华书局1976年版，第1900页。

7 《元史》卷七六《祭祀五》，第1900页。

8 陈垣编纂、陈智超等校补：《道家金石略》，文物出版社1988年版，第670页。

的海域即为东海。设立东海神本庙于莱州即说明自渤海起即为东海，直到“通、泰、明、越、温、台、泉、福，皆东海分界也”。[1]把这一篇海域称为东海，使得东海神本庙南移是合理的。在这一解说下，宋人认为广东路及其以南海域则通为南海。宋人称三佛齐的位置“在南海之中，诸蕃水道之要冲也。东自阇婆诸国，西自大食、故临诸国，无不由其境而入中国者”。[2]即东自阇婆，西自大食所来的海路都是以三佛齐为中心的南海范围。

元代张翥为《岛夷志略》所作序中认为汪大渊的记载证实了邹衍之说，即“九海环大瀛海，而中国曰赤县神州，其外为州者复九，有裨海环之”。他说，对邹衍之说，“人多疑其荒唐诞夸，况当时外徼未通于中国，将何以征验其言哉。汉唐而后于诸岛夷力所可到，利所可到，班班史传，固有其名矣。然考于见闻，多袭旧书，未有身游目识而能详记其实者，犹未尽征之也”，而汪大渊“非其亲见不书，则信乎其可征也”的见闻“由有可观，则邹衍皆不诞焉”。吴鉴为该书所做的序也阐述了“九州—四海”的天下观念，证明其即“中国—四夷”的华夷秩序：“中国之外，四州维海，之外夷国以万计。唯北海以风恶不可入，东、西、南数千万里皆得梯航以达其道路，象胥以译其语言。惟有圣人在乎位，则相率而效朝贡，通互市，虽天际穷发不毛之地无不可通之理焉。”“惟中国文明，则得其正气。环海于外，气偏于物，而寒燠殊候，材质异赋，固其理也。”张翥承袭理学，“以诗文知名一时”，官至翰林学士承旨。[3]吴鉴则是受命编修《清源续志》，因泉州为重要外贸港，“故附录（汪大渊之书）《清源续志》之后。不惟使后之图王会者有足征，亦以见国家之怀柔百蛮，盖此道也”。[4]他们以官方立场解读汪大渊的记载，证明华夷天下的秩序和格局。而且元人与宋

1 《文献通考》卷八三《郊社考十六》，中华书局 2011 年版，第 2560—2561 页。

2 《岭外代答校注》卷二《三佛齐国》，中华书局 1999 年版，第 86 页；《诸蕃志补注》卷上《阇婆国》，香港大学亚洲研究中心，2000 年，第 88 页。

3 《元史》卷一八六《张翥传》，第 4284 页。

4 《岛夷志略校释》吴鉴“序”，中华书局 1981 年版，第 5 页。

人一样为东海和南海勾画了边际，即所谓“海水终泄于尾闾”。[1]而且认为爪哇即接近于“近尾闾之所泄”，“蕞尔爪哇之小邦，介乎尾闾之大壑”。[2]

但是，在宋元时期即使是士大夫，也有人提出了对“四海”真实性的质疑。已有文指出，唐代在同州祭西海神，在洛州祭北海神，即说明西海与北海不在封宇之内，但尚未有人明确质疑其实际存在，宋人已有人对西海和北海的虚实提出了明确质疑。[3]洪迈指出不存在所谓西海：“北至于青、沧，则云北海。南至于交、广，则云南海。东渐吴、越，则云东海，无由有所谓西海者。”[4]实际上，按其所言“北至于青、沧，则云北海”，则北海也无实指的海域。乾道五年（1178）太常少卿林栗说“国家驻跸东南，东海、南海实在封域之内”，“其西、北海远在夷貊，独即方州行二时望祭之礼”，[5]实际也就是说，东海、南海在宋朝封域之内，而并无西海和北海。[6]元代更明确地提出了疑问：“海于天地间为物最巨，幅员万里，东、南、北皆距海而止，惟西海未有考。或以瀚海、青海当之，是与？否与？”[7]“海之环旋，东、西、南、北相通也。而西海、北海人所不见，何也？”时人的解释是“西北地高，或踞高窥下，则见极深之壑，如井沉沉然，盖海云。东南地卑，海水旁溢，不啻万有余里”，[8]又称“乾始西北，坤尽东南，故天下之山其本皆起于西北之昆仑，犹乾之始于西北也。天下之水其流皆归于东南之尾闾，犹坤之尽于东南也”。[9]似乎从根本上解释了西、北二

1 陆文圭：《墙东类稿》卷四《流民贪吏盐钞法四弊》，文渊阁《四库全书》影印本，1990年，第1194册，第571页。

2 方回：《桐江集》卷三《平爪哇露布》、《出征海外青词》，江苏古籍出版社1988年版，第350、348页。

3 黄纯艳：《中国古代官方海洋知识的生成与演变——以唐宋为中心》，《学术月刊》2018年第1期。

4 洪迈：《容斋随笔》卷三《四海一也》，中华书局2005年版，第31页。

5 《文献通考》卷八三《郊社考十六》，第2559页。

6 黄纯艳：《宋代水上信仰的神灵体系及其新变》，《史学集刊》2016年第6期。

7 陆文圭：《墙东类稿》卷三《水利》，第558页。

8 吴澄：《吴文正集》卷四八《大瀛海道院记》，第498—499页。

9 吴澄：《吴文正集》卷一《原理有跋》，第16页。

海不可能实有，但同时也动摇的“四海”的观念。

另一方面，航海者并不关注“东海”或“南海”整体概念，更不以其实践为“四海”作解说。他们关注的航海所及的各国、各地的地理方位、航路、航程、物产、市场等信息。宋人已经对“东海”和“南海”海域的诸国和岛屿地理方位也有了基本符合实际的认知，[1]《岛夷志略》所反映的元代地理认知在也是如此。宋元对日本、高丽、东南亚等地的海上航线有明确认知和记载。宋神宗朝，日僧成寻搭福建商人海船来华，记录了日本经高丽耽罗，到明州的航路和海情。[2]徐兢随使团出使高丽，著《宣和奉使高丽图经》“谨列夫神舟所经岛洲、苫、屿而为之图”，记载了明州到高丽礼成港间四十余个海中山岛、海域组成的航路。[3]往来高丽的商人“能道其山川形势、道里远近”，“图海道”，画出海上航路图。[4]

宋元对南海航路的记载也十分清晰。《武经总要》载：广州航路自广州“东南海路四百里至屯门山……从屯门山用东风西南行，七日至九乳螺州，又三日至不劳山（在环州国界）”。屯门山在珠江口东侧。自北而来的东北季风在广东沿海循岸而为东风。自屯门乘东风向西南方向航行，到九乳螺州、占城国（即环州）。自屯门西南行的具体路线《萍洲可谈》有所补充：“广州自小海至溽洲七百里，溽洲有望舶巡检司……过溽洲则沧溟矣。商船去时至溽洲少需以诀，然后解去，谓之放洋”。小海即广州市舶港：“广州市舶亭枕水……其下谓之小海。”[5]

泉州往东南亚地区的航路在七洲洋与广州航路重合，“若欲船泛外国买卖，则自泉州便可出洋，迤逦过七洲洋，舟中测水约有七十余丈，

1 黄纯艳：《宋代海洋知识的传播与海洋意象的构建》，《学术月刊》2015 年第 11 期。

2 《新校参天台五台山记》第一，上海古籍出版社 2009 年版，第 6、10、11 页。

3 《宣和奉使高丽图经》卷三四《海道一》至卷三九《海道六》，《全宋笔记》第三编第八册，大象出版社 2008 年版，第 129—147 页。

4 杨士奇等：《历代名臣奏议》卷三四八叶梦得《乞差人至高丽探报金人事宜状》，上海古籍出版社 1989 年版，第 4516 页。

5 朱彧著、李国强整理：《萍洲可谈》卷二，《全宋笔记》第二编第六册，大象出版社 2013 年版，第 148 页。

若经昆仑、沙漠、蛇、龙、乌猪等洋”。[1] 宋人记载往阇婆国“于泉州为丙巳方，率以冬月发船，盖藉北风之便，顺风昼夜行，月余可到。”[2] 是沿着丙巳针方向昼夜直航。元军征爪哇，从泉州出发，“过七洲洋、万里石塘，历交趾、占城界，明年正月，至东董西董山、牛崎屿，入混沌大洋橄榄屿，假里马答、勾阑等山”。[3] 从东南亚海域到广州和泉州也是在七洲洋分路：“三佛齐之来也，正北行舟，历上下竺与交洋，乃至中国之境。其欲至广者入自屯门，欲至泉州者入自甲子门。”[4] 即过交趾洋后（应是进入七洲洋）广州航线和泉州航线出现分野，一往广州屯门，一往泉州甲子门。

温州往东南亚的航路在与泉州重合，“自温州开洋，行丁未针，历闽广海外诸州港口，过七洲洋，经交趾洋，到占城，又自占城顺风可半月到真蒲，乃其境也。又自真蒲行坤申针，过昆仑洋入（真腊国）港”。[5] 温州航路自泉州外洋后应与泉州航路重合。即泉州—七洲洋—交趾洋—昆仑洋。温州到真腊先行丁未针，即西南 17.5 度方向，过占城后行坤申针，即西南 47.5 度方向。在上述主要航路还连接着各个国家和岛屿的航线，此不一一枚举。

宋元对南海和东海海域的水情和航行状况也有更深入的认识。如对南海之中西沙、中沙和南沙群岛等，宋人有初步的认识，周去非还称“传闻东大洋海有长砂石塘数万里，尾闾所泄，沦入九幽”。[6] 赵汝适和祝穆的记载也很简略，称海南岛“东则千里长沙、万里石塘，上下渺茫，千里一色”。[7] 元代《岛夷志略》则清楚地记载了万里石塘范围及其对航海的影响，称“石塘之骨由潮州而生，迤逦如长蛇，横亘

1 《梦粱录》卷一二《江海船舰》，《全宋笔记》第八编第五册，大象出版社 2017 年版，第 214—215 页。

2 《诸蕃志校释》卷上《阇婆国》，第 55 页。

3 《元史》卷一六二《史弼传》，第 3802 页。

4 周去非撰、杨泉武校注：《岭外代答校注》卷二《三佛齐国》，第 86 页。

5 周达观撰、夏鼐校注：《真腊风土记校注》“总叙”，中华书局 1981 年版，第 15 页。

6 周去非：《岭外代答校注》卷一《三合流》，第 36 页。

7 祝穆：《方舆胜览》卷四三《吉阳军》，中华书局 2003 年版，第 776 页。

海中。越海诸国俗云万里石塘。以余推之，岂止万里而已哉。舶由玳屿门挂四帆，乘风破浪，海上若飞，至西洋或百日之外。以一日一夜行百里计之，万里曾不足。故源其地脉历历可考。一脉至爪哇，一脉至勃泥及古里地闷，一脉至西洋，极昆仑之地……观夫海洋泛无涯涘，中匿石塘，孰得而明之。避之则吉，遇之则凶。故子午针人之命脉所系，苟非舟子之精明，能不覆且溺矣”。[1] 宋元时期对北起东沙群岛，南到南沙群岛广大范围内的岛礁有比较清晰的了解。元代所说的“万里石塘”是指包括今西沙、中沙、东沙和南沙诸群岛在内的南海，已经开始将南海诸岛区分为四个岛群。[2] 岛礁区域成为航行的危险禁区。元朝往东南亚诸国的航线必须避开这一区域。这也成为元代东、西洋划分的重要标识。

宋元在航海实践构建海洋地理空间不是抽象模糊的“四海”而是若干无形的航路和有形且方位基本明确的国家、岛屿构成的世界。元代曾发兵征爪哇，出兵凡二万，“发舟千艘，给粮一年、钞四万锭”。[3] 而两征日本，出兵逾十万，规模更大于征爪哇。如此大规模的海上军事行动，军队的航程、补给等需要精心计划，前提就是对“东海”和“南海”海域空间，各国方位、航路等知识的详细掌握和海洋地理空间的明确认识。在郑和下西洋以前，元代已经显示了组织大规模航海的能力和知识条件。

二、“东海”诸“洋”

汉唐虽然也已经记载了中国到东南亚乃至以西的航路，但是其航路主要是由中南半岛沿岸标识构成。该时期有深海航行的事实，尚未见明确的航路记载和具体海域的划分。宋代明确提出了“东海”和

1 汪大渊:《岛夷志略校释》“万里石塘”条，第 318 页。

2 李国强:《从地名演变看中国南海疆域的形成历史》,《中国边疆史地研究》2011 年第 4 期。

3 《元史》卷二一〇《爪哇传》，第 4665 页。

"南海"的地理分界，即福建路海域及其以北为"东海"，广东路海域及其以南以西为"南海"，[1] 并将"东海"和"南海"划分出若干小的海域，这些海域名称主要以"洋"冠之，也有称"某某海"者。此"海"等同于"东海"、"南海"中小海域的"洋"。元代亦如此。

宋代"东海"范围从福建路、两浙路到京东路划分了数十个"洋"。福建本地民众及地方官员从福建的角度，将福建以北的两浙路海域称为"北洋"，福建以南的广东路海域称为"南洋"。真德秀曾说海贼王子清部"目今窜入北洋，泉、漳一带盗贼屏息，番舶通行"；"比者温、明之寇来自北洋，所至剽夺，重为民旅之害"；"向去南风，贼船必回向北洋"。[2] 就是称福州以北入温州的海域为北洋。泉州沿海自北至南设置、晋江石湖寨、惠安小兜寨、泉州宝林寨、泉州围头寨四个军寨，其中"小兜寨取城八十里，海道自北洋入本州界首，为控扼之所"，围头寨"正阚大海，南、北洋舟船往来必泊之地"，"寻常客船贼船自南、北洋经过者无不于此稍泊"。"自南洋海道入州界，烈屿首为控扼之所，围头次之"。自北洋来即从两浙路海域进入福建，从南洋来则指从广东路海域进入福建。福建以东的海域被称为"东洋"。永宁寨"阚临大海，直望东洋"。法石寨的防御范围包括东洋，即"自岱屿门内外直至东洋，法石主之"。[3] 上述南洋、北洋、东洋是概指某方向的海域，范围尚不十分明确。

福建沿海海域还有其他被命名的洋。泉州沿海有赖巫洋。泉州海防水军曾"使兵船出赖巫洋，探伺至洋心，偶见一鯮船只从东洋使入内"。可见赖巫洋在泉州和东洋之间。泉州围头一带海域称为围头洋，即"本州海界围头洋"。漳州近海有沙淘洋，"贼船一十四只望风奔遁至漳州沙淘洋"。[4] 该洋在漳浦县海域，福建水军"逐贼至漳浦境内沙

---

1 黄纯艳：《中国古代官方海洋知识的生成与演变——以唐宋为中心》，《学术月刊》2018 年第 1 期。

2 真德秀：《西山文集》卷八《泉州申枢密院乞推海盗赏状》、卷一五《申枢密院乞修沿海军政》、卷五四《海神祝文》，文渊阁《四库全书》影印本，1990 年，第 1174 册，第 123—124 页。

3 《西山文集》卷八《申枢密院措置沿海事宜状》，第 131 页。

4 《西山文集》卷八《泉州申枢密院乞推海盗赏状》、卷一五《申尚书省乞措施收捕海盗》，第 123、229 页。

淘洋，败之”。[1] 福州沿海有西洋，具体位置在连江县沿海，即“连江县海名西洋，管连江、罗源海道”，“西洋在巨海中，四顾惊涛莫知畔岸，自廉山驾舟两潮始达，风或逆，旬月莫至”。[2]

宋代两浙路温州及其以北海域被福建人泛称为“北洋”。元人也泛称浙江到山东海岸以东的海洋为“东洋”。朱名世随海运漕船自海盐县到直沽，有“东洋”诗：“东溟云气接蓬莱，徐福楼船此际开”。[3] 两浙海域被称洋的海域颇多。台州与温州交界处有大闾洋。元军征讨在浙东沿海活动的方国珍部，元将孛罗帖木儿“先期至大闾洋，国珍夜率劲卒纵火鼓噪，官军不战皆溃，赴水死者过半”。[4]《明史》载，大闾洋在台州府太平县，与温州交界，“东南滨海，曰大闾洋”。[5] 台州宁海县有牛头洋、五屿洋，该县境“东南二百五十里牛头洋入临海县”，“自县东便风一潮过五屿洋，至牛头洋小泊，潮入海门，一日夜至州。此水程也”。[6] 台州与明州之间有石佛洋。建炎四年（1130）正月一日宋高宗从明州海路南逃，“二日御舟早发，过石佛洋，初三日御舟入台州港口章安镇”。[7] 明州沿海被称为明州洋。南宋时，许浦水军追捕海盗王先，于贼船“五只至明州洋，沉船而遁”。明州西北方海中有洋山、大七山、小七山，这一带海域称为“大七洋”。海贼王先得到宋朝官方招安榜文，“船一十只，计八百余人，当日行使舟船到大七洋内”。[8] 日本僧人成寻来华，船宿于大七山，然后到明州。[9] 明代洋山海域仍称大

---

1 刘克庄:《后村集》卷五〇《宋资政殿学士赠银青光禄大夫真公（德秀）行状》，文渊阁《四库全书》影印本，1990 年，第 1180 册，第 546 页。

2 《淳熙三山志》卷一九《兵防类二》，海风出版社 2000 年版，第 215 页。

3 朱名世:《鲸背吟集》，文渊阁《四库全书》影印本，1990 年，第 1214 册，第 429 页。

4 《元史》卷一四三《泰不华传》，第 3424 页。

5 《明史》卷四四《地理五》，中华书局 1974 年版，第 1111 页。

6 《嘉定赤城志》卷一《地里门一》，中国文史出版社 2008 年版，第 4 页。

7 赵鼎:《忠正德文集》卷七《建炎笔录》，文渊阁《四库全书》影印本，1990 年，第 1128 册，第 735 页。

8 洪适:《盘洲文集》卷四二《招安海贼札子》，文渊阁《四库全书》影印本，1990 年，第 1158 册，第 524 页。

9 《新校参天台五台山记》卷一，第 10 页。

七洋，太仓往日本针路过“羊山大七洋、小七洋”。[1] 明州海域还有青龙洋和乱礁洋。戴良从绍兴沿海经庆元海域北上，诗有“仲夏发会稽，乍秋别句章，拟杭黑水海，首渡青龙洋”。[2] 明郑若曾说到“过普陀青龙洋”。[3] 可见青龙洋在昌国普陀山岛近海。文天祥曾说“自入浙东，山渐多，入乱礁洋”，[4] 也在明州一带海域。

苏州洋是海路出入浙西的最重要海域。“苏州洋又名佘山洋，南舶欲入华亭者必放苏州洋，盖此处旧属苏州”。[5] 因地处苏州沿海而得名。苏州洋海域范围是长江口以南到明州（庆元府）东北之间。文天祥“苏州洋”诗称“一叶漂摇扬子江，白云尽处是苏洋”。[6] 文天祥从江北沿海路南逃，“出海道，然后渡扬子江，入苏州洋，展转四明、天台，以至于永嘉”。[7] 南宋时，苏州洋也是出入明州港海路的重要航道。往高丽航线要经过“定海之东北苏州洋”。[8] 明州（庆元）“自海岸至苏州洋二百二十里，其分界处系大海”。[9] 徐兢等人出使高丽回程，“过苏州洋，夜泊栗港”，次日“过蛟门，望招宝山，午刻到定海县”。[10] 杭州经钱塘江出海也需经由苏州洋。南宋时作为杭州辅助港的澉浦镇海路“东达泉、潮，西通交、广，南对会稽，北接江阴许浦，中有苏州洋，远彻化外”。[11] 因而苏州洋在拱卫杭州的海防方面有着重要意义。绍定二年（1229）伪降的李全曾“以粮少为词，遣海舟自苏州洋入平江、嘉兴告籴。实欲习海道，觇畿甸也”。[12] 元代上海是重要贸易港口，苏

---

1 唐顺之：《武编》前集卷六《太仓往日本针路》，广西民族出版社 2003 年版，第 305 页。

2 戴良：《九灵山房集》卷九《泛海》，文渊阁《四库全书》影印本，1990 年，第 1219 册，第 351 页。

3 郑若曾：《郑开阳杂著》卷一《浙洋守御论》，文渊阁《四库全书》影印本，1990 年，第 584 册，第 476 页。

4 文天祥：《文天祥全集》卷一三《乱礁洋》，江西人民出版社 1987 年版，第 525 页。

5 《至元嘉禾志》卷二八《苏州洋》，杭州出版社 2009 年版，第 6165 页。

6 《文天祥全集》卷一三《苏州洋》，第 524 页。

7 文天祥：《文天祥全集》卷一三《指南前录后序》，第 524 页。

8 《宣和奉使高丽图经》卷三五《海道二》，第 136 页。

9 《延祐四明志》卷一《郡志一》，中华书局 1990 年版，第 6136 页。

10 《宣和奉使高丽图经》卷三九《海道六》，第 149 页。

11 常棠：《海盐澉水志》卷三《水门》，杭州出版社 2009 年版，第 6248 页。

12 《宋史》卷四七七《李全传下》，第 13840 页。

州洋成为繁忙的商贸航道。许尚在《苏州洋》诗中写道："已出天池外，狂澜尚尔高。蛮商识吴路，岁入几千艘。"[1]

长江口以北淮东沿海海域被称为淮海，淮海之中又被划分为南洋和北洋，即"淮海本东海，地于东，中云南洋、北洋。北洋入山东，南洋入江南"。[2]北洋应是淮东路沿海与京东路密州海域相接的海域，"今自二浙至登州与密州皆由北洋，水极险恶"。[3]南洋则应指与苏州洋相接的淮东南部海域。淮海之北洋往北入莱州大洋。元代海运航路，由南向北，"过刘岛，至之罘、沙门二岛，放莱州大洋，抵界河口"。[4]莱州大洋又称莱州洋，朱名世有"莱州洋"诗，称"莱州洋内浪频高，矴铁千寻系不牢。传与海神休恣意，二三升水作波涛"，[5]是莱州沿海海域，属于渤海。沙门岛也是南来海船进入渤海的标志："海艘南来转帆入渤海者皆望此岛以为表志"。[6]南来海船"至沙门岛，守得东南便风，可放莱州大洋"。[7]

明州洋—苏州洋—南洋—北洋—莱州大洋等都是对近海海域的命名。浙西、淮东到胶州半岛以南的京东近海因长江、淮河和黄河入海，泥沙堆积，形成了不利于航行的暗沙。宋元时期有从暗沙海域利用"洪道"和潮汐南北航行的航路，这需要熟悉该海域水情的经验积累和航行技术，"缘趁西北大岸，寻觅洪道而行，每于五六月间南风潮长四分行船，至潮长九分即便抛泊，留此一分长潮以避砂浅，此路每日止可行半潮期程"。"一失水道，则舟必沦溺，必得沙上水手，方能转棹"。[8]该条称为里洋航路，不利于尖底海船航行。因而又有越过暗沙

1 《至正嘉禾志》卷二八《苏州洋》，杭州出版社 2009 年版，第 6165 页。
2 《文天祥全集》卷一八《北海口》，第 523 页。
3 姚宽：《西溪丛语》卷下，中华书局 1993 年版，第 94 页。
4 《元史》卷九三《食货一》，第 2366 页。
5 朱名世：《鲸背吟集》，文渊阁《四库全书》影印本，1990 年，第 1214 册，第 430 页。
6 于钦：《齐乘》卷一《沙门岛（附海市）》，文渊阁《四库全书》影印本，1990 年，第 491 册，第 701 页。
7 《新元史》卷六八《食货八》，中国书店 1988 年版，第 995 页。
8 《建炎以来系年要录》卷五四"绍兴二年五月癸未"条，第 1116 页。

区域的两条航行，宋人分别称为外洋航路和大洋航路。里洋航路就是从海州发舟，沿近海，转通州料角，到青龙江、扬子江。外洋航路是海州发舟，直出海际，沿东杜、苗沙、野沙等诸沙外沿，到金山、澉浦。大洋航路是海州放舟，望东行，入深海，复转而南，直达明州昌国县、定海。[1] 外洋航路和大洋航路经过的海域也被命名为不同“洋”。海船往高丽走外洋航路。出明州昌国一日航程，先入白水洋，“其源出靺鞨，故作白色”。再往北，入黄水洋，“黄水洋即沙尾也，其水浑浊且浅。舟人云，其沙自西南而来，横于洋中千余里，即黄河入海之处”。再往东北，入黑水洋，“黑水洋即北海洋也，其色黯湛渊沦，正黑如墨”。[2]

元代从江南到大都的海运也经历过这三条航路。“初，海运之道自平江刘家港入海，经扬州路通州海门县黄连沙头、万里长滩开洋，沿山嶼而行，抵淮安路盐城县，历西海州海宁府东海县、密州、胶州界，放灵山洋，投东北路，多浅沙，行月余始抵成山”，“至元二十九年，朱清等言其路险恶，复开生道。自刘家港开洋至撑脚沙，转沙嘴，至三沙洋子江，过匾檐沙、大洪，又过万里长滩，放大洋，至青水洋，又经黑水洋，至成山，过刘岛，至之罘、沙门二岛，放莱州大洋，抵界河口”，次年“千户殷明略又开新道，从刘家港入海，至崇明州三沙放洋，向东行，入黑水大洋，取成山，转西至刘家岛，又至登州沙门岛，于莱州大洋入界河”。[3] 朱清和殷明略的航路分别是宋人所言的外洋航路和大洋航路。以淮东近海为视角由近海远又划分出里洋、外洋和大洋。

按方位，白水洋应是长江入海口的外海，仍有浅沙分布的海域，水色呈白。黄水洋则位于黄河入海口的外海。黑水洋是胶州半岛以南的深海海域。元人说“以王事航海，自南而北，过黑水洋，抵登、

1 黄纯艳：《宋代近海航路考述》，《中华文史论丛》2016 年第 1 期。

2 《宣和奉使高丽图经》卷三四《半洋焦》，第 134 页。

3 《元史》卷九三《食货一》，第 2366 页。

莱”。[1] 黑水洋范围很大，元代戴良“渡黑水洋”诗称“舟行五宵旦，黑水乃始渡”。[2] 青水洋应是长江以北暗沙海域，向“黑水洋”过渡的海域。《新元史》载：“自刘家港开洋，过万里长滩，透深才方开放大洋。先得西南顺风，一昼夜约行一千余里，到青水洋。得值东南风，三昼夜过黑水洋。”[3] 明人林弼“青水洋”诗称“吴江东入海，水与天色并，波涛堆琉璃，一碧三万顷”。[4] 青水洋被认为在吴地的外海。

黑水洋过沙门岛即入渤海。元人所言渤海已经将其从广义的东海区别开来。先秦华夏世界最早接触的东面海域即渤海，故将渤海等同于东海。元人以沙门岛为渤海的南界，“北自平州碣石，南至登州沙门岛，是谓渤海之口，阔五百里西，入直沽几千里焉”。“东北则莱、潍、昌邑，正北则博、兴、寿光，西北则滨、棣二州皆岸渤海”。[5]

三、“南海”诸“洋”

宋代福建人将广东潮州及其以南海域成为“南洋”，但不见划分明确的海域范围。潮州近海有蛇州洋，南宋左翼军曾“于潮州海界蛇州洋同丘全获到陈十五等一十四名”。[6] 左翼军自福建追击海盗，入潮州海域，可见蛇州洋位于潮州近福建漳州的海域。广州近海有零丁洋。文天祥被俘后船过零丁洋，留下著名的“过零丁洋”诗，提到“惶恐滩头说惶恐，零丁洋里叹零丁”。[7] 明人记载：“零丁洋在香山县东一百七十里，宋文天祥诗‘零丁洋里叹零丁’即此”。[8] 海南岛与今越南北部之间有绿水洋。元将张文虎与交趾水军交战，“次屯山，遇交趾

---

1 戴良：《九灵山房集》卷二二《鄞游稿第八》，第 508 页。
2 戴良：《九灵山房集》卷九《吴游稿第二》，第 351 页。
3 《新元史》卷七五《食货八》，第 995 页。
4 林弼：《林登州集》卷二《青水洋》，文渊阁《四库全书》影印本，1990 年，第 1227 册，第 15 页。
5 于钦：《齐乘》卷之二《海》，第 724 页。
6 《西山文集》卷八《泉州申枢密院乞推海盗赏状》，第 124 页。
7 文天祥：《文天祥全集》卷一九《零丁洋》，第 534 页。
8 李贤等：《明一统志》卷七九《广州府》，三秦出版社 1990 年版，第 1210 页。

船三十艘，文虎击之，所杀略相当，至绿水洋，贼船益多，度不能敌，又船重不可行，乃沉米于海，趋琼州”。[1]可见该洋介于交趾与海南岛之间。

海南岛东部海域有七洲洋，又称七州洋，是广西近海最著名的“洋”。《梦粱录》载：“若欲船泛外国买卖，则自泉州便可出洋，迤逦过七洲洋，舟中测水约有七十余丈”。[2]从现存宋元文献中可知其位于海南岛东部，但对其具体位置后人存在争议。明人张燮称七州洋在文昌县以东海域，因七州山得名，所著《东西洋考》引《琼州志》载“在文昌东一百里海中有山连起七峰，内有泉甘洌可食。元兵刘深追宋端宗，执其亲属俞廷珪之地也。俗传古是七州沉而成海”。[3]因而七洲洋又被称为七州洋。七州山“有七峰，状如七星连珠”，又名七星山，[4]该洋也被称为七星洋。韩振华认为广东海域有万山群岛的广州七洲洋、海南文昌近海的文昌七洲洋和西沙群岛海域的大海七洲洋，认为《梦粱录》所载七洲洋是大海七洲洋，与文昌近海的七星洋不同。[5]伯希和、向达、夏鼐、谭其骧等都对七洲洋有考证，有指海南岛东南洋面、七洲列岛海域等不同意见。刘义杰总结了以上各说，肯定了七洲洋就是海南岛东北方海域中的七洲列岛及其附近海域的观点，[6]刘文运用航海针路和舆地图，考证精当，可为确说。

七洲洋往南进入交趾洋。《真腊风土记》载“过七洲洋，经交趾洋，到占城”。[7]《岭外代答》称交趾洋在“海南四郡之西南，其大海曰交趾洋”。交趾洋北连琼州和廉州海域，钦江南流入海，“分为二川，其一西南入交趾海，其一东南入琼、廉海”。[8]交趾洋再往南，进入昆仑洋。

1 《元史》卷二〇九《安南传》，第4648页。
2 吴自牧：《梦粱录》卷一二《江海船舰》，第214页。
3 张燮：《东西洋考》卷九《西洋针路》，中华书局2000年版，第172页。
4 李贤等：《明一统志》卷八二《琼州府》，第1258页。
5 韩振华：《七洲洋考》，《南洋问题》1981年第4期。
6 刘义杰：《“去怕七洲、回怕昆仑”解》，《南海学刊》2016年第3期。
7 周达观：《真腊风土记校注》“总叙”，中华书局1981年版，第15页。
8 周去非：《岭外代答校注》卷一《天分遥》《三合流》，第35、36页。

《海国闻见录》载“七洲洋在琼岛万州之东南”，昆仑洋在“七洲洋之南”。[1]《岛夷志略》“昆仑”条载：“古者，昆仑山又名军屯山，山高而方，根盘几百里，截然乎瀛海之中，与占城西竺鼎峙而相望，下有昆仑洋，因是名也。舶贩西洋者必掠之，顺风七昼夜可渡”。藤田丰八等人考证，昆仑山即今越南南部海中之昆仑岛。[2]昆仑洋又称混沌大洋，或混屯洋。元将史弼率军征讨爪哇，“过七洲洋、万里石塘，历交趾、占城界，明年正月，至东董西董山、牛崎屿，入混沌大洋”。[3]昆仑洋往南，入沙漠洋，《梦粱录》谈泉州往东南亚航线时说到“经昆仑、沙漠、蛇、龙、乌猪等洋”。[4]沙漠洋又称沙磨洋。方回在《平爪哇露布》中说“自昆仑洋而放沙磨洋”。[5]商人往师子国要过蛇洋，即“奇物试求师子国，去帆稳过大蛇洋”。[6]龙洋不能确知其地。苏继庼认为乌猪洋由乌猪山而得名，指广东中山县南之海面。[7]广州往东南亚的航路先经乌猪洋，再入七洲洋。

七洲洋、交趾洋和昆仑洋以东是为千里长沙、万里石塘的东、西、中、南四沙海域。宋元时期对这一海域已经的范围、特点及其对航行的影响已经有了比较清晰的认识。已如上述。宋人将今南中国海和东南亚海域最东和最南称为东大洋和南大洋，即“三佛齐之南，南大洋海也，海中有屿万，余人莫居之，愈南不可通矣。阇婆之东，东大洋海也，水势渐低，女人国在焉，愈东则尾闾之所泄，非复人世”。[8]又称交趾洋中有三合流，“其一东流入于无际，所谓东大洋海也”。[9]可见东大洋是长沙、石塘海域以东的海域，南大洋是今近东南亚海岛地区

1 陈伦炯撰、李长傅校注：《海国闻见录校注》卷上，中州古籍出版社1985年版，第49、70页。
2 《岛夷志略校释》“昆仑”条，第218、220页。
3 《元史》卷一六二《史弼传》，第3802页。
4 吴自牧：《梦粱录》卷一二《江海船舰》，第214—215页。
5 《桐江集》卷三《平爪哇露布》，第351页。
6 洪适：《盘洲文集》卷六六《设蕃致语》，第690页。
7 《岛夷志略校释》“昆仑”条，第319页。
8 《岭外代答校注》卷二《海外诸蕃国》，第74页。
9 周去非：《岭外代答校注》卷一《三合流》，第36页。

的南印度洋海域，也包括三佛齐海域，如《桂林虞衡志》称“南大洋海中诸国以三佛齐为大”。[1]这两个洋被认为是南海的边际。

元代在传统“南海”区域划分了东洋和西洋。《真腊风土记》载，真腊国其国中所用布“暹罗及占城皆有来者，往往以来自西洋者为上”。[2]《大德南海志》有“单马令国管小西洋”、“东洋佛坭国管小东洋”、“单重布罗国管大东洋”、“阇婆国管大东洋”的记载。《岛夷志略》多处记载“西洋布”、“西洋丝布”，另如苏禄贸易之珠“出于西洋之第三港，此地无之”；旧港，“西洋人闻其田美”；昆仑，“舶贩西洋者必掠之”；古里佛，“亦西洋诸马头也”；大乌爹国，“界西洋之中峰”；尖山，“盘踞于小东洋”；爪哇，“实甲东洋”；“东洋闻毗舍耶之名皆畏避之也”。[3]关于元代东洋和西洋的范围已有较多讨论。[4]苏继庼认为元代称吕宋群岛、苏禄群岛等一带海面为小东洋，加里曼丹、阇婆、孟嘉失、文鲁古、琶离、地漫等一带海面属大东洋范围，西洋指南中国海西部榜葛剌海、大食海沿岸与东非沿岸各地。[5]陈佳荣辨析了元代东、西洋并综合藤田丰八等人的研究，认为元代东、西洋的分界是饽泥，大、小西洋的分界是蓝无里。大东洋西起爪哇岛西岸的巽他海峡，中经爪哇岛、加里曼丹岛南部、苏拉威西岛、帝汶岛，直至马鲁古群岛一带。小西洋包括马六甲海峡及以东部分海域，约当于南海的西部，大西洋就是今天的印度洋，包括从苏门答腊岛西岸至阿拉伯海一带。[6]

宋代所言东大洋和南大洋与元代东洋的海域相接，但所指并不完全重合。元代所言东洋海域内有淡洋，指苏门答腊岛东岸日里河入海的海域，河口有淡水港，“洋其外海也”。[7]西洋是很大海域的泛指，其

1 黄震:《黄氏日抄》卷六七《桂海虞衡志》，浙江大学出版社 2013 年版，第 2016 页。

2 《真腊风土记校注》“服饰”条，中华书局 1981 年版，第 76 页。

3 《岛夷志略校释》，第 38、133、159、178、187、193、209、240 页。

4 可参单丽、徐海鹰《东西洋争议问题综述——以分界依据和地域范围为中心》，《航海》2015 年第 3 期。

5 《岛夷志略校释》，第 137—138、195、281 页。

6 陈佳荣:《宋元明清之东西南北洋》，《海交史研究》1992 年第 1 期。

7 《岛夷志略校释》，第 237、239 页。

中还包括若干成为“洋”或“某某海”的更小海域。元代称宋代蓝无里为喃巫哩，位于苏门答腊岛西北角，其“地当喃巫哩洋之要冲”。自东南亚往西的海船，“风信到迟，马船已去，货载不满，风信或逆，不得过喃巫哩洋”，于“此地驻冬，候下年八九月马船复来，移船回古里佛互市”。苏继庼认为喃巫哩洋指亚齐与斯里兰卡之间的海面。[1] 宋代将斯里兰卡岛海域称细兰海，登楼眉等“数国之西有大海名细兰”，“大洋海海口有细兰国”。[2] 又天竺国“其地之南有洲，名曰细兰国，其海亦曰细兰海”。[3] 可见细兰海指斯里兰卡岛以西到印度半岛以南的海域。印度半岛南端的马拉尔湾被称为大朗洋，即第三港之南八十余里，“洋名大朗”。[4] 天竺国“其西有海曰东大食海，渡之而西则大食诸国也”，“又其西有海名西大食海”。[5] 位于亚丁的哩伽塔国的近海海域被称为国王海，哩伽塔国居“国王海之滨”。苏继庼认为国王海即红海。[6] 此细兰海、东大食海、西大食海、国王海与上述诸“洋”一样，都是指具体的区域性海域，是“南海”的组成部分。

四、“海”“洋”认知与海洋知识路径衍变

在中国古代海洋发展史上，宋元不同于汉唐明清的一大特点是政府全面鼓励本国民众出海经商。元代除了海上用兵时期短暂的海禁外，没有实行过明清时期的全面禁海和限制通商。宋代更是始终积极鼓励本国民众的海上经营。与汉唐仅允许外国商人来华，而禁止本国民众出海相比，宋元时期本国民众的航海实践得到巨大发展，同时也推动了整个亚洲海域的航海，实践基础上的海洋知识积累和对海洋的认知

1 《岛夷志略校释》，第 261、263、321 页。

2 黄震：《黄氏日抄》卷六七《桂海虞衡志》，浙江大学出版社 2013 年版，第 2016 页。

3 《岭外代答校注》卷二《西天诸国》，第 75 页。

4 《岛夷志略校释》，第 287、291 页。

5 《岭外代答校注》卷二《海外诸蕃国》，第 75 页。

6 《岛夷志略校释》，第 349、351 页。

进入一个全新的阶段。宋元海洋知识积累的基础和路径又成为明清海洋知识和航海活动的重要条件，也成为中国海洋知识最终与世界形成共同知识和观念的历史前提。

已有学者指出了宋元在海洋发展史上相对于汉唐的显著变化。陈佳荣指出，"洋名起于两宋之际"，"两宋之际应是'海'、'洋'并用，而且逐渐以'洋'代'海'的时期"。[1] 李国强也指出"宋代以来，中国人对南海诸岛的认识日渐深入，在南海的活动范围进一步扩大"。[2] 都肯定了宋代在中国古代海洋知识史上的转折意义。从地理空间的认知而言，先秦汉唐对海洋认知主要是整体和模糊的"四海"认知，即作为"天下"组成部分的东、南、西、北海，对已经有海上交往的"东海"和"南海"也未见区划出明确的海域，言及水的"洋"并不指具体水域，而是形容之词。如汉代王逸解释《楚辞》"顺风波以从流兮，焉洋洋而为客""西方流沙，漭洋洋只"道："洋洋，无所归貌也"、"洋洋，无涯貌也"。[3] 即浩大无边之意。因而洋也用于形容河湖之广大：孔子感叹黄河"美哉水！洋洋乎！"还有"洋洋兮若江河"、"河水洋洋"的赞叹。[4] 唐人颜师古解释"河水洋洋"之"洋洋，盛大也"，他还解释"浩浩洋洋，皆水盛貌"。[5]《初学记》对海的记载引用了《释名》《十洲记》《博物志》《汉书》等文献对海的描述，也反映了先秦汉唐对海的认识，即"天地四方皆海水相通，地在其中盖无几也"，以及对"东海之别有渤澥（海）"、"南海大海之别有涨海"、"西海大海之东小水名海者则有蒲昌海、蒲类海、青海、鹿浑海、潭弥海、阳池海"、"北海大海之别有瀚海，瀚海之南小水名海者则有渤鞮海、

1 前引陈佳荣《宋元明清之东西南北洋》。

2 前引李国强：《从地名演变看中国南海疆域的形成历史》。

3 王逸：《楚辞章句补注》卷四《九章章句第四》、卷一〇《大招章句第十》，岳麓书社 2013 年版，第 130、216 页。

4 《说苑》卷一三《权谋》，丛书集成初编本，商务印书馆 1935 年版，第 125 页；《列子集释》卷五《汤问第五》，中华书局 1979 年版，第 178 页；《毛诗正义》，北京大学出版社 1999 年版，第 226 页。

5 《汉书》卷二八下《地理下》、卷二九《沟洫志》，中华书局 1964 年版，第 1647、1682 页。

伊连海、私渠海”等东、南、西、北四海的描述，[1]仍是整体而模糊的。

《初学记》所引西海、北海的诸海是汉唐为坐实西海、北海，阐释“四海”的主观设想，并非实有，遑论西海、北海之中的具体海域。渤海和涨海也并非东海和南海中的局部海域，而是模糊地等同于东海和南海。所以说“东海共称渤海，又通谓之沧海”。[2]关于涨海的范围有不同的讨论和观点。南溟子在《涨海考》中对各说作了总结。[3]冯承钧认为中国古代是将今日南海以西之地包括印度洋概称南海，而涨海特指暹罗湾南之海域。[4]而南溟子同意中国古代载籍将今日南海、东南亚海域、印度洋及其以西的海域都称为涨海的观点。[5]韩振华也认为涨海包括今南海和南海以西的海域，他把涨海划分为“中国之境的涨海和外国之境的涨海”。中、外涨海的界限就是以“万里石塘”的为界，界限内为中国涨海。相应地南海也划分了界限。到了宋代，中国之境的南海这个“海”仍然作为区别中、外的海域界限，“海”以内，是中国之境，“海”以外才是海外诸蕃国。元代过了七洲洋的万里石塘，才经历交趾洋、占城洋这些外国之境的海域界限，反之，七洲洋的万里石塘是“乃至中国之境”的中国海域之内。[6]

实际上，先秦汉唐对渤海和涨海仍是“九州—四海”的“天下”构架下的认识。在这一逻辑下，东方之海通称“东海”，南方所有的海域都是“南海”，渤海和涨海也模糊地等同于“东海”和“南海”。从这一角度而言，南溟子对涨海范围的认识更符合历史的逻辑。刘迎胜认为在航海实践不发够发达的时期，“南海”概念范围泛指中国以南的海域，也包括东南亚和东印度洋海域。[7]在“天下”的认知逻辑中海洋

1 徐坚：《初学记》卷六《海第二》，中华书局 1962 年版，第 114—115 页。

2 徐坚：《初学记》卷六《海第二》，第 115 页。

3 南溟子：《涨海考》，《中央民族学院学报》1982 年第 1 期。

4 《中国南洋交通史》，商务印书馆 1937 年版，第 91 页。

5 前引南溟子《涨海考》。

6 韩振华：《我国历史上的南海海域及其界限》，《南洋问题研究》1984 年第 1 期。

7 刘迎胜：《“东洋”与“西洋”的由来》，南京郑和研究会：《走向海洋的中国人——郑和下西洋 590 周年国际学术研讨会文集》，海潮出版社 1996 年版，第 125 页。

不可能有“中国”之海和“外国”之海的观念，也不可能有海域的权力界限，特别是先秦汉唐对海域认知还在整体和模糊的状态时期。宋代《岭外代答》所言“三佛齐之来也，正北行舟历上、下竺与交洋，乃至中国之境。其欲至广者入自屯门，欲至泉州者入自甲子门”，[1] 是指进入“中国”之境的泉州和广州，是陆境而非水域。

宋代对“洋”的解释从“水盛貌”衍生而指海中的水域，即“今谓海之中心为洋，亦水之众多处”，[2] 又称“海深无际曰洋”。[3] 宋元时期“东海”和“南海”被划分成众多的洋，这是中国古代海洋地理空间认知上的显著变化。推动这一变化的主要因素是海洋实践。宋元时期大力鼓励外国商人来华和本国民众的海上活动。一方面，人们在海洋实践活动中对海洋地理空间的认识日益清晰，另一方面，航海实践也需要加强对具有不同水情和地理标识的海域加以区分。宋元给予命名的“洋”有一显著特点，即命名的“洋”主要集中在重要航路沿线和海洋活动最频繁的海域。“东海”海域最重要的航路一是明州（庆元）至宋代京东和元代山东、直沽的航路，宋代是联系南北的通道，元代漕粮海运其重要性更为加强。这一航路上不仅从南至北划分了明州洋、苏州洋、南洋、北洋、莱州洋、渤海等不同海域，而且根据近海到远海的水情和航行条件划分了里洋、外洋和大洋。二是明州（庆元）到朝鲜半岛的航路，划分出沿线的白水洋、黄水洋、黑水洋等。往日本的航线也是“东海”重要航线，除了近海各“洋”与前述相同外，未见具体记载。“南海”各“洋”如乌猪洋、七洲洋、交趾洋、昆仑洋、喃巫哩洋、细兰海、大朗洋、东大食海、西大食海、国王海等连续分布在广州到东南亚、印度洋的航路上。文献所见“洋”名最多的地区，包括宋代福建，宋元明州（庆元）及其以北海域，都是当时贸易和航运最频繁的海域，宋代明州到长江口海域更是拱卫行在临安的海防要

1 《岭外代答校注》卷三《航海外夷》，第 126 页。

2 赵德麟：《侯鲭录》卷三《洋》，中华书局 2002 年版，第 83 页。

3 《文献通考》卷三二五《四裔考二》，第 8961 页。

地。而《岭外代答》专条所记交趾洋之“三合流”、《岛夷志略》专条记载的昆仑洋和万里石塘则因其水情复杂凶险，对航行具有特别重要提示作用而见于记载。七洲洋则因具有重要的地理标识作用而成为文献中出现频次最多的“洋”之一。

宋元时期对“洋”的命名方式主要有以下三种：一是以所濒临地名命名，包括州名、国名、岛（山）名等，[1]如明州洋、苏州洋、莱州洋以所连陆上之州而得名，交趾洋、喃巫哩（蓝无里）洋、细兰海、东大食海、西大食海以“国”而得名，七洲洋、昆仑洋、围头洋等以海中岛屿（山）而得名；二是以方位命名，如宋代福建人将福建以南海域称为南洋，以北海域称为北洋，以东的海域称为东洋，又连江县海域有西洋。宋元都将长江口以北的淮海分为南洋和北洋，北洋指淮东沿海与京东密州海域相接的海域，南洋指与苏州洋相接的淮东南部海域。元人还泛称浙江到山东海岸以东的海洋为“东洋”。元代又在传统“南海”区域中划分东洋和西洋。宋代还将东南亚海岛地区以东、以南海域命名为东大洋和南大洋；三是按水情命名，如“东海”海域有白水洋、黄水洋、黑水洋、青水洋、绿水洋，元人还将交趾与海南岛之间的海域称绿水洋，将苏门答腊岛东岸海水为淡水的海域称淡洋。还有蛇州洋、零丁洋、大间洋等若干“洋”不能确知命名缘由。

按方位命名“海”是中国古代最早的方法，这是基于“四海”想象这一海洋知识的重要源头。从这个意义上可以说“按照东、南、西、北的方位加上海字，成为古代中国海洋命名海域的基本方法”。但是这反映的主要是中国古代对海域命名的最早方式和宋代以前的基本状况，如果进一步说，“在西方，按所属或靠近的国家或地区命名海域，即海旁边的州域地名加海子命名海域”的西方命名海域方法在明朝后期传入中国，“以州域称这一海域命名的原则想来是欧洲海域命名传统，

1 《宣和奉使高丽图经》卷三四《海道一》称：“海中之地，可以合聚落者则曰洲，十洲之类是也，小于洲而亦可居者则曰岛，三岛之类是也，小于岛则曰屿，小于屿而有草木则曰苫。”《文献通考》卷三二五《四裔考二》称海中之地“无草木而有石者曰嶕”。

在中国没有使用过”，“因此，中国古代的文献和地图难以找到这类海域地名”，[1]则难以概括整个中国古代的实际。宋元对海域的认知已经说明，“四海”的观念正逐步被实践所突破，对海域命名已远非按东、南、西、北四个方位的单一方法，不仅出现了按近海地域命名的现象，而且成为了比较普遍的命名方法，即使是按方位命名海域其原则和逻辑也与“天下”观念中以“九州”为基本定位的东、南、西、北海不同，而是以更为具体的地理区域为定位。

同时，也可看到宋元的海域命名主要仍是区域性知识，并未形成全国性的海域名称的认同，遑论国际性的认同。“东海”中有南洋、北洋、东洋、西洋，“南海”中也有东洋、西洋、南大洋，甚至有福建路为基准的东、南、西、北洋，也有两浙和淮东的东洋、南洋和北洋。这种区域性的知识也没有在不同朝代形成稳定的共同认识。如刘迎胜讨论中国古代东洋、西洋名称时所说：“基于不同时代文献中有关东洋与西洋的记载，所得出的有关东洋与西洋的区分，只能是文献所记载的时代的区分”，“五代、宋时开始有西洋、东洋观念的产生，宋元时代西洋的概念已经广为使用，而宋元时代的西洋与五代时的西洋名称虽同，但地理范围有很大变化”。[2]目前尚未见五代以“西洋”命名海域的资料，但“洋”名确实尚不具有稳定和共同认知。同样，元代之东洋、西洋也与其后的明代有别。虽然我们不能说元代以前的西洋是一个仍然只能存疑的问题，但西洋内涵确实不断随时代变迁而具有不同的寓意。[3]南洋、北洋也如此，认为“清代也同南宋一样，把中国沿海一带分称为南、北洋，只不过宋代系以泉州为本位，清代海外交通贸易的中心点则逐渐向北推移到上海一带”，[4]显然是对南宋南洋、北洋

1 吴松弟：《中西方海域命名方法的差异与融通》，《南国学术》2016 年第 2 期。

2 刘迎胜：《开放的航海科学知识体系——郑和下西洋与中外海上交流》，陈忠平主编：《走向多元文化的全球史：郑和下西洋（1405—1433）及中国与印度洋世界的关系》，生活·读书·新知三联书店 2017 年版，第 80 页；刘迎胜：《“东洋”与“西洋”的由来》，南京郑和研究会：《走向海洋的中国人——郑和下西洋 590 周年国际学术研讨会文集》，海潮出版社 1996 年版，第 131 页。

3 万明：《释“西洋”——郑和下西洋深远影响的探析》，《南洋问题研究》2004 年第 4 期。

4 前引陈佳荣《宋元明清之东西南北洋》。

命名海域的总体情况及其与清代的区别缺乏充分认识。

但是，宋元出现的“洋”的划分及命名方式被明清所沿袭，特别是以陆地地域命名和不同于“四海”原则的方位命名成为主要的命名方式。这表明在海洋地理认知上宋元既在先秦汉唐之后出现新变化，也是为明清海洋地理认知奠定了重要基础。而这一转折和奠基的意义还不止于海洋地理空间认知，在航海技术、造船技术等海洋知识的诸多方面都是如此。从这一意义上说，宋元是中国古代海洋知识发展史上一个全新而重要的时代。而且，也正是基于航海实践的知识积累和新变，16 世纪以后中国才得以在与西方广泛交流中逐步形成世界共同的海洋知识和海洋观念。而通过知识形成的背后逻辑是由“天下”“四海”转为海洋实践这一全球海洋知识生成的共同理路。

五、结论

宋元是中国古代海洋地理空间认知历史上的重要转折和变化时期，一方面“天下”格局下的“四海”观念依然存在，并对海洋地理空间的认知产生影响，另一方面在航海实践中“四海”的知识被航海者无意识地“遗忘”，对航海活动密切相关的地理认知成为人们海洋知识的主体。这不仅表现在对“海”的认知，尤其表现在抽象的“海”向具象的“洋”的转变，对人们海上活动有直接影响的海域因所临陆地、方位、水情等而被划分和命名为不同的“洋”，命名的方式也不再停留于“四海”想象的方位命名。

宋元时期对“洋”的划分和命名仍表现出区域性知识的特点，同一“洋”名被用于不同海域的命名，在时间上也尚未稳定为各朝沿袭不变的知识，不同朝代，包括宋代与元代，出现同名的“洋”，其地理范围也并不相同。但是，宋元时期的海洋地理空间客观认识背后所根据的航海实践的认知逻辑不仅是对先秦汉唐海洋地理认知的发展和转折，也奠定了明清海洋知识发展的路径和方向。16 世纪以后在全球化的进程中中国开始与西方展开规模不断增长的海上交流，逐步形成世界共同的海洋知识和海洋观念。中国古代海洋知识生成的两个重要路径——“四海”想象被逐步突破和“遗忘”，航海实践成为知识生成的主要路径。航海实践这一知识生成路径正是沟通不同朝代、不同国家，形成共同海洋知识和海洋观念的共同逻辑，而在这一进程中宋元海洋实践的空前发展开启了具有重要转折意义的新阶段。

（《学术月刊》2020 年第 3 期）

宋代海洋政策新变及其国内效应

宋代是中国古代海洋事业空前发展的时期，其关键原因之一是海洋政策出现了若干新的变化，不论从军事防御，还是经济贸易，国家更加重视海洋，海洋对国家和民众的重要性都空前增加。特别是首次允许并鼓励本国民众出海贸易，使具有巨大经济和技术优势的中国作为贸易主体参与亚洲海洋贸易，真正成为亚洲海洋贸易最重要的发动机，推动亚洲海洋贸易进入全新的阶段。探讨宋代海洋政策和海洋贸易在其国内产生了何种影响，可以揭示这一发动机如何为亚洲海洋贸易提供持久的发展动力和运行机制。

一、宋代海洋政策的新变化

宋代尚未形成明确的海洋权益观念，其海洋政策的主要内容包括保障国家安全和管理海洋经济活动的相关措施。宋代海洋政策出现了全面的新变，概括而言，表现在以下方面：

一是海防第一次成为国防要务。南北对峙局势和海上贸易繁荣使两宋面临着以前王朝未曾有过的海防需求和压力。两宋始终处于南北对峙的紧张状态中，需要防范可能受到辽、金来自海上的危险。同时，随着海上贸易的繁荣，需要保障海上贸易和沿海社会经济秩序，打击海盗和走私。宋朝制定了相关管理政策，禁止从海上与辽、金间的人员和物资流动。宋代建立了海防军事体系，到南宋趋向完备。南宋在两浙沿海建立了有独立建制的海防水军，即沿海制置司所辖定海水军和许浦水军等，福建和广南地方军中也有负责海防的水军，并在沿海设置了严密的军寨防御体系。建立了防御海盗的军民联防制度，为防御海盗而对滨海民户实行与内地不同的户籍管理和编伍组织。建立了地方有关机构和沿海水军巡检负责的发舶和回航海船的查验和防护制度。

二是外商来华贸易管理进一步制度化。宋代以前的历代王朝，特别是唐代欢迎外国商旅来华。唐代允许外国商人在华贸易、居住，甚至入仕为官。宋代总体上沿袭了唐代的政策精神，欢迎外国商人来华贸易，实行达到一定规模可以授予官衔等若干激励外商来华的措施，外商可在华贸易、居住、入仕，其习俗、财产得到保护。与唐代不同的是，宋代的目的重点不在于营造四夷怀服，而是获取贸易利益，将外商贸易纳入系统的市舶管理体制之下，实行抽解和博买。纳入获取贸易收税的制度中管理这是宋代对来华外商管理制度不同于前朝的最大变化。

三是放开本国民众的海洋活动，核心是允许并鼓励本国民众出海贸易。民众海洋活动包括海洋渔盐、近海贸易和远洋贸易，宋代允许本国民众从事上述海洋经济活动。食盐实行禁榷，生产者编为特殊户籍——亭户，食盐生产和收购都处于禁榷管理体制之中。渔业则允许沿海民众自由从事，但福建、浙东，特别是明州一带海防重地的渔户需按籍轮番参与海防。宋代海洋政策最重要的新变化是允许并鼓励本国民众出海贸易。唐代的对外开放历来被肯定，但魏明孔指出唐代对外政策也具有封闭性，即仅为向外国人开放，并未迈出允许本国民众外出的关键一步。[1] 宋代则积极鼓励本国民众出海贸易，对贸易规模大、回舶及时的商人有减税和授官的激励。宋代市舶制度的重要内容公凭制度和回舶制度即为管理本国商人海上贸易的政策。公凭制度即出海贸易的商人需向所属州郡或发舶港所在市舶司申领贸易许可证（公凭），载明贸易目的地（某国或近海某州）、贸易船数、人员姓名、物货清单、三名保人，经市舶司有关官员签押，立限回舶并到发舶港

1 魏明孔：《唐代对外政策的开放性与封闭性及其评价》，《甘肃社会科学》1989 年第 2 期。

接受抽解和博买，缴回公凭，然后方可售卖。这一制度体现了宋朝对本国海商的管理既开放又控制，同时也建立了政府与海商共利分利的机制。

四是陆上贸易政策因袭旧例突显海上贸易的新格局。宋代陆上对外贸易管理仍延续了唐代及以前以政治控制和军事防御，而非经济利益为主要目的政策取向，针对不同关系的境外政权或民族采取榷场贸易、博易场贸易、边境互市等不同贸易形式，总体特点都是将贸易主要作为驭戎，而非获取财政收入的手段，同时并不允许本国商人自由出境贸易。宋代在海上贸易中第一次改变了这一政策取向，鼓励本国民众出海贸易，以财政眼光看待海上贸易不惟是对外贸易史上前所未有的新变化，而且产生了深刻的影响。

二、对宋朝国内社会经济的影响

宋代海洋政策表现出很强的利益取向，国家第一次以财政的眼光看待海上贸易，并获得了可观的财政收入。虽然在宋代整个国家财政中市舶收入的比例仍然微小，[1] 但抽买所得进口品市场需求旺盛，在财政运作中能发挥特殊的作用，更为重要的是积极的海洋政策对宋代沿海地区经济结构、社会观念、航海技术等产生了深刻的影响，其效应又并非有限的财政收入所能体现。

1. 促使沿海地区形成新的经济结构

宋代海洋政策使民众能够全方位地利用海洋。有些群体“以船为居”，“以舟为室”，“采海物为生”。[2] 更多陆居滨海地区的民众也“仰

1 宋代市舶收入在国家财政的比例有不同看法，郭正忠认为从来不曾达到百分之三，一般只在百分之一、二间摆动，皆为切实（参郭正忠：《南宋海外贸易收入及其在财政岁赋中的比率》，《中华文史论丛》1982 年第 1 期）。

2 范成大：《桂海虞衡志》，大象出版社 2012 年版，第 128 页；蔡绦：《铁围山丛谈》卷五，大象出版社 2008 年版，第 240 页；梁克家：《淳熙三山志》卷六《地里类六》，中华书局 1990 年版，第 7839 页。

海食之利”，[1] 有的“率趋渔盐，少事农作”，[2] 有的既耕且渔，是有田产船户。而有财力者多出海贸易。不论近海贸易，还是海外贸易，都能通过互补性市场获得丰厚而稳定的利润。南海贸易中中国手工业品与东南亚等地的香药、珠宝等资源性商品形成互补性市场关系，具有极高的贸易利润，而且中国海商具有经济和技术的显著优势。近海贸易则形成了福建、浙东沿海地区工商业品与浙西、广东的粮食间互补性的市场关系。两浙、福建到广南沿海地区出海贸易蔚然成风，“凡滨海之民所造舟船，乃自备财力，兴贩牟利”。[3] 商贩成为滨海民众重要的“本业”。南宋政府在征调船户参与海防，实行三番轮差时，也力图考虑满足海防需要和船户以船谋取生业的平衡。在海上贸易的刺激下，浙东、福建等沿海地区商业兴盛，与海上贸易相关的手工业和商品性农业大兴，形成了工商业为主的经济结构。甚至有学者认为宋代东南沿海地区出现了海洋发展路向。[4]

2. 推动航海和造船技术进入新的阶段

宋代鼓励本国民众出海贸易，是中国民众得以以前所未有的规模开展航海实践，极大地推动了航海和造船技术的运用和创新。指南针运用于航海是中国对世界海洋文明的伟大贡献，这一新技术正是宋代民众在航海实践中探索的成就。宋神宗朝，日本僧人搭乘福建商船来宋，使用的导航技术，仍是综合牵星术、地表目标和判断水情，而未使用指南针。朱彧在《萍洲可谈》中记载其父朱服于宋哲宗朝和徽宗朝之交在广州任官听闻航海中已使用指南针。指南针用于航海后，宋人仍综合运用牵星术、地表目标、水情泥沙等多种导航技术，但指南针的重要性日益突出，特别在阴晦天气中成为最重要的导航手段，“风雨晦瞑时惟凭针盘而行，乃火长掌之，毫厘不敢差误，盖一舟人之命

1 徐鹿卿:《清正存稿》卷一《四年丁酉六月轮对第二札》，文渊阁《四库全书》影印本，1990 年。

2 吴泳:《鹤林集》卷三九《温州劝农文》，文渊阁《四库全书》影印本，1990 年。

3 《宋会要辑稿》刑法二，上海古籍出版社 2014 年版，第 8365 页。

4 葛金芳:《两宋东南沿海地区海洋发展路向论略》，《湖北大学学报》2003 年第 3 期。

所系也”。[1] 宋人航海实践中不仅对中国与日本、高丽、东南亚等地间的航路有了清晰认识，还总结出了主要航线的针路，如阇婆国“于泉州为丙巳方，率以冬月发船，盖藉北风之便，顺风昼夜行，月余可到”。[2] 宋代海船运用水密隔舱、多层舷板、龙骨结构等技术，具有很强的稳定性和抗沉性，代表了当时世界最先进的造船技术。而海船制造的主要力量是滨海民众，不仅海上贸易完全有民间商人推动，而且海防船只和外交使团也主要征调民间海船。

3. 形成了新的海洋观念

宋代官民形成了共同的认识，即海洋是可以生财取利的空间。王朝统治者第一次用财政的眼光看待海上贸易，宋朝君臣一再肯定海上贸易的利益，宋神宗和宋高宗都曾说“东南之利，舶商居其一”、“市舶之利最厚”。[3] 官员们也强调“国家之利莫盛于市舶”，市舶贸易乃“富国裕民之本”，“于国计诚非小补”[4]。表明了统治者鼓励海上贸易的态度。宋代看待外商贸易的财政视角是唐代及以前王朝所没有的。沿海民众更感受到海上贸易的巨大利益，纷纷放弃农耕，或从事与海上贸易相关的手工业和商品性农业，或直接出海贸易。“海贾归来富不赀”，[5] 巨大的利润促使他们甘受风波之险，甚至冒法走私，贩卖铜钱“每是一贯之数可以易番货百贯之物，百贯之数可以易番货千贯之物”，[6] 更多的可能如“南海Ⅰ号”那样，下层装载合法商品，上层装载大量铁器、白银等违禁品，乃是正常出港后于近海再加载违禁品的走私方式，如此既可正常申领公凭和回舶抽解，又能获得丰厚的走私利润。《诸蕃志》记载中国商人在东南亚多个地区以铁器、金银为重要商品，可见大量铁器等违禁品出境是贸易常态。这正反映了人们穷其手

1 《梦粱录》卷一二《江海船舰》，浙江人民出版社 1980 年版，第 111 页。

2 《诸蕃志校释》卷上《阇婆国》，香港大学亚洲研究中心 2000 年版，第 55 页。

3 《宋史》卷一八六《食货下八》，中华书局 1977 年版，第 4560 页；《建炎以来系年要录》卷一一六“绍兴七年闰十月辛酉”条，中华书局 2013 年版。

4 《建炎以来系年要录》卷一八六“绍兴三十年十月己酉”条，第 3614 页。

5 刘克庄:《后村集》卷一二《泉州南郭二首》，文渊阁《四库全书》影印本，1990 年。

6 包恢:《敝帚稿略》卷一《禁铜钱申省状》，文渊阁《四库全书》影印本，1990 年。

段追求海上贸易利益的风气盛行。不同的生计和观念还衍生了不同的信仰，宋代是海洋信仰空前繁荣时期，新生了妈祖信仰等诸多新的海洋神灵信仰，正是海洋与人们生计关系日益密切的结果。

4. 对滨海地区实行特殊的管理方式

海防日重和贸易繁荣使统治者认识到滨海地区的特殊和重要。滨海地区是海陆联结之地，滨海民众的生计方式和观念信仰有着与内地不同的特点，同时该地区又是防范来自海洋威胁的关键地带。宋朝对该地区实行了不同于内地的管理方式。从事盐业生产的民户被束缚于禁榷体制下，自不待言。从事渔业和贸易的民户主要工具是船舶，他们被编为特殊的户籍——船户或渔户，拥有的船只被详细统计登记，“不论大船小船，有船无船，并行根括一次。文移遍于村落，乞取竭于鸡犬”，[1] 官府详细登载每户船只数目、大小。一方面是对这一地带的民众实现有效控制，使其“各有统属，各有界分，各有役于官”，[2] 另一方面凭此征调其参与海防，达到标准的海船（如，福建船梁宽一丈二尺，浙东船梁宽一丈）轮番征调参加海防，一般船户也被编组轮流于近海巡逻。官府对滨海民众实行不同的组织方式，根据濒海州县各有屿澳的地理环境，一澳民众结为保伍，设澳长，或社首、隅总，统率一澳，平时相互纠察，遇海盗则并力抵御。对那些“渔家无乡县，满船载稚乳”，漂浮于海上的群体，[3] 宋朝或编制户籍，或令陆上主户代管，使其“不为外夷所诱”。[4]

三、结语

宋代海洋对国家和民众的重要性都空前地增强了，海洋政策出现

1 《开庆四明续志》卷六《三郡隘船》，中华书局 1990 年版，第 5991 页。

2 周去非：《岭外代答》卷三《外国门下》，大象出版社 2013 年版，第 120 页。

3 黄庶：《伐檀集》卷上《宿赵屯》，文渊阁《四库全书》影印本，1990 年。

4 《续资治通鉴长编》卷二七六“熙宁九年六月辛卯”条，中华书局 2004 年版，第 6744 页。

多方面显著的新变化。在海洋经济管理方面最核心的变化就是允许本国民众出海贸易，使民众不仅能够从渔盐生产，还能进行近海贸易和海外贸易，能够充分利用海洋，甚至以海为生。“仰海食之利”的生计方式衍生了海洋可生财取利的观念和丰富的海洋信仰，使东南沿海地区，特别是福建和浙东沿海形成了海洋性地域特征。中国滨海民众向海谋生的方式和观念、滨海地域的海洋性地域特征不仅成为了宋朝海洋经济发展持久而强大的动力，作为亚洲海域贸易最重要的发动机，这些中国海洋发展的内生动力也极大地推动着亚洲海洋贸易的发展，也形成了中国海洋经济和亚洲海洋贸易不可阻挡的发展潮流。明清一度实行海禁，但滨海民众“以海为田，以渔为利”的生计方式，沿海地区海洋性经济结构已不可逆转，滨海地区的特殊意义也日显突出。中国古代海洋政策的曲折历史说明了南宋的海洋政策既开创了新局面，也代表了开放海洋，官民两利、中外两利的历史大势。

（《中国史研究动态》2022 年第 1 期）

舶商与私贩：《“南海Ⅰ号”沉船考古报告之二》的贸易史解读

“南海Ⅰ号”是发现于我国广东省台山海域的南宋沉船，作为迄今发现的最大、最完整的古代海船，其发掘工作一直受到各方瞩目。“南海Ⅰ号”考古必将极大地推动宋代造船史、航海史、贸易史等方面的研究。本文仅从贸易史的角度对新近出版的《南海Ⅰ号沉船考古报告之二——2014～2015年发掘》做一解读。

一、“南海Ⅰ号”船型特点与船货构成

“南海Ⅰ号”是1987年8月中国交通部广州救捞局与英国海洋探测打捞公司合作在广东南海川山群岛附近搜寻一艘外国沉船时，意外发现的一艘中国古代沉船。1989年11月，中日联合对该沉船进行了首次水下调查，2001年4月，在香港中国水下考古研究与探索学会的赞助下，重启“南海Ⅰ号”调查工作，进行了数次水下调查发掘。2007年正式启动沉船打捞工作实行整体打捞。这是世界上首次采取此办法。“南海Ⅰ号”被整体移入修建在广东阳江海陵岛的水晶宫内。2009年和2011年进行了两次试发掘，最终确定了发掘方案。于2014年1月10日正式开始发掘工作。2018年5月科学出版社出版了由国家文物局水下文化遗产保护中心等机构组织编写的《南海Ⅰ号沉船考古报告之二——2014～2015年发掘》（以下简称《报告之二》，本文引自《报告之二》的结论和信息不一一注出），实际反映了到2016年3月止的发掘工作。据国家文物局水下文化遗产保护中心技术总监、“南海Ⅰ号”考古队领队孙键先生2018年10月的介绍，

目前船货发掘大约可以说一半，船体部分不到三分之一，争取到2019年年底全部揭露出来。预计发掘工作到2020年上半年完成，然后转入博物馆保护处理。《报告之二》反映了虽然只是阶段性的发掘工作，但已是对1987年沉船发现以来考古成果最完整的反映，从其船货构成及装载特点已经可以揭示丰富的贸易史信息。

目前发掘的七万件文物主要有以下几类：金属品，包括铁、银、金、铜等，以铁制品数量最多；瓷器，包括景德镇窑、龙泉窑、德化窑、磁灶窑等江西、浙东、福建和广东窑口的瓷器；船上人员生活品，包括动物遗存、植物遗存、饰品等；船材，包括木质、石质等文物；人骨，青年男性指骨、牙齿等。本文主要从船体和船货文物的分析讨论“南海Ⅰ号”反映的历史信息。

据《报告之二》载，“南海Ⅰ号”最大宽度为9.7—10米，残长22.1米，十五个舱，可见三层舷板。该船船头方小，船尾阔大，甲板平敞，船底尖狭。

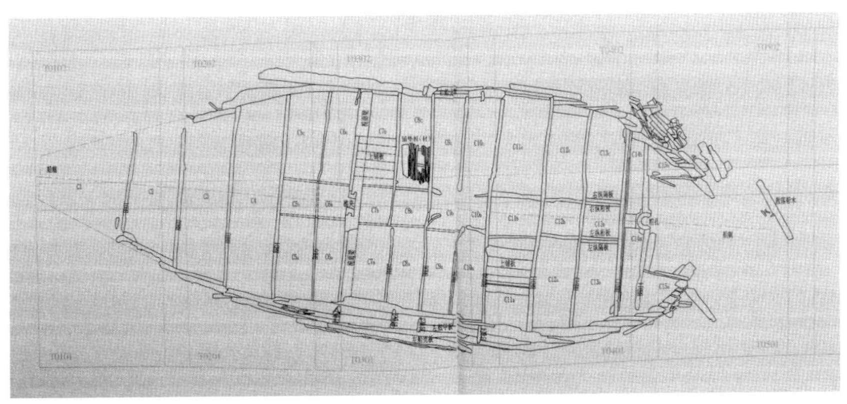

宋代两浙濒海一带的魛鱼船（俗称钓槽船）船型就是“头方小，俗谓盗浪斗，尾阔可分水，面敞可客人兵，底狭尖如刀刃状，可破浪”。[1] 宣和年间徐兢参加的宋朝出使高丽使团雇佣福建“客舟”，即商

1 《宋会要辑稿》食货五〇，上海古籍出版社2014年版，第7125页。

船，“上平如衡，下侧如刃，贵其可以破浪而行也”。[1]1974年泉州湾发掘的宋代海船就是“尖底造型，船身扁阔”的尖底船。[2]可见这是宋代用于深海航行的海船的基本形制。魛鱼船是一种中型海船，“可容五十人者，面阔一丈二尺身，长五丈”，是两浙沿海主要海船，建炎元年（1127）宋朝打造魛鱼船六百只，装备水战。[3]但是“魛鱼船乃是明州上下浅海去处，风涛低小，可以乘使。如福建、广南海道深阔，非明海洋之比”，因其形制太小，不适合在福建、广南海域航行。[4]

宋代以梁宽（又称面阔）表示船舶大小，计算船只大小“并以船中堵为则”，[5]即按船舶最宽处尺度为标准。“南海Ⅰ号”若按最宽处10米计，合宋代梁宽3.1丈（按宋淮尺计，每尺为31厘米）。在宋代海船中属于极大型船。南宋征调福建民船到明州和浙西防海，起征面阔为一丈二尺，可作中型海船标准，将征调大型船统称“二丈一尺以上（船）”。雇募福建和广东民间海船分三等：“上等船面阔二丈四尺以上，中等面阔二丈以上，下等面阔一丈八尺以上”。[6]徐兢使团雇佣福建“客舟”，“阔二丈五尺，可载二千斛粟”，[7]因为要炫耀于异域，所选已是大型“上等”海船。除宋神宗和宋徽宗朝两次各打造了两艘作为出使高丽使节座船的“神舟”外，和《梦粱录》描述性而不一定反映实际的“海商之舰大小不等，大者五千料，可载五六百人，中等二千料至一千料，亦可载二三百人”的记载，[8]文献所见实际使用的海船最大的是南宋福建左翼水军“面阔三丈、底阔三尺，约载二千料”的战船。[9]梁宽3.1丈的“南海Ⅰ号”在宋代当属极大型海船。且其尖底造

1　徐兢撰、虞云国等整理：《宣和奉使高丽图经》卷三四《海道一》，《全宋笔记》第三编第八册，大象出版社2008年版，第129页。

2　《泉州湾宋代海船发掘简报》，《文物》1975年第10期，第5页。

3　《宋会要辑稿》食货五〇，第7125页。

4　《宋会要辑稿》食货五〇，第7130页。

5　《宋会要辑稿》兵二九，第9253页。

6　《宋会要辑稿》兵二九，第9253页。

7　徐兢撰、虞云国等整理：《宣和奉使高丽图经》卷三四《海道一》，第129页。

8　吴自牧：《梦粱录》卷一二《江海船舰》，浙江人民出版社1980年版，第111页。

9　《宋会要辑稿》食货五〇，第7130页。

型、多根桅杆、三重木板、隔舱数多、容载量大等特点都近似泉州湾发掘的宋代海船，[1] 应也是一艘福建海船。且梁宽 3 丈左右的海船在当时南海贸易船中应不少。泉州湾南宋海船残宽 9.15 米。华光礁一号南宋海船残宽也是 9 米。[2] 梁宽都在 3 丈左右。

《报告之二》反映的该船所载金属制品包括金、银、铜、铁、锡、铅、锌等，以及水银。有铜钱 17000 文；金制品包括金质货币金叶子（8 枚）和碎金（24 件），以及金饰品。金叶子有铭文，载金银铺主或金银匠名。银铤、碎银（大多结成银块）共 229 块，290 千克。银铤主要有四种规格，有铺名、重量、地址等铭文。有铜器皿、衡器、配饰、铜镜等铜器 3812.12 克。《报告之二》所反映的出土铁器在数量和重量上都不亚于瓷器。铁器基本上以凝结物的形式存在，总重量约 90 吨（《报告之二》出版后最新的统计已达 120 吨）。主要是铁锅、铁钉和铁条（坯件）。金属制品都主要发现于甲板以上。如铁器一般装载在瓷器上方，主要出现在第 2 层，广泛分布于各舱，第 2、3、4、5、7 舱主要是坯件，第 5 舱有少量铁锅，第 6 舱左侧为铁锅，右侧为坯件，第 12 舱有铁锅和坯件。最为密集的是第 6、7 舱，即主桅杆附近，出于船只稳定性。银器主要出土于第 3、4 层海泥中。

瓷器是最大宗的船货，特别是《报告之二》尚不能反映的甲板以下发掘，主要是瓷器。甲板及隔舱板之间搭接的垫板主要装载的是铁器，舱内是码放整齐的瓷器。如第二舱甲板以上码放铁钉和铁锅，舱内码放瓷器。第三舱中部甲板以上码放铁钉和铁锅，舱内上层有铁钉，下方码放瓷器。此外，还有动物和植物遗存。动物遗存中羊最多（86 件，绵羊较多），其次是家鸡（46 件）和家鹅（40 件），猪相对较少（9 件），还有牛、淡水龟、蛙等，以及航行中捕捞动物有鱼类、鸟类、软体动物、节肢动物等。沉船出土植物种类以核果类和坚果类为多，核果种类以适于腌制的果品为主。说明南海一号沉船出土的植物种类

1 《泉州湾宋代海船发掘简报》，《文物》1975 年第 10 期，第 5 页。

2 孟原召：《中国境内古代沉船的考古发现》，《中国文化遗产》2013 年第 2 期。

都是为了远洋航海特意选备的。发现的遗物中还有人的指骨、肋骨片、下颌骨、臼齿。

“南海Ⅰ号”的价值首先在于其完整性。“南海Ⅰ号”虽然应发生过猛烈撞击或其他外力因素，船货有翻滚抛撒现象，但沉底基本是正坐下沉，向右舷稍有倾斜，沉船海域为泥质海底，很快被覆盖，所以船体和船货得到了较为完整的保存。在古代沉船考古发掘中是未曾有过的发现。其次是其丰富性。到2018年10月发掘的船货总计已达七万件，包括船货商品、船材和船上用具、船上人员生活用品等等，能够集中反映宋代海上贸易状况。迄今发现的宋代海船浙江宁波和义路瓮城南宋沉船、福建泉州湾南宋海船、福建连江定海湾白礁一号、西沙群岛华光礁一号等船体完整性、船货遗存数量都远不及“南海Ⅰ号”。宋代文献记载的海船、航海和海上贸易虽然综合信息较为丰富，但如“南海Ⅰ号”完整的船舶结构，以及在一个船体上较为完整地反映船货，特别是船上生活的信息是历史文献所缺乏的。可以从技术史、贸易史、考古学等多个角度进行综合研究。

二、“南海Ⅰ号”发船方式问题

“南海Ⅰ号”装载的大量金属品，铜钱、金、银和铁等在南宋都是禁止带出国境的物品。铜钱之禁是宋朝最严厉的透漏禁令，自宋太祖朝到南宋末，铜钱夹带出国境的禁令不断重申。宋仁宗朝就规定“以铜钱出外界一贯以上，为首者处死”。“商客蕃客往南蕃者听逐人各带路费钱五百文”，过此数者罚，令“市舶司并缘海州军常切点检”。[1]南宋也保持了个人不能超过五百文的规定。宋孝宗朝令“蕃商海舶等舶往来兴贩，夹带铜钱五百文随行，离岸五里，便依出界条法”。[2]《报告之二》反映的“南海Ⅰ号”上发现铜钱17000文即17贯，可够17人

1 张方平撰、郑涵梭整理：《张方平集》卷二六《嘉祐编敕》，中州古籍出版社1992年版，第412页。
2 《庆元条法事类》卷二九《铜钱金银出界敕》，黑龙江人民出版社2002年版，第414页。

杀头之罪。“南海Ⅰ号”这样的大型海船上可能有多少人呢？船上一定会有搭乘的商人，或如《梦粱录》所说中等海船亦可载二三百人，或如《萍洲可谈》所称小商随船出海，“分占贮货，人得数尺许，下以贮物，夜卧其上”。[1]搭乘人员各船可能不一，人数难以确定。但是船舶操作人员却有一定之规。宋代船舶梢工、水手等船员配置随船只大小而增减，即“其合用梢、手各视船丈尺阔狭而增损之”。福建征调民间海船，梁宽一丈二尺至一丈三尺船需梢工、招头、碇手各一人、水手13人，共16人。人员数量依次随梁宽增加，到一丈九尺船需梢工二人，招头一人，碇手三人，水手23人，共29人，二丈一尺以上船需梢工、招头各二人，碇手三人，水手33人，共40人。[2]徐兢所乘出使高丽的梁宽二丈五尺“客舟”，共有篙师、水手共60人。[3]一丈九尺以上船均配梢工两人。崇宁四年（1105）泉州商人李充船往日本，配有梢工1人，应是一丈九尺以下船。该船共69人，应是包括了船员和搭乘人员的全部船上人员。[4]按以上配置，“南海Ⅰ号”应有船员60人以上，其中梢工2人。搭乘人员则不能确定。因而人均挟带铜钱来看，17贯铜钱不能构成走私。

但是所装载的金银和铁器确凿无疑构成了走私。南宋孝宗下令“禁蕃舶贩易金银”。[5]宋人认为与海外诸国贸易用瓷器茶酒之类，是“以吾无用之物易彼有用之货，犹未见其害”，但金银、铜钱、铜器之类皆为禁物。[6]铁是当时主要的军器原料，从北宋到南宋都禁止出境。北宋已规定，海路商贩者“不夹带违禁及堪造军器物色”，[7]“诸以熟铁

1 朱彧著、李国强整理：《萍洲可谈》卷二，大象出版社2006年版，《全宋笔记》第二编第六册，第149页。

2 《淳熙三山志》卷一四《版籍类五》，中华书局1990年版，第7902页。

3 徐兢撰、虞云国等整理：《宣和奉使高丽图经》卷三四《海道一》，第130页。

4 《朝野群载》卷二《异国》，〔日〕黑板胜美编：《新订增补国史大系》，吉川弘文馆1938年版，第452—453页。

5 《宋史》卷三五《孝宗纪三》，第678页。

6 《宋会要》刑法二，第8372页。

7 苏轼著、孔繁礼点校：《苏轼文集》卷三一《乞禁商旅过外国状》，中华书局1986年版，第889页。

及文字禁物与外国使人交易，罪轻者徙二年”。[1]

宋孝宗针对“多有东南海船兴贩铜、铁、水牛皮、鳔胶等物，虏人所造海船器甲，仰给于此”，“于沿海沿淮州军严行禁绝，如捕获客人有兴贩上项等事，与重寘典宪”。[2]

290 千克的白银和 120 吨的铁货都是外销的商品，肯定属于违禁品。而且这样大量的违禁品都装载在船舶表层，几乎铺满整个甲板，难以从市舶港口正常出港。宋朝市舶港有严格的“检空”制度。商船出港之前，“差官检空，然后通放”。南宋还要求地方系统的机构派员参与检空，防止市舶官与商人串通：“广东、福建路转运司遇舶船起发，差本司属官一员临时点检，仍差不干碍官一员觉察”。“先报转运司差不干碍官一员躬亲点检”，再“差通判一员覆视”。所谓“不干碍官”即“不干预市舶职事者，差独员或差委清强官”，[3] 即与市舶事务无干系官员。宋朝商人从港口发船时载私货有两种可能，一是贿赂市舶及港口地方官，“官吏不廉不公，例有所受，而不从实检放”，“检空官一过其上，一望而退，岂尝知其内之所藏为数浩瀚”。[4] 二是市舶或港口地方官为增加税收而放纵商人装载禁物的行为。“舶司拘于岁课，每冬津遣富商请验以往，其有不愿者，照籍点发。夫既驱之而行，虽有禁物，人不敢告，官不暇问”。[5] 但如“南海Ⅰ号”表层装载如此规模巨大的铁、银、铜钱等禁物，覆盖了整个甲板，不似收买检空官的船只“盖船底莫非钱”。躲过市舶官、转运司、通判三层检查，几不可能。何况官员检查失责要“追官勒停，永不叙理”，而于“任内无透漏当与升擢差遣”。该船的上述禁物应为海上装载私货。

“南海Ⅰ号”应该是用甲板表面即舱内瓷器等合法商品接受市舶港的检空，然后到外海装载私货。在宋代这是常有的现象，即先“积

1 《续资治通鉴长编》卷四八一“元祐八年二月辛亥”条。

2 《宋会要辑稿》刑法二，第 8340、8387 页。

3 《宋会要辑稿》职官四四，第 4215 页。

4 包恢：《敝帚稿略》卷一《禁铜钱申省状》，文渊阁《四库全书》影印本，第 1178 册，第 713 页。

5 《宋会要》刑法二，第 8372 页。

得现钱，或寄之海中之人家，或埋之海山险处，或预以小舟搬载前去州岸已五七十里，候检空讫，然后到前洋各处逐旋搬入船内，安然而去”。[1] 宋朝漫长的海岸线，“北自庆元，中至福建，南至广州，沿海一带数千里，一岁不知其几舟也”，走私是无法禁绝的。而且这在宋代，特别是贸易十分繁荣的南宋是普遍情况。如《诸蕃志》记载：阇婆国“番商兴贩，用夹杂金银及金银器皿、五色缬绢、皂绫、漆器、铁鼎、青白瓷器等交易”；三佛齐“番商兴贩，用金、银、瓷器、锦绫、缬绢、糖、铁、酒、米、干良姜、大黄、樟脑等物博易”；商人到佛罗安国、麻逸国等国也用金、银、铁等物。[2] 华光礁一号南宋沉船出土瓷器外，也有铁器、铜镜、铜钱等违禁品。这些商品应是利润最高的商品，如铜钱“每是一贯之数可以易番货百贯之物，每百贯之数可以易番货千贯之物”，“似此之类，奸民安得而不乐与之为市”。[3]

南宋积极鼓励民间商人出海贸易，亦积极招徕海外商人，但对朝贡却持极为消极的态度。截至目前“南海Ⅰ号”发现可推算年代的最晚一枚铜钱是淳熙元宝。淳熙元年（1174）以后到南宋朝贡的南海诸国中除陆路朝贡的交趾外，仅占城、三佛齐、真里富三国。占城入贡有淳熙元年、三年（1176）、嘉泰元年（1201）三次。淳熙元年“淳熙元宝”尚不可能到达商人之手，即使淳熙三年有此可能，一则该年宋朝令占城“所贡物以十分为率许留一分，其余依条例抽买，给还价钱”，回赐是各类丝绸 960 匹、银 1000 两。且占城朝贡规定于泉州交割。[4] 南宋对占城的朝贡总体上极为冷淡，嘉泰元年以后两国基本上断绝了朝贡关系。淳熙以后三佛齐朝贡仅淳熙五年（1178）一次，且“诏免到阙”。[5] 真里富国的朝贡是到庆元府，规模都甚小，如开禧元年

1 包恢：《敝帚稿略》卷一《禁铜钱申省状》，第 714 页。

2 赵汝适著、杨博文校释：《诸蕃志校释》卷上《三佛齐国》《阇婆国》《麻逸国》，中华书局 1996 年版，第 34—43、55、141—143 页。

3 包恢：《敝帚稿略》卷一《禁铜钱申省状》，第 713 页。

4 周必大：《文忠集》卷一一一《赐占城嗣国王邹亚娜进奉敕书》，《宋集珍本丛刊》第 52 册，线装书局 2004 年版，第 185 页。

5 《文献通考》卷三三二《四裔考九》，中华书局 2011 年版，第 9164 页。

(1205）贡象一只、象牙二只、犀角十株。且该年宋朝令其“今后免行入贡”。[1] 按照宋朝对外发展政治关系的消极态度，对以上有朝贡关系的三国发生“南海Ⅰ号”这样大规模的朝贡往来几无可能。

三、“南海Ⅰ号”发舶港蠡测

如上所述，“南海Ⅰ号”应是福建海船，其沉没地在广东台山海域，目前尚未发现可以确知该船出海港的文字证据。只能从宋代贸易相关信息进行推测。首先，可以肯定的是福建海船，甚至福建商人，不一定从福建发舶。如宋神宗朝，日本僧人成寻到明州登岸，搭乘的海船一船头曾聚、二船头吴铸、三船头郑庆分别来自南雄州（疑为南剑州之误）、福州和泉州，都是福建人。[2] 崇宁四年（1105）前往日本的泉州商人李充是从明州发舶。按照南宋的制度，前往南海诸国贸易者，从泉州和广州均可发舶。商品更是流动的。金属品，包括铜钱、金、银、铁等在国内市场可以自由流通和贸易。瓷器等可以合法出口的商品更是可以通过内陆市场和近海市场在国内流动。各地商品通过近海市场和内陆市场汇集泉州或广州是毫无问题的。那么，“南海Ⅰ号”是从泉州发舶抑或广州发舶的可能性更大呢?

判断该船发舶港最重要的依据应是航线和发舶制度。按南宋贸易制度规定，前往南海诸国的船舶只能从泉州和广州发舶。泉州出海的航线，据《梦粱录》载：“若欲船泛外国买卖，则自泉州便可出洋，迤逦过七洲洋，舟中测水约有七十余丈，若经昆仑、沙漠、蛇、龙、乌、猪等洋”。[3] 七洲洋在海南岛东部，即“七洲洋在琼岛万州之东南”，昆仑洋在“七洲洋之南”。[4]《真腊风土记》载：“自温州开洋，行丁未针，

1 《宋会要辑稿》蕃夷四之九九、一〇〇、一〇一。

2 成寻著、王丽萍校点：《新校参天台五台山记》卷一，上海古籍出版社 2009 年版，第 1 页。

3 《梦粱录》卷一二《江海船舰》，第 112 页。

4 陈伦炯撰、李长傅校注：《海国闻见录校注》卷上，中州古籍出版社 1985 年版，第 49、70 页。

历闽广海外诸州港口，过七洲洋，经交趾洋，到占城，又自占城顺风可半月到真蒲，乃其境也。又自真蒲行坤申针，过昆仑洋入（真腊国）港”。[1] 温州航路自泉州外洋后应与泉州航路重合。即泉州—七洲洋—交趾洋—昆仑洋。温州到真腊先行丁未针，即西南 17.5 度方向，过占城后行坤申针，即西南 47.5 度方向。泉州往阇婆国则行丙巳针，即东南 17.5 度方向。《诸蕃志》载：“阇婆国，又名莆家龙，于泉州为丙巳方；率以冬月发船，盖藉北风之便，顺风昼夜行，月余可到。”[2] 是沿着丙巳针方向昼夜直航。

从上可见，泉州至南海诸国的航线从海南岛以东深海直航，并不经过广东近海，何况“南海 I 号”满载禁物，如果从泉州发船，要离开远洋航线，并能顺海岸远航到上下川到海域，既无此必要，也无此可能。一是因为宋代贸易制度规定海船需明确发舶港和贸易目的地，且载之贸易公凭。如上举李充的公凭明确记载其往日本国贸易，写明全船人员姓名、编甲、货物清单，并附市舶条法，规定需回明州接受抽解。往南海诸国贸易也是这样。《萍洲可谈》载：“海外多盗贼，且掠非诣其国者，如请占婆公据而误入真腊，则尽没其舶货，缚北人卖之云。”[3] 海外的贸易国都清楚宋朝贸易公凭载明贸易目的国的制度。故不论从广州还是泉州发舶都至少不会在中国近海离开航线。二是宋代有船舶放洋的监送制度。南宋规定：“凡舶船之方发也，官必点视，及遣巡捕官监送放洋”[4]，即“差不干碍官一员觉察，至海口，俟其放洋方得回归”。目的是使“诸舶船（贩蕃及外蕃进奉人使回蕃船同）不得夹带钱出中国界”。[5] 通判作为“覆视官不候其船放洋而辄回者徒一年”。[6] 所谓放洋就是进入深海航线。如《萍洲可谈》所说广州发舶的“商船

1 周达观撰、夏鼐校注：《真腊风土记校注》“总叙”，中华书局 1981 年版，第 15 页。

2 《诸蕃志校释》卷上《阇婆国》，第 55 页。

3 朱彧著、李国强整理：《萍洲可谈》卷二，大象出版社 2013 年版，第 133 页。

4 《文献通考》卷九《钱币考二》，第 244 页。

5 《宋会要》职官四四，第 4215 页。

6 《宋会要辑稿》职官四四，第 4215 页。

去时至溽洲少需以诀，然后解去，谓之放洋”，“过溽洲则沧溟矣”。[1]

由此而言，“南海Ⅰ号”最大可能的发舶港就是广州。该船沉没地正处于广州往南海诸国的航线上。《武经总要》载：广州航路自广州“东南海路四百里至屯门山……从屯门山用东风西南行，七日至九乳螺州，又三日至不劳山（在环州国界）”。屯门山在珠江口东侧。自北而来的东北季风在广东沿海循岸而为东风。自屯门乘东风向西南方向航行，到九乳螺州（应在海南岛东南部）、占城国（即环州）。自屯门西南行的具体路线《萍洲可谈》有所补充：“广州自小海至溽洲七百里，溽洲有望舶巡检司……过溽洲则沧溟矣。商船去时至溽洲少需以诀，然后解去，谓之放洋”。小海即广州市舶港：“广州市舶亭枕水……其下谓之小海。”[2]

宋人没有记载溽洲的位置。溽洲位于今何处，学者多有争议。林家劲引清人杜臻《粤闽巡视记略》所载“广海卫城，本为新会县褥（溽）洲巡检司”，认为溽洲就是清代的广海，亦即明代的广海卫城。《报告之二》引光绪《新宁县志》所载“广海卫城……宋置巡检司于此，是为古溽州”，也认为溽洲即广海。[3] 则广州往南海诸国的航向是自屯门向西南经广海湾，上川岛、下川岛海域，往海南岛以东海域即七洲洋，与泉州航线重合。《岭外代答》载：“三佛齐之来也，正北行舟，历上下竺与交洋，乃至中国之境。其欲至广者入自屯门，欲至泉州者入自甲子门。”[4] 即过交趾洋后（应是进入七洲洋）广州航线和泉州航线出现分野，一往广州屯门，一往泉州甲子门。“南海Ⅰ号”正沉没于广州往南海诸国的航线上。合理的推论应是在溽洲望舶巡检司放洋后，在海上或海岛装载私货，然后不久沉没。所以从航路和发舶制度看，广州发舶的可能性最大。

1 朱彧著、李国强整理：《萍洲可谈》卷二，第148页。

2 朱彧著、李国强整理：《萍洲可谈》卷二，第148页。

3 林家劲：《宋代南海航线的溽洲——兼论〈萍洲可谈〉》，《海交史研究》1988年第1期。

4 周去非撰、杨泉武校注：《岭外代答校注》卷二《三佛齐国》，第86页。

“南海Ⅰ号”的发掘尚未完全结束，以上讨论主要是就《报告之二》发布的信息，结合宋代历史文献所作的论证和蠡测。我们期待接下来的发掘能发现更为直接和明确的证据，为以上问题及有关该船的更多疑问提供明确的答案。

（原载《丝绸之路考古》第三辑，科学出版社 2019 年版）

“南海Ⅰ号”研究中历史文献与考古资料的相互补证

——对现有研究史料和路径的检讨

“南海Ⅰ号”提供了一个考古发掘、公众展示、学术研究同步推进的典型范例，相关研究一直随着“南海Ⅰ号”阶段性发掘成果的陆续发布而持续进行。[1]特别是，2020年初相继刊布了基于最新发掘成果的系列研究。[2]“南海Ⅰ号”发掘工作已经结束，随着“南海Ⅰ号”发掘成果日渐完整的面世，“南海Ⅰ号”全面深入的研究必会进入一个新的阶段。“南海Ⅰ号”有着迄今发现的其他古沉船难以比拟的完整性和丰富性，其巨大学术价值的发掘需要多学科共同参与。历史文献与考古发掘的二重证据法无疑是深入推进该研究的重要途径。本文试图对已有研究的史料、观点和方法作一检讨，探讨如何更好地实现文献记载与发掘成果的相互补充、彼此印证，为“南海Ⅰ号”相关问题讨论提供共同的基础和逻辑。

一、史料性质与“南海Ⅰ号”研究

宋代由于市舶制度的建立和航海实践的空前发展，特别是到南宋，

1 如李庆新：《南宋海外贸易中的外销瓷、钱币、金属制品及其他问题——基于“南海Ⅰ号”沉船出水遗物的初步考察》，《学术月刊》2012年第9期，第121—131页；杨睿：《“南海Ⅰ号”南宋沉船若干问题考辨》，《博物院》2018年第2期，第27—32页；黄纯艳：《舶商与私贩：〈“南海Ⅰ号”沉船考古报告之二〉的贸易史解读》，《丝绸之路考古》第三辑，科学出版社2019年版，第212—218页；叶道阳：《“南海Ⅰ号”沉船反映的宋代海上生活辨析》，《中国文化遗产》2019年第4期，第99—104页，等等讨论了“南海Ⅰ号”的各类文物、船舶形制、始发港口、海上生活等问题。

2 《文物天地》2020年第2期开设“南海Ⅰ号”专辑，刊载39篇“南海Ⅰ号”研究论文，利用最新发掘成果从陶瓷器、金属器、船舶、文物保护等多个方面讨论了“南海Ⅰ号”相关问题。《客家文博》2020年第1期也设置“南海Ⅰ号”专题，刊载了5篇讨论“南海Ⅰ号”的论文。

海防重要性日益突显，沿海地区社会经济结构发生深刻变化，有关海洋的记载大为增加，留存下来的文献较前代大为丰富。这些文献的史料来源、生成方式和书写目的各有差异，其史料性质不尽相同。宋代有关海洋的记载散见于各类官私文献，按文献类型分，记载相对较多的官方和半官方的正史、政书、方志等文献中有《宋史》《宋会要辑稿》《文献通考》《续资治通鉴长编》《建炎以来系年要录》《淳熙三山志》《嘉定赤城志》《宝庆四明志》《开庆四明续志》、南宋临安三志等；私人文献有个人别集，代表性的有真德秀《西山先生真文忠公文集》、包恢《敝帚稿略》、楼钥《攻媿集》等；笔记小说，有《参天台五台山记》《宣和奉使高丽图经》《文昌杂录》《萍洲可谈》《岭外代答》《诸蕃志》《梦粱录》《桂海虞衡志》《云麓漫抄》《桯史》《夷坚志》等。四部文献中的零散记载则难以尽举。

从史料来源考察，一是来自官方档案记录，即中央和地方管理与海洋相关事务的典章制度、政务活动等，如上举正史、政书、方志文献记载了市舶管理、贸易活动、朝贡往来、海防设置、海船制造、民船征调、滨海民众管理等相关内容，其主要来源是官方记录；二是来自亲身经历，如《宣和奉使高丽图经》是作者徐兢记录本人参与出使高丽使团的亲历亲见，《参天台五台山记》记载作者成寻搭乘宋朝商船自日本来宋朝的航海经历，一些官员所言其于沿海地区任职的政务，也多有其亲历；三是来自采集和听闻，如《岭外代答》是周去非在静江府（桂林）和钦州任官时听闻和采访，即“耳目所治与得诸学士大夫之绪谈者”，[1]《诸蕃志》的主要信息来源于赵汝适任福建提举市舶时采访海商：“询诸贾胡，俾列其国名，道其风土，与夫道里之联属、山泽之蓄产，译以华言，删其秽渫，存其事实”。[2]四是主观想象，《春渚纪闻》称安焘使高丽时，“见海神百怪攀船而上，以（佛）经轴为

1 周去非著、杨泉武校注：《岭外代答校注》“序”，中华书局 1999 年版，第 1 页。

2 赵汝适撰、杨博文校释：《诸蕃志校释》赵汝适序，中华书局 1996 年版，第 1 页。

求”，[1]《夷坚志》描述海洋中有长人岛，其人“身皆长二丈余”，“臂长过五尺”等等都属此类。[2]

上引《春渚纪闻》和《夷坚志》所载是作者主观虚构的海洋意象，固然不是客观真实的记录。但“真实性”并非取决文献类型不同或官、私之别，而需要针对具体史料加以辨析。正史、政书有关海上贸易的典章制度、管理活动，以及海防设置、滨海民众管理等多是取材于官方原始记录，相对于得自听闻或主观想象的同类记载具有更大的可靠性。但正史、政书等文献也有来自采访的内容，宋朝的市舶机构和中央礼宾机构官员的一个重要职责就是“询其道路、风俗，及绘人物衣冠，以上史官”，[3]成为撰修国史的重要材料。官修文献还常取材各类私人著述。以《宋史》为例，其史料虽以宋朝实录、国史为主，但也兼采官、私文献，甚至广搜“杂书野史，可备编纂”，《文昌杂录》《宣和奉使高丽图经》《萍洲可谈》等都是修撰《宋史》的史料来源。[4]《诸蕃志》也是《宋史》的重要史源。以《宋史·阇婆国传》为例，该传如同《宋史》其他“外国传”一样，记载海外信息时为显示华夷之辨，最为关注的是两个方面的信息：朝贡、风俗。四夷朝贡可以营造王朝的正统地位，道路辽远更可显示四夷入贡之诚，风俗则可以显示奇异落后的夷狄“非我族类”，华夷有别。《宋史·阇婆国传》叙述阇婆国社会风俗部分共513字，其中442字直接取自《诸蕃志》，27字出自庞元英《文昌杂录》。[5]

私人著述也同样可能存在或因着意书写，或因主观选择，或因间接听闻而“失真”的问题。例如，赵汝适对于从海商处采访所得信息“删其秽渫，存其事实”，撰成《诸蕃志》时，就是对信息的处理和选

---

1 何薳著、张明华点校：《春渚纪闻》卷二《龙神需舍利经文》，中华书局1983年版，第23页。

2 洪迈撰、何卓点校：《夷坚丙志》卷六《长人岛》，中华书局1981年版，第416页。

3 《续资治通鉴长编》卷一一〇“天圣九年正月庚申”条，中华书局2004年版，第2552页。

4 袁桷：《清容居士集》卷四一《修辽金宋史搜访遗书条列事状》，文渊阁《四库全书》影印本，第1203册，第551a页。

5 黄纯艳：《中国古代官方海洋知识的生成与书写——以唐宋为中心》，《学术月刊》2018年第1期，第175—184页。

择，该书保存的海外各地具体商业信息基本是海商的亲身经历，也是官方文献所缺乏的信息，而其所记某某国自宋初以来历次“朝贡”则显然是赵汝适根据宋朝官方记载做的补充，身处南宋的海商不可能详述某国两百年来历次“朝贡”。其他私人著述的类似现象，特别是作为量化的数据，下文将再论及。因而不同类型文献各有其特点，但在用以讨论具体问题时对其史料的性质则都需加辨析。我们以“南海Ⅰ号”在宋代海船中的等级大小问题为例，略谈辨析史料性质对于讨论“南海Ⅰ号”相关问题的重要意义。

“南海Ⅰ号”的绝对尺度已有科学的测量，即最大宽度为9.7—10米，残长22.1米，按宋淮尺计（每尺为31厘米），梁宽约合宋制3.1丈。该船在宋代同类海船中属于什么等级，已有研究存在不同看法。叶道阳认为“结合文献与考古发掘的沉船尺度，我们可以作相关的推测，基本上可以认为‘南海Ⅰ号’属于宋代中等偏大的一条远洋贸易商船”。[1]赵建中也认为“南海Ⅰ号”“在宋代算是中等规模的大船”。[2]黄纯艳则认为“南海Ⅰ号”在同类海船中属于大型船只。[3]“南海Ⅰ号”的大小涉及对宋代海船种类和等级的认识，而其背后更重要的是判断其大小所依据史料的性质。

叶道阳所根据的史料是《梦粱录》所称“海商之舰大小不等，大者五千料，可载五六百人，中等二千料至一千料，亦可载二三百人。余者谓之钻风，大小八橹或六橹，每船可载百余人”。[4]赵建中则以下列三条记载为参照，即宋神宗和宋徽宗朝所造“神舟”、南宋大海船“深阔各几十丈”（实即《萍洲可谈》卷二所言“舶船深阔各数十丈”），以及《岭外代答》形容木兰舟“舟如巨室，帆若垂天之云，柂长数尺，一舟数百人，中积一年粮，豢豕酿酒其中”。[5]这些记载可以反映宋代

1 前引叶道阳《“南海Ⅰ号”沉船反映的宋代海上生活辨析》。

2 赵建中:《南海Ⅰ号展现的宋代单体船舶水平》，《岭南文史》2015年第3期，第23—28页。

3 前引黄纯艳《舶商与私贩:〈“南海Ⅰ号”沉船考古报告之二〉的贸易史解读》。

4 前引叶道阳《“南海Ⅰ号”沉船反映的宋代海上生活辨析》；吴自牧:《梦粱录》卷一二《江海船舰》，浙江人民出版社1981年版，第111页。

5 《岭外代答校释》卷六《木兰舟》，第216—217页。

海船的概貌，而难以作为精确数据，特别是难以作为判断“南海Ⅰ号”大小的准确数据。《梦粱录》是作者吴自牧对临安往日“繁华”的追忆，其对海船大小的描述也是主观记忆。宋代官方统计海船大小的标准是梁宽（又称面阔），官府对民间海船实行普查和征调时都按梁宽登记和分类。南宋海防征调民船时，因为梁宽小于一定尺度的船只难以用于海防。明州一带海船一丈以下为“不堪充军需者”，[1]征调的标准是梁宽一丈以上。“明州上下浅海去处，风涛低小”，而“福建、广南海道深阔，非明海洋之比”，[2]征调海船的标准是一丈二尺以上。宋代内河船以“料”计算船只大小，但不能作为计算海船大小的依据（见下文论述）。

《萍洲可谈》关于航海和海船的信息是作者朱彧记录其父亲朱服的听闻，并非亲历或官方档案，所言海船“深阔各数十丈”，显然远远超出了宋代海船规模，不能作为宋代海船的实际尺度。徐兢所言“客舟”深三丈、阔二丈五尺，已是大型海船。史籍所载宋代最大海船“长阔高大，什物器用，人数皆三倍于客舟”[3]的“神舟”也不可能“深阔各数十丈”。《岭外代答》对木兰舟的记载也只是形容其大，而非实际尺度，也无可与“南海Ⅰ号”比较的数据。三倍于“客舟”（梁宽2.5丈）的“神舟”虽其大小也是一个概说而非具体尺度，但长、阔大于“南海Ⅰ号”（梁宽3.1丈）应无疑。因而以“神舟”为参照，称“南海Ⅰ号”在宋代为中等海船，或中等偏大海船，并无问题。“神舟”无疑是宋代最大的海船。但是，“神舟”在宋代是特例，而非实际海洋生产、贸易或海防所用船舶。“神舟”曾于宋神宗元丰年间和宋徽宗宣和年间两次打造，共仅四艘，专作出使高丽的座船，特别是宋徽宗朝打造的“神舟”较宋神宗朝所造“大其制而增其名”，[4]是朝廷为耀威于域外，规模

1 梅应发等：《开庆四明续志》卷六《三郡隘船》，中华书局1990年版，第5991页。

2 《宋会要辑稿》食货五〇，上海古籍出版社2014年版，第7130页。

3 徐兢撰、虞云国等整理：《宣和奉使高丽图经》卷三四《海道一》，大象出版社2008年版，第129页。

4 《宣和奉使高丽图经》卷三四《海道一》，第129页。

装饰尽于极致，即使由国家财政支出也难以持续，南宋已无财力和动力再打造这样的“神舟”。

南宋海船实行严格的普遍登记制度，“凡邑之有舟者不问大小，例皆根刷”，[1]“每岁遇夏初，则海船案已行检举。不论大船小船，有船无船，并行根括一次。文移遍于村落”。调查登记的目的主要是便于征调船只和船户管理，因而“凡丈尺有则，印烙有文，调用有时，井然著为成式”。如上所述，浙东海防征调的标准是梁宽一丈以上船，因而按梁宽一丈区分，作两大类登记。嘉熙间明、温、台三州在“二三千里之海隅”逐一调查登记，得一丈以上海船共3833只、一丈以下15454只。[2]福建则以梁宽一丈二尺为界分别登记。同时对梁宽一丈或一丈二尺以上船再划分等级。黄纯艳已指出，南宋海防征调福建民船，可以起征梁宽一丈二尺为中等船，大型船统归入“二丈一尺以上（船）”，雇用民船时分等标准是“上等船面阔二丈四尺以上，中等面阔二丈以上，下等面阔一丈八尺以上”。[3]将“南海Ⅰ号”放在同类南宋民间海船中才能准确地理解其在南宋海船中的等级大小。梁宽3.1丈（宋制）的“南海Ⅰ号”在宋代当属大型船。在文献记载中，面阔三丈的南宋福建海船仅见左翼水军“面阔三丈、底阔三尺，约载二千料”战船，[4]浙东海船梁宽三丈以上者也仅见一例，即宝祐六年（1258）征调民间“大料船共二十四只”，海防番期结束时其中二十三只放回，“惟王绍祖一船面阔三丈五尺”，被申奏朝廷，扣留不放。[5]面阔三丈五尺当是难得的大型海船，方需申奏朝廷才能留用。考古发现的南宋海船泉州湾南宋海船和华光礁一号梁宽都在3丈左右。这应如《萍洲可谈》卷二所言“海外多盗贼，且掠非诣其国者”，“船大人众则敢往”。[6]

---

1 吴潜：《宋特进左丞相许国公奏议》卷三《奏行周燮义船之策以革防江民船之弊》，《续修四库全书》，上海古籍出版社2002年版，第172页。

2 梅应发等：《开庆四明续志》卷六《三郡隘船》，第5991页。

3 前引黄纯艳《舶商与私贩：〈“南海Ⅰ号”沉船考古报告之二〉的贸易史解读》。

4 《宋会要辑稿》食货五〇，第7130页。

5 梅应发等：《开庆四明续志》卷六《三郡隘船》，第5991页。

6 朱彧著、李国强整理：《萍洲可谈》卷二，大象出版社2013年版，第133页。

南宋往南海诸国从事远洋贸易的海船多为大型海船。讨论“南海Ⅰ号”在宋代海船中的等级大小本身是一个相对性问题，根据确定的比较对象不同而有不同判断。本文举此为例仅欲说明讨论“南海Ⅰ号”问题时对所用史料性质的辨析十分重要，惟其如此，才能准确地将“南海Ⅰ号”还原到所处的历史环境之中。

二、制度背景与“南海Ⅰ号”研究

“南海Ⅰ号”是从其历史背景，具体而言，就是从宋代社会、经济和制度背景中驶出的一艘远洋商船，“南海Ⅰ号”的研究必须结合其所处的社会、经济和制度背景。就制度而言，“南海Ⅰ号”研究涉及宋代远洋商船的发舶、航路、回舶、违禁品、人员搭载等相关制度。我们以存在较大分歧的“南海Ⅰ号”发舶港问题的讨论为例，检讨已有的不同观点及其依据，略述如何结合宋代相关制度厘清该问题讨论的路径。从发掘成果和现有研究来看，关于“南海Ⅰ号”发舶问题有几个基本共识：一是该船是一艘从中国出海，前往东南亚的远洋贸易船；[1] 二是该船船型为福建海船；三是该船沉没于广州往东南亚的正常航线上；四是该船装货方式是下层主要装载陶瓷器、上层装载铁器、银器等。

对该船发舶方式和发舶港存在不同看法。杨睿认为，该船存在装载走私物品的行为。黄纯艳认为，根据该船装货方式推测，该船应是先装载陶瓷器等合法商品，从市舶港正常发舶，放洋后再装载铁器、白银等违禁品。[2] 也有主张该船可能不存在走私行为者，但尚未见正式

---

1 黄纯艳已经根据该船发现淳熙元宝为时间上限和南宋与南海诸国外交关系讨论了该船不可能为外国使团（参前引黄纯艳《舶商与私贩：〈“南海Ⅰ号”沉船考古报告之二〉的贸易史解读》）有学者根据该船发现的最晚钱币为“嘉定通宝”和丙子年号，推测“南海Ⅰ号”的发船时间应在1216年或稍晚（参前引杨睿《“南海Ⅰ号”南宋沉船若干问题考辨》），更可判断该船不存在为外国使团船，或以使团之名发船船只。

2 前引杨睿《“南海Ⅰ号”南宋沉船若干问题考辨》；前引黄纯艳《舶商与私贩：〈“南海Ⅰ号”沉船考古报告之二〉的贸易史解读》。

研究成果发表。这可以作为我们判断该船发舶港的一个重要角度。现有对“南海Ⅰ号”发舶港存在广州发舶和泉州发舶的不同看法。赵建中认为“从发掘出来的文物和船体造型分析，该船始发港口可以肯定是来自福建的泉州”。他还认为“根据史料记载，在宋代，广东港的船少有向北航行的。所以综合分析，‘南海Ⅰ号’发自广州的可能性不大，很可能来自福建泉州”。即根据该船装载的瓷器大多为福建及其邻近窑口，以及该船为福建海船，来判断其发舶港为泉州。杨睿根据认为“南海Ⅰ号”所载大宗船货瓷器主要来自福建窑口，推测其应“从福建市舶司所在地的泉州出发无疑”。黄纯艳则认为该船应是从广州港正常发舶，沿广州至东南亚的航线，经潺州放洋后沉没。[1] 已有研究尽管有分歧，但不论认为其是否存在走私行为，也不论主张从泉州发舶，还是从广州发舶，都认为该船是经过市舶港口正常发舶。

这就使得对其发舶问题的讨论必须考虑相关制度背景，以其是一艘从市舶司港口正常发舶，下层装载合法商品、上层装载违禁品，前往东南亚等地贸易的中国商船，沉没于广州往东南亚贸易航线放洋点潺州之外，这些基本特点为基础，充分结合与这些特点密切相关的南宋贸易制度，即贸易公凭制度、违禁规定、检空和放洋制度、回舶制度。第一，是贸易公凭制度。该船既然是从市舶港口正常发舶，则必已申领贸易公凭。不论近海贸易，还是远洋贸易，都必须申请贸易公凭，公凭登记了船舶情况、人员姓名、货物清单、贸易目的地等信息，并附录市舶条法，由市舶司所在地相关官员签署。如崇宁四年（1105）李充公凭开篇即是“据泉州客人李充状：今将自己船壹只，请集水手，欲往日本国博买回货，经赴明州市舶务抽解，乞出给公验前去者”，接下来登载全船 69 人姓名和全部货物清单。[2] 在制度上，商人出海贸易是点对点的管理，如李充从明州发舶，往日本贸易，再回

---

1 前引赵建中《南海Ⅰ号展现的宋代单体船舶水平》、杨睿《“南海Ⅰ号”南宋沉船若干问题考辨》、黄纯艳《舶商与私贩:〈“南海Ⅰ号”沉船考古报告之二〉的贸易史解读》。

2 《朝野群载》卷二《异国》，〔日〕黑板胜美编:《新订增补国史大系》，吉川弘文馆 1938 年版，第 452—453 页。

明州接受抽解。近海贸易也是如此。商人欲往近海某州贸易,“须于发地州军先经官司投状,开坐所载行货名件、欲往某州军出卖”,“官司即为出给公凭,仍备录船货。先牒所往地头(贸易目的地),候到日点检批凿公凭讫,却报元发牒州”。[1]管理方式是以公凭为验。“南海Ⅰ号”作为正常发舶的商船,必申领贸易公凭,并接受查验。

第二,是贸易禁令。宋代制定有严格的贸易禁令,一是贸易地区的禁令,北宋禁止商人往辽朝境内和接近辽朝的登州和莱州等地贸易,南宋禁止商人从海上往金朝贸易,两宋都始终禁止本国商人前往交趾贸易,一度也禁止往高丽贸易;二是贸易商品禁令,军用器甲及其制造原料,如铜、铁、箭杆、牛皮、筋角、鳔胶等都被禁止,金、银、铜钱等贵金属和货币也禁止出境。违反禁令,会有罚没船物,甚至处以徒刑,还制定了相应的告赏制度。“南海Ⅰ号”除非是获得特许,如装载回赐的“朝贡”使团(如上所论,根据南宋“朝贡”状况,显然不是),则出港时和放洋以前必受禁令的查验和限制。

第三,是检空和放洋制度。检空即商船出港前,市舶司和港口所在地地方政府联合派员上船检视,地方政府所派是与市舶贸易事务无关的“不干碍官”,清点人、船、货物,检查是否装载违禁物品。检空完备后“遣巡捕官监送放洋”,[2]商船由检空官员监视护送,“至海口,俟其放洋方得回归”。[3]泉州港发舶的船只,在岱屿门放洋,“从泉州港口至岱屿门便可放洋过海,泛往外国也”,经七洲、昆仑、沙漠等洋到东南亚。[4]岱屿门在泉州晋江入海口,“岱屿一山屹立其中,土人称为岱屿门,乃近城控扼至要之地”。岱屿门沿海巡防严密,“巡绰海道,合令诸寨分认地界”。[5]广州港发舶的商船在溽州放洋,“溽洲有望舶巡

1 苏轼撰、孔凡礼点校:《苏轼文集》卷三一《乞禁商旅过外国状》,中华书局1986年版,第889—890页。

2 《文献通考》卷九《钱币考二》,中华书局2011年版,第244页。

3 《宋会要辑稿》职官四四,第4215页。

4 《梦粱录》卷一二《江海船舰》,第112页。

5 真德秀:《西山文集》卷八《申枢密院措置沿海事宜状》,文渊阁《四库全书》影印本,第1174册,第130b、131b页。

检司”，“商船去时至溽洲少需以诀，然后解去，谓之放洋”。[1]所谓放洋，即径直进入深海航线。从市舶港发舶的“南海Ⅰ号”必然在被监送放洋后方有机会大量装载违禁品。

第四，是回舶制度。海商申领公凭出海贸易，“回日许于合发舶州住舶，公据纳市舶司”。[2]必须到申领贸易公凭的市舶司所在港接受抽买，并缴回公凭。上举李充申请公凭状已说明“（回日）经赴明州市舶务抽解”。李充发舶时间是崇宁四年（1105），其公凭所附市舶条法规定海商回舶“于非元发州舶者，抽买讫，报元发州验实销籍”。[3]但这条规定已于崇宁五年（1106）诏令废罢：按元丰三年（1080）旧条，发舶往来南蕃诸国船只回舶能赴原发舶港抽解，“今则许于非元发舶州住舶抽买。缘此大生奸弊，亏损课额”，恢复了元丰三年旧条。[4]南宋时仍实行回原发舶港抽解的制度。隆兴二年（1164）还重申：“三路舶船，各有司存。旧法，召保给据起发，回日，各于发舶处抽解”，三路市舶司仍照旧法施行。[5]只有缴回公凭，接受抽解后，才能合法销售贩回的商品，“未经抽解，敢私取物货者，虽一毫皆没其余货”。[6]“南海Ⅰ号”申领公凭正常发舶，方能在回舶时合法进入国内市场。

作为一艘从市舶港正常发舶的商船，只有充分考虑上述制度因素，才能更好辨明“南海Ⅰ号”的若干问题。仅用“南海Ⅰ号”为福建海船或所载商品多为福建及其邻近地区出产，尚不能充分证明该船从泉州发舶。福建是宋代海上贸易风气最盛、海商最活跃、海船质量最高的地区，已成为当时海洋航行和贸易的代表。政府使团征调出使海船、招募为两国间官方传递信息者，乃至刺探外国讯息者，都首先想到福建商船和商人。所以福建商人和福建商船不仅前往东南亚，也遍及高

1 《萍洲可谈》卷二，第148页。
2 《宋会要辑稿》职官四四，第4207页。
3 《朝野群载》卷二《异国》，第455页。
4 《宋会要辑稿》职官四四，第4207页。
5 《文献通考》卷二〇《市籴考一》，第591页。
6 《萍洲可谈》卷二，第148页。

丽、日本。在高丽和交趾的国都还多有福建商人留居和做官。上文言及的徐兢使团征调的六艘“客舟”就是福建商船，成寻自日本来宋朝即搭载福建商人船舶，而前往高丽和日本必从明州（庆元府），而非泉州发船。福建商人和商船往南海诸国贸易既可在泉州申领公凭，也可在广州申领贸易公凭。所以“南海Ⅰ号”为福建海船并不能成为其必从泉州发船的铁证。

同样，船载商品也难以作为判定该船发舶港的有力证据。商品可以通过近海市场和内陆市场流动。内陆市场自不必说，不仅瓷器、丝绸，而且金、银、铁、铜钱等都可以在国内市场流动。而且福建与浙东因海上贸易发展，沿海地区已形成工商业为主的经济结构，依赖浙西和广南粮食的输入，构成互补性的市场关系。福建与两浙和广南沿海地区之间有着稳定而频繁的近海贸易。因而，讨论其发舶港问题时，将“在宋代，广东港的船少有向北航行的”作为其从泉州港发舶的依据并不妥当。[1] 难以从“南海Ⅰ号”所载福建及其邻近地区所产商品而肯定其从泉州发舶，何况该船也载有广南地区的瓷器等商品。

因而，要证明“南海Ⅰ号”从泉州发舶，仅以该船是福建海船及装载大量福建及其邻近地区商品为证据，显然难以构成充分的证明力。如果认为该船从泉州发舶，就需要回答其为什么在领取公凭后冒着被查没的风险，离开泉州至东南亚的航线，远航到阳江海域沉没。该船下层装载合法商品，最大的可能是领取贸易公凭，通过港口检空和验证公凭，从市舶港正常发舶，离港后装载违禁品，这样既可获取违禁品高额利润，也可保障其回舶后在国内正常办理抽买手续，合法销售其贩回的商品，在国外贸易时有可以避免被“掠非诣其国者，如请占婆公据而误入真腊，则尽没其舶货，缚北人卖之”的风险。即所谓既得遵守制度之便利，又获违反制度之厚利。

而且，从《诸蕃志》记载可知，中国海商在东南亚三佛齐、佛罗

---

1 黄纯艳：《论宋代的近海贸易》，《中国经济史研究》2016年第2期，第84—96页；前引黄纯艳《舶商与私贩：〈“南海Ⅰ号”沉船考古报告之二〉的贸易史解读》。

安、阇婆、麻逸等多国经常贩卖的商品即有金、银、铁（包括“铁鼎”）等，可见“南海Ⅰ号”运载的大量铁锅是当时中国销往东南亚常见商品。违禁品成为海外贸易常用商品说明走私行为的普遍存在。泉州一带发舶后装载违禁品的走私方式是常有的现象。泉州有走私铜钱者“积得现钱或寄之海中之人家，或埋之海山险处，或预以小舟搬载前去州岸已五七十里，候检空讫，然后到前洋各处逐旋搬入船内，安然而去”。[1] 还有“泉州商人夜以小舟载铜钱十余万缗入洋，舟重风急，遂沉于海”。[2] 该小舟当然不是去远洋贸易，而是运钱到海中某处，备商船检空放洋后装载。“南海Ⅰ号”若需发舶后再装违禁品，可以不必冒离开航线而被插进的极大风险远赴阳江海域。“南海Ⅰ号”的发舶港和发舶方式仍是一个需继续讨论的问题。本文重新检讨对这两个问题的已有研究，是欲强调我们需要重视目前对该船作为一艘从市舶港正常发舶商船这一基本特点，考虑其所置身的制度框架。

三、发掘成果对历史文献的补充

不同文献资料的相互补充，形成拼合零散的“全”，为“南海Ⅰ号”研究提供了展开背景。“南海Ⅰ号”所处时代的社会经济状况、制度和非制度因素对贸易的影响、贸易实际开展方式，是讨论“南海Ⅰ号”不能离开的背景。另一方面，作为一艘船体和船货都相对完整地得以保存的商船，是以往发掘的沉船未曾有过的，可以大大补充历史文献的缺失，其包含的船、人、货信息的丰富和完整将极大地推进造船史、贸易史、航海史、经济史、技术史、文化史等相关领域的认识。

“南海Ⅰ号”对宋代文献记载的补充是多方面的，本文略举宋代海船载重量问题。“南海Ⅰ号”甲板以下船体基本完整保存，在现有发掘的宋代海船中绝无仅有，对研究宋代造船史具有极其重要的价值。宋

1　包恢：《敝帚稿略》卷一《禁铜钱申省状》，文渊阁《四库全书》影印本，第 1178 册，第 714 页。

2　《建炎以来系年要录》卷一五〇“绍兴十三年十二月丙午”条，中华书局 2013 年版，第 2824 页。

代是中国海船三大船型形成的重要时期，“南海Ⅰ号”所代表的福船是中国最有代表性的远洋船舶，但文献记载并不能完全复原宋代该船型的所有细节，因而保存基本的“南海Ⅰ号”对研究宋代海船的结构及中国古代海船的技术演进是十分宝贵的样本，可以弥补文献记载的不足。上文论及宋代海船大小则按梁宽计，宋代内河船大小以“料”计。学界对船舶之“料”有不同解释。黄纯艳辨析各说，重加考释，认为“料”用来表示船舶大小时指一石米的容积，作为船舶力胜的“料”是指有效载货容积，而并非全船总排水量或总载重量。[1] 一者宋代漕运与其他朝代一样，以粮食为主，“料”的计算直接从粮运而来，衡量一船能容载多少石米。其次内河船征收力胜税，不论装载何物，按船舶有效载货容积表示的装载能力征税，不载货的船征收空船力胜税。“料”与“石”、“斛”在表示内河船载重时可相互代替，也成为人们指称内河船大小的习惯概念。

海船言及力胜单位“料”的情况有二：一是近海战船，如建康府造“三百料四橹海船”，[2] 二是说到某船梁宽后估计其力胜，如福建左翼水军海船，“面阔三丈、底阔三尺，约载二千料”、高丽使团所雇“客舟”“其长十余丈，深三丈，阔二丈五尺，可载二千斛粟”。[3] 其实都是用衡量内河船的习惯概念描述海船大小。如上所述，官方在统计和征调民间海船时都是以梁宽为标准。因而我们所见文献记载所呈现的海船大小的等级系列是不同梁宽。但不同梁宽对应多大载重量，史籍并无记载，所见的若干“料”都是以内河船概念的大略描述，因而会出现同一船型、不同梁宽的海船被描述为相同的“料”数，即徐兢使团所雇梁宽“客舟”“阔二丈五尺，可载二千斛粟”，而南宋福建左翼军战船“面阔三丈，底阔三尺，约载二千料”。

首先，并不能用简单地用有效载货容积单位“料”折算今制的载

1 黄纯艳：《宋代船舶的力胜与形制》，《厦门大学学报》2015 年第 6 期，第 45—56 页。

2 周应合：《景定建康志》卷三九《战舰》，中华书局 2004 年版，第 1983 页。

3 《宣和奉使高丽图经》卷三四《海道一》，第 129 页；《宋会要辑稿》食货五〇，第 7130 页。

重量，即不能简单用一“料”按宋制一石米92.5宋斤，合今制约118斤，来换算为今制船舶吨位。同样的有效载货容积（净吨位）因船舶形制、吃水线长宽、吃水深度、方形系数等的不同，也存在差异。有学者根据《梦粱录》中“料”的记载折算海船载重，如前引叶道阳文根据《梦粱录》所载海船五千料、二千料至一千料、一千料以下分别折算其载重为300—600吨、200—400吨、200吨以下，并相应地定为大、中、小型船。前引赵建中文认为，“南海Ⅰ号”排水量估计可达600吨，载重近800吨，出使高丽的“神舟”估计可装载2万石以上货物，载重量约为1100吨。《梦粱录》作者对海船的描述本身为一概观，非精确数据，更不能以其折算载重吨位。徐兢对“神舟”长、宽、载人皆“三倍于客舟”的描述也是一种概说，其“三倍”之数不一定为实指，即使将其折算为力胜六千料，“客舟”二千斛的力胜也是徐兢比照内河船习惯的估计。实际上，从现有历史文献难以获得南宋海船的准确载重数据以及其他完整参数。而“南海Ⅰ号”甲板以下船体基本保存，可以获得其船体的各种主要数据，对我们认识南宋福建海船，包括载重量等多种技术特点提供了文献记载所缺乏的依据。

“南海Ⅰ号”现存文物看似是缺失“人”的若干静物，但其相对完整地保存下的货物、航行和生活等相关文物构成了系统的信息链，对于揭示南宋商船的人员构成及生活方式可与文献记载相互补充。文献碎片式地记载了出海的商船会有哪些人，如何组织，如何分工，如何生活，但并不足以系统展现一艘远洋商船生活的完整细节。已有学者根据文献研究指出，海船人员可分为操作人员和搭乘人员，“南海Ⅰ号”这样规模的海船需要的操作人员超过60人。[1]一种可能是，该船也如李充船那样，船主自任纲首（李充既是船主，又是纲首），其他68人皆为其雇佣的梢工、杂事、水手。更大的可能则如《萍洲可谈》所言“商人分占贮货，人得数尺许，下以贮物，夜卧其上”，[2]搭乘人

1 前引黄纯艳《舶商与私贩：〈“南海Ⅰ号”沉船考古报告之二〉的贸易史解读》。

2 《萍洲可谈》卷二，第149页。

员的主体是商人。而且人、货各自相对独立“抽解之时各人货物分作一十五分”，其中“纲首一分，为船脚糜费”，而且市舶司对纲首货物和一般商人的货物抽解比例不同，“纲首十九分抽一分，余船客十五分抽一分”。[1]“南海Ⅰ号”这样的大型海船必有搭乘人员。那么，可能会有哪些搭乘人员呢？

除了“分占贮货”的国内商人，文献记载还可知，宋朝商船也时见搭载各色外国人。一是僧人，如日本僧人成寻和高丽僧人义天都是搭载中国商人船舶来宋，回国也是搭乘商人船舶。而且海商相信僧人可以帮助祈祷航行顺利，故“商人重番僧，云度海危难，祷之则见于空中，无不获济”。[2]成寻在海上航行时就每日念经上万遍。二是使节和外商，宋朝允许本国海商搭载外国朝贡使节和贸易商人，即“诸蕃愿附船入贡或商贩者听”，“许舶客专擅，附带外夷入贡及商贩”。[3]就“南海Ⅰ号”而言，虽其所处的南宋嘉定以后已无海上朝贡往来，但搭载外国商人的可能性仍然存在。三是遭遇海难的人，宋朝对来华贸易遭遇海难的外国人给予渡海程粮，安排遣返本国，遣返的方式是搭乘商人的顺风船，“伺便舟还之”。[4]四是“鬼奴”，即海外黑人，“色黑如墨，唇红齿白，发卷而黄”，[5]鬼奴有多种，昆仑奴为其中一种，广南一带多有蓄养鬼奴者，特别是航海之家，因鬼奴善于潜水修船，航海时喜带鬼奴于船上。杨睿通过对“南海Ⅰ号”器物风格，特别是发现漆盒内饰物，以及人骨检验结果的分析，认为该船上有搭载外国商人和黑人的可能性。[6]考古成果和文献记载结合，有助于进一步探讨该船是否有“蕃人”及船上可能搭载的“蕃人”的身份。

已有学者利用“南海Ⅰ号”发现的食品、生活器具分析了船上人

---

1 罗濬等撰：《宝庆四明志》卷六《市舶》，中华书局1990年版，第5054页。

2 《萍洲可谈》卷二，第150页。

3 苏轼：《苏轼文集》卷三一《乞禁商旅过外国状》、卷三五《论高丽买书利害札子》，第889、995页。

4 《建炎以来系年要录》卷七八“绍兴四年七月辛未”条，第1479页。

5 《萍洲可谈》卷二，第151页。

6 前引杨睿《“南海Ⅰ号”南宋沉船若干问题考辨》。

员的生活状况。[1] 该船发现的食品有米谷、酒类，多种瓜果、香料，以及羊、鸡、鹅、猪、牛、鱼等的骨骼，可以说印证了《岭外代答》描绘的海上生活："一舟数百人，中积一年粮，豢豕酿酒其中"，"人在其中，日击牲酣饮，迭为宾主以忘其危"的记载，[2] 但又远远超过了这寥寥数语的信息。该船发现的食品种类和数量，为我们了解当时海船上的食物结构提供了历史文献缺乏的详实细节。各种用途的生活器具，展现了船上人员对食物加工、储存的方式，以及人们日常起居等诸多方面的状况，都可以补充历史文献的不足。随着船载文物全部清理统计完备，会有更多这样的细节被发现。除了饮食生活外，行船临时社会的秩序构成、作为航海生活重要内容的信仰祭祀等都可能得到更为具体的揭示。这些信息不仅对研究一艘海船的日常生活，而且对研究南宋时期的社会生活史也具有重要的价值。

"南海Ⅰ号"所载近二十万件货物更是丰富的学术宝库。首先，该船保存基本完整的货物呈现了一艘海外贸易商船基本的商品结构，通过文献的零散记载所能列举的种类甚多的海外贸易出口商品大部分都出现于该船货物中，但也可相互补充，例如《诸蕃志》记载中国海商兴贩的商品除了"南海Ⅰ号"的大宗商品陶瓷、铁器、金银、酒、丝绸等外，还有香料和药材，如脑麝、檀香、乾良姜、大黄、樟脑、川芎、白芷、朱砂、鹏砂、砒霜；用具，如草席、凉伞、绢扇、漆器、皮鼓；其他金属，如铅、锡，以及如米、糖、绿矾、白矾、琉璃珠、琉璃瓶子、网坠牙、臂环、胭脂等物品。而"南海Ⅰ号"各种货物的数量和装货方式较文献记载仅见种类的列举提供了更为丰富和动态的信息。一百余吨铁锅、铁条，数量庞大的来自不同产地的瓷器，为技术史、经济史、文化史等领域的研究提供了丰富的材料和广阔的空间，需要不同学科从不同角度，运用不同的方法，共同研究。

---

1 前引叶道阳《"南海Ⅰ号"沉船反映的宋代海上生活辨析》。

2 《岭外代答校释》卷六《木兰舟》，第 217 页。

四、结语

随着“南海Ⅰ号”发掘工作的结束，包括船舶在内的各项文物完整数据资料的发布应指日可待，必将极大地推进宋代贸易史、造船史、航海史，以及相关技术史、经济史、文化史等领域的研究。已有不少学者，包括本文讨论所及的多位学者，根据已发布的部分发掘成果作了很有意义的探索，这些研究不仅提出了对“南海Ⅰ号”发舶问题、船上生活、船体研究等若干看法，也促使我们进一步思考推进“南海Ⅰ号”研究的方法和路径。现有研究可谓是“南海Ⅰ号”全面研究的序曲，为了更好地推动“南海Ⅰ号”研究，对现有研究的观点、路径、史料作一检讨是十分必要的。

“南海Ⅰ号”研究必然需要多学科的合作，综合运用不同学科的方法和视角。历史文献与发掘成果的结合是最基本的研究方法。“南海Ⅰ号”作为一个保存相对完好的海船个体案例，其完整的船体和丰富的文物，可以极大地补充历史文献的记载不足。我们必须重视和发掘“南海Ⅰ号”这一重要学术宝库的价值，将现现有基于历史文献的若干相关问题研究推向深入。另一方面，“南海Ⅰ号”作为一艘从南宋历史背景中驶出的远洋商船，对其研究中必须充分利用历史文献，结合其所处的社会、经济和制度背景。这一过程中对相关史料性质的辨析、对历史背景的准确把握十分重要，离开了对史料性质和历史背景的准确理解，对“南海Ⅰ号”的认识就可能出现偏差。

（原载《海交史研究》2021年第1期，该文与冯辛夷共同署名）

第三编

财政治理

宋代赋役衍变的制度逻辑

赋役制度具有保障财政供给和维持社会稳定的双重功能。宋朝赋役制度既遵循汉唐时期王朝体制、儒家治国和以农立国的基本原理，也有适应财政结构和社会经济新变化，体现出与前代不尽一致的制度逻辑。赋役史的研究积累宏富，如郑学檬、陈明光、包伟民所总结的，已有研究主要是制度史视角的考察，着力在制度阐释和制度运作，深化赋役史研究的必由途径是转换视角，拓展视野，改进研究方法。[1] 本文拟通过分析宋人对赋役制度的解说，探讨宋代赋役演变中政策与观念的相互体现。

一、“食租衣税”与征榷养兵

儒家思想对赋役的认识有几个原始理念：王土王赋、食租衣税和什一之税。王朝体制下，王土王民是赋役征收最根本的合法性解说，即《诗经》的“普天之下，莫非王土”，也即宋人所说的“既居王土，必输王赋，此法也，亦理也”。[2] 不论城乡，居王土为王民，纳王赋，服差役乃理所当然。宋人“王土王赋”的基本理念与历代一样，而内容已赋予了新义。“食租衣税”和“什一之税”仍然被部分宋儒宣扬，但已异论纷纭，赋役征收实际难以遵循。

所谓“食租衣税”之“租”即田赋，“税”即户口税。“食租衣税”被认为是圣人之政：“古者圣人在上，食租衣税而已……后世鄙陋，乃

---

1 陈明光、郑学檬：《中国古代赋役制度史研究的回顾与展望》，《历史研究》2001 年第 1 期；包伟民：《唐宋转折视野之下的赋役制度研究》，《中国史研究》2010 年第 1 期。

2 《开庆四明续志》卷七《楼店务地》，《宋元方志丛刊本》，中华书局 1990 年影印本，第 6004 页。

始益以茶盐酒税之征”。[1] 圣人之道只“食租衣税”，不实行禁榷，也无关市商税之征，“夫天子之道，食租衣税，其余之取于民者，亦非其正矣。茶盐酒铁之类，此近世之所设耳。夫古之时，未尝有此四物者之用也”。[2] 这也是荀子所称“田野什一，关市几而不征，山林泽梁以时禁发而不税”的“王者之法”。[3] 宋代也有人建议罢除禁榷，范仲淹就曾经奏请“诏天下茶盐之法，尽使行商”。[4] 甚至有人主张恢复“食租衣税”，如南宋林勋就说“宜仿古井田之制”，“行之十年，则民之口算，官之酒酤，与凡茶、盐、香、矾之榷，皆可弛以予民”。[5]

但现实是“食租衣税”不能满足募兵制下的财政需求，如北宋余靖所言：“三边有百万待哺之卒，计天下二税上供之外，能足其食乎？故茶盐酒税、山泽杂产之利，尽归于官，尚犹日算岁计，恐其不足”，“以宽其禁，三军之食，于何取之？”[6] 南宋吕颐浩也说“茶盐榷酤，今日所仰养兵，若三代井田、李唐府兵可复，则此皆可罢，不然，财用舍此何出？”[7] 并将维持茶盐养兵上升到祖宗家法的高度，称“茶盐之法，系朝廷利柄，自祖宗以来，他司不敢侵紊”，若将佐敢“容纵军兵侵夺朝廷养兵利源，非独妨害客人兴贩，显是有违祖宗成法”。[8] 在“未能一一复古”，“减经总制，罢私买而舍茶盐，则无以立国”，[9] 两税外的工商收入“总其所得，又十倍于两税而不翅”的形势下，[10] 宋人已经承认征榷的合理性，反对王安石变法者曾说“自古为国，止于食租衣税。纵有不足，不过补以茶盐酒税之征，未闻复用青苗放债取利，与民争

1 《续资治通鉴长编》卷三八四“元祐元年八月庚寅”条，中华书局 2004 年点校本，第 9364 页。
2 苏辙著：《栾城应诏集》卷九《民政上（第五道）》，上海古籍出版社 1987 年点校本，第 1682 页。
3 《荀子 · 王制》，中华书局 2011 年译注本，第 124 页。
4 《续资治通鉴长编》卷一五一“庆历四年七月丙戌”条，第 3672—3673 页。
5 《宋史》卷一七三《食货一》；卷四二二《林勋传》，中华书局 1977 年点校本，第 4170、12606 页。
6 《续资治通鉴长编》卷一四三“庆历三年九月癸巳”条，第 3462 页。
7 《建炎以来系年要录》卷五九“绍兴二年十月己酉”条，中华书局 2013 年点校本，第 1025 页。
8 《宋会要辑稿》食货二六之一九，上海古籍出版社 2014 年点校本，第 6566—6567 页。
9 叶适：《叶适集 · 水心别集》卷一一《茶盐》，中华书局 1961 年点校本，第 779 页。
10 杨士奇等：《历代名臣奏议》卷九一“户部侍郎汪应辰应诏言事”，文渊阁《四库全书》1990 年影印本，第 435 册，第 567 页上栏。

锥刀之末，以富国强兵也”，[1]认为除了官府直接经营牟利外，农业和工商税收都是合理的。在现实赋税政策中已不再把“食租衣税”和禁榷征商二元对立。

西汉人解释盐铁官营时还是认为山泽乃天子私藏，因“山海，天地之藏也，皆宜属少府，陛下不私，以属大农佐赋”，[2]是天子赏赐给大农。宋代在“国家养兵，全在茶盐以助经费”，[3]“采山煮海，一年商利不入，则或阙军须”的现状下，[4]宋人认为“食租衣税”已是“书生之论所以不可行”。[5]不再谈山泽资源为“天子私藏”，而强调茶盐禁榷乃“国家经费”，从政策实践上已经把禁榷商税列入“经费”收入。计司编撰的《会计录》主要统计三司（户部）“经费”收支，《景德会计录》所载财政收入就包括了“户赋”和“课入”。户赋就是两税为主的农业税收，课入就是禁榷商税等工商收入。《皇祐会计录》《元祐会计录》分别列了“户赋”、“课入”和“民赋”“课入”。[6]马端临在《文献通考》中特设“征榷考”，将征榷分为两类：“征榷之途有二：一曰山泽，茶、盐、坑冶是也；二曰关市，酒酤、征商是也。”第一类取于“山海天地之藏”，即山泽之利或资源，第二类是“关市货物之聚”，即货殖之利或市场。[7]

现实财政需要使征榷政策不得不行，但征榷成为事实上的“经赋”还需要更具原理性的解说，以消解与民争利的指责。宋人主要从崇本抑末和抑制兼并两个方面解说。宋代在政策上逐步放弃了重农抑商，事实上也通过商税制度和间接专卖制度建立了与商人共利分利的机制，但儒家治国、以农立国的基本格局和观念并没有变化，农本思想仍然是最核

1 《续资治通鉴长编》卷三八四“元祐元年八月庚寅”条，第 9363 页。

2 《史记》卷三〇《平准书》，中华书局 1959 年版，第 1429 页。

3 《宋会要辑稿》食货三二之二二，第 6708 页。

4 《续资治通鉴长编》卷五〇“咸平四年十二月乙卯”条，第 1093 页。

5 马端临：《文献通考》，“自序”，中华书局 2011 年点校本，第 4 页。

6 《玉海》卷一八五《景德会计录》《皇祐会计录》，广陵出版社 2003 年版，第 3390、3392 页；《栾城后集》卷一五《元祐会计录叙》，上海古籍出版社 1987 年点校本，第 1326—1328 页。

7 马端临：《文献通考》，“自序”，第 6 页。

心的经济思想和治国理念。“惟农是务，诚天下之本”的议论仍是不变的主流，[1]劝农也仍是地方官的首要职责。宋代对征榷的争论也都以农本为政治正确：“羞言利者，则曰县官当食租衣税而已，而欲与民庶争货殖之利，非王者之事也。善言利者，则曰山海天地之藏，而豪强擅之，关市货物之聚，而商贾擅之，取之于豪强、商贾，以助国家之经费，而毋专仰给于百姓之赋税，是崇本抑末之意，乃经国之远图也。”[2]

征榷同时被赋予抑制兼并的意义。宋人肯定了商与农一样为国家赋税之源。司马光指出“农工商贾者，财之所自来也”，都是国家赋税来源，需“养其本源而徐取之”，“善财税者，养其所自来，而收其所有余”，使“农工商贾皆乐其业而安其生”。[3]从赋税角度看，国家与商人的关系是“大商富贾为国贸迁，而州郡收其税”，“州县财计取办于税务，税务课额仰给于客旅”，[4]“大商富贾不行，则税额不登，且乏国用”。[5]所以“大国之善为术者，不惜其利而诱大商。此与商贾共利，取少而致多之术也”。[6]

但另一方面又要抑制工商业兼并势力过度膨胀，需通过税收加以调节。宋人说，“盖制商贾者，恶其盛，盛则人去本者众，又恶其衰，衰则货不通，故制法以权之”。[7]对市场的征税就是抑商，“茶盐、商税之入，但分减商贾之利尔，于商贾未甚有害也。今国用未省，岁入不可阙，既不取之于山泽及商贾，必取之于农。与其害农，孰若取之商贾”。[8]因为“山海天地之藏，而豪强擅之”，对资源的禁榷是抑豪

1 范仲淹：《范仲淹全集》之《范文正公别集》卷三《稼穑唯宝赋》，四川大学出版社 2007 年点校本，第 500 页。

2 马端临：《文献通考》，“自序”，第 6 页。

3 司马光：《传家集》卷四四《罢条例司常平使疏》，文渊阁《四库全书》1990 年影印本，第 1094 册，第 406 页上栏。

4 《晦庵先生朱文公文集》卷二〇《乞减移用钱额札子》，上海古籍出版社、安徽教育出版社 2002 年点校本，第 924 页。

5 《续资治通鉴长编》卷一九一“嘉祐五年三月丁巳”条，第 4617 页。

6 欧阳修：《欧阳修全集》卷四五《通进司上书》，中华书局 2001 年点校本，第 642、643 页。

7 王安石撰：《王安石文集》卷七二《答韩求仁书》，中华书局 2021 年点校本，第 1253 页。

8 《续资治通鉴长编》卷一四一“庆历三年六月甲辰”条，第 3387—3388 页。

强兼并。宋人说，“笼山海之藏以佐经用”是国家“操利柄以干山海之藏”，“其法一缓，则奸人大贾擅之矣”，“弛之则利归豪右，威去公朝”，会导致“兼并之家日富。恃豪强者或势侵于州县”。[1] 抑兼并与农本具有一体两面的合理性，为不同见解的宋儒们共同认可。

二、儒家理念下的奉国与安民

赋税征收首先是保障国家机器运行的现实需要，即宋人留正所言“为国者，有城郭、宫室、宗庙祭祀之礼，有诸侯、币帛、饔飧、百官、有司之事，是其势不得不取诸民”。[2]《汉书·食货志》也说到自古“有赋有税”，是“天子奉养百官，禄食庶事之费”，“共车马、甲兵、士徒之役，充实府库赐予之用”。同时又说“财者，帝王所以聚人守位，养成群生，奉顺天德，治国安民之本也”。[3] 赋税的奉国与安民也是一体两面的。合格的地方官员“当令国与民皆足，乃为称职”，若借口“我能为君惠养元元，爱惜生民，彼国计之有无，吾不知焉。是贼国盗名之人也。若夫剥下以益上，献佞以营私，曰：‘我欲为君充府库而已。’此又古之所谓民贼”。[4]

赋役功能中的奉国即养百官、供军需及百般用度，关乎国家机器正常运行和安全保障。同时赋役的安民功能具有弥讼消乱的重要意义，对社会稳定和国家安全同样重要。苏辙说：“薄赋敛，散蓄聚，若以致贫，而民安其生，盗贼不作”，国家久而不胜其富，“厚赋敛，夺民利，若以致富，而所入有限，所害无穷，大者亡国，小者致寇”，久而

1 余靖：《武溪集》卷六《楚州盐城南场公署壁记》，文渊阁《四库全书》影印本，1990年，第1089册，第58页上栏；张纲：《华阳集》卷八《黄叔敖转一官》，文渊阁《四库全书》影印本，1990年，第1131册，第51页上栏；华镇：《云溪居士集》卷二七《问盐铁》，文渊阁《四库全书》影印本，1990年，第1119册，第596页上栏；田锡撰：《咸平集》卷二二《开封府试策第三道》，巴蜀书社2019年点校本，第191页。

2 《建炎以来系年要录》卷一六九“绍兴二十五年八月辛巳”条，第3206页。

3 《汉书》卷二四上《食货志》，中华书局1964年点校本，第1117、1120页。

4 《建炎以来系年要录》卷一六九“绍兴二十五年八月辛巳”条，第3206页。

不胜其贫。从陈胜、吴广、庞勋、黄巢，到宋朝的李顺、张海等变乱，每次平乱"大率不下数百万贯。但得事了，岂敢言费"。[1]张方平也指出了赋税的安民作用，"厚敛则民困，困则奸盗起而刑辟重。轻赋则民足，足则礼义兴而刑罚简。刑辟重则民愁怨而思乱，礼义兴则民安乐而思治"。[2]所以，赋役与治乱密切相关。地方官员的职责和地方治理的效果应是"使赋平讼理，民安俗阜"，[3]"轻徭薄赋，息讼省刑，民俗知向，而俊乂众多，吏道永清"。[4]

如何利用赋役制度实现安民和弥乱的效果呢？第一是征求适度。平衡奉国与安民，赋税的薄与厚应"量民力而制国用"，而不该"量国用而取之民"，[5]"国用之甚急，尤当量民力之所堪"。[6]如果地方官为了考课业绩，多揽财税，不量民力，就是"民间重害"。[7]但是，民力无法统计，只能以适度来解说。即孟子所言"什一而税"被认为是最适度合理的税率，即"什一者，天下之中正也"。[8]宋人也认为赋役"取之得中，似什一而税"，[9]"什而取一，实为天下之通法也"，[10]最合圣人之政，赋税应该"量所用以赋之，为之什一之法，不敢有加焉。过乎此，则百姓有不足，是桀之道也。不及乎此，则君孰与足，是貉之道

1 苏辙：《栾城集》卷三六《乞招河北保甲充军以消盗贼状》，第800、801页。

2 张方平：《乐全集》卷一四《税赋》，文渊阁《四库全书》影印本，1990年，第1104册，第115页下栏。

3 刘安上：《给事集》卷二《朝请大夫集英殿修撰陕西路制置解盐使何述为徽猷阁待制知永兴军》，文渊阁《四库全书》影印本，1990年，第1124册，第16页下栏。

4 唐士耻：《灵岩集》卷一《戒令监司守臣条具州县民间利病诏》，中国书店2018年版，第47页。

5 欧阳修：《欧阳修全集》卷六〇《原弊》，第872页。

6 杜范：《清献集》卷一一《论和籴榷盐札子》，文渊阁《四库全书》影印本，1990年，第1175册，第698页下栏。

7 李光：《庄简集》卷一二《论诸路月桩之弊札子》，文渊阁《四库全书》影印本，1990年，第1128册，第558页上栏。

8 何休解诂；徐彦疏：《春秋公羊传注疏》卷八《宣公第十六》，上海古籍出版社2014年版，第678页。

9 王禹偁：《小畜集》卷一四《纪蜂》，文渊阁《四库全书》影印本，1990年，第1086册，第134页下栏。

10 王之道：《相山集》卷二四《论增税利害代许敦诗上无为守赵若虚书》，文渊阁《四库全书》影印本，1990年，第1132册，第707页下栏。

也。二者圣人皆以为有罪也”。[1]宋人所言“什一而税”仅是指两税正税。张方平说“大率中田亩收一石，输官一斗”，[2]强调“亩税一斗者天下之通法”。[3]

所谓“天下通法”是作为儒家思想下仁政的解说，实际征收则不可能恪守之。如杨宇勋所论，宋朝是儒教国家，受儒家原理所限，两税上有什一之税的天花板，但募兵制的财政压力迫使其开辟财源，特别是前所未有的专卖和国营经济等工商业财源。[4]两税征收中本身也伴生了支移、折变，以及名目繁多的附加税，甚至“秋租加耗之入或过于正数。官收一岁之租，而人输两倍之赋”。[5]各地因土地和财政情况的不同，两税正税也不尽一致。

第二是赋役均平。赋役制度在保障国用的同时要调节贫富，体现公平原则。张方平说：“夫致理之本在乎制度，制民之产在乎均平。子曰不患寡而患不均。盖均无贫。”[6]宋人所言的赋役“均平”包括赋役制度原则“均平”和赋役征收“均平”两个层面。制度原则的均平就是孔子所说“不患寡而患不均”和“均无贫”。宋人解释“均无贫”“盖平富者所谓”，是行“平富之政”，使民无怨而安，“民安则国富”。[7]即赋役均平，民无怨叛，国安而能致富。

“古谓‘均无贫’，朝廷立法，但欲均耳”，[8]那么什么可谓之“均”呢？当然不是宽富而征贫，使大商富贾“赋调所不加，百役所不及”。“而农人侵冒寒暑，服田力稼，以供租税，以给徭役”，[9]也非舍贫而取

1 《建炎以来系年要录》卷一六九“绍兴二十五年八月辛巳”条，第3206页。

2 张方平：《乐全集》卷一四《税赋》，文渊阁《四库全书》影印本，1990年，第1104册，第116页下栏。

3 《梦溪笔谈》卷九《人事一》，《全宋笔记》第二编第三册，大象出版社2006年点校本，第78页。

4 杨宇勋：《宋代财政史研究的取径与方法》，载林文勋、黄纯艳主编：《中国经济史研究的理论与方法》，中国社会科学出版社2017年版，第58—67页。

5 《宋会要辑稿》食货六八之六，第7946页。

6 张方平：《乐全集》卷一四《畿赋》，文渊阁《四库全书》影印本，1990年，第1104册，第117页上栏。

7 林之奇：《尚书全解》卷三七《康王之诰》，人民出版社2019年点校本，第648页。

8 《续资治通鉴长编》卷三一三“元丰四年六月己巳”条，第7588页。

9 张方平：《乐全集》卷一四《畿赋》，文渊阁《四库全书》影印本，1990年，第1104册，第117页上、下栏。

富，“尽蠲免中下之民”，“若中下尽免而取足上户，则不均甚矣”。[1]朱熹阐释道“均谓各得其分”，[2]即贫富负担各得其分。所以赋役均平也无全国统一标准，总体原则是“天下租赋科拨支折，当先富后贫，自近及远”。[3]民户以有无应税资产分为主户、客户。职役摊派依据户等，而户等划分依据是资产，划分办法各县“随其风俗，或以税钱贯百，或以地之顷亩，或以家之积钱，或以田之受种，立为五等”，[4]无统一财产标准。

执行中的“均平”，一是厘清资产，确定贫富。如民田之税“考地之肥瘠，制赋之重轻。裁使平均，本于宽约，利人奉国，诚为中典”。[5]方田均税法推行的理由就是“神宗患田赋不均，熙宁五年重修定方田法”，因而方田法又称“均税条约”。[6]南宋多次推行经界法，目的也是均税，“使产有常籍，田有定税，差役无词诉之烦，催税免代纳之弊”。[7]二是体现富者多担，贫者少担或不担的原则。如职役的摊派是将最重的衙前、里正等由第一、二等户承担，较轻的乡书手、壮丁等由第四、五等承担，最贫的主户有“免出之法”。[8]

现实中，或因官员只管课额，或因官员贪腐，或因豪民诡隐等等，使“真为下户，法当免者，今亦及之”，“豪宗巨室向也析大为小，得与下户俱免”，[9]并不能做到事实的“均平”。但在制度上，维持均平是地方官征收赋役时的基本要求。地方官要“务使田税均平，贫富得实”，[10]宋太宗时曾令“诸知州、通判具如何均平赋税，招辑流亡，惠恤孤贫，窒塞奸幸，凡民间未便事，限一月附疾置以闻”。[11]“赋役均

1 《续资治通鉴长编》卷三一三“元丰四年六月己巳”条，第7588页。

2 朱熹集注《宋本论语集注四》卷八《卫灵公第十五》，国家图书馆出版社2016年版，第52页。

3 《宋史》卷一七四《食货上二》，第4211页。

4 《宋会要辑稿》食货一三，第6256页。

5 张方平：《乐全集》卷一四《税赋》，第1104册，第116页下栏。

6 《宋史》卷一七四《食货上二》，第4199页。

7 《宋会要辑稿》食货七〇之一二六，第8173页。

8 《续资治通鉴长编》卷二九九“元丰二年七月戊寅”条，第7270页。

9 袁燮：《絜斋集》卷六《革弊》，文渊阁《四库全书》影印本，1990年，第1157册，第61页。

10 《晦庵先生朱文公文集》卷一〇〇《晓示经界差甲头榜》，第4623页。

11 《宋史》卷一七三《食货上一》，第4159页。

平”可使“盗贼衰止”，[1]如果“名为均平，实则偏重”，会导致“千里嗟怨”，甚至“乘衅生事”。[2]州县官员维持赋役征收的均平，就是维持社会稳定。称职的州县守令就应“赋敛均平，讼狱明允，公人皂吏足迹不至乡里”。[3]

第三是赈济抚恤。赋役制度中有赈济和抚恤的安排，即“惠养元元”。自宋太祖朝始，即设立义仓，义仓米作为田赋附加说征收，“唯充赈给，不许他用”。[4]最初“所收二税每石别输一斗，贮之以备凶歉，给与民人”，后有所减轻，征收对象由五等户皆征，到“止令上三等户输之”，[5]税率降为“二斗别输一升”。[6]征收义仓的原则和目的就是贫富相济，“自第一至第二等兼并之家，占田常广，于义仓则所入常多；自第三至第四等中、下之家，占田常狭，于义仓则所入常少。及其遇水旱，行赈给，则兼并之家未必待此而济，中、下之室实先受其赐矣”，“损有余，补不足，实天下之利也”。[7]除专用赈济的赋税义仓外，遇到严重灾荒时内藏和朝廷财赋的储备财政和三司（户部）的“经费”财政都会用于赈济。

赋税赈济的另一途径是以赋税收入为本，经营生息，用于赈济。宋朝除了“以常平之法平丰凶、时敛散”，[8]还新创广惠仓，以没入户绝田“募人耕，收其租”，[9]用作赈恤。还制定了蠲免缓征政策，按小饥、中饥、大饥，分别放税二分至十分。[10]赋税缓征包括展限、倚阁，即

1 韦骧：《钱塘集》卷九《得替谢监司启》，文渊阁《四库全书》影印本，1990年，第1097册，第557页上栏。

2 赵抃：《清献集》卷一〇《乞罢天下均税》，文渊阁《四库全书》影印本，1990年，第1094册，第891页下栏、第892页上栏。

3 胡寅：《斐然集》卷九《应诏荐监司郡守奏状》，文渊阁《四库全书》影印本，1990年，第1137册，第388页上栏。

4 《宋会要辑稿》食货六二之四七，第7575页。

5 《玉海》卷一八四《宋朝义仓》，广陵出版社2003年版，第3377页。

6 《续资治通鉴长编》卷一三三“庆历元年九月乙亥”条，第3183页。

7 《宋会要辑稿》食货五三之一九，第7213—7214页。

8 《宋史》卷一六三《职官三》，第3848页。

9 《宋史》卷一七六《食货上四》，第4279页。

10 张文：《宋朝社会救济研究》，西南师范大学出版社2001年版，第100—101页。

在纳税期限外允许明确时限的延迟缴纳，或限视情况延期缴纳，都是宋朝首创的赋税措施。[1]

三、财权分配下的定额和分隶

王朝体制下，“天下之财，孰非天子之有”，[2]但事实上，中央不可能包揽所有内外事务，赋役分配中既需保障中央财政集权，也需为地方政府履职配置必要的财力。王朝体制下赋役制度也必须包含中央与地方财力分配的安排，逐步形成了定额制度和分隶制度。

定额制度包括上供立额和赋税立额。上供立额自宋真宗景德年间始，“国初上供随岁所入，初无定制”，[3]没有规定上供年额。宋真宗朝逐渐设立上供定额。景德四年（1007）设定东南六路上供米年额六百万石，“米纲立额始于此”。大中祥符元年（1008）立上供银纲，“以大中祥符元年以前最为多者为额，则银纲立额始于此”。天禧四年（1020）立上供钱额，“钱纲立额始于此”。咸平三年（1000）绢绵上供纲“亦有年额”。[4]即“自系省而有上供，自上供未立额而有年额”。[5]

确立上供定额后，虽声称中央于地方“上供钱物无额外之求”，[6]“存上供之名，取酌中上之数，定为年额，而其遗利则付之州县桩管”，[7]实则上供额多次调整。在两税正税税率未大幅调整的情况下，上供额却不断增加。陈傅良说，自宋真宗朝陆续立额后，“熙宁新

1 徐东升：《展限、住催和倚阁——宋代赋税缓征析论》，《中国史研究》2007年第4期。

2 杨万里：《杨万里集笺校》卷六九《轮对札子》，中华书局2007年点校本，第2912页。

3 《文献通考》卷二五《国用考三》，第743页。

4 《文献通考》卷二三《国用考一》，第691页。

5 陈傅良：《止斋集》卷一九《赴桂阳军拟奏事札子第二》，文渊阁《四库全书》影印本，1990年，第1150册，第652页。

6 《宋朝诸臣奏议》卷一〇七陈次升《上哲宗乞罢额外封桩》，上海古籍出版社1999年点校本，第1149页。

7 《文献通考》卷二三《国用考一》，中华书局2011年版，第691页。

法增额一倍，崇宁重修上供格，颁之天下，率一路之增至十数倍，迄今为额”。[1] 上供额被分配到各州府。如，湖州上供米“岁额不过五万余石”，[2] 各种上供物色都逐步定额至州。如明州有上供的“朝廷窠名”银、绢、紬、绵、绫、盐钞纸、钱七色，定额分别是银 1000 两、绢 14057 匹、紬 2724 匹、绵 18053 两、绫 20 匹、盐钞纸 79300 幅、钱 512886.201 贯。[3] 因地理环境不同，不同州所派上供实物有个别差异，如有些州需承担箭杆、翠羽、皮筋等特殊的上供物资。

各种上供定额按路汇集，由转运司输送中央。如景德四年（1007）所立上供米纲 600 万石，加余羡共 620 万石岁额，分配到各路分别是淮南 130 万石、江南东路 99.11 万百石、江南西路 120.89 万石、荆湖南路 65 万石、荆湖北路 35 万石、两浙路 150 万石。[4] 绢、绵、钱、银等上供岁额按路定额输送，如庆历三年（1043）东南各路定额：江东钱上京 89 万缗、银 20 万两、绢 50 匹万；江西钱上京 34 万缗、银 13 万两、绢 30 万匹；湖南北钱上京 27 万缗、银 32 万两、绢 13 万匹；两浙东西钱上京 74 万缗、银 48000 两、绢 72 万匹；福建银上京 208000 两。[5]

各种赋税也逐步立额。两税正赋为主的上供正赋在真宗朝立额，[6] 商税立额自唐代已见，宋代因之，“至淳化三年，令诸州县有税，以端拱元年至淳化元年收到课利最多钱数，立为祖额”。咸平四年（1001）立酒课岁额，“取端拱至淳化元年三年内中等钱数立为祖额，比较科罚，则酒课立额自此始”。太平兴国元年（976）诏募民所掌的茶盐榷酤，“以开宝八年额为定，不得复增”。仁宗时“诏天下茶盐酒税取一

---

1 陈傅良：《止斋集》卷二〇《吏部员外郎初对札子第二》，第 1150 册，第 663 页下栏。

2 《建炎以来系年要录》卷二〇“建炎三年二月丙子”条，第 474 页。

3 《宝庆四明志》卷六《郡志六 · 叙赋下》，《宋元方志丛刊》本，中华书局 1990 年版，第 5059—5068 页。

4 沈括：《梦溪笔谈》卷一二《官政二》，第 99—100 页。

5 《群书考索》续集卷四六《财用门》，第 938 册，文渊阁《四库全书》影印本，1990 年，第 573—586 页。

6 包伟民：《宋代的上供正赋》，《浙江大学学报》2001 年第 1 期。

岁中数为额，后虽羡益勿增”。[1] 李华瑞分析了作为工商税收支柱的商税、茶、盐、酒四种税收的“祖额”，且“在宋代工商业中，坊场、河渡、房园、茶、盐、矾、坑冶、铸钱、监市舶和酒、商税等课利场务均立有祖额”，“祖额”是定额，采取酌中之法，确定立额之数，但也不限于三年之期。立祖额作为地方官吏考课的重要参照标准，实际征收的岁额既相似又有区别。[2]

赋税年额也被分派至各州。如漳州就摊派了“经制之额所以至于二万四千六百五十一贯”、“总制之额所以至于五万五千六百七贯”，[3] 歙州酒课商税、茶课、盐课等皆有定额，并有新旧额的变化。睦州都酒务课、商税、茶、盐、香、矾。[4] 定额分配到州是普遍的做法。但是定额也并非所有赋税、所有地区全国一律，如商税、盐课、茶课等重要赋税不同地区存在着立额、不立额的差异，酒课的差异性更大，此不一一赘述。但赋税立额和敷额于州府是基本的赋税制度。

分隶制度即将赋税在中央与地方，及中央、地方各财政机构间进行分配的制度。北宋前期中央与地方赋税分配总体上实行总量分配，乾德之诏以前因循旧制，乾德二年（964）实行地方支度留用外输送中央，景德设立上供额后，实行保障上供额后留用地方。[5] 熙宁变法设立朝廷财政，规定了朝廷财政所属赋税窠名，促使中央与地方及中央各财政机构间逐步实行窠名分配。制度逻辑由北宋前期取法于唐后期“两税三分”变为“窠名分隶”。赋税分隶方式主要有完全分配和共享分成。

第一种方式是完全分配。两税夏税正税自咸平三年（1000）定额就是用于“殿前诸军及府界诸色人春冬衣用绢、绵、絁、布数百万匹

1 《文献通考》卷六《田赋考六》；卷七《田赋考七》；卷一四《征榷考一》；卷一七《征榷考四》；卷一六《征榷考三》，第 147、170、401、490、486、453 页。

2 李华瑞：《试论宋代工商业税收中的祖额》，《中国经济史研究》1999 年第 2 期。

3 朱熹：《晦庵先生朱文公文集》卷一九《乞蠲减漳州上供经总制额等钱状》，第 872 页。

4 《新安志》卷二《叙贡赋》，《宋元方志丛刊》本，中华书局 1990 年版，第 7624—7626 页；《淳熙严州图经》卷一《税赋》，《宋元方志丛刊》本，中华书局 1990 年版，第 4293—4295 页。

5 高聪明：《从“羡余”看北宋中央与地方财政关系》，《中国史研究》1997 年第 4 期。

两”支出，南宋和买绢由购买转化为无偿赋税，也归属中央。[1]两税苗米大部分归中央，有些地方甚至“州郡二税之正籍尽以上供”。[2]蔡京变法后淮浙盐全面推行钞盐法，茶法也逐步转为合同场茶法，茶盐禁榷收入地方不再能分享。南宋时淮浙榷盐定额“行在、建康、镇江三务场，岁入凡二千四百万缗（建康一千二百万、行在八百万、镇江四百万），皆以都司提领，不系户部之经费”，“径隶提领官，不属总所”，[3]“所有茶盐钱并充朝廷封桩，诸司毋得移用”，[4]完全划归朝廷。也有部分地方性杂税和附加税完全划归地方。如庆元府楼店务钱、鄞定海慈溪河涂租堰钱、鄞定海慈溪城基房廊钱、奉化、定海、象山三县醋息钱，以及香泉酒库、慈福酒库和醅酒库息钱完全归属地方。[5]又如，公使库造酒也“并不分隶”等等。[6]

赋税分隶的第二种方式是共享分成。这是赋税分隶最普遍的方式。如汀州州城商税“以十分为率，解赴知通衙交纳，州库六分，通判衙四分”。[7]两浙路殿前司酒息钱“以十分为率，七分起赴行在，三分应副漕计支用”。[8]南宋权添酒钱“以其钱一分州用，一分充漕计，一分提刑司桩管”，“六文煮酒钱”“以四文州用，六文令项桩管赡军”。[9]“两税头脚等钱，以十分为率，其三归州家，其七隶经总制”等。[10]另如牙契钱“有正限纳者，有放限纳者，分隶不同”。庆元府牙契钱正限分隶庆元府13.3%，而放限分隶庆元府47.8%。[11]也有地方牙契钱“正限则以其七隶经总制，放限则以其七归州用”，形成“州郡利其所得，往

1 《宝庆四明志》卷五《叙赋上》，《宋元方志丛刊》本，中华书局1990年版，第5045页。
2 《叶适集·水心别集》卷一二《厢禁军弓手土兵》，第785页。
3 《建炎以来朝野杂记》乙集卷一三《四提辖》，中华书局2000年点校本，第727页。
4 《建炎以来系年要录》卷五“建炎元年五月壬寅”条，第130页。
5 《宝庆四明志》卷五《郡志五·叙赋上》，第5047—5050页。
6 《宋会要辑稿》食货二〇，第6433页。
7 《临汀志》，《永乐大典方志辑佚》，中华书局2004年版，第1235页。
8 《宋会要辑稿》食货二一，第6444页。
9 《文献通考》卷一七《征榷考四》，第490、491页。
10 《宋会要辑稿》食货六四，第7793页。
11 《宝庆四明志》卷六《郡志六·叙赋下》，第5059页。

往放限”，“故正限少而放限多”。[1] 有些赋税规定了“分隶则例”，如庆元府省酒务息钱有“分隶则例”，规定每百贯本府得 39.642 贯，中央得 60.358 贯。商税也有“分隶则例”，每百贯本府得 48.462 贯，中央得 51.538 贯。实际征收中比例不一定完全遵照“分隶则例”，但比例分成的原则相同。[2] 比例分成的另一种形式是定额分成。如每 100 钱田契钱，“以其三十五钱为经制窠名，三十二钱半为总制窠名，三十二钱半为州用”。[3] 牙契钱正税“除六百七十五文充经、总制钱外，三百二十五文存留，一半充州用，余一半入总制钱帐”。[4] 诸路出纳系省钱头子钱“贯收钱二十三文省，内一十文省作经制起发上供，余一十三文充本路郡县并漕司用”。[5]

除了定额和分隶外，地方事实存在的非制度性财权是放任擅征。熙宁以前，中央与地方实行总量分配的时期，地方财赋总体上没有出现严重困窘。北宋初期一些地方留用甚至可以满足“三年之储”。[6] 宋仁宗朝，“天下金谷之数，诸路州军年支之外，悉充上供及别路经费，见在仓库者，更无余羡”，[7] 地方财政出现紧张。王安石变法地方财政困窘开始日益加剧。首先是在窠名分隶中禁榷收入、商税、两税等大宗赋税或全部收归中央，或由中央高比例占有，在财权分配中地方财政制度性困窘日重，其次是无额上供钱、经制钱等中央收夺地方财权手段不断加强，地方筹集财源的空间越来越小。[8] 南宋中央收夺地方财权的名目又有“如总制、月桩、折帛、降本、坊场酒息、净利、宽剩、无额增收之类，其名不一”，[9] 层出不穷，使地方财政困窘不断加剧。

---

1 《宋会要辑稿》食货六四，第 7793 页。

2 《宝庆四明志》卷五《叙赋上》，第 5053、5053 页。

3 《建炎以来朝野杂记》甲集卷一五《田契钱》，第 320 页。

4 《文献通考》卷一九《征榷考六》，第 547 页。

5 《宋史》卷一七九《食货下一》，第 4368 页。

6 大中祥符元年（1008）宋真宗“诏江淮发运、转运司部内各留三年之储，以备水旱”。见《续资治通鉴长编》卷七〇“大中祥符元年十二月甲辰”条，中华书局 2004 年版，第 1581 页。

7 《宋朝诸臣奏议》卷一七余靖《上仁宗论供支常平本钱》，第 1154 页。

8 黄纯艳：《总量分配到税权分配：王安石变法的财权分配体制变革》，《北京大学学报》2020 年第 5 期。

9 《宋会要辑稿》食货五六，第 7322 页。

在窠名分隶制度下，“凡郡邑皆以定额窠名予之，加赋增员，悉所不问，由是州县始困”，[1]地方财政窠名“归之本府自催自给”，[2]法定的窠名不能满足财政支出需要，只能不断法外擅征，“茶引尽归于都茶场，不在州县。盐钞尽归于榷货务，不在州县，秋苗斛斗十八九归于纲运，不在州县。州县无以供，则豪夺于民，于是取之斛面，取之折变，取之科敷，取之抑配，取之赃罚，无所不至”。[3]“如总制，如月桩，如折帛，如降本，如七分坊场、七分酒息、三五分税钱、三五分净利、宽剩折帛钱、僧道免丁钱之类，则绍兴间权宜创置者也。如州用一半牙契钱、买银收回头子钱、官户不减半役钱、减下水脚钱之类，几一百万，则又乾道间权宜创置者也。如经制并无额钱增收窠名之类，则绍兴间因旧增添者也。如添收头子钱、增收勘合钱、增添监袋钱之类，凡四百余万，则又乾道间因旧增添者也”。[4]其实都是地方政府迫于上供和州县财计而不断新辟的税源。

另一方面，虽然赋税征收是地方官员考课的重要内容，但考课重点是查其是否完成课额，尤其是上供额，而非审察或清理擅征。北宋初规定“科赋有欠逾十之一”“降考一等”。[5]皇祐元年（1049）因“近年荆湖等路上供，斛斗亏欠，万数不少”，“特置考课一司”，考课知州，“一，户口之登耗；二，土田之荒辟；三，盐、茶、酒税统比增亏递年祖额；四，上供和籴、和买物不亏年额抛数；五，报应朝省文字及帐案齐足”五条中视完成条数定等第。[6]元祐七年（1092）规定的守令“治事之最”包括“催科不扰、税赋别无失陷……差役均平”。[7]不能保障上供额会受到处罚。如绍兴四年（1134）广东和广西两路转

1 《建炎以来朝野杂记》甲集卷一七《财赋四》，第 393 页。

2 梅应发等：《开庆四明续志》卷四《经总制司》，第 5964 页。

3 陈傅良：《止斋集》卷二〇《吏部员外郎初对札子第二》，文渊阁《四库全书》影印本，1990 年，第 1150 册，第 664 页上栏。

4 《宋会要辑稿》食货五六，第 7318—7319 页。

5 《宋史》卷一六〇《选举六》，第 3757 页。

6 《续资治通鉴长编》卷一六六“皇祐元年正月戊辰”条，第 3984 页。

7 《续资治通鉴长编》卷四七二“元祐七年四月甲戌”条，第 11271 页。

运使“各贬秩一等，坐违欠去年上供，皆十分之四故也”。[1]

不仅要求地方官员赋税和上供及额，还要比较。大中祥符六年（1013）诏令“诸路茶盐酒及诸务，自今总一岁之课合为一，以祖额较之，有亏损，则计分数，其知州军、通判，减监官一等科罚”。[2]南宋绍兴六年（1136）也规定“诸路酒税务监官，任满未立到新额去处，并且以绍兴三年数为则，比较推赏。如当年数少于旧租（祖）额，即自旧租（祖）额比较”。[3]而惟不见考课中追究法外擅征。这就使得“一州一路之间，无不以财用为先。催科之急，民大受弊”。[4]在比较殿最之法诱胁下，地方官员“不复问其政教设施之得失，而一以其能剥民奉上者为贤。于是中外承风，竞为苛急。监司明谕州郡，郡守明谕属邑，不必留心民事，惟务催督财赋”，是“税外无名之赋”横生的根本原因。[5]

四、结论

赵宋王朝延续了汉武帝改制以来王朝体制、儒家治国和以农立国的基本模式，其赋役结构、征收原则的若干基本内核沿袭了汉唐，特别是两税后，保障中央、敦本重农、资产为宗、奉国安民等制度逻辑。同时，宋代由于募兵制导致的财政压力，工商业收入成为财政支柱。但现实需要并不能为赋役变化提供理论支持，而需符合儒家原理的合理解说。宋人依然强调“食租衣税”具有本原的合理性，以农为本，强调工商税收抑制兼并的意义，同时也提出农工商贾皆是国家赋税本原，解说了新的赋役制度和财政结构。

赋役制度本身具有保障财政和稳定社会的双重功能，是国家治理

1 《建炎以来系年要录》卷七三“绍兴四年二月壬午”条，第1395页。
2 《宋会要辑稿》食货一七之一六，第6353页。
3 《建炎以来系年要录》卷一〇一“绍兴六年五月甲申”条，第1914页。
4 《建炎以来系年要录》卷一七四“绍兴二十六年八月辛未”条，第3325页。
5 朱熹：《晦庵先生朱文公文集》卷一一《戊申封事》，第605页。

的重要手段，其中寓含了处理国家与社会、中央与地方关系的国家治理逻辑，也是一个王朝实施国家治理理念和治理能力的体现。宋代的赋役制度核心的目标是保障财政供给，即实现奉国的功能，同时也寓含着征求适度、赋役均平的理念，安民理念也推动了宋代赋税制度中赈济抚恤的保障机制的丰富和进步。宋代的赋役制度仍然是以强化财政中央集权为旨归的，实行了汉唐所无，或尚不完善的定额制度和分隶制度。宋代赋役制度既追求以儒家原理作为合理性解说，又顺应社会经济的新变化，体现了利用赋役制度实现国家治理的新观念和新举措，对其保障国家机器运行，维持社会稳定的国家治理目标的实现发挥了一定程度的助力作用。

另一方面，因为财政过度集权、现实财政压力和吏治腐败，适度和均平都只能以部分的制度设计加以解说，而不能消除赋役征派中事实的重负和不公。宋代赋役的制度逻辑和现实机制导致的实际结果是地方财政困窘不断加剧，百姓赋役负担始终沉重，特别是为了解决财政过度中央集权导致的地方财力不敷事权责任，而放任地方擅征，使苛捐杂税层出不穷，不受实际监管和制约。这也是王朝体制下赋役制度不能解除的魔咒。

（原载《思想战线》2022年第5期）

北宋财政能力与国家治理

北宋人对本朝超迈唐代的财政能力和国家治理效果颇为自得，称宋太宗朝岁入缗钱已“两倍于唐室矣”，[1]两税收入“租增唐七倍”，加上夏税，“无虑十倍”，[2]又称北宋财用“十倍于汉，五倍于唐”。[3]程颐说北宋“有超越古今者五事”，第一事即“百年无内乱”。那么，北宋财政能力从何而来，与国家治理之间关系如何？本文在已有专题研究基础上，拟作一综合和整体的讨论。

一、北宋王朝的财政汲取能力

宋人称北宋前期盛时已是“所入之财比于唐代之盛时一再倍”，且北宋财政收入总体上不断增长，熙宁元丰后“比治平以前数倍”，蔡京变法后“比熙宁又再倍矣”。[4]北宋能与唐代比较的财政总数主要是载入《会计录》的三司（户部）财政，而内藏、朝廷财赋“非昔三司所领，则不入会计”，[5]全国财政的实际总量会更高。北宋经过一系列制度建设，有效地保障了中央财政征调，改变了“唐中叶以降，藩镇擅命，征赋多不入于公家”的状况。[6]因而，北宋财政，特别是中央财政远超唐代并非宋人虚夸。

1 《建炎以来系年要录》卷一九三“绍兴三十一年十月癸丑”条，中华书局2013年版，第3239页。

2 王应麟：《困学纪闻》卷一五《考史》，《全宋笔记》第七编第九册，大象出版社2015年版，第391页。

3 章如愚：《群书考索》续集卷四五《财用门》，文渊阁《四库全书》影印本，第938册，第569页。

4 叶适：《叶适集·水心别集》卷四《财总论二》，中华书局1961年版，第773页。

5 章如愚：《群书考索》续集卷四五《财用门》，第938册，第568页。

6 《续资治通鉴长编》（以下简称《长编》）卷三七“至道元年五月丁卯”条，中华书局2004年版，第815页。

北宋财政增长首先来自较唐朝更加严密的财政征调制度。北宋前期三司统领财政，“国家用调责之三司，三司责之转运使，转运使责之州，州责之县，县责之民”，[1]形成“三司统发运，发运统诸路，一路之漕臣统诸州，上下相维之势”。[2]元丰改制后户部总领全国财政，分左、右曹，左曹统领转运司、州、县的“经赋”系统。熙宁变法设立朝廷财政的同时建立了从中央到地方的司农寺—常平司—常平给纳官管理系统，专门负责朝廷财政的征管，朝廷财政“付司农寺系帐，三司不问出入”，[3]甚至“虽天子不可得而用”。[4]元丰改制后户部右曹取代司农寺负责朝廷财赋，仍保持计司之外的独立地位。严密的制度设计保障了国家财政的征调。

北宋财政超过汉唐更来自工商业税源的开拓。首先是财政思想的变化。北宋虽然立足农本的“食租衣税”仍是“政治正确”，但这一幌子下的财政思想已然焕新。宋人深知募兵制下“三边有百万待哺之卒，计天下二税上供之外，能足其食乎？”[5]必须开拓工商业财源，因而用农本来解说向工商取利，称“岁入不可阙，既不取之于山泽及商贾，须取之于农。与其害农，孰若取之于商贾？”[6]“取之于豪强、商贾，以助国家之经费，而毋专仰给于百姓之赋税，是崇本抑末之意，乃经国之远图也”。[7]利用商贾“助国家之经费”，使“大商富贾为国贸迁”的途径是官商共利分利，“欲十分之利皆归于公，至其亏少，十不得三，不若与商共之，常得其五也”。[8]马端临把宋代财政思想的变化概括为“古人之立法，恶商贾之趋末而欲抑之；后人之立法，妒商贾之获利而欲分之”。[9]

---

1 《长编》卷一七六“至和元年八月丙申”条，第4271页。
2 《古今源流至论》续集卷二《国用》，文渊阁《四库全书》影印本，第942册，第375页。
3 《宋朝诸臣奏议》卷一〇七余靖《上仁宗论借支常平本钱》，上海古籍出版社1999年版，第1154页。
4 《群书考索》后集卷六四《财赋门》，第937册，第911页。
5 《长编》卷一四三“庆历三年九月癸巳”条，第3462页。
6 《梦溪笔谈校正》卷一二《官政二》，上海人民出版社2011年版，第437—438页。
7 《文献通考》马端临“序”，中华书局2011年版，第6页。
8 《欧阳修全集》《居士集》卷四五《通进司上书》，中华书局2001年版，第642页。
9 《文献通考》卷二〇《市籴考一》，第570页。

北宋获取工商业财源的主要途径是征收商税和实行禁榷。宋朝第一次制定了系统的商税制度，建立了从京师榷货务到地方商税务场的征税系统，第一次使商税成为国家财政的重要收入。北宋商税收入最高时达2200万贯，此一项即超过唐代财政现金收入的最高额。茶、盐、酒的禁榷更是北宋重要财政来源，榷盐收入最高超过2000万贯，而唐代分别为86万贯和600万贯，茶课和榷酒最高达分别达400万贯和1700余万贯，更为唐代不可比拟。北宋茶盐禁榷制度演变的基本趋势是官府更多地退出经营环节，将收购、运输和销售环节部分或全部让渡给商人，从而一方面利用商人扩大茶盐销售，增加财政总量，另一方面通过商人参与，既减少官府经营成本，又减少地方政府分利，最大限度地集利权于中央。宋人所言北宋前期“盐荚只听州县给卖，岁以所入课利申省，而转运司操其赢以佐一路之费”，[1]蔡京变法，“茶盐之利在朝廷，则朝廷富实”，[2]即反映了这一趋势。

经营取利也是北宋获取财政收入的途径。北宋前期对解盐和海盐都曾实行官搬官卖，所有购销环节由官府垄断经营。这一办法在福建盐法和广南盐法中时断时续地存在。实行间接专卖时，除蔡京茶法外，官府参与部分经营环节。出租官田、楼店务、房廊，经营官酒库等也是长期存在的官府经营取利手段。政府经营的高峰是熙丰变法时期，推行汉代以来均输之法和多种前代所无的经营手段。熙宁二年（1069）发运使被授予均输之权，可将其掌握的收税和籴所得，甚至上供之物徙贵就贱，用近易远，并“赐内藏钱五百万缗，上供米三百万石”为均输本钱。[3]青苗法按户放贷取息，是前所未有的政府经营牟利，户等越高借贷越多，取息二分，一年两次，实际取息高达四分，每年收入达二三百万贯。市易法是政府直接参与市场经营，从王

1 《文献通考》卷一五《征榷考二》，第438页。

2 李纲：《李刚全集》卷六三《乞修茶盐之法以三分之一与州县札子》，岳麓书社2004年版，第675页。

3 《文献通考》卷二〇《市籴考一》，第575页。

韶在秦凤路以官钱为本，经营牟利，到在京师设市易司，全国众多重要城市设立了市易务。

二、保障国家机器运行的财政供给新机制

财政作为国家治理的支柱首先是保障国家机器的运行，对北宋王朝而言首要目标是保障被称为“经费”（经常之费）的军费和官俸供给。北宋定都于四战之地的开封，又受西北二强敌窥视，京师和西北沿边常年屯驻数十万大军，“国依兵而立，兵以食为命”，[1] 军费供给直接关乎王朝安危。宋朝募兵制带来的军费负担之重宋人多有论述，称“天下财货所入，十中八九赡军”，[2] 低者也是“一岁所用，养兵之费常居六七”。[3] 北宋军队最多时达 141 万（皇祐初），但此时财政并未出现入不敷出。此后军队数量总体上不断减少，一兵之费基本稳定，财政收入则如上所述，熙宁元丰比治平以前数倍，徽宗朝比熙宁又再倍，有显著增长。北宋后期虽有战争造成支出增加和供给困难，但财政增长足可以消化。[4] 即使到靖康初，仍是“兵储不可谓之不丰”，“延丰仓积粟四十万硕，天驷监战马二万匹”，军器衣料“一一皆有桩管”。[5] 官吏俸禄总体上也能保障供给且不断增长。宋神宗朝增加了中下级官员俸禄，还给以前没有俸禄的吏员发放吏禄和以前没有俸禄的丁忧人和致仕官视情况给俸。元丰改制后官吏俸禄再有增加，崇宁官俸又“视元丰制禄之法增倍”。[6] 北宋虽然中下级官员俸禄微薄，贫不足自养和折支问题，但尚未出现南宋那样借减官俸，官员基本不能享受全俸（真俸）的情况。宇文粹中说，宋徽宗以前各朝财政“量入为出，沛然

1 张方平：《乐全先生文集》卷二三《论京师军储事》，书目文献出版社 1998 年版，第 61 页。

2 《长编》卷一二四“宝元二年九月”条，第 2928 页。

3 蔡襄：《蔡襄集》卷二二《论兵十事》，上海古籍出版社 1996 年版，第 390 页。

4 黄纯艳：《宋代财政史》，云南大学出版社 2013 年版，第 608—609 页。

5 《历代名臣奏议》卷一〇〇《经国》，上海古籍出版社 2012 年版，第 1362 页。

6 《文献通考》卷六五《职官考十九》，第 1966 页。

有余”，[1]而蔡京说宋徽宗朝“泉币所积赢五千万，和足以广乐，富足以备礼”。[2]这些评价固然有所溢美，但所言全国财政总量没有入不敷出则符合实际。

北宋国家财政得以较好保障的基础是其很强的财政汲取能力，同时也与其财政供给的新举措密切相关。首先是建立了“经费”财政和储备财政两套系统并行的国家财政供给双轨制。三司（户部）是军费、官俸等“经费”财政的责任部门，建立了从中央到地方的“经费”财政系统，即上述三司—发运司—转运司—州县构成成的财政征管体系。北宋前期田赋、商税、禁榷等收入皆归三司所统的“经费”系统，“市征、地课、盐曲之类，通判官、兵马都监、县令等并亲临之，见月籍供三司”，[3]全国赋税，除“常平仓隶司农寺外，其余皆总于三司。一文一勺以上悉申帐籍，非条例有定数者，不得擅支”。[4]

储备财政系统由内帑财政衍生而来。汉唐时期中央财政既存在内帑（内府财政）和外帑（国家财政）之分，如汉代的少府和大农，唐代的户部和大盈库。内帑财政的性质和职能是皇室财政而非国家财政，在制度上国家财政是计司总领的一元化财政体制。东汉少府、唐代大盈从属于国家财政，正常情况下主要收入来源于计司划拨。而北宋内帑财政不再局限于供给宫廷，其主要性质和职能转为国家财政。北宋内帑财政起源于宋太祖设立封桩库，目的是为收复燕云储备经费，宋太宗在封桩库基础上建内藏库，也是“备水旱兵革之用，非私蓄财而充已欲也”。[5]内藏财政有其独立收入，不再由计司拨付，特别是熙宁变法实行税权分配后归属内藏财政的赋税逐步明确。王安石变法，改变北宋前期宰相不直接掌握财赋的状况，设立由宰相掌握、有稳定赋税来源的朝廷财政，也被定位为“以待非常之用”的储备财政。[6]占有

1 《宋史》卷一七九《食货下一》，中华书局 1977 年版，第 4363 页。

2 《宋史》卷四七二《蔡京传》，第 13726 页。

3 《宋史》卷一七九《食货下一》，第 4348 页。

4 《长编》卷三六八“元祐元年闰二月甲午”条，第 8871 页。

5 《长编》卷一四二“庆历三年七月甲午”条，第 3414 页。

6 《长编》卷三三〇“元丰五年十月壬申”条，第 7959 页。

巨大财赋的内藏和朝廷财政虽主要用于补助“经费”，但不对“经费”负直接责任，形成了“经费”财政与储备财政双轨并行的体制，“左藏库受财赋之入，以待邦国之经费，供官吏、军兵廪禄、赐予。内藏库掌受岁计之余积，以待邦国非常之用”。[1]储备财政的设置强化了财政集权，皇帝和宰相通过掌握巨额财赋控制国家财政，同时也为军需供给主导的财政支出设立了双重保障。这一财权分配制度也导致了“经费”财政的制度性紧张和“经费”财政依赖储备财政而运行的格局，造成了“经费”财政的滞重难行和储备财政的巨大浪费。

其次，北宋采取了多种形式的市场化保障国家财政供给的手段。宋代“市籴之名有三：和籴以见钱给之，博籴以他物给之，便籴则商贾以钞引给之”。[2]其中便籴（入中）与和籴是最重要的手段。入中是解决西北三路军需供给的重要手段。西北三路常年屯驻数十万大军而“三边税赋支赡不足”，主要解决办法是“募客人入中”。[3]招募商人将各类军需物资运输到指定地点（入中），以国家垄断而市场需要旺盛的茶、盐、香药、现钱等加饶偿付（折中）。入中手段的大规模运用使国家以较官府纲运成本更低、更为灵活的方式解决了沿边军需供给，商人获得了入中加饶和茶、盐等市场畅销商品，形成了共利双赢。和籴虽然宋代以前已有实行，但宋代的规模远超前代，在内地和沿边广泛运用，如河东和籴数甚至超过两税收入，“二税三十九万二千余硕，和籴八十二万四千余石”。[4]财政供给双轨制和市场化手段的运用保障了以军需供给为核心的国家机器运行。

三、社会治理的财政机制

实现社会控制，维持社会稳定是国家治理的重要目标。北宋支持

---

1 《宋会要辑稿》职官二七，第3710页。

2 《宋会要辑稿》食货四一，第6909页。

3 张方平：《乐全先生文集》卷一八《对诏策》，第7页。

4 《宋会要辑稿》食货三九，第6867页。

社会治理目标实现的财政机制主要包括以下方面：

一是以赋役制度发挥保障财政供给和调节贫富、维持稳定的双重作用。王曾瑜指出宋代乡村赋役摊派有四种方式：按田地多寡肥瘠、按人丁、按户等、按家业钱和税钱，除人丁外，都是以财产为摊派标准，常是混通摊派。[1] 宋朝赋税摊派原则是“天下租赋科拨支折，当先富后贫，自近及远”。[2] 职役摊派的原则也是富者多担，贫者少担或不担，征派的依据是户等，而户等划分的依据是资产。首先按有无应税资产划分了主户和客户。主户户等划分各县“随其风俗，或以税钱贯百，或以地之顷亩，或以家之积钱，或以田之受种，立为五等”，[3] 然后“各以乡户等第定差”，[4] 摊派职役。负担最重的衙前、里正、户长、耆长于第一、二等户差派，负担较轻的乡书手、壮丁等于第四、五等差派，资产少于一定数额的主户有职役“免出之法”。[5] 宋人自诩“凡州县诸般色役并是上等有物力人户支当，其乡村下等人户除二税之外，更无大段差徭。自非大饥之岁，则温衣饱食，父子兄弟熙熙相乐”。[6] 虽然实际征收中官员加码，豪强欺夺，法外擅征层出不穷，下等户并不能温衣饱食，熙熙相乐，但富者多担、贫者少担的赋役征收原则和形式公平有利于社会稳定。

二是建立了较前代更为周密的灾伤赈济的财政应对机制。北宋的赋税蠲免在前代基础上法制化趋于完备，水、旱、蝗灾和战乱等被列入赋税灾伤减免范围，减免的赋税包括二税、津渡税、牛具税、商税等。宋朝制定了报灾、检核、监察等系统的灾伤减免法律制度，较唐朝更趋合理和周密。[7] 除百姓诉灾、地方官员检核外，还设检田使臣监察地方官的减免实效，防止其因政绩考课而“不依灾伤检放，勒令民

1 王曾瑜：《宋代乡村赋役摊派方式的多样化》，《晋阳学刊》1987 年第 1 期。

2 《宋史》卷一七四《食货上二》，第 4211 页。

3 《宋会要辑稿》食货一三，第 6256 页。

4 《宋史》卷一七七《食货上三》，第 4295 页。

5 《长编》卷二九九“元丰二年七月戊寅”条，第 7270 页。

6 《长编》卷二〇三“治平元年十一月月乙亥”条，第 4918 页。

7 陈明光：《唐宋田赋的“损免”与“灾伤检放”论稿》，《中国史研究》2003 年第 2 期。

户依旧纳税，致民力愈困”。[1] 宋朝制定了据灾伤程度相应减放的制度，“灾伤二分至五分为小饥，放税在二分至五分之间；灾伤五分至七分为中饥，放税在五分至七分之间；灾伤七分以上为大饥，放税也在七分至十分之间”。[2] 检放分数据贫富而有别，如明道二年（1033）四川饥荒，“免四等以下户今秋田税之半，三等以上十之三”。[3] 北宋还新创多种赋税缓征制度，丰富了应对灾伤的财政手段。其主要措施赋税展限、倚阁都是宋朝首创。[4] 展限即在缴纳期限外再给予延迟缴纳的明确时限。倚阁（住催）即暂时搁置赋税，延纳时限视情况而定。赋税缓征既暂时缓解了百姓当前困境，又不损失政府财政总量。缓征也根据贫富而有差，在同次灾伤中贫弱者较富有者可优先倚阁，赋税缓征时间长短也与税户负担能力直接相关。缓征和蠲免常同时施行，如大中祥符九年（1016）京东、淮南蝗旱，灾田“按定合放数外，所纳税物三分以下者并与倚阁，四分已上者更放一分”。[5]

三是社会保障系统及其财政支持较前代更为完备。宋代是中国古代社会保障制度发展的高峰期，形成了救荒、济贫、扶弱三个方面的社会保障体系，以及仓储备荒、灾伤赈济、日常救助等措施。[6] 宋朝建立财政拨款、赋税性收入和经营性收入等社会保障体系的多种财政支持机制。内藏、朝廷、三司（户部）拨款，不论储备财政，还是“经费”财政，都会用于各类赈济。除了财政拨款外，社会救济的稳定经费来源既有税收性收入，如“随苗带纳，岁岁而有”的专充赈济的义仓[7]，主要来自两税附加税，又有经营性收入，如救助老幼贫疾者的广惠仓就是以没入户绝田“募人耕，收其租”，[8] 常平仓更是依靠经营取息

1 《宋会要辑稿》食货一，第 5940 页。

2 张文：《宋朝社会救济研究》，西南师范大学出版社 2001 年版，第 100—101 页。

3 《长编》卷一一三“明道二年十一月辛未”条，第 2643 页。

4 徐东升：《展限、住催和倚阁——宋代赋税缓征析论》，《中国史研究》2007 年第 4 期。

5 《长编》卷八八“大中祥符九年十月戊寅”条，第 2023 页。

6 张文：《论两宋社会保障体系的演变脉络》，《苏州大学学报》2015 年第 2 期。

7 《历代名臣奏议》卷二四八《荒政》，第 3259 页。

8 《宋史》卷一七六《食货上四》，第 4279 页。

维持运行的主要救济机构。王安石变法则将“平准”、“赈济”常平旧模式变成了“经营”性新常平机制。[1]医疗救济的和剂局也是出售药物循环做本。

四、余论

北宋因大力开拓工商业财源，整顿两税收入，财政汲取能力较唐代大为提高。尽管北宋实行募兵制，财政支出远超唐代，仍得以较好地维持了军费、官俸等财政支出，保障了国家机器的顺利运行。同时以更为周密和积极的财政举措在社会治理方面建立了多项新机制，取得了较好的效果。但与之相伴的是地方财政压力和民众赋税负担不断加重。北宋财政体制的基本特点是高度中央集权，制定设计的前提是保障中央财政支出。在北宋前期，军队和官僚数量尚未膨胀，财政征收及中央对地方财权的收夺尚不苛严。北宋后期，收夺地方财权的手段——无额上供钱、经制钱及各种封桩钱物花样迭出，地方财政日陷窘境。不仅开辟了多项归属中央的新法财赋，而且不断加征附加税和杂税，将有偿购买变为无偿赋税，最终层层传递，转嫁为百姓的沉重负担。这种趋势从北宋后期到南宋不断加重。最终虽不至于如朱熹所说路州都明谕下级“不必留心民事，惟务催督财赋”，[2]但地方财力趋势是不断弱化，在政绩考课和士人情怀驱使下探索出若干新的国家治理，特别是地方治理模式。

（原载《史学集刊》2021年第5期）

1 俞菁慧：《王安石常平新法与北宋粮食赈济改革》，《江海学刊》2021年第1期。

2 《晦庵先生文集》卷一二《己酉拟上封事》，上海古籍出版社2002年版，第626页。

总量分配到税权分配：王安石变法的财权分配体制变革

财政改革是王安石变法的重要内容，以往研究的关注重点是新法财赋及朝廷财政，指出了朝廷财政产生导致中央财政由内藏、三司对掌握，到内藏、朝廷、三司分掌的管理体制变化，以及增加中央财源、收夺地方财权的强化。[1] 对新法改革及朝廷财政催生财权分配体制的新变缺乏关注。而这一角度的考察，可以更好地厘清宋代财政体制演变的阶段性特点，既有助于辨明北宋前期与后期的变化，又可深化对南宋财政体制形成轨迹的理解。本文拟通过王安石变法前后财权分配方式的比较研究，揭示王安石变法以税权分配为特点的财政新体制，从这一角度对王安石变法的内涵和影响作出新的阐释。

一、熙宁以前的财权分配制度

北宋前期财权分配的方式可以分为“乾德之诏”和景德立额两个阶段。宋人曾说：“唐制，诸道贡赋别而为三：有上供、有留州、有送使。本朝大略因之。上供之外，留州者，逐州之所用也，送使者，转

1 王安石新法及新法财赋一直是王安石变法研究的重点内容，相关成果十分宏富，邓广铭、漆侠、王曾瑜等对王安石的研究都论述了新法问题，对各项新法的专题研究也难以尽举。李华瑞《王安石变法研究史》（人民出版社 2004 年版）对王安石研究作了系统总结。该书出版后又有李金水《王安石经济变法研究》（福建人民出版社 2007 年版）等研究。汪圣铎、包伟民、黄纯艳等学者对朝廷财政作了较为深入的讨论（分见汪圣铎《两宋财政史》，中华书局 1995 年版，第 624—627 页；包伟民《宋代的朝廷钱物及其贮存的诸库务》，《杭州大学学报》1989 年第 4 期；黄纯艳《宋代财政史》，云南大学出版社 2013 年版，第 54—80 页）。总体特点都是不断推进对新法内容及影响的研究，尚未探讨其新法及朝廷财政带来的财政体制变化及其性质。

运使之所领也。”[1] 尽管如有学者指出的，因宋朝政治经济局势的差异，其新旧概念反映的具体制度内容已不一致，[2] 但“乾德之诏”的阶段，财权分配对地方“以支定收”和强化中央财权的制度逻辑表现出对唐代“两税三分”制基本精神的继承。

乾德二年（964），宋太祖下诏，“始令诸州自今每岁受民租及筦榷之课，除支度给用外，凡缗帛之类，悉辇送京师”，即“乾德之诏”，规定了中央与地方的财权分配方式。次年，再“申命诸州，支度经费外，凡金帛悉送阙下”。[3]“乾德之诏”所划分的财赋已不止于两税，而包括全国财赋，是将全国财赋制度化地划分为两部分：地方按“以支定收”原则留用的部分，属于地方，“悉送阙下”的金帛及地方支度经费以外留存地方的部分，属于中央。这一划分的主要目的是保障中央财政征调，改变唐后期五代到宋初藩镇自赡财赋的局面。唐后期“方镇握重兵，皆留财赋自赡，其上供殊鲜。五代疆境逼蹙，藩镇益强，率令部曲主场、院，其属三司者，补大吏以临之，输额之外亦私有焉”。到北宋立国之初，“建隆中，牧守来朝，犹不贡奉以助军实”，[4] 中央仍然不能有效保障对州郡财赋的调度。所以马端临谈到“乾德之诏”时特别强调了“乾德三年有诸州金帛悉送阙下之诏”，“既欲矫宿弊，则不容不下乾德之诏”。[5]

“乾德之诏”没有规定上供年额，即“国初上供随岁所入，初无定制”，[6] 属于中央的“留州之钱”数量很大。三司管理上将该部分财赋与地方“支度经费”部分视为一类，“当是时，输送毋过上供，而上供未尝立额，郡置通判，以其支收之数上计司，谓之应在”，亦即“以

1　杨士奇等：《历代名臣奏议》卷八七叶梦得“提举临安府洞霄宫上奏”。上海古籍出版社 2012 年版，第 1195 页上栏。

2　包伟民：《宋代地方财政史研究》，上海古籍出版社 2001 年版，第 77 页。

3　《续资治通鉴长编》卷五“乾德二年十二月辛未”条、卷六“乾德三年三月乙未”条，中华书局 2004 年版，第 139、152 页。

4　《宋史》卷一七九《食货下一》，中华书局 1977 年版，第 4347 页。

5　《文献通考》卷二三《国用考一》，中华书局 2011 年版，第 695 页。

6　《文献通考》卷二五《国用考三》，第 743 页。

天下留州钱物尽名系省”，包括了留存地方的中央财赋和地方“支度经费”，“而朝廷初无封桩起发之制，自建隆至景德，四十五年矣，应在金银钱帛粮草杂物以七千八百四十八万计，在州郡不会，可谓富藏天下矣”。[1]但是在使用权划分上，“藏之州郡”的中央财赋与“支度经费”的地方财赋有明确规定，如马端临所言，“乾德之诏”“纪纲既已振立，官吏知有朝廷，则不妨藏之州郡，以备不虞，固毋烦悉输京师而后为天子之财也”。[2]虽然现存资料难以明了诸州“支度经费”计算依据和支出范围，但从宋朝地方制度可以推知，主要根据是本州官僚、军队员额数量和俸给标准。

这一做法中，确定中央财政份额的前提是中央切实掌握所有赋税的收支帐籍。在制度上，宋初即令“诸州通判、粮料官至任，并须躬自检阅帐籍所列官物”，“诸州府并置形势版簿，令通判专掌其租税”，[3]“市征、地课、盐曲之类，通判官、兵马都监、县令等并亲临之，见月籍供三司”，[4]通过帐籍申报和设官监察，三司可以总天下之财，“自非常平仓隶司农寺外，其余皆总于三司。一文一勺以上，悉申帐籍，非条例有定数者，不得擅支”。[5]按这样的制度设计，理论上归属中央的财政就有了明确的数额。

但实际上仍有地方擅用留州钱物的现象。北宋初期已对各种赋税设立课额，但仍有一些赋税并未立额，如“天下财赋除其供辇送京师之外，余者并留之州郡。至于坊场、坑冶、酒税、商税则兴废增亏不常，是以未尝立为定额”。于是，“其留州郡者，军资库、公使库系省钱物长吏得以擅收支之柄”。[6]有些设立定额的赋税也不用于上供。如

1 陈傅良:《止斋集》卷一九《赴桂阳军拟奏事札子第二》。王曾瑜《宋朝系省、封桩与无额上供钱物述略》一文对“系省钱”含义做了新的辨析，可参考（见《中国经济史研究》2018 年第 6 期）。

2 《文献通考》卷二三《国用考一》，第 695 页。

3 《续资治通鉴长编》卷九“开宝元年五月丁未”条、卷一二“开宝四年正月辛亥”条，第 202、258 页。

4 《宋史》卷一七九《食货下一》，第 4348 页。

5 《续资治通鉴长编》卷三六八“元祐元年闰二月甲午”条，第 8871 页。

6 《文献通考》卷一九《征榷考六》，第 557 页。

宋初酒课未立额，咸平四年（1001）“取端拱至淳化元年三年内中等钱数立为祖额，比较科罚，则酒课立额自此始，然则藏之州县而已”。[1]也就是宋人所说，宋初“东南酒课之入，自祖宗时悉留州”，[2]如明州“酒课尽入系省，州用仰足于此”。[3]直到庆历二年（1042）收增添盐酒课利钱上京，酒课才部分划归中央，即“酒课上供始于此”。[4]这就使得地方支度经费与解发京师的金帛之间地方有可上下其手的很大空间。

宋真宗朝开始逐步将中央应付财政支出所需的各种实物设立定额。景德四年（1007）东南六路上供米立定年额六百万石，“米纲立额始于此”；大中祥符元年（1008）诏银纲“以大中祥符元年以前最为多者为额，则银纲立额始于此”；天禧四年（1020）立定钱额，“钱纲立额始于此”；绢绵纲“以咸平三年三司初降之数，则亦有年额矣”。[5]这就是“自系省而有上供，自上供未立额而有年额”的过程。[6]有学者指出“从上供未有定额到有立额，从首先留足地方经费到确定上供额这一转变，可以说是北宋中央财政与地方财政关系上的一个重要转变。它使中央财政收入有了制度上的保证”。[7]上供立额的意义不仅是财政分配中先保障中央，同时也地方财政份额有了相应的制度规定。在财政划分上，“存上供之名，取酌中上之数，定为年额，而其遗利则付之州县桩管”。[8]按照制度，中央除上供外不再征调，即“上供钱物无额外之求”。[9]虽然事实上不可能，但在制度上全国财政被划分成上供

---

1 《文献通考》卷一七《征榷考四》，第 490 页。

2 《建炎以来朝野杂记》甲集卷一四《东南酒课》，中华书局 2000 年版。

3 《宝庆四明志》卷五《郡志五叙赋上》，中华书局 1990 年版。

4 《文献通考》卷一七《征榷考四》，第 490 页。酒课用于上供是否始于庆历二年，学者们有不同看法，可参朱思远《宋代的酒课分隶研究》（河北大学硕士学位论文，2015 年）对李华瑞、杨师群等对酒课上缴中央是否始于庆历二年的讨论作了比较分析，可参考（第 3 页）。

5 《文献通考》卷二三《国用考一》，第 691 页。

6 陈傅良:《止斋先生文集》卷一九《赴桂阳军拟奏事札子第二》，文渊阁《四库全书》影印本，第 1150 册，第 652 页。

7 高聪明:《从“羡余”看北宋中央与地方财政关系》，《中国史研究》1997 年第 4 期。

8 《文献通考》卷二三《国用考一》，第 691 页。

9 《宋朝诸臣奏议》卷一〇七陈次升《上哲宗乞罢额外封桩》，上海古籍出版社 1999 年版，第 1149 页。

定额和地方留用两部分，并进一步明确了全国财政总量中中央财政和地方财政各自法定的份额。北宋初期国家财政总体状况尚好，地方的留用甚至按“三年之储”。[1]大中祥符二年（1009），“江淮廪粟除留州约支及三年外，当上供者凡一千三百余万石”。大中祥符三年（1010）上供“运米凡六百七十九万石，诸路各留三年支用”。[2]有“三年之储”就必有作为计算标准的例年岁额，即地方财年额。

宋真宗朝地方主动进奉“羡余”，这也说明中央财政和地方财政的制度划分。有学者指出，地方向中央所进之“羡余”“是指地方财政之节余，地方在额定上供之外向中央上缴的财物”。[3]“羡余”本意应指地方经费的结余，但地方用于进“羡余”的财赋来源比较复杂，实际的含义就是地方上供年额之外的财赋。这也说明按照制度，全国财赋在划定的中央财政和地方财政岁额以外不应再有结余的存在。从地方进“羡余”的行为更清楚地说明了中央财政和地方财政的划分。如果所有财政都属中央，无中央、地方之别，也就无所谓进“羡余”之名。

确定上供年额的中央与地方财权分配方式的制度逻辑仍然是“两税三分”的定额分配原则。两税三分制下，地方财政的两税上供基本上是固定的，同时分配给地方财政的合法收入也是固定的。[4]但景德立额与唐代“两税三分”仍有显著的不同：一是北宋只言中央与地方的二分法，具体而言就是中央与州郡间的分配，“乾德之诏”就是称诸州支度经费外归属中央；[5]其次是唐后期三分主要是指两税的分配，而宋代地方可以分享所有大宗赋税，即“其税赋、榷酤、商税、茶盐、坑冶、山泽之利各以分数隶给州郡，及系省房廊、地利、坊场、河渡、

1 大中祥符元年宋真宗“诏江淮发运、转运司部内各留三年之储，以备水旱”。见《续资治通鉴长编》卷七〇“大中祥符元年十二月甲辰”条，第1581页。

2 《续资治通鉴长编》卷七四“大中祥符三年十月己亥”条，第1691页。

3 高聪明：《从“羡余”看北宋中央与地方财政关系》，《中国史研究》1997年第4期。

4 孙彩红、陈明光：《唐宋财赋“上供、留使、留州”制度的异同》，《安徽师范大学学报》2004年第6期。

5 包伟民已指出，宋人对天下财赋分配的描述是中央计司与州军之间的两分法，见《宋代地方财政史研究》，第79页。

支酬衙前不尽者尽归本州”，[1] 还有“二税分数隶属州县，地利赢余归之本州”，[2] 地方可以分享包括两税、专卖、商税宋代三大主体税在内的几乎所有赋税。

熙宁以前，内藏库财赋来源除了建国初期兼并诸国所收之财，即“僭伪储蓄”，主要有三项：一是“但藏每岁国用羡余之数”；[3] 二是直接调拨大量左藏库财赋；三是规定若干金银、现钱和绢帛等钱物入内藏。[4] 前两项都是分夺三司财赋。第三项是直属于内藏库且相对稳定的收入。金银收入有景德元年（1004）“诏榷货务入中金、银并纳内藏库”；[5] “川路金银自皇祐三年并纳内库，余福建、广东、淮南、江南东则各有窠名分隶，而十年之间所入殊不等”；[6] 咸平五年（1002）诏“川陕商旅鬻银者，听诣官中卖，每两添铁钱一千，递送内藏库收掌”。[7] 这金银入内藏多为一时举措，并未设立定额。内藏库最稳定的收入是每年铸钱中有定额纳入，内藏库“岁受铸钱百余万缗，而岁给左藏库及三年一郊，度岁出九十万缗，所余无几”。[8] 自宋真宗时店宅务每年纳课利 140200 贯内藏库。[9] 另一项较为稳定的收入是进京舶来品中质优价贵物品。景德四年（1007）宋真宗令杭、明、广州市舶司到京犀牙珠玉及细色香药“并纳内藏”。[10] 上供绢中入内藏的有河北、淮南等路共 74 州府上供绢。[11] 有学者估计，宋真宗时内藏库每年各项收入总计应在五六百万以上。[12] 从这一规模和结构而言，北宋前期内藏

1 《群书考索》续集卷四四《兵制门》，文渊阁《四库全书》影印本，1990 年，第 938 册，第 560 页下栏。

2 《群书考索》续集卷三七《官制门》，第 938 册，第 459 页下栏。

3 《续资治通鉴长编》卷一九“太平兴国三年十月乙亥”条，第 436 页。

4 参黄纯艳：《宋代财政史》，第 29—33 页。

5 《宋会要辑稿》食货五五，第 7264 页。

6 《文献通考》卷二三《国用考一》，第 690 页。

7 《宋会要辑稿》食货五一之一，第 7141 页。

8 《续资治通鉴长编》卷一一四“景祐元年闰六月壬午”条，第 2683 页。

9 《续资治通鉴长编》卷八三“大中祥符七年八月辛巳”条，第 1894 页。

10 《宋会要辑稿》食货五二之七，第 7172 页。

11 《宋会要辑稿》食货五一之一，第 7141 页。

12 李伟国：《论宋代内库的地位和作用》，载《宋辽金史论丛》第一辑，中华书局 1985 年版。

财赋除基本上是分三司之“羡余”，中央和地方的财权分配主要在三司和州郡之间展开。

对于北宋前期中央与地方财权分配的方式和性质，学者们有不同的分析。有学者指出：“宋朝一直对财赋实行‘上供、留州、送使’的调度模式，其管理体制也经历了类似于唐朝前后的演变，即由统收统支体制演变为州郡地方财政具有较多的自主权”，但“看起来唐宋之制相似，其实，宋之制的区别主要在于财权分配不同”，“两宋时期，统收统支的财政管理体制并不能贯穿始终，实际上大约从仁宗开始，州郡财政自主权实际上在增大，表现为州县的赋税实际征收权在扩大”。[1]而实际上，自“乾德之诏”地方已有了制度规定的可相对独立支配的财政，即“支度经费”，景德四年逐步设立上供定额后，更以定额方式清晰地划分了中央与地方的财政份额。虽然宋人说在财政分配中“版籍一定，大权在上”，“虽按籍而索，锱铢皆入朝廷，未为不可”，[2]在君主独裁体制下，法理上似乎可行，但实际运行中划分中央财政与地方财政的收支份额更有利于保障中央财政和提高行政效率。三司对地方财政的管理之权主要表现为帐籍管理，而非统筹安排中央和地方的财政支出，地方可以相对独立安排法定分配财政的支出，与唐朝前期统收统支体制已有很大区别。

有学者指出北宋中央财政与地方财政对税课收入分配的阶段性变化：第一次是从因循旧制到乾德二年（964）关于上供的规定；第二次是宋真宗朝陆续确定上供额；第三次是宋神宗朝通过增加上供、封桩，以及创立无额上供、设提举司等形式扩大中央财政收入；第四次是宋徽宗朝通过各种方式扩大中央财政收入，增加上供，并且把原归地方的茶盐课利集中于京师。[3]这指出了北宋不断强化财政中央集权的

1 孙彩红、陈明光：《唐宋财赋“上供、留使、留州”制度的异同》，《安徽师范大学学报》2004 年第 6 期。

2 《文献通考》卷二三《国用考一》，第 691 页。

3 高聪明：《从“羡余”看北宋中央与地方财政关系》，《中国史研究》1997 年第 4 期。

过程，从财权分配而言，北宋前期到熙宁新法的变化不仅是增加上供额，即中央财政分配中量的增长，更是财权分配方式的变化。不论是乾德至景德之间诸州支度经费以外归属中央，还是景德四年（1007）以后逐步转向保障中央上供定额以外留用地方，中央与地方的财政分配都表现为总量分配，没有对赋税权属在中央与地方之间进行划分，而熙宁变法改变了财权分配原则，财权分配体制由总量分配向税权分配转变，制度逻辑也“两税三分”变为“窠名分隶”。

二、熙丰以后财权分配制度的变化

王安石变法设立朝廷财政，元丰以后又相继设立了专管朝廷钱物的财库，即元丰库、大观库。朝廷财政的设立对财政管理机构的变化影响深远，奠定了北宋后期和南宋财政管理体制的新格局。中央财政由内藏、三司内外对掌变为内藏、三司、朝廷三家分掌。朝廷财政建立了从中央到地方独立的征管体系，即宰相—司农寺—常平使者。这一点现有财政史研究成果已经作了充分的论述。[1] 另一方面，朝廷财政的设立也改变了财权分配的基本方式，为北宋后期和南宋财权分配创设了新的模式，即北宋前期的总量分配逐步向税权分配转变。

关于朝廷财赋的来源，包伟民将北宋朝廷钱物归为四类：常平免役钱等、监牧租地钱市易钱等、禁军阙额钱、茶盐钱等，指出了朝廷钱物构成有一个演变过程，从王安石变法到北宋末，朝廷财政的来源不断增加。[2] 如果对这些财赋做更明确的分类，可以分为新法财赋、原属三司和地方的财赋、新开征的赋税三大类。首先是新法财赋完全归属朝廷。王安石设立制置三司条例司，“讲修钱谷之法”。[3] 制置三司条例司废罢后，司农寺承担创设新法的任务。两个机构所创新法的财赋

1 见前引汪圣铎《两宋财政史》、包伟民《宋代的朝廷钱物及其贮存的诸库务》、黄纯艳《宋代财政史》。

2 前引包伟民《宋代的朝廷钱物及其贮存的诸库务》。

3 《宋史》卷一七九《食货下一》，第 4354 页。

都归属朝廷财政，“凡青苗、免役、保甲、方田、免行、市易、农田水利，始则属于三司条例司，后则属于司农寺”，[1] 都归入朝廷财政。

其次，原属三司和地方的若干赋税被逐步划归朝廷。如，盐茶禁榷收入本由三司和地方分享。至道二年（996）杨允恭改革淮浙盐法，将淮浙盐与东南各路漕运相捆绑，根据各路漕运上供额配盐回本路发卖，“盐荚只听州县给卖，岁以所入课利申省，而转运司操其赢，以佐一路之费”，[2] 亦即宋人所说“祖宗之时茶盐之利在州县，则州县丰饶”。[3] 元祐八年（1093）规定“年额外有增收到五分入朝廷封桩，五分转运司”，[4] 部分划归朝廷财政。蔡京变法，淮浙盐与解盐一样实行钞盐法，商人赴榷货务卖钞，而盐钞钱直接划归朝廷，即“利通外计者，悉归朝廷”，[5]“自（蔡京）钞法行，盐课悉归榷货务，诸路一无所得”。[6] 东南茶法则实行以引榷茶，商人赴榷货务买茶引，茶引钱也归入朝廷。

三是新增赋税或财赋种类被划归朝廷。如，金场收入“悉归之内帑”，但崇宁时以常平息钱与剩利钱作本钱，扩大坑冶，“谓之新坑冶”，所得“金银等物往往皆积之大观库”。[7] 划归朝廷的财赋有独立于三司体系之外的管理系统。熙宁以前存在一个三司以外的司农寺—常平仓的理财系统，常平仓“付司农寺系帐，三司不问出入”，“其出息本利钱只委司农寺主掌，三司、转运司不得支拨”。[8] 司农寺和常平司系统在北宋前期掌握财赋十分有限，并不重要，王安石变法扩大司农寺财权范围，形成由朝廷直接控制的三司之外另一朝廷财政的理财系统。“司农钱”或“司农钱物”成为朝廷财赋的代名词，包括新法财赋

---

1 《宋大事记讲义》卷一六《置检正五房并习学》，文渊阁《四库全书》影印本，第 686 册，第 350 页下栏。

2 《文献通考》卷一五《征榷考二》，第 438 页。

3 李纲：《李纲全集》卷六三《乞修茶盐之法以三分之一与州县札子》，岳麓书社 2004 年版，第 675 页。

4 《文献通考》卷一五《征榷考二》，第 438 页。

5 《斐然集》卷二五《先公行状》，第 509 页。

6 杨时：《龟山集》卷一《上书上渊圣皇帝》，文渊阁《四库全书》影印本，第 1125 册，第 108 页下栏。

7 《文献通考》卷一八《征榷考五》，第 523 页。

8 《宋朝诸臣奏议》卷一〇七余靖《上仁宗论借支常平本钱》，第 1154 页。

及新法以外划归朝廷的财赋又称为“司农钱”，亦即朝廷财赋。[1]

从上述朝廷财政的来源可见，朝廷财政获得财赋的方式不是从全国财政总量中按定额或比例分成或划拨，而是将某一赋税的权属划归朝廷。而且，随着朝廷财政的赋税权属划分，三司（户部）、内藏所属赋税也相应地有了权属划分。史载：“安石为相，与三司分权。凡赋税、常贡、征榷之利方归三司，摘山煮海、坑冶、榷货、户部没纳之财悉归朝廷。其立法，与常平、免役、坊场、河渡、禁军阙额、地利之资皆号朝廷封桩”。[2] 清楚地划分了朝廷和三司所属的赋税。属于朝廷的赋税三司不能干预，如“新法拘收钱，不当入三司”，[3] 即新法收入完全归属朝廷。元丰改制，废三司，设户部左、右曹分管“经费”和朝廷财赋，划分了明确的赋税权属，即“外分二司，转运司独主民常赋及酒税之课，其余财利悉收于常平司。转运之财左曹隶焉，常平之财右曹官焉”。[4]

熙宁变法以后内藏财政也进一步明确和扩大。北宋前期内藏库财赋来源除了储积灭国财赋外，“止是收簇给费之余，或坊场课利，不以多寡，初无定额”，即没有规定哪些赋税的权属稳定划归内藏，赋税基本上由三司统领，即“贡赋悉入左藏库”。熙宁二年（1069）将嘉祐至治平时期十年间四川、福建等路纳入内藏的钱物折价，令左藏库拨金 300 两、银 50 万两入内藏，“遂为永额”，而钱物纳左藏库。实际上是将“治平以前诸路所进坑冶、山泽、河渡课利，悉在其中，既合为元额矣”。[5] 这是在税权分配的新政下，进一步厘清赋税权属的举措，就是通过给内藏补贴定额金银的办法，剥离了以前并无定制的赋税与内藏的关系。

另一方面，熙宁以后也明确规定了归属内藏财政的赋税。熙宁二

1 《宋会要辑稿》职官二六、职官四三，第 3694、3695、4113 页。

2 《古今源流至论》后集卷二《三司》，文渊阁《四库全书》影印本，第 942 册，第 188 页上栏。

3 《续资治通鉴长编》卷三〇〇“元丰二年九月甲午”条，第 7305 页。

4 《群书考索》续集卷三三《官制门》，第 938 册，第 419 页上栏。

5 《文献通考》卷二三《国用考一》，第 691 页。

年诏令“江南等路提点银铜坑冶司所辖金、银场冶收到金银课利，今后并依久例尽数入内藏库”，[1] 完全划归内藏财政。熙宁还规定了入内藏库的坊场正名钱定额：“诸路应发坊场钱百万缗，令司农寺分定逐路年额，立限于内藏库寄纳。”[2] 此外，汴河堤岸及房廊水磨茶场、京东西沿汴船渡、京岸朝陵船、广济河船渡、京城诸处房廊、四壁花果、水池、冰雪窖、菜园等“所收课利，并于内藏库送纳”。[3] 政和元年又将各路茶息钱加征部分，即“并量添钱数申发运司拘催，赴内藏库送纳”。宣和二年将诸路收帖定并帖纳钱“赴内藏库送纳”。[4] 可见熙宁变法不仅内藏财政拥有的赋税种类大大增加，而且有了明确的税权。

内藏、朝廷和三司（户部）对划归本机构的赋税，在制度上有各自相对独立的支配权。朝廷财政由宰执直接掌握，“付司农寺系帐，三司不问出入”，“其出息本利钱只委司农寺主掌，三司、转运司不得支拨”。[5] 按照制度，即使皇帝也不能随意支用朝廷财政：“元丰库之制，虽天子不可得而用。倘有所用，必有司具数上之朝廷。宰执聚议，同上奏陈，降圣旨下库，始可支拨。况宰执议论或有所不同者。盖目前行之甚严如此也。大观库者，其制同元丰”。[6] 户部更不能动用朝廷财库元丰库和大观库财赋：“朝廷有元丰、大观库，犹在陛下有内藏库。朝廷有阙用需于内藏，必得旨然后敢取。户部岂可擅取朝廷库务物哉？”[7] 原三司管理的赋税划归朝廷后，三司也不能再动用。元丰二年（1079）诏“鬻官监、场务买名钱，依旧入司农寺”，属于朝廷财政，三司奏请“人户买扑官监及非折酬衙前场务，所增收钱并合入三司帐”，而司农寺认为“官监、场务外，皆是新法拘收钱，不当入三

1 《宋会要辑稿》食货五一，第 7144 页。

2 《宋会要辑稿》职官二七之一二，第 3716 页。

3 《续资治通鉴长编》卷三五六“元丰八年五月乙未”条，第 8512 页。

4 《宋会要辑稿》食货三〇之三七、食货三五之三，第 6674、6754 页。

5 《宋朝诸臣奏议》卷一〇七余靖《上仁宗论借支常平本钱》，第 1154 页。

6 《群书考索》后集卷六四《财赋门》，第 937 册，第 911 页上栏。

7 《宋史》卷一七九《食货下一》，第 4373 页。

司”，双方“争辨久之，乃从司农寺之请也”。[1] 而作为“经费”管理部门的户部如以前的三司一样，不能擅自动用朝廷财政。如“诸路折斛钱熙宁年并归朝廷”，元符以来户部侵用，令折斛钱“并仰元丰库拘收封桩，准备朝廷支使。如户部辄敢侵用，并依擅支使朝廷封桩钱物之法”。[2]

内藏财政由皇帝控制，宰相和三司（户部）皆不能干预，亦不得知晓。熙宁以前就是“内藏库专以内臣掌之，不领于三司。其出纳之多少，积蓄之虚实，簿书之是非有司莫得而知也”。[3] 内府“其籍秘严，虽大臣及主计者，莫得知其详实”，“所谓内藏、奉宸诸库非有司关掌，故外臣莫得知其登耗”。[4] 在内藏、朝廷和三司（户部）三家中，三司（户部）财权最为脆弱。虽然在制度上，北宋前期，“置三司使以掌天下利权，宰相不与”，[5] 熙宁变法后三司（户部）仍独立承担“经费”责任，但皇帝通过掌握财政政策的最终决策权和编制《会计录》等方式直接干预三司（户部）财政，而朝廷财政建立过程中也不断侵夺原属三司的赋税。就制度而言，总体上仍如宋人所言“有御前钱物、朝廷钱物、诸局所钱物、户部钱物，其讲画裒敛、取索支用，各不相照”。[6]

在划定中央财政税权的基础上，地方的赋税权属也相应地被规定。北宋前期，地方可以分享的茶盐禁榷收入、二税正税收入在熙宁以后都逐步分别划归朝廷和户部，地方不能动用，“所有茶盐钱并充朝廷封桩，诸司毋得移用”，[7] 茶盐之利“专一应付国家大计，州县不得擅用”。[8] 上供起发之物地方也不能支用，“上供钱自是户部经费，岂有

---

1 《宋会要辑稿》职官二六，第 3694 页。

2 《续资治通鉴长编》卷五一〇“元符二年五月癸亥”条，第 12144 页。

3 《续资治通鉴长编》卷一九六“嘉祐七年五月丁未”条，第 4758 页。

4 《宋朝诸臣奏议》卷一〇七吕诲《上英宗乞今后奉宸诸库宜谨出入》《上英宗乞会计内库出入裁损过当》，第 1148—1149 页。

5 《建炎以来朝野杂记》甲集卷一七《三司户部沿革》，第 380 页。

6 《宋会要辑稿》食货五六，第 7304 页。

7 《建炎以来系年要录》卷五“建炎元年五月壬寅”条，第 130 页。

8 《建炎以来系年要录》卷一〇二“绍兴六年六月庚申”条，第 1673 页。

应副外路漕司之理”。[1] 中央通过重新划分赋税权属的方式收夺地方财权也体现了税权分配的特点。如“坊场、河渡昔归州县，今充为上供焉”，“茶盐、坑冶昔在州县，今归使者焉”。[2] 熙宁以后明确将划归朝廷而储存地方的赋税收入实行封桩。封桩钱包括卖盐宽剩钱、阙额禁军请受、减省造舡钱等诸多窠名，“名目甚多，本皆转运司之物，而一切封桩”，归诸朝廷，“所为封桩者，有司不得辄用”。[3] 中央严格“擅支封桩钱物法”，“非奉朝命支借者，依擅支封桩钱物法”。[4] 所谓“支借”已表明这些窠名的权属关系。作为收夺地方财政手段的无额上供钱和经制钱也是将原属地方的若干细小赋税合并一类，将其权属划归中央。元丰五年（1082）在“上供年额外凡琐细钱定为无额上供”，包括坊场税钱、增添盐酒钱、卖香矾钱、卖秤斗钱、卖铜锡钱、披剃钱、封赠钱、淘寻野料钱、额外铸到钱、铜铅木脚钱、竹木税钱等十余种窠名。[5] 无额上供钱划归户部，大观三年（1109）户部奏章谈到“诸路漕司侵用本部无额上供钱物，乞并隶提刑司拘收，更不令转运司干与”，[6] 地方不能干预。宣和间陈遘所创经制钱也如此，是将“若卖酒、若鬻糟、若商税、若田宅贸易牙税、若头子钱、若楼店钱皆稍增其数，别历收系，以供移用，谓之经制钱”，[7] 也划归中央。

熙宁变法以后税权分配的目的与北宋的总量分配一样，仍是加强中央财政集权，而且较北宋前期的总量分配更为有效地强化了财政中央集权和逐级集权。就中央与地方而言，最大宗的赋税二税、专卖税逐步划归中央。熙宁以后“二税分数旧属州县也，至是归运司以备经费矣”，[8] 即二税正税额完全划归户部，地方不再分享。蔡京变法在淮浙

1 《宋会要辑稿》食货五一，第 7160 页。

2 《古今源流至论》续集卷三《税赋》，第 942 册，第 392 页上栏。

3 《宋朝诸臣奏议》卷一〇七王觌《上哲宗论封桩钱》，第 1152 页。

4 《续资治通鉴长编》卷三五〇“元丰七年十一月癸亥”条，第 8389 页。

5 《文献通考》卷二三《国用考一》，第 694 页。

6 《宋会要辑稿》食货五一，第 7160 页。

7 《群书考索》后集卷六三《经总制》，第 937 册，第 870 页下栏。

8 《古今源流至论》续集卷三《州县财》，第 942 册，第 383 页上栏。

推行钞盐法，东南茶法恢复禁榷并实行以引榷茶，四川实行榷茶，使得“异时官运收息，郡县之用所以足者，以茶盐之利在郡县也。比年走商贾，实中都，朝廷之用所以足者，以茶盐之利在朝廷也”，形成“崇观以来茶盐之利在朝廷，则朝廷富实”的局面。[1]宋仁宗时地方财政已经出现无结余的状况，即“当今天下金谷之数，诸路州军年支之外，悉充上供及别路经费，见在仓库者，更无余羡”。[2]税权分配以后，大宗赋税划归中央，又通过无额上供钱、经制钱等名目不断将地方的赋税权属收归中央，导致了地方财政的日益困窘。

税权分配进一步明确了“经费”财政和储备财政的职责划分。内藏财政自设立以来就作为储备财政，不对“经费”承担直接责任，“凡货贿输京都者，至则别而受之。供君之用及待边费，则归于内藏；供国之用及待经费，则归于左藏”，“左藏库受财赋之入，以待邦国之经费，供官吏、军兵廪禄、赐予。内藏库掌受岁计之余积，以待邦国非常之用”。[3]朝廷财政设立后也作为“以待非常之用焉”的储备财政，[4]即“朝廷既得此财，又不宽以邦国之经费，反谋藏之以为剩余之物”。有人说“天下之财三司主经费，而司农专于聚敛。一道之权转运主上供，而常使者专于掊克。三司、转运常有不足之忧，而司农、提举司独善有余之利”，[5]就是针对朝廷财政不直接对“经费”负责而发的。税权分配使得归属于朝廷和内藏的赋税成为储备财赋，三司（户部）负责的“经费”财赋则相对减少。

而且，在中央财政分配中，“凡天下之好名色钱容易取者、多者，皆归于内藏库、封桩库，惟留得名色极不好、极难取者，乃归户部”。[6]三司（户部）财政困难日益严重。北宋前期就已形成三司仰赖内藏而

1 李纲：《李纲全集》卷一四四《理财中》，第 1373 页。
2 《宋朝诸臣奏议》卷一七余靖《上仁宗论供支常平本钱》，第 1154 页。
3 《宋会要辑稿》职官二七，第 3709、3710 页。
4 《续资治通鉴长编》卷三三〇“元丰五年十月壬申”条，第 7959 页。
5 《宋大事记讲义》卷一六《创制三司条例置举常平司》，第 686 册，第 349 页下栏。
6 《朱子语类》卷一一一《论财》，上海古籍出版社、安徽教育出版社 2010 年点校本，第 3564 页。

运行的格局，熙宁以后经费财政仰赖储备财政资助而运行的情况更加严重，导致“比岁经赋日耗，而南库之积日滋”，[1]“户部岁入有限，支用无穷，一岁之入仅了三季，余仰朝廷应付”。[2]户部“一月出入见钱之数，率皆五十余万贯，罄竭所得，仅给经费而已，稍加它用，辄干求朝廷，方能办事”，[3]朝廷和内藏储积大量财赋，“虽积如丘山，而委为朽壤，无益于算”。[4]

熙宁以后税权分配的财权分配制度有一个逐步实行的过程，已如上所述。而且这一财权分配制度有着多样的实现方式。既有将钞盐法和以引榷茶制下，钞引钱完全归属朝廷财政，二税正税完全归属户部财政等的完全的划分，也有对同一中赋税的分成共享。分享的形式既有定额外分享，如元祐八年（1093）令榷盐收入“年额外有增收到五分入朝廷封桩，五分转运司”、[5]坊场正名钱除总计一百万贯划归内藏库外，“七分宽剩，三分州用”，其中七分宽剩钱作为左藏库钱，入户部。[6]也有比例分成，如元祐年间规定诸路坑冶金银课利，“七分起发赴内藏库，三分充漕计”。[7]此外，北宋西北沿边三路地方的主要职责是就地供军，与内地诸路州军存在一定的差异。虽然“上供钱物惟三路不起发，盖沿边费用常自朝廷应副”，[8]从中央财政中支出，但“河北、河东、陕西转运使副，按行边陲，经度军费，比之他路，甚为劳止”，[9]在执行中央财政与地方财政区别更为模糊。到南宋，熙宁变法设立的税权分配制度，进一步深化，成为全国性的普遍制度。

1 陈傅良:《止斋先生文集》卷二九《廷对策》，第1150册，第735页上栏。
2 《宋史》卷一七九《食货下一》，第4359页。
3 《历代名臣奏议》卷二六八“户部侍郎苏辙上疏”，第3455页上栏。
4 《宋史》卷三三九《苏辙传》，第10825页。
5 《文献通考》卷一五《征榷考二》，第438页。
6 罗浚等:《宝庆四明志》卷六《叙赋下》，第5065页。
7 《文献通考》卷二三《国用考一》，第691页。
8 《续资治通鉴长编》卷三九〇“元祐元年十月己亥”条，第9476页。
9 《续资治通鉴长编》卷五五“咸平六年六月辛酉”条，第1201页。

三、结论

宋代延续唐代上供、留州的基本做法，逐步变革，经过北宋前期留用地方后划归中央，到立额保障中央后留用地方的变化，总体上中央与地方的财权分配是总量分配的方式。熙宁变法改变了此前中央与地方总量分配的财权分配方式，随着朝廷财政的设立，开始全面实行以窠名分隶为特点的税权分配的财权分配制度，是中国古代财权分配制度的重要变化。

熙宁变法出现的税权分配的财政体制是王安石变法为应对北宋中期以来日益显现的财政困难和开边储积财政所需而推行的，同时也是宋代实行募兵制带来的巨大财政压力和财政中央集权双重背景下财权分配方式的特殊调整。地方日益独立的税权是以强化中央税权和财力，加强中央财政集权为目的的。通过税权分配将最大宗、最优质的赋税收归中央，同时进一步扩大和明确了作为储备财政的内藏财政和朝廷财政的规模，加剧了作为“经费”责任部门的户部及地方州郡的财政困窘。

（原载《北京大学学报》2020 年第 5 期）

制度如何成为手段：吴潜在庆元府治理中对财政制度的运用

南宋在窠名分隶的制度下，将财政中央集权推向极致，导致地方财政十分困窘，面对上供和州计压力，大多数地方官员常常“执笔茫然，莫知所谓，老胥猾吏，从旁而嗤之”，[1]但老胥猾吏所用之术不过是阴阳账目，以正当窠名做一上缴中央之账，另以不正当窠名别置私历。[2]南宋却也不乏在地方治理中卓有成效的官员，吴潜在庆元府任上即如此。如何筹措财力，实现地方治理，并非仅凭应付上级的阴阳账目可以实现。吴潜利用其一身两职的身份，调整和运用财政制度，在地方治理中取得了显著成绩，其做法在一定程度上反映了地方官员实施地方治理的共性。

一、庆元府的财权分配和支出责任

南宋财权分配的基本制度原则是窠名分隶。《宝庆四明志》清晰地记载了庆元府财权分配状况，庆元府所有赋税窠名被分为两税、榷盐收入、榷酒收入、商税、牙契、市舶收入、湖田收入、职田收入和杂赋九类。夏税正税自咸平三年（1000）定额即应付殿前诸军及府界诸色人春冬衣绢、绵等，归属于中央。南宋夏税中的和买绸绢是由中央出钱预买转化为无偿征收的赋税，原无和买处即无此赋税，明州却高于原有夏税正税。[3]庆元府苗米主要供给定海水军，与职田米、湖田

1　叶适：《叶适集・水心别集》卷三《经总制钱一》，中华书局 1961 年版，第 775 页。

2　朱熹：《晦庵先生文集》卷二六《与王运使札子》，上海古籍出版社 2002 年版，第 1163 页。

3　《宝庆四明志》卷五《叙赋上》，中华书局 1990 年版，第 4045、4046 页。

米麦共贮于府都仓。[1] 庆元府二税也如叶适所言“州郡二税之正籍尽以上供”。[2]

庆元府煮盐收入分为卖钞钱和“窠名官钱”两部分。淮浙盐自崇宁三年（1104）始行钞法，商人贩庆元府盐，“先于榷货务入纳钞引钱（每袋三百斤）二十四贯省，别于主管司纳窠名钱请盐”。庆元府产定额盐钞钱 1733390.3112 贯，纳于榷货务，属于中央财政。“窠名官钱”即榷盐附加税，包括贴纳钱、头子钱、客请封桩私盐三种，分隶于地方和中央，三项中划归中央的占 7%。其中贴纳钱每袋加收 6360.2 文，其中 5889.3 文归地方，470.9 文归中央，客请封桩私盐每袋加收 350 文，全部归地方，头子钱每贯加收 40.5 文，其中经总制司 33 文，提盐司 7.5 文。盐场另“有出剩廒底盐货，每月不下收二三百千”，“置历拘收，自支各场官吏俸给”，完全划归地方。[3]

庆元府省酒务及坊场课额共 145669.727 贯，由本府和中央按比例分隶。其“分隶则例”是每 100 贯，本府得 39.642 贯，占 39.8%（含本柄钱），诸司（指中央财政代理机构经总制司、籴本司、移用司）得 60.358 贯，占 60.2%。实际征收中，中央财政所占比例要超过“分隶则例”的规定，大部分甚至全部归入中央财政。以宝庆三年（1227）为例，庆元府都酒、比较、赡军三省酒务收息 62009.609 贯，分隶诸司 97.5%，分隶本府仅 2.5%，此外每年又起发七分酒息钱 15396.185 贯赴户部封桩库。慈溪、奉化、小溪三酒务每年分隶诸司占 113.2%，本府倒亏本柄钱 2185.26 贯。定海酒务每年净息钱分隶诸司 76%，本府所得占 24%。林村下庄象山三务酒息钱、诸县买扑坊场钱都由中央高比例分享。香泉酒库、慈福酒库和醅酒库所收息钱“无分隶诸司”，归地方所有。省酒务的糟钱和醋息钱也主要归地方所有，如慈溪等三务酒糟钱分隶诸司 35.1%，分隶本府 64.9%，都

1 《宝庆四明志》卷三《郡志三》，第 5022 页。

2 《叶适集 · 水心别集》卷一二《厢禁军弓手土兵》，第 785 页。

3 《宝庆四明志》卷六《叙赋下》，第 5067、5068 页。

酒等三务和林村等三务糟钱及奉化、定海、象山三县醋息钱归本府。酒税分隶也是普遍情况。如舒州在城酒务十二月十五日卖酒钱中央占90.8%，十二月十六日占90.6%。[1]

庆元府商税也实行分隶，其“分隶则例”规定，每100贯本府得48.462贯，占48.5%，诸司得51.538贯，占51.5%，其中正钱之“一分钱”100%归诸司，“九分钱”40%归诸司，60%归本府，增收钱70%归总制司，30%归军期即地方费用。100贯商税加征头子钱5.6贯，96.5%归诸司，3.5%归本府。商税实际征收中与“分隶则例”略有出入。都税院岁额35662.475贯，诸司得54.1%，本府得45.9%。诸门引铺岁额和奉化慈溪等七税场岁额诸司得分别占54.1%和52.2%，本府分别得45.9%和47.8%。庆元府商税坊场之坊场正名钱定额13000贯全部归入内藏库，完纳内藏正名钱之余的七分宽剩钱和坊场净利钱用以完纳左藏库钱定额，归属户部。[2]商税分隶也是全国性的基本制度。舒州在城商税也设有“分隶则例”，在省司、经总制司、漕司和本州间分隶。[3]

庆元府牙契钱岁额为77431.653贯，“有正限纳者，有放限纳者，分隶不同”，其中正限5426.796贯（占总岁额的7%），诸司所得占86.7%，本府所得占13.3%，放限72004.857贯（占总岁额的93%），诸司所得占52.2%，本府所得占47.8%。市舶收入尽数起发上供，“抽解上供之外即行给还客旅”，本府不许另行和买。职田本是官员的补贴，靖康元年（1126）权借职田租一年“变易轻货，输内藏库”，开了先例，建炎元年（1127）“诏罢住职田，令提刑司收桩具数申省”，绍兴三年（1133）给官吏发放茶汤钱后职田更基本收归内藏财赋。庆元府湖田于政和年间设立，作为接待高丽使节之费，高丽使节停罢后“岁起发上供”，后留作定海水军粮米，归属中央。

1 孙继民、魏琳：《南宋舒州公牍佚简整理与研究》，上海古籍出版社2011年版，第157页。

2 《宝庆四明志》卷五《叙赋上》，第5053页。

3 邱茜：《宋人佚简中一件商税文书的释读》，《中国经济史研究》2012年第3期。

《宝庆四明志》列“杂赋”11种，皆划分了窠名权属。免役钱由诸司和本府分隶，诸司所得占44.9%，本府所得占55.1%。截补身丁钱岁额诸司所得占40%，本府所得占60%。楼店务钱、河涂租堰钱贯、城基房廊钱贯，完全入公使库，归地方。僧道免丁钱全部为朝廷窠名。茶租钱是嘉祐年间（1056—1063）行通商茶法时将榷茶净利均赋予茶户，归属中央，崇宁年间（1102—1106）恢复榷茶而“茶租钱输如故”。[1] 昌国县有砂岸钱“初以供郡庠养士，贴厨水军将佐供给”，以及“本府六局衙番盐菜钱之费”等，[2] 基本上归地方使用。水脚钱是作为运输上供钱物运费的附加税，由中央督征，负责运输的机构使用。河渡钱和鄞县桃花渡钱则为常平窠名。

庆元府实行的窠名分隶是全国普遍性制度，如宋孝宗诏令所言“将州县应干仓库场务每处止置都历一道，应有收到钱物并分隶上供、州用实合得之数，分立项目桩办支拨，不得改立名色，互换使用”。[3] 且大宗赋税二税、盐钞钱、经总制钱归属中央，商税、省酒务收入为中央高比例占有。庆元府财政支出责任则重于一般州郡。除了完成上供以外，要供养定海水军，应付本地军费和官俸，还需承担各类修造、兴学、水利、赈济等支出。一般而言，中央和地方有各自的支出划分，如军费支出“朝廷既自以（上供财赋）养大兵矣，而州郡以其自当用度者，又尽以养厢、禁、土兵”。[4] 庆元府最主要的支出是军费。庆元府是海防重镇，驻扎有沿海制置司水军，属于中央军，隆兴二年（1164）定额3000人，乾道七年（1171）增加为4000人，吴潜任沿海制置使时已增至6000人。庆元府知府一般兼任沿海制置使，其支出也由庆元府应缴中央财政各种窠名支出，主要是两税苗米及“湖田

1 林駉：《古今源流至论》续集卷四《榷茶》，文渊阁《四库全书》影印本，第942册，第399页。

2 《开庆四明续志》卷八《蠲放砂岸》，中华书局1990年版，第6008页。

3 《宋会要辑稿册》食货五六，上海古籍出版社2014年版，第7315页。

4 叶适：《叶适集》《水心别集》卷一二《厢禁军弓手土兵》，《外稿》卷一五《终论二》，第785、820页。

米及经总制钱给之”，另有中央拨款或地方筹款赈济军士的经费，“每岁枢密院又札下转运司支降官会二千贯，支散口累重大钱”，赈济家口多、负担重的士兵。[1] 庆元府地方军多于一般内地州郡，有禁军定额2330人，厢军九指挥，两指挥无额外，七指挥额2277人，土军定额1700人，驿铺兵112人，奉化、慈溪、昌国、定海、象山五县共有弓手318人。[2] 地方军人数变动不定，总额不少于6737人，由地方财政承担。

庆元府地方财政需承担州县官俸支出。府级官僚有佐官（通判2—3员），各类职曹官（8员）、务镇官（13员）、仓库局院官（6员）、医官1员，盐官（20员）、造船监官1员。军队官僚有制置司各类僚属（22员）、各类禁军官（13员）、土军官（9员）。96另有盐官虽隶属提盐司，但“廪给仰本府”，置场于台州的长亭、杜渎两盐场也由庆元府支官俸。[3] 辖下六县除昌国、象山不设丞外，其他四县皆设丞、主簿、尉各一员，由各县承担。军需、官俸属于“经费”，此外还有“经费”之外的各类修造、兴学、水利、赈济等支出。南宋“上自宰相，下至县令，鳃鳃然日以军食不给为莫大之忧”，中央和地方普遍是应付“经费”已很困难。庆元府郡计也如此，而且朝廷还不断增加庆元府负担的添差官，“庆元一郡而添差四十员，尽本府七场务所入，不足以给四十员总管之俸”，[4] 使庆元府“经常所入有限，而支用日增”，由地方承担月俸的寄居官、宗室官不断增加，“源源而来未已，无策可以措置添收财用”。[5]

---

1 《宝庆四明志》卷七《制置司水军》，第5069页。

2 《宝庆四明志》卷三《郡志三》，第5031页；卷一五《奉化县志卷二》，第5191页；卷一七《慈溪县志第二》，第5216页；卷一九《定海县志第二》，第5238页；卷二〇《昌国县志全》，第5253页；卷二一《象山县志全》，第5272页。

3 《宝庆四明志》卷三《郡志三》，第5025—5031页。

4 郑兴裔：《郑忠肃奏议遗集》卷上《请宽民力疏》，文渊阁《四库全书》影印本，第1140册，第201页。

5 《宝庆四明志》卷六《叙赋下》，第5067页。

二、吴潜的制度调整和财力筹措

庆元府滨海，耕地缺乏，本非富庶之地，“鄞为郡瘠，赋之入者约，费之出者广”，“一岁之入不足赡一邦之民也”，甚至称“郡计莫难于鄞”。[1] 庆元府的地方财政并不宽裕，而需要财力应付的事权责任还重于一般州郡。吴潜任庆元府知府同时兼任沿海制置使，其财政支出责任也包括了两个方面，一是保障作为中央军的定海水军军需，二是保障州计和地方其他支出。作为中央军的定海水军军需，其经费由中央财政中两税、经总制钱、湖田米供给，相对优先保障。但按财政制度，这部分财政的征收主要由知府和通判负责，其中重要来源之一的经总制钱是由通判管理。两税由知府负责征收，供给定海水军。如上述财权分配制度规定，庆元府地方财政本不敷使用，想在地方治理中有所作为，必须在地方政府获得的财权以外开拓财力。吴潜筹措财力的主要办法一是利用其一身两职的身份整顿和扩大供给定海水军的经总制钱，二是扩大地方可以分隶的赋税的征收，三是以筹措的财力兴修水利，从而扩大两税税基。

经总制钱归属户部，为中央财政窠名，如上所述，经总制钱由多种赋税分隶而来，归通判厅管理。庆元府经总制钱正额 215307 贯，其中 157802 贯供养定海水军，50000 贯解发户部，此前常不能足额。庆元府每年要从商税、生煮酒、诸仓头子钱中交给通判厅 65198 贯作为经总制钱。其余部分由通判厅“于六县及仓库场务自行拘催，然常催不及额”。庆元府更是年年借支其他钱，穷于应付，常是次年归还未足，而又借，向户部申请减免而不得，使庆元府“常挂欠五六万缗”。[2] 吴潜大力整顿经总制钱，不仅解决了经总制钱不足额问题，而且能够补助庆元府地方财政，其第一个举措就是将经总制钱的管理权从通判

1 《宝庆思明志》卷四《叙产》，第 5040 页；《开庆四明续志》卷四《兴复省并酒库》、卷三《水利》，第 5960、5952 页。

2 《宝庆四明志》卷六《叙赋下》，第 5065 页。

厅转移到沿海制置司。通判厅掌管经总制钱，而既不负责定海水军，又不承担地方岁计，因而有挪用经总制钱于其他方面的情况，即“起解农寺与夫诸府俸料，并主管官茶汤钱，及其他公费，皆仰于此”，甚至“虚支妄用”，另一方面“倅厅权轻，诸县多有拖欠”，催征困难。吴潜提出，“兵统于制阃，而财给于郡佐，事、权不一”，而将奏请“以经总制司归之制府，自催自给”。就是将通判的经总制钱管理权转移到沿海制置司，朝廷批准沿海制置司自行拘收经总制钱。[1]

获得经总制钱管理权后，吴潜全面清理经总制钱中各县赋税应该分隶的窠名，即“诸县窠名”。如鄞县窠名包括“户长役钱夏秋两料每料九千四百四十三贯六百八十二文钱会；小溪酒坊生煮酒钱年管一千五百一十二贯五百四文钱会（一半元系本坊解发宝祐六年（1258）正月鲒埼酒务申请作子店年解七千四十一贯六百文十七界；一半系建岙坊店户送纳）；林村酒务旧额月取六十贯钱会今月拨一百四十一贯四百八十文十七界；下庄酒务年管四百五十五贯七百文钱会（元系财赋司拘纳今拨归经总制司却于诸项酒息钱内年拨八千六百贯文十七界）；本县丰乐乡头子钱夏秋两料各一十四贯一百四十四文；丞厅武康乡头子钱夏秋两料各一十六贯九百一十三文钱会；簿厅武康乡头子钱夏秋两料各七贯五百六十文；尉司手界乡头子钱年管三百六十贯钱会”。奉化县窠名有丞厅户长免役钱、税场钱。慈溪县窠名有本县户长钱、税场钱。象山县窠名有簿厅户长免役钱、生酒钱、煮酒钱。昌国县窠名有省司钱、丞厅户长钱、免役钱。定海县窠名有房廊钱、林村六分钱、丞厅户长钱。上举鄞县经总制钱窠名已包括小溪酒坊生煮酒钱、林村酒务、下庄酒务，“外有五乡碶、奉化、慈溪、象山江口、南渡、东溪、东吴、大小榭、郭宅、澥浦、松林、翁山、大嵩等务场隶经总制司”。吴潜整顿经总制钱时也清理了这些场务的酒钱，列出“兴复经总制诸酒务坊场”，包括奉化酒务、慈溪

1 《开庆四明续志》卷四《经总制司》，第5963、5964页。

酒务、象山酒务、翁山酒坊管下子坊15所、定海县澥浦坊、五乡碶酒库、大嵩等8坊、象山县东溪坊、慈溪县郭宅坊、东渓坊共31个酒务坊。以上窠名皆有定额。

如此细致翔实地清理经总制钱窠名是十分罕见的，同时也收到了显著的增收效果，经总制钱“一岁增帮钱二十一万四千三百八十三贯四百文，增帮米六千一百三十九石七斗一升”，从而“军政修明，兵食充裕，成效昭然”。而且增收后的经总制钱已经超出了供给定海水军所需，“经总制司钱物尚有赢余，可以通融补助月粮衣赐之费”，[1] 即用于补助庆元府应该承担的定海水军费用。定海水军用度结余用于补助庆元府支出名义上只能称补助庆元府所承担的定海水军衣粮，实际上定海水军供给作为庆元府的头等大事，此前亦不能短缺，所以整顿经总制钱所得可以用于庆元府其他各项地方治理支出。

二是扩大地方可以分隶的赋税的征收。庆元府可以分隶商税，但该地“乃濒海之地，田业既少，往往以兴贩鲜鱼为生，城市小民以挑卖生果度日”，以细小日用品交易为主，收税对象只有“淹盐鱼虾等，及外处所贩柑橘、橄榄之属”，且商税收入“视海舶之至否，税额不可豫定”。宝庆年间（1225—1227）庆元府在城及鄞县、奉化、慈溪、定海四县岁额只有92600贯，[2] 昌国县甚至无商税，元人称宋代昌国“商贾之所不至，故无征禁”。[3] 商税收入与酒税不能比拟，甚至一府商税正额尚不及吴潜整理经总制钱所得增收钱。庆元府地方在商税上也并非完全没有发掘的余地，如象山县至庆元府依靠渡船，隆兴二年（1164）赵彦逾任主簿利用州委托县征收商税，以十之二给县为“导行费”的政策，令商人每得百钱纳一钱为造渡船之费，积之两年，不仅造了渡船，还用以修朝宗碶、敕书楼与县学。[4] 但增收的空间并不大，

1 《开庆四明续志》卷四《经总制司》，第5963、5965页。

2 《宝庆四明志》卷五《叙赋上》，第5053页。

3 冯福京等：《大德昌国州图志》卷三《税课》，中华书局1990年版，第6082页。

4 楼钥《攻媿集》卷五九《象山县渡船记》，文渊阁《四库全书》影印本，第1153册，第52页。

能够与中央分享的重要赋税主要是酒税。

因而庆元府增加地方可分隶赋税的主要途径是扩大归属地方的酒税。所以宋人说庆元府解决郡计困窘的办法就是“操其赢以济其乏，酤之赖维多，甚非其得已也”。[1]吴潜知庆元府时新创了多个酒库，即“曰醅酒西库、曰江东赡军库、曰鲒崎库、曰东门库、曰宝溪子库，则大使丞相吴公新创者也；曰林村库、曰小溪子库则昔败阙而今兴复者也”。按照制度，庆元府省酒务酒税分隶由中央高比例分享，地方所得十分有限，造酒本钱、监官俸给由地方负责，不管地方经营亏损，“惟分隶起发之额不可亏”。此外，每“岁于分隶诸司外”还有起发七分酒息钱 15000 余贯赴户部封桩库，因而庆元府“未有不亏者也”。地方政府没有扩大省酒务的动力。如香泉酒库这样“无分隶诸司”的酒库就成为了地方扩大酒税的主要领域。宝庆三年（1227）时香泉库八库每年共收息钱 69000 贯，超过了都酒、比较、赡军三省务总收入。[2]吴潜也特别进一步扩大了香泉酒库。宝祐四年（1256）时，香泉八库之一的江东库被改为户部赡军库，收去本钱五分之一，但剩余七库年收息钱 446665.8 贯、会子 10902.188 贯，是宝庆三年（1227）的七倍余。因其一身两职，对各类酒库坊场都积极扩大，其中醅酒库收息“七分半留本库用备籴买，二分半入府库用助郡计”，除留作本钱外，皆归庆元府，该库也得扩大，原本只有一库，收息钱 496177.56 贯、会 12872.856 贯，宝祐四年（1256）增添西库，收入息钱 949279.014 贯、会 12872.856，比旧额增收息钱 453101.454 贯。此外兴复了众多可分隶经总制司的乡村酒坊，如“五乡碶、奉化、慈溪、象山、江口、南渡、东溪、东吴、大小榭、郭宅、澥浦、松林、翁山、大嵩等务场”。[3]

---

1 《开庆四明续志》卷四《兴复省并酒库》，第 5060 页。

2 《宝庆四明志》卷五《叙赋上》，第 5051 页。

3 《宝庆四明志》卷五《郡志卷第五》，第 5051—5052 页；《开庆四明续志》卷四《兴复省并酒库》，第 5960—5961 页。

酒税以外，庆元府可以分享的多项杂税也是地方政府获取财力的领域。最典型的就是扩大分属地方的契税即牙契的份额。牙契“有正限纳者，有放限纳者，分隶不同”。正限分隶地方较少，而放限分隶地方较多，以嘉定十七年（1224）定额言之，正限 5426.796 贯，其中分隶庆元府 723.03 贯，占 13.3%，放限 72004.857 贯，分隶庆元府 34383.24 贯，占 47.8%。放限即超过规定缴纳时限所纳契税，因地方分成比例显著高于正限，故契税总岁额的 93% 都按放限缴纳。[1] 全国对契税正限、放限的分隶比例稍异，中央和地方分成轻重的不同则基本相同，一般“正限则以其七隶经总制，放限则以其七归州用”，这就造成“州郡利其所得，往往放限”，普遍出现“故正限少而放限多”的情况。[2] 另有盐利中出剩廒底盐、砂岸钱等归属地方的杂税。出剩廒底盐是胡榘奏请所得，“历拘收出剩廒底，所卖盐货支官吏俸给”，“每月不下收二三百千”，作为地方财政，“庶可少宽本府郡计”。[3] 庆元府官员把增加出剩作为地方增收的手段，以至于成为地方财政依赖的财源。征收和扩大出剩是两浙盐场普遍状况。黄震提出恤亭丁六策，其二曰“除出剩之弊以禁苛取”。地方官大幅增加出剩，以至“虚耗二斤方了一斤纳数，其弊皆始于利出剩”。[4] 庆元府开征地方杂税的典型是向濒海百姓征收砂岸钱，成为害民的积弊，其原因是“州县利及岁入之额”，砂岸钱一年共收 53182.6 贯，皆可为庆元府支付，其中庆元府得 20003.2 贯，制置司得 2400 贯，府学得 30339.4 贯。[5] 另如，楼店务钱隶公使库，完全归属地方，宝庆时定额约二千贯，[6] 是收入不多的杂赋。吴潜知府时，逐厢清查楼店务地，“给由输租”，每年共得钱 13738.911 贯。吴潜大力宣传“既居王土，必输王赋，此法也，亦

---

1 《宝庆四明志》卷六《叙赋下》，第 5059 页。

2 《宋会要辑稿》食货六四，第 7793 页。

3 《宝庆四明志》卷六《叙赋下》，第 5067 页。

4 《黄氏日抄》卷七一《赴两浙盐事司禀议状》，浙江大学出版社 2013 年版，第 2109 页。

5 《宝庆四明志》卷二《学校》，第 5017—5019 页。

6 《宝庆四明志》卷六《叙赋下》，第 5060 页。

理也”，“今天下州郡王土有二，一曰税地……一曰楼店务地”，“欲使人知居王土则当输王赋，非藉是以图增衍也”，“民始信公非欲增课羡，直欲正纪纲耳”。实际的效果则是楼店务钱增收五倍余。[1]

庆元府因承担定海水军支出，衣粮由庆元府从两税绢帛和苗米支持，“沿海新旧水军凡六千人，若衣若粮皆给于府”。[2]因而两税与庆元府的地方治理就有了不同于其他地区的关系。如时人所说：“郡计莫难于鄞，水利尤莫急于鄞。盖他郡苗米多拨解总所，鄞独留以赡定海水军。总所者遇歉岁蠲减可毋解，惟本府自催自给，民赋可蠲而军饷不可阙。岁祲则官病而民亦病，必常稔而后可。然郡阻山控海，山之淫潦，海之咸潮，时之旱干，皆能害稼，故资水以为利者于鄞尤急。”[3]两税苗米是上供正赋，如杨宇勋所指出的“宋朝政府受到儒教影响，孟子主张什一之税，再加税就是暴政政府，所以二税的税率上有天花板”。[4]因而增收苗米的方式不能提高税率，而只能扩大税基，一个重要的途径就是兴修水利。增收两税、兴修水利，于庆元府知府，包括吴潜就成为保障上供、完成考课、治理地方，多个目标实现了相互兼容。也就是说，大兴水利即可增收两税，增收两税既可完成考课，又可将供给定海水军以外的结余用于地方治理。

三、吴潜的治理政绩与财政运作

财政制度规定的地方“经费”只包括其最基本的支出责任，即官俸和军费，即“一邑之内，有县官、吏胥之请给，县兵、递铺之衣粮”。[5]其他杂项支付和公共建设支出并非制度规定的稳定支出，常因

1 《开庆四明续志》卷七《楼店务地》，第 6003—6004 页。

2 《开庆四明续志》卷四《经总制司》，第 5963 页。

3 《开庆四明续志》卷三《水利》，第 5952 页。

4 杨宇勋：《宋代财政史研究的取径与方法》，载林文勋、黄纯艳主编：《中国经济史研究的理论与方法》，中国社会科学出版社 2017 年版。

5 《宋会要辑稿》职官四八，第 4321 页。

人因地而不同。南宋按照窠名分隶原则，中央和地方财权都以窠名定额方式固化，“凡郡邑皆以定额窠名予之，加赋增员悉所不问”，[1] 常常是养兵以有不足，“州郡以其自当用度者，又尽以养厢、禁、土兵”，[2] 一般无暇顾及“经费”之外的治理活动。我们考察吴潜任庆元府知府兼沿海制制使期间在水利、兴学、救济及其他公共工程等方面的显著治绩，可窥见其利用财政制度筹措财力保障“经费”之外，如何实现地方治理。

据陆敏珍统计，明州（庆元府）水利工程中南宋年代和主持人明确的 39 次工程及可见民间主持的仅 3 次（其中个人 2 次、寺院 1 次），其中吴潜主持的有 19 次。[3] 庆元府“田亩全藉水利”，[4] 碶闸是庆元府水利的关键，所谓“碶闸者，四明水利之命脉，而时其启闭者，四明碶闸之精神”，吴潜在庆元府任上十分重视兴修水利，广泛调研，“治鄞三年，寤寐民事，凡碶闸堰埭某所当创，某所当修，某所当移，见于钧笔批判者皆若身履目击。每一令下，民未尝不感公博济之仁，服公周知之智也”，共兴修了它山堰、茅针碶、练木碶、黄泥埭、新堰、西渡堰、北津堰、林家堰、黄家堰、支浦闸、江东道头、永丰碶、开庆碶、郑家堰、管山河、双河堰等十余个堰、闸、碶，并疏浚诸县数十条河港。

这些工程吴潜都基本以官费兴办。茅针碶自乾道年间（1165—1173）官员曾兴修，办法是“以每亩均钱六十文足，委慈溪乡官率亩头钱买办物料”，令受益者按受益田地数量均担。吴潜却说“既为民间办此一事，钱不须科之都保。本府一切自办”，结果茅针碶“役成而民不知”，开庆碶“委官创为之”。西渡堰也是“伐石辇材，费一出于公”。只有支浦闸有“里人沈国谕乐助米三十石，陆日宣乐助五千

1 郑兴裔：《郑忠肃奏议遗集》卷上《请宽民力疏》，第 201 页。

2 叶适：《叶适集 · 水心别集》卷一二《厢禁军弓手土兵》、卷五《终论二》，第 785、820 页。

3 陆敏珍：《唐宋时期明州区域社会经济研究》，上海古籍出版社 2007 年版，第 123—130 页。

4 《宝庆四明志》卷四《叙水》，第 5034 页。

贯。公虽不之拒，然谓当使抵郡以来，凡为民间兴利之事皆系本府自办钱米。今除此二项外不可更类科配，以失自来善意。若尚阙用，更当添拨”。其中有的此前正因为经费无着而不能动工。练木碶凡费钱44628贯余、米168石余。练木碶“乡民尝亩率斗谷”，未能修成。吴潜最终以官费“一力捐金谷为之”，“力役于伍籍，费取于公帑，民无毫发扰”。黄泥埭“乡人欲立石闸以便启闭，率以费巨辍”，后“浙东提举季镛捐二千缗助乡民为之，涉岁弗绩”，仍未成功。吴潜上任后有人建议“欲援例计亩敷于民”，即科亩头钱，吴潜“特拨助五千贯”，使“兹闸迁延数年，一旦办集成”。林家堰也因“官若吏惮费伙，弗祇服厥事”，吴潜拨款修筑。除诸县浚河费用缺载外，吴潜使用官费修造的堰、闸、碶共支出钱283071贯、米610石。这些工程解决了“为民田害，抑亦不利于舟楫”“旱岁无沾溉利，潦则泛滥”的水害问题，使“民田有灌溉之益，舟楫无险阻之虞”。[1]既有利于当地社会经济发展和民众生活，也可保障官府的赋税来源，形成了官民两利和良性循环。

吴潜还大力修造桥梁、驿道等公共设施。修筑府城，共费钱69620贯、米170石余，新修望京、郑堰、下卸三门城楼，共费钱99800贯、米367石，修建府城坊匾四十五所，共费10572贯，修灵应庙费钱16000贯，（都税务）环富亭费钱10000贯余，逸老堂支钱18819贯余、米97石余，合时亭支钱12895贯余、米20石、绢1匹、酒10瓶，知津驿支钱8694贯余、米9石余，庆丰驿支钱2000贯，广利桥、王家桥共支钱8400贯、米40石，循王庙支钱15878贯，天童寺、灵应庙支钱16000贯，大人堂支钱5979贯余、米19石余，合计达十余万贯，修缮两狱总费钱18489贯余、米44石余。单项超过十万贯的工程也不少，如修高桥寺共费钱108862贯、米297石余，修高桥支钱158000贯、米200石，青莲阁支钱270000

1 《开庆四明续志》卷三《水利》，第5952—5959页。

贯，慈溪新路支钱277920贯，西塘路支钱448630贯。还有西子城门、庆丰驿等修造未载明费用。[1]

庆元府官学本有学田，经历代知府经营，在鄞县、奉化、慈溪、定海四县共有学田4000余亩、湖田7000余亩、山10000余亩，此外还有河涂、砂岸，岁收米谷4600余石、钱会5800余贯。[2]但日久弊生，地方筹资拨款难以稳定，出现“学供月繁，庖膳不足”的情况，吴潜知府时奏请将砂岸钱“复归于学”，后砂岸钱再免，乃用“翁山十五酒坊岁趁到酒息钱内拨还府学”，还“拨没官田产归之学”，还利用其一身两职之便，动用沿海制置司经费支持地方官学，“除本府元日拨一百贯外，更于大府每日增给钱一百二十贯以助公厨之费”，多途径解决学校经费，“岁增助膳缗四万三千有奇”，使“游于校者不特饱仁义，且饱膏粱矣”。[3]

吴潜在任时庆元府的慈善救济也大为发展。吴潜在庆元府任上十分重视赈济。到任次月（宝祐四年［1256］十月）即赈济17609人，支钱47545贯、米1498硕余。在任每年都发放赈济钱米，共赈济75732人，支钱154365贯、米7083硕。[4]其赈济方面的一大举措是兴办广惠院。他深感原养济院不过矮屋三数间，加之常平义仓制度所限，不能周济鳏寡孤独，于是用省酒务修葺闲置之屋加之新建，共105间，“聚城内外鳏寡孤独瘖聋跛躃之将沟壑者使居焉”，而且制定了周密的制度，“以三百人为额，大口月给米六斗、钱十千，中口四斗、七千，小口三斗、五千”，被救济者“每五十人置一甲头，且以三百人为率，总为六甲，专募一行者以供洒扫之职”。广惠院“所费皆不取于郡之经常”，而是设田屋作本，“拨田亩以充养赡”，以租钱维持运行，府置广惠院及各县广惠院所拨作本的水田、山地、屋宇、麻

1 《开庆四明续志》卷二《驿亭桥路》，第5942—5950页。

2 《宝庆四明志》卷二《学校》，第5016—5018页。

3 《开庆四明续志》卷一《学校》《赡学砂岸》《增拨养士田产》，第5933、5937页。

4 《开庆四明续志》卷八《赈济》，第6013—6014页。

地、麦地，以及所收租米钱会皆有明载，每年收田租米 2336 石余、会子 76405 贯余。[1] 吴潜在此前设置的惠民药局设置本钱（开庆时本钱已达 44 万余贯）经营取息维持运行的基础上，发卖时“加一五分饶润”，以息钱维持药局运行。[2]

吴潜还大规模蠲免和代输赋税。庆元府正常情况下都是财政入不敷出，因而吴潜主持庆元府以前的知府“郡计不赡，（正税）莫有宽之一分者”，吴潜通过整顿地方税源，使庆元府地方财力有极大提高，“既屡蠲往岁之逋租，复代纳来年之常赋”，“将宝祐元年、二年、四年四料苗税，及三年折帛钱，并与倚阁”，“将三年苗税悉行蠲放”，蠲免依阁“无虚岁”，“前后所弛征赋几六百万”，还“代为六县百姓预期代输纳宝祐六年折帛”，单代输宝祐六年（1258）折帛钱一项就达 1473855 贯。[3]

吴潜在社会治理两个重要举措是整顿义役和设立义船。“义役必有役首，非各甲上户不能主役，奈何只知利己更不恤人”，甚至上户“结为一党”，赂贿胥吏，使“胥吏惟上户之听”，派及下户，“小民只得俯首听命”。这违背了按资产多少定职役重轻的原则。吴潜整顿义役，“从公开具各都各甲的实当充上户。凡民役、义役各与排定七年，自新年为始，上户照条充应一年，其以次人户许两户或三户共充一年，庶使七年之间细民得以安居田瑞，安养生息。其于国家根本关系不小”。庆元府（明州）与温州、台州滨海民众海船有籍，但从嘉熙后二十年未清理，船籍名存实亡，按籍科调民船，“不恤有无，民苦之”。吴潜“乃立为义船法”，“令所部县邑各选乡之有材力者以主团结，如一都岁调三舟，而有舟者五六十家，则众办六舟，半以应命，半以自食其利，有余赀，俾蓄以备来岁用。凡丈尺有则，印烙有文，调用有时，井然著为成式”，使百姓“无科抑，不均之害”。义役法和义船法都是

1 《开庆四明续志》卷四《广惠院》，第 5970—5971 页。

2 《开庆四明续志》卷一《惠民药局》，第 5950 页。

3 《开庆四明续志》卷七《蠲放官赋》，第 6005 页。

有利于基层社会稳定的举措。用吴潜的话说就是“先事而虑，销患未形”，建经久“无穷之利”。[1]

四、结语

南宋实行窠名分隶的财权分配制度，地方获得财权不足以履行其事权责任，地方财政日益困窘。地方官员欲在地方治理上有所作为，依靠制度正常给予的财权难以实现，必须对制度进行变通，或在制度外筹措地方财力。吴潜充分利用了制度赋予的一身两职的特殊身份，大力整顿财政制度，将其掌握的中央财政和地方财政通融调剂，在地方治理上作出了突出成绩。其解决地方治理所需财力的主要办法既有自身特点，也与其他官员有共同之处。一是利用一身两职的便利，将沿海制置司经费和庆元府经费通融调剂，把属于中央财政的沿海制置司经费盈余用于地方建设，或利用沿海制置司机构经营取息，补充地方。吴潜将沿海制置司钱补助府学公厨之费。此前程覃任知府时曾会子二千缗由定海水军库收息补助府学。胡榘任知府时以水军库官会二千贯收息，作为乡饮酒礼费用。[2] 二是兴修水利、城墙、桥道，筹集办学、救济等经费时既做到“工、费不及民”，[3] 不向民间募集和摊派，也使“所费皆不取于郡之经常”，不影响庆元府正常的“经费”支出。而这是吴潜与其他官员不同之处。筹集民间资金进行地方治理是南宋普遍采用的方式，既有官府动员民间捐资，也有民间主动出资，甚至有官府向民间摊派。庆元府官员也屡屡如此。三是通过置田取租或本钱取息的方式，建立自运行机制，不必持续投入财政经费，也使已兴建的工程和设置更有保障，不受财政盈亏和地方官员勤惰等因素的影响。前述吴潜兴办水利工程以田租维护，设置学田、广惠院等即如此。

1 《开庆四明续志》卷七《排役》、卷六《三郡隘船》，第 5999—6000、5991 页。

2 《宝庆四明志》卷二《乡饮酒礼》，第 5018 页。

3 《开庆四明续志》卷二《驿亭桥路》，第 5948 页。

设置学田维持官学运行是南宋的基本制度，而且在渡船、桥梁、救济、水利等多个领域建立自我运行的长久机制是地方官员实行地方治理的基本做法和重要趋势。[1] 王朝时期财政体制的基本原则是上供优先，在中央财政紧张的情况下，常常是舍车（地方）保帅（中央）。南宋尤其如此，地方困窘无以复加。但制度的运用因人而异，总能寻到空间。吴潜对财政制度的运用说明，在南宋“一窠名必有一支用，孔孔着实，必无空闲”制度下，仍能化制度为手段，筹措远超“经费”的财力，既保障上供，又大有为于地方，获得政绩和声名。尽管这些财力最终榨取于社会。

（原载《中国社会经济史研究》2021 年第 4 期）

1 黄纯艳、陈菡旖：《南宋财权分配与地方治理》，《江海学刊》2021 年第 1 期。

南宋财政窠名与窠名分隶

宋代财政史研究在专题研究和整体研究上都已有十分宏富的积累，进一步深化宋代财政史研究的关键是研究方法和视角的创新，现有对宋代财政史进行整体阐释的分析框架和研究视角主要有“收、支、管、平”、“军事财政”、“地方财政”、“官民互动”等。这些研究并非都包含了两宋或全国范畴，但均体现了整体视野和全局观念，揭示了宋代财政史的多个面向，既有其独到见解，也有其视角局限，[1]有待探索新的研究视角和阐释框架，补充以往研究不足，揭示宋代财政史新面向。本文试图以财政窠名入手，从财权分配的视角探讨南宋财政体制的特点。

一、财政窠名涵义辨析

窠名在宋代有多种涵义，既用以指官吏和军队的职位，也指财政名目。“合举官去处，具因依窠名”闻奏、“三省枢密院除旧有合保差除窠名外”、“厢军剩员窠名”、“军大将窠名”、“四方屯戍元窠名”、“巡河使臣窠名”、“出戍窠名”等，[2]是指文武官和军队“员阙”。财政“窠名”首见于元丰六年（1083）。该年权发遣陕西转运副使范纯粹用转运司年计籴本及军须钱帛等籴买粮草，“候籴买毕，却细算年计军须钱本，各依窠名桩管”。[3]南宋人追述北宋前期财政问题时延用南宋习

---

1 宋代财政史研究方法的总结和回顾可参黄纯艳《宋代财政史研究方法检讨》，《厦门大学学报》2020年第6期。

2 《宋会要辑稿》职官八、《宋会要辑稿》职官三二，上海古籍出版社2014年版，第3234、3828页；《续资治通鉴长编》卷二六二“熙宁八年四月甲申”条、卷二七八“熙宁九年十月乙未”条、卷三二二“元丰五年正月己丑”条、卷三七五“元祐元年四月己亥”条、卷三八九“元祐元年十月丙戌”条，中华书局2004年版，第6408、6799、7759、9090、9452页。

3 《续资治通鉴长编》卷三三九“元丰六年九月己酉”条，第8163页。

惯，偶尔用到“窠名”概念，如绍兴二年（1132）韩肖胄说“天下财赋窠名，旧悉隶三司”，[1] 又如南宋人徐度说“仁宗朝或请凡财赋窠名宜随类并合”。[2] 但“窠名”概念并不见于北宋前期人使用于财政领域。熙丰变法以后，窠名成为财权分配的基本要素，[3] 作为财政概念使用并逐步普遍，南宋窠名则成为广泛使用的财政基本概念。

（一）财政窠名分类

南宋使用的财政“窠名”概念具有三种涵义。一是指具体税种和税目，可称为赋税窠名；二是指一类财赋，可称为种类窠名；三是指属于不同机构的财赋，可称为机构窠名。赋税窠名指直接向社会开征的税种、税目，这是财政窠名最基本的涵义。如两税本身即为赋税窠名，这一重要税种下又包括若干税目，一税目也称一窠名。《景定建康志》称建康府两税“窠名又有昔无而今有者，或昔有而今无者”，该府作为两税下税目的“窠名”包括夏料管催的折帛钱、绢、丝、绵和小麦，秋料管催的苗米、穰草、布、芦苇、折草豆钱等夏秋两税的正税和附加税。[4] 各地两税所含税目有一定差异。如连州两税窠名有：秋苗正税米及其附加税耗米、义仓、加耗、斛面；夏布折钱正税及其附加税头子、勘合、畸零、索陌钱等。[5] 又如，绍兴五年（1135）根据诸路州县收税紧慢，“增添税额五分或三分”，作为附加税，称“三五分窠名钱”。[6]

南宋因权属和用途不同，存在上供、无额上供、系省、封桩、经制、总制、月桩、版帐、淮衣钱、福衣钱、田四厢钱、四川折估钱等诸多种类窠名。除上供和系省、不系省北宋前期已出现，其他均是熙

---

1 《宋史》卷三七九《韩肖胄传》，中华书局 1977 年版，第 11690 页。

2 徐度：《却扫编》卷下，《全宋笔记》第三编第十册，大象出版社 2008 年版，第 157 页。

3 黄纯艳：《总量分配到税权分配：王安石变法的财权分配体制变革》，《北京大学学报》2020 年第 5 期。

4 《景定建康志》卷四〇《田赋志》，中华书局 1990 年版，第 1989—1993 页。

5 《湟川志》，《永乐大典方志辑佚》，马蓉等点校，中华书局 2004 年版，第 2585 页。

6 《宋会要辑稿》食货一八，第 6379 页。

丰以后和南宋在窠名分隶制度下逐步出现，北宋出现的诸种类窠名在南宋都被沿袭。这些种类财赋的构成和收支有明确界限，被称为某类窠名。归入上供的财赋被称为“上供窠名”或“上供诸色窠名”。如绍兴三十年（1160），临安府“截拨上供窠名尽数当官支还”所欠铺户国信等买物钱。[1]系省钱作为一类财赋窠名，称“系省窠名”，指留存地方而登入户部帐籍的财赋，如范成大奏请“给因之物，既许支用系省窠名”。[2]无额上供钱作为一类财赋，被称为“无额上供钱物窠名”。[3]划归经制钱和总制钱的财赋分别称为“经制窠名”和“总制窠名”。如绍兴五年“增头子钱为三十文，其十五文充经制窠名，七文充总制窠名”。[4]“州县往往以两项窠名混而为一”，又合称“经总制窠名”。[5]其他有着相对独立收支来源和去向的一类财赋，都称为“窠名”。王曾瑜称“系省、不系省、封桩钱物、不封桩钱物和无额上供钱物，即属宋朝财政的重要窠名”。[6]此“窠名”指种类窠名，而非具体税种或税目的赋税窠名。

南宋将所有赋税窠名和种类窠名的权属都划归相应的机构，即“天下财赋窠名不一，有归之朝廷者，有归之户部者”，[7]也有归之内藏、监司、州县者，因而又出现了“朝廷窠名”、“户部窠名”、“内藏窠名”、“监司窠名”、“州县窠名”等概念。这些以机构名之的窠名可称为机构窠名。王安石变法创朝廷财政，出现朝廷窠名。包伟民列举了北宋朝廷钱物的具体名目，将其归为常平免役钱等、监牧租地钱市易钱等、禁军阙额钱、茶盐钱等四类，指出朝廷钱物是由宰相直接控

1 《建炎以来系年要录》卷一八四“绍兴三十年三月辛巳”条，中华书局2013年版，第3564页。

2 杨士奇等:《历代名臣奏议》卷二一七“礼部员外郎范成大上奏”，上海古籍出版社2012年版，第2853页。

3 《宋会要辑稿》食货三五，第6773页。

4 《建炎以来朝野杂记》甲集卷一五《财赋二》，中华书局2000年版，第318页。

5 《宝庆四明志》卷六《叙赋下》，中华书局1990年版，第5064页;《宋史》卷四〇八《汪纲传》，第12309页。

6 王曾瑜:《宋朝系省、封桩与无额上供钱物述略》，《中国经济史研究》2018年第6期。

7 《宋会要辑稿》食货五一，第7164页。

制的贮备财赋，朝廷钱物的出现对中央财政体制诸多方面产生了深刻的影响，使北宋前期内藏和三司对掌财政的格局外，外朝财政又分成朝廷钱物与计司经费两大部分。朝廷钱物初创时最主要特征是“封桩”储积。[1]黄纯艳将王安石新创朝廷财政所含窠名分为新法财赋、原属三司和地方的财赋、新开征赋税三大类，指出内藏财政和朝廷财政的性质都是备缓急之用的储备财政，而三司（户部）财政是对军费和官俸等经常性支出负直接责任的“经费”财政。[2]南宋继承了储备财政（内藏财政和朝廷财政）与“经费”财政（户部、总领所）两套体系。

南宋所言“朝廷窠名”有广义和狭义之别，广义的“朝廷窠名”包括所有中央财政窠名，即广义上供。如《宝庆四明志》所载庆元府应纳“朝廷窠名”，包括银、绢、䌷、绵、绫、盐钞纸、钱共七色实物，其中有属于户部的经总制钱、左藏库钱和属于内藏的内藏库钱。[3]而狭义的“朝廷窠名”，即作为机构窠名的朝廷窠名，是指权属划归朝廷的赋税窠名和种类窠名。如绍兴十三年（1143）有人奏请拨四川免行钱50万缗为右护军军费，户部奏“免行钱乃朝廷窠名，不可予”，[4]广西“有买马钱一项，今系隶朝廷窠名”，[5]所言“朝廷窠名”都是指由宰相掌握的朝廷财赋。

熙宁以后到南宋，朝廷窠名的内容时有出入变化。南宋初将创立时属朝廷的总制钱和本属朝廷的经制钱都划为户部窠名，而嘉定七年又分户部钱物隶朝廷封桩上、下库，“上库窠名则曰折帛，曰总制，曰增盐，曰三分盐袋，曰增额，曰不排辨人使；下库窠名则曰煮酒，曰酒息，曰营田，曰盐埸，曰芦柴，曰坍江，曰沙田额，曰五厘关子”。[6]建炎元年（1127）还令将户部右曹所掌原属朝廷的坊场、免役等财赋

1 包伟民：《宋代的朝廷钱物及其贮存的诸库务》，《杭州大学学报》1989年第4期。

2 前引黄纯艳《总量分配到税权分配：王安石变法的财权分配体制变革》。此外汪圣铎《两宋财政史》（第624—627页）；黄纯艳《宋代财政史》（第54—80页）也论述了朝廷财政及其性质。

3 《宝庆四明志》卷六《叙赋下》，第5063、5064—5065页。

4 《建炎以来系年要录》卷一四八“绍兴十三年三月辛卯”条，第2800页。

5 李曾伯：《可斋续稿》后卷六《回奏宣谕》，文渊阁《四库全书》影印本，第1179册，第690页。

6 《咸淳临安志》卷八《封桩上库》，中华书局1990年版，第3434页。

并归左曹，拨充计司经费。南宋朝廷钱物主体是榷货务都茶场所收茶盐香矾犀药榷利，最大宗的是行在、建康、镇江三务场榷利岁入 2400 万贯，此外还有浙东诸州郡赡军酒务七分酒息钱、卖官田钱、牙契钱、官户不减半役钱、广西经略司买马钱、增收无额上供钱等。[1] 朝廷窠名难以尽举，“皆以都司提领，不系户部之经费”。[2]

归属内藏库的财赋称“内藏窠名”或“内库窠名”。南宋末许月卿说“近世内藏窠名皆赋于民”，[3] 宋度宗诏书所说“祖例内库窠名”，[4] 都是指作为整体概念的机构窠名。北宋前期内藏财赋主要是三司盈余，稳定收入不多，熙宁以后到南宋内藏窠名逐步规定了划归其所有的赋税窠名，即许月卿所说“近世内藏窠名皆赋于民”，十分庞杂，难以尽举。内藏财赋在州军有对应窠名，如淳熙十年（1183）诏令除放诸路州军实欠淳熙九年（1182）终以前“拖欠内藏库诸色窠名钱物”。[5]

归属户部的财赋称为“户部窠名”。钟世明谈到“户部窠名钱物又有为朝廷拘收支用者”，因请“令户部条具自来支使钱物窠名，拨归户部”，[6] 即指划归户部的财政窠名。秦桧曾“取户部窠名之可必者”归入“金银钱物并系朝廷窠名”的御前桩管激赏库，该库“移用皆自朝廷，非若左帑直隶于版曹而为经费也”。[7] 淳熙十年一度拨隶户部，十二年（1185）又“桩管朝廷钱物”，“其元拨户部钱物窠名亦难以从封桩下库拨与户部”，而“将西上库元拨户部窠名钱物拨入左藏东、西库”。[8] 可见户部窠名与朝廷窠名权属不同。户部窠名中最大宗的是两税正税，

1 前引包伟民《宋代的朝廷钱物及其贮存的库务》。除上述外，黄纯艳《宋代财政史》列有屯田营田收入、沙田芦场租税、免行钱、出卖官告度牒钱、犒赏库酒息钱、拖欠税钱、剩盐本钱、宽剩钱等归属朝廷的赋税窠名（第 127—129 页）。

2 《文献通考》卷六〇《职官考十四》，中华书局 2011 年版，第 1819 页。

3 许月卿：《百官箴》卷六《左藏库箴》，文渊阁《四库全书》影印本，第 602 册，第 693 页。

4 《咸淳临安志》卷四一《蠲岁贡》，中华书局 1990 年版，第 3732 页。

5 《宋史全文》卷二七上“淳熙十年九月壬午”条，中华书局 2016 年版，第 2282 页。

6 《建炎以来系年要录》卷一七〇“绍兴二十五年十二月乙酉”条，第 2791 页。

7 《宋会要辑稿》食货五六，第 7316 页；《宋史全文》卷二七上“淳熙十年八月庚申”条，第 2281 页。

8 《宋会要辑稿》食货五二，第 7180 页。

即“州郡二税之正籍尽以上供”，“二税悉为上供”，[1]其次是经总制钱，南宋初重新清理经制钱窠名，由“户部领经制司”，“其后经制、总制皆归户部”，[2]经总制钱在户部收入中日益重要，甚至“户部经常之用，十八出于经总制”。[3]其他划归户部的赋税窠名和种类窠名还很多。如台州纳入左藏库的上供窠名有绸、绢、绵、折帛钱、经总制窠名、上供钱、籴本钱七分宽剩钱、坊场五分净利钱、减下人吏雇钱、在京官员雇钱、官户不减半役钱、实花纱钱、七分酒息钱、外任官供给钱、僧道免丁钱等定额及用以完纳的赋税窠名。[4]

归属总领所的财赋则称“总领所窠名”或“总领司窠名”。如鄂州财用窘匮，“于总领所窠名钱内借钱五万贯”，[5]绍兴二十九年（1159）诏四川州军钱物除合起发行在及归“鄂州总领司窠名”者外，“余并听从（四川）总领司支拨”，[6]就是总称属于总领所的财赋。四川总领所收支相对独立，主要依靠自给，其窠名构成与东南三总领所略有差异，茶盐课和印发钱引十分重要，其次有出卖绝户田产、酒息钱、二税籴本、经总制钱、钱银引免界贴头钱、契税等，东南三总领所由相应路分供给，“岁计系朝廷科拨州军上供钱斛应副支遣”。[7]如，湖广总领所窠名由江西折帛、经总制钱、广东及湖南经总制钱、江州转般仓桩管江西上供米构成。[8]此外，营田收入、经营酒库、沙租、圩租等也归属总领所。[9]

“监司窠名”指归各监司收支的钱物。归属不同监司的财赋分别称某司窠名。如江东路转运司言“赡学钱粮、物帛、田产皆系转运司窠

---

1 《叶适集·水心别集》卷一二《厢禁军弓手土兵》，中华书局1961年版，第785页；《陆九渊集》卷八《与张春卿》，中华书局1980年版，第105页。

2 《宝庆四明志》卷六《叙赋下》，第5064页。

3 《文献通考》卷一九《征榷考六》，第554页。

4 《嘉定赤城志》卷一六《财赋门》，第7412—7414页。

5 赵善括：《应斋杂著》卷一《鄂州三札子》，文渊阁《四库全书》影印本，第1159册，第9页。

6 《宋会要辑稿》食货四〇，第6894页。

7 《宋会要辑稿》职官四一，第4032页。

8 《建炎以来系年要录》卷一八五“绍兴三十年六月辛未”条，第3104—3105页。

9 总领所窠名构成可参黄纯艳《宋代财政史》，第193—202页。

名”，[1] 福建运司称所奏请蠲免的百姓所欠盐息钱等“系本司窠名，正非上供之数”。[2] 庆元府上缴的“监司窠名”中转运司钱包括本司费用及其承担其他支出的月解钱、移用降本钱、宽余耗剩米钱、官吏茶汤食钱及杂支等钱，提刑司钱包括圣节抛降银计钱、赃赏钱。[3] 常平司既有收转内藏和朝廷钱物的职责，其钱物也用于一些地方公共事务，因而常平窠名的收支颇为庞杂。绍兴七年（1137）户部列举州县侵用的常平“窠名钱物”包括拘籍户绝投纳抵当财产及所收租课、出卖坊场河渡、桩收免役宽剩钱、常平田产租课、赡学田租课等六项，言及了常平司的部分窠名，[4] 包括赋税和官产收益等。州军也有窠名。王齐舆知崇安县，发卖盐纲措置有方，“发纳本府窠名及诸司钱物，悉皆了办”，[5]“本府窠名”即建宁府窠名。从广义上供而言，一州赋税窠名除上供外即为州用，因而被分为上供窠名和州用窠名，如户部指责秀州“从来不曾将上供窠名依实分隶，只是改易州用名色，先次桩办，然后分隶上供”，[6]“州用名色”即与“上供窠名”相对的州用窠名。

（二）三种窠名间的关系

赋税窠名是财政窠名的基本要素，种类窠名和机构窠名都由赋税窠名构成，机构窠名也可同时包括赋税窠名和种类窠名。种类窠名和机构窠名都非直接向百姓征收的赋税，而是中央向地方收缴的财赋名目，地方完纳种类窠名有与之对应的赋税窠名。马端临说经总制钱、月桩钱、板帐钱等种类窠名“虽曰责办州县，不及百姓”，“县何所取之，不过巧为科目，以取之于民耳”，最终都落实到向百姓征收的赋税窠名，“朝廷之所以取之州县者曰经总制、月桩、板帐钱也，而州县之

1 《宋会要辑稿》食货四九，第 7114 页。
2 《宋史全文》卷二七下“淳熙十二年十一月壬辰”条，第 2324 页。
3 《宝庆四明志》卷六《叙赋下》第 5066 页。
4 《建炎以来系年要录》卷一〇九“绍兴七年二月癸丑”条，第 2046 页。
5 韩元吉：《南涧甲乙稿》卷九《荐崇安建阳两知县状》，文渊阁《四库全书》影印本，第 1165 册，第 125 页。
6 《宋会要辑稿》食货五六，第 7315 页。

所藉以办此钱者，曰酒坊、牙契、头子钱也”，而且“若茶盐，若酒酤，若坑冶，若商税，官既各有名额以取之”都是“别立窠名，以为取办州县”。[1]

种类窠名，如无额上供钱、经制钱、总制钱等都包含了若干赋税窠名。宋人说“无额钱所收窠名不少”，“诸路州军所收无额钱物，昨窠名繁多”，即指无额上供钱包括了多项赋税窠名，“州军每岁财赋所入，或有系无额窠名者”。[2] 陈傅良列出了坊场税钱、增添盐酒钱等 15 项属于无额上供的赋税窠名，[3] 正如王曾瑜所言陈傅良统计不全，[4] 无额上供所含赋税窠名众多，且不断叠加，难以详尽统计。“经总制钱窠名繁多”，[5] 也包括多项赋税窠名，其“色额以数十计”。[6] 宣和创设经制钱时包括赡学钱、粜本钱等“凡十数色，合而为经制”，绍兴五年设立总制钱，“以税契、七分得产勘合、添酒、五文茶盐袋息、耆户长、壮丁、弓手雇钱之类，凡二十余色，合为总制”。[7] 经制钱和总制钱所含赋税窠名也不断递增，颇难完整统计。绍兴以来经总制窠名不断增加，“将头子等窠名五十二项并入经总制起发，造帐供申，其后复添坊场宽剩、增添净利等窠名钱一十三项”。[8] 系省钱、粜本钱等种类窠名也包括了多种指定的赋税窠名。如台州系省窠名钱包括“本州及属县库务诸色钱物每贯分拨头子钱五文五分，并三分竹木税钱、四分酒本钱、六分税钱、盐场亭户折盐二税钱等窠名”。[9] 庆元府粜本钱包括酒税、诸税场日生收到钱、村坊买扑钱、人户身丁钱等。[10]

---

1 《文献通考》卷一九《征榷考六》，第 556、557、558 页。

2 《宋会要辑稿》食货六四，第 7766 页。

3 《文献通考》卷二三《国用考一》，第 694 页。

4 王曾瑜：《宋朝系省、封桩与无额上供钱物述略》，《中国经济史研究》2018 年第 6 期。

5 《宋会要辑稿》食货六四，第 7788 页。

6 《文献通考》卷一九《征榷考六》，第 554 页。

7 陈傅良：《止斋集》卷一九《赴桂阳军拟奏事札子》，文渊阁《四库全书》影印本，第 1150 册，第 652 页。

8 《宋史全文》卷二六下“淳熙五年十二月”条，第 2252 页。

9 《嘉定赤城志》卷一六《财赋门》，中华书局 1990 年版，第 7414 页。

10 《宝庆四明志》卷六《朝廷窠名》，第 5064 页。

还有若干种类窠名既包含赋税窠名，也包含了其他种类窠名。如最大种类窠名的“上供”包含了多种赋税窠名和种类窠名。中央向地方下达的上供定额是实物数额，即宋孝宗诏令所说“诸路州军岁起上供诸色窠名钱帛粮斛各有立定起发条限、年额数目”，各州“以本州每岁应干合拨上供窠名钱帛粮斛数目置籍照条限钩考拨纳”，[1]完成“粮、帛、银、钱、诸路米纲”。[2]南宋规定了各州县用于完纳上供定额的具体赋税窠名和种类窠名，即“国家经常，皆用供亿，州县财赋，各有窠名”，[3]如台州上供窠名有绸、绢、绵、钱等实物定额，各有对应完纳的赋税窠名和种类窠名：绸 2535 匹，“以诸县第一等户资钱、家活钱、起纳夏税、和买内科折起发”；绢 11112 匹，“以诸县第二等、第三等户资钱、家活钱、起纳夏税、和买内起发”；绵 28914 两，“以诸县第一等户资钱科折”；钱则包括折绢钱、折帛钱、籴本钱、经总制钱、上供钱、外任官供给钱等种类窠名，以及坊场正名钱、七分宽剩钱、坊场五分净利钱、减下人吏雇钱、在京官员雇钱、官户不减半役钱、七分酒息钱、僧道免丁钱等。其中的种类窠名又有对应完纳的赋税窠名。如，折绢钱 45736 贯，“以诸县第四止末等户资钱、起纳夏税等钱内起发”；折帛钱 226998 贯 28 文，“以诸县第一止第四等户资钱、起纳夏税、和买内科折”；经总制钱 156054 贯余，“以本州与诸县酒税及二税分拨头合，并牙契等钱起发”；上供钱 7067 贯，“以诸县二税等钱起发”。[4]

月桩钱、折估钱也包括了赋税窠名和种类窠名。月桩钱是东南供军钱物，“各有立定所取窠名”。[5]洪州都酒务“收到一分经制司钱、六

1 《宋会要辑稿》食货一一，第 6223 页。

2 《文献通考》卷二三《国用考一》，第 691 页。

3 文天祥撰、熊飞等点校：《文天祥全集》卷三《己未上皇帝书》，江西人民出版社 1987 年版，第 90 页。

4 《嘉定赤城志》卷一六《财赋门》，第 7412—7414 页。本文所言上供指包伟民所言广义上供。包伟民指出，宋代广义上供是一切地方上缴中央财赋的泛称，狭义上供指某一特定财赋征调项目，即“上供正赋”，主要是两税正赋，南宋时狭义上供，即上供正赋已成为中央财政征调的一个具体项目，台州的“上供钱”即此意。(《宋代的上供正赋》，《浙江大学学报》2001 年第 1 期)。

5 《宋会要辑稿》食货六四，第 7776 页。

分无额上供钱、一分提刑司经制钱、经制司量添糟钱四项窠名，见今日逐解赴司法厅月桩库交纳”，[1]四种赋税窠名都归入月桩钱。月桩钱还“以上供、经制、系省、封桩等窠名充其数”。[2]折估钱是四川供军钱，“有盐、酒为之窠名”，其中“盐折估者，取三路盐引税钱而供此折色也；酒折估者，取四路场务坊店酒息钱而供此折色也”，又“以籴本、经总诸色窠名助其费”。[3]南宋种类窠名颇多，如封桩钱物、淮衣钱、福衣钱、田四厢钱等，难以一一论列，[4]都是由具体的赋税窠名和种类窠名构成。

机构窠名也由赋税窠名和种类窠名构成。上文论及南宋朝廷窠名包括的茶盐香矾犀药榷利、赡军酒务七分酒息钱、牙契钱等都是赋税窠名，南宋初种类窠名总制钱初创时曾归属朝廷。内藏窠名也是由若干赋税窠名构成，各州通判“所催者坊场河渡正名钱、五分及六县役钱，以奉内藏库等处之经常者”，这些赋税窠名皆交纳内藏库。[5]户部窠名既包括了两税正税等赋税窠名，也包括经总制钱等种类窠名。上举台州纳入户部的上供窠名就包括了经总制、折帛钱、上供钱、籴本钱、七分宽剩钱、坊场五分净利钱等种类窠名和赋税窠名。总领所窠名，如上举四川总领窠名构成有茶盐榷课、酒息钱、二税籴本、经总制钱、契税等种类窠名和赋税窠名。

构成监司窠名的主要是所辖州县的种类窠名和赋税窠名。如，台州所纳监司窠名中“起发转运司”窠名包括系省窠名钱、六文赡军钱、历日钱、耗剩米钱、校士酒钱、盐钞纸札；“起发提刑司”窠名包括岁赐钱、五分头子钱、赃罚钱、行遣纸札；“起发提举司”窠名包括盐司

1 李纲:《李纲全集》卷一〇五《申省乞留四色钱数应副洪州起发岳少保大军支用状》，岳麓书社2004年版，第997—998页。

2 《宋史全文》卷一八下“绍兴三年六月辛丑”条，第1320页。

3 《建炎以来朝野杂记》甲集卷一五《折估钱》，第324页。

4 包伟民《南宋杂征调简述》(《庆祝邓广铭教授九十华诞论文集》，河北教育出版社1997年版）论述了其中的无额上供钱、月桩钱、经总制钱、淮福衣、籴本钱、版帐钱的演变、构成等，统称其为上供以外的杂征调，可参考。

5 《开庆四明续志》卷四《省札》，第5964页。

头子钱、贴收水脚钱额外三分钱、盐、茶；“起发坑冶司”窠名包括有铅铁坑钱；“起发提举司”窠名是台州分担、需上缴提举司的盐茶发卖额。[1] 袁甫任提举江东常平，遇旱灾，令“凡州县窠名隶仓司者，无新旧皆住催”，[2] 是指划归常平司的赋税窠名。上文论及一州赋税窠名除了上供即为州用，州用窠名也包括若干赋税窠名。

各种种类窠名和机构窠名征收最终主要由州县完成。对州县而言，“起解本州及上司财赋，如籴本钱、牙契钱、忠顺官钱、经总制钱之类，各有立定窠名”，[3] “一窠名必有一支用，孔孔着实，必无空闲”，[4] 财政收支“各有定额”，应“逐岁所取合所用，所用合所取”。如果种类窠名没有对应的赋税窠名，则州县无从筹办，“不知使之通融者以何窠名，令之补拨者以何物色”。[5] 如，漳州上供及经总制、无额等钱“或全无窠名，或收不及额”，其中的大礼年分银折钱等三色窠名“皆无复根原来历之可考，亦无户眼窠名之可催”，[6] 均州“别无窠名钱物可以应办”天申节进银，乃以公使库窠名鱼利钱桩办。[7]

因赋税结构不同，各州军用以完纳种类窠名的赋税窠名各有差异。如庆元府经总制钱“出于属县给纳二税头子、勘合、耆户长免役、里外酒税，并人户典卖田宅税契窠名等拘收”，台州经总制钱“以本州与诸县酒税及二税分拨头合，并牙契等钱起发”。[8] 湖州完纳“上供窠名全籍酒税”，[9] 宜兴县用以完纳上供等窠名的赋税窠名则有丁盐、坊场课利钱、租地钱、租丝租纻钱。[10]

---

1 《嘉定赤城志》卷一六《财赋门》，第 7414 页。

2 《宋史》卷四〇五《袁甫传》，第 12238 页。

3 《宋会要辑稿》刑法二，第 8372 页。

4 黄震：《黄氏日抄》卷七四《回申本军拨隶窠名状》，《黄震全集》，浙江大学出版社 2013 年版，第 2142 页。

5 员兴宗：《九华集》卷六《议虚额疏》，文渊阁《四库全书》影印本，第 1158 册，第 40 页。

6 《晦庵先生文集》卷一九《乞蠲减漳州上供经总制额等钱状》，上海古籍出版社 2010 年版，第 869、871 页。

7 《宋会要辑稿》刑法二，第 8390 页。

8 《宝庆四明志》卷六《叙赋下》，第 5056 页；《嘉定赤城志》卷一六《财赋门》，第 7412 页。

9 《宋会要辑稿》食货一八，第 6383 页。

10 《宋史》卷一七四《食货上二》，第 4216 页。

二、南宋窠名分隶的方式

从南宋窠名涵义可看出其三个显著特点：一是“窠名”作为一个财政概念，窠名分划已成为一种制度设计；二是所有种类窠名和机构窠名都由相对应的赋税窠名组成；三是通过机构窠名的划分对所有赋税窠名在中央与地方，以及各财政机构间进行了窠名分隶，体现了通过窠名划分实现财权分配的制度设计。

（一）完全分配与共享分成

南宋赋税窠名权属分配方式主要有两种：一是完全分配，即某一赋税窠名完全由中央、地方或某一机构独享。如淮浙榷盐行在、建康、镇江三务场岁额2400万缗“皆以都司提领，不系户部之经费”，亦“不属总所”。[1] 榷货务“系朝廷库务，依法不隶省寺”，所管禁榷收入都归朝廷，“所有茶盐钱并充朝廷封桩，诸司毋得移用”，其所“掌鹾、茗、香、矾钞引”收入都归朝廷，“户部不得预”，不纳入户部“经费”财政。[2]

完全分配的杂税和附加税则更多。如上举庆元府楼店务钱、鄞定海慈溪河涂租堰钱、鄞定海慈溪城基房廊钱、奉化等三县醋息钱完全隶公使库，作为地方经费，香泉酒库、慈福酒库和醅酒库息钱也都完全归地方所有。公使库造酒也“并不分隶”，[3] 完全属地方。而“免行钱乃朝廷窠名”，完全属朝廷。坊场河渡钱、官户不减半役钱、新旧减下吏人食钱也完全归中央，如潮州所征此“三项钱买银，分上下半年发付行在左藏库及湖广总领所交纳”。[4] 营田“租入隶于总领所”，[5] 完全归中央等等。

1 《建炎以来朝野杂记》乙集卷一三《四提辖》，第727页。

2 《建炎以来系年要录》卷五“建炎元年五月壬寅”条、卷六三“绍兴三年三月癸亥”条，第130、1079页。

3 《宋会要辑稿》食货二十，第6433页。

4 《山阳志》，《永乐大典方志辑佚》，中华书局2004年版，第2683页。

5 《景定建康志》卷四一《田赋志二》，第1998页。

二是共享分成，即赋税窠名在中央与地方，以及各机构间分享。各种种类窠名和机构窠名的赋税窠名构成也因此并非全然相对独立，而有大量共享和交叉。两税和茶盐钞引钱这两项主体税由中央独享外，商税和榷酒收入及诸多杂税都实行共享分成。最普遍的共享分成办法是比例分成。汀州州城商税“以十分为率，解赴知、通衙交纳，州库六分，通判衙四分”。[1] 商税附加税“一分增收税钱”所得“以五分充州用，五分充转运司上供”，另一商税附加税“三五分增收税钱”则“十分为率，三分本州，七分隶经总制司”。[2] 坊场正名钱则是一半纳内藏库，“余钱以十分为率，七分作宽剩起解（户部），三分充州用”。[3] 榷酒收入如两浙路殿前司酒坊息钱“以十分为率，七分起赴行在，三分应副漕计支用”。[4] 榷酒附加税，如权添酒钱“以其钱一分州用，一分充漕计，一分提刑司桩管”，增酒价钱“一分州用，一分漕计，一分隶经制”，“六文煮酒钱”“以四文州用，六文令项桩管赡军”等。[5] 契税一般“正限则以其七隶经总制，放限则以其七归州用”，[6] 但各地有差异。汀州牙契“三分拨充经制，一分充州用，六分解赴提领安边太平库送纳”。[7] 实行比例分成各种杂税难以枚举。如“两税头脚等钱，以十分为率，其三归州家，其七隶经总制”，仓库头子钱“以五分充系省，五分充不系省”等。[8]

共享分成的另一办法是定额分成。该方式也十分普遍。上举庆元府商税、酒税、牙契、榷盐“窠名官钱”，以及舒州在城酒税和商税分隶都采取定额分成，即规定某赋税窠名分属于不同机构的数额。另如，田契钱每百钱“以其三十五钱为经制窠名，三十二钱半为总制窠名，

1 《临汀志》，《永乐大典方志辑佚》，中华书局 2004 年版，第 1235 页。
2 《文献通考》卷一四《征榷考一》，第 401、402 页。
3 《嘉定赤城志》卷一六《财赋门》，第 7414 页。
4 《宋会要辑稿》食货二一，第 6444 页。
5 《文献通考》卷一七《征榷考四》，第 490、491 页。
6 《宋会要辑稿》食货六四，第 7793 页。
7 《临汀志》，《永乐大典方志辑佚》，马蓉等点校，中华书局 2004 年版，第 1236 页。
8 《宋会要辑稿》食货六四，第 7793 页；《宋会要辑稿》食货四九，第 7109—7110 页。

三十二钱半为州用”。[1] 诸路出纳系省钱头子钱“贯收钱二十三文省，内一十文省作经制起发上供，余一十三文充本路郡县并漕司用”，[2] 本路所得一十三文“内一十一文五厘漕司拘收，一文九分五厘州军支使”。[3] 牙契每贯正税钱中“除六百七十五文充经、总制钱外，三百二十五文存留，一半充州用，余一半入总制钱帐”。[4] 绍定以后邕州卖盐“每斤直一百六文足，内百文归州家，六文归倅厅”。[5] 定额分成的逻辑仍是比例分成。

（二）以定额固化窠名分隶

窠名分隶还以定额方式固定下来。立额的一般原则是“国家财用窠名立额，率用一岁中制”。[6] 南宋规定了机构窠名、种类窠名和赋税窠名的定额。景德四年以后首先逐步制定了上供米纲、银纲、钱纲、绢绵纲的年额，熙宁增加上供额，崇宁三年（1104）再立上供钱物新格，[7] 上供额不断增加。南宋上供仍然立额，且分配到各州，即上引宋孝宗诏令所说“诸路州军岁起上供诸色窠名钱帛粮斛，各有立定起发条限、年额数目”。上文论及了庆元府上供七色钱物定额。另如绍兴二十九年（1159）常州拖欠“合起上供诸色窠名”钱 378980 余贯、米 4000 余石、料 74800 余口、绢 461 匹。[8] 说明各州上供按钱物分别立额。

所有种类窠名都有定额。如，淳熙八年（1181）时东南“经总制钱岁额一千五百万贯”，四川年额为 450 余万缗。[9] 东南和四川经总制度钱总额，即“天下经总制钱岁额二千万缗”。[10] 全国的总额被分解为

1 《建炎以来朝野杂记》甲集卷一五《田契钱》，第 320 页。
2 《宋史》卷一七九《食货下一》，第 4368 页。
3 《庆元条法事类》卷三〇《厩库》，第 464—465 页。
4 《文献通考》卷一九《征榷考六》，第 547 页。
5 《建武志》，《永乐大典方志辑佚》，马蓉等点校，中华书局 2004 年版，第 2855 页。
6 《建炎以来系年要录》卷一七三“绍兴二十六年九月丙辰”条，第 3318 页（此条应为七月，中华书局点校本误书为九月）。
7 《文献通考》卷二三《国用考一》，第 691 页。
8 《宋会要辑稿》职官七〇，第 4943 页。
9 《宋史全文》卷二七上“淳熙八年八月庚申”条、卷二八“绍熙三年七月”条，第 2281、2394 页。
10 董煟：《救荒活民书》卷下《减租》，《中国荒政书集成》第 1 册，天津古籍出版社 2010 年版，第 58 页。

州县定额及用以完纳的赋税窠名定额。如宝庆年间庆元府经总制钱正额 215307 贯 930 文，规定了用以完纳的酒税、商税、卖盐“窠名官钱”及其附加税中分隶经总制钱的额度或比例。按分隶则例，庆元府省酒务每卖到 100 贯，分隶经总制司 42.394 贯，商税正钱每 100 贯，分隶总制钱 23.846 贯，商税每百贯所收头子钱 5.6 贯中分隶经总钱 4.805 贯，按此比例从省酒务和商税定额中分隶。东西二醋库的糟酵醋息钱、免役钱、盐仓出纳头子钱、牙契钱等都有划归经总制钱的定额。[1] 宝祐四年（1256）吴潜清理庆元府经总制窠名，条列了经总制钱的“诸县窠名”，即该府六县分隶经总制钱的各种赋税窠名及其定额。[2] 台州 15 万余贯经总制钱定额以本州与诸县酒税、二税附加税、牙契、人户身丁税等钱完纳，用以完纳的赋税窠名各有定额，罢一赋税窠名则经总制收入会相应减少若干。[3]

南宋建立伊始曾一度废除无额上供钱立额，无额上供钱征收主要靠赏格激励，宋孝宗朝“无额上供而复立额”，[4] 恢复了定额。如福州和庆元府无额上供钱年额分别为 15568.75 贯省和 3990 贯。[5] 朱熹曾说“所谓无额钱者，元无一定窠名可以桩办”，“故其创立之初，直以无额名之”，“而比年以来，悉皆立额比较”，[6] 自然就如上文所述有了归属的赋税窠名。月桩钱也设立了定额，绍兴二十六年（1156）朝廷“委诸路监司核实月桩名色，立为定额”。[7] 绍熙元年（1190）臣僚谈到“时东南月桩钱岁为缗钱犹三百九十余万”，[8] 这些定额被分配到各州县，即“所谓月桩钱者，不问州县有无，皆有定额”。[9] 版帐钱也立额并分

1 《宝庆四明志》卷五《叙赋上》、卷六《叙赋下》，第 5064—5065、5048、5052—5053、5068、5069 页。

2 《开庆四明续志》卷四《经总制司》，第 5963—5969 页。

3 《嘉定赤城志》卷一六《财赋门》，第 7414 页。

4 杨士奇等:《历代名臣奏议》卷一〇八“李椿通判廉州未赴召上奏”，第 1448 页。

5 《淳熙三山志》卷一七《财赋类》，第 7926 页;《宝庆四明志》卷六《叙赋下》，第 5063 页。

6 《晦庵先生文集》卷一九《乞蠲减漳州上供经总制额等钱状》，第 872 页。

7 《建炎以来系年要录》卷一七一“绍兴二十六年正月甲午”条，第 3274 页。

8 《宋史全文》卷二八“绍熙元年五月”条，第 2382 页。

9 《建炎以来系年要录》卷一〇八“绍兴七年正月丁卯”条，第 2027 页。

配到各县，如岳州“会四县版帐之额为二万一千余缗”。[1]

在赋税窠名和种类窠名定额的基础上，各机构窠名也有规定名目和定额。吴泳说到“今版曹所入，朝廷所储，四总领所分拨窠名，色额不减于旧”，[2]即指所属窠名和定额。内藏窠名也有定额。淳熙十二年（1185），和州以三千缗贿赂内侍，求长期减免本州五千缗内藏库钱额，而内藏库催征无为军和常德府拖欠淳熙十年（1183）分钱，[3]乾道五年（1169）又蠲免“江淮等路绍兴二十七年至乾道二年终拖欠内藏库岁额钱共八十七万五千三百缗有奇”，[4]说明各路、州都有定额。东南三总领所钱粮也“各有立定窠名”。[5]绍兴休兵之初，四川总领所一岁所费2665万缗，其相应赋税窠名和种类窠名包括酒课556缗、盐课375万缗、二税所科籴本钱400余万缗、茶司钱104万缗、经总制司钱231万缗、钱引兑界贴头钱90万缗、三路称提钱24万缗、西河州盐钱10万缗。[6]

三、南宋窠名分隶的特点

（一）窠名分隶强化中央集权制

南宋中央掌握了财政窠名的制定和分配权，财政窠名成为实行财政管理，特别是保障中央财政的基本手段。一方面“起解朝廷诸色窠名，分毫不可违欠”，[7]另一方面户部将诸路监司州军“所入系省、不系省、有额、无额诸色窠名”等登入版籍，[8]“立为定籍”，若“失一窠名则所入亡矣”。[9]州郡官员要对本州钱物“各开数目窠名，某钱某物今

1 《建炎以来朝野杂记》甲集卷一五《月桩钱版帐钱》，第323页。
2 吴泳：《鹤林集》卷三三《召试馆职策问》，文渊阁《四库全书》影印本，第1176册，第321页。
3 《宋史全文》卷二七下“淳熙十二年七月壬寅”条，第2317页。
4 《文献通考》卷二七《国用考五》，第798页。
5 《建炎以来系年要录》卷九八“绍兴六年二月己未”条，第1871页。
6 《建炎以来朝野杂记》甲集卷一七《四川总领所》，第391页。
7 杨士奇等：《历代名臣奏议》卷六〇知衢州袁甫“又奏便民五事状”，第834页。
8 《宋会要辑稿》食货五六，第7311页。
9 《建炎以来系年要录》卷五四“绍兴二年五月丙戌”条，第1118页。

后桩管，某钱物合充支遣，某钱某物合行起纲，供申省部”。[1] 中央按籍查验，一旦清理出“不正当”窠名，就须废罢，如岳州四县版账钱21000余缗定额中“无（正当）窠名者万一千余缗”，须将“取凡无名者尽蠲之”。[2]

窠名分隶也是南宋加强中央财权，实现逐级集权的手段。中央利用窠名的制定权和分配权，将大宗和便于征收的窠名划归中央，在窠名分隶中又高比例分享大部分财政收入，地方所得皆为细碎窠名。如，南康军称应副本军支用的窠名“名色虽多，数目甚少”，[3] 益阳县也说本县缴纳上供窠名后可应副本县土军、铺兵等支出的只有“余剩些小系省钱”。[4] 反映了窠名分隶中的普遍状况。设立窠名定额的做法就是固化这样的财权分配格局，巩固中央获得的财权，同时也限制了地方财权的增长，使得“凡郡邑皆以定额窠名予之，加赋增员悉所不问。由是州县始困”。[5] 窠名分隶还实现了中央财政向皇帝和朝廷的集权，“凡天下之好名色钱、容易取者、多者，皆归于内藏库、封桩库，惟留得名色极不好、极难取者，乃归户部”。[6]

南宋还不断创设归属中央的赋税窠名和收夺原属地方的财政窠名。南宋保留了元丰、宣和所创无额上供钱、经制钱，且新创总制钱，仍是将原属地方或新创的若干赋税窠名合并为种类窠名，收归中央。叶适指出，中央立经总制等窠名的实质“虽曰增征商之羡余，减出纳之贯陌，而亦所以收州县之遗利也”。[7] 就是通过窠名权属划分收夺地方财权。且中央财政“公费告匮，他无窠名”，则新开窠名，需索州郡，[8] 新增窠名不断叠加，“如总制，如月桩，如折帛，如降本，如七分坊

1 《宋会要辑稿》职官四七，第4293页。

2 《宋史全文》卷二八“绍熙元年五月”条，第2382页。

3 《南康志》，《永乐大典方志辑佚》，马蓉等点校，中华书局2004年版，第3252—3253页。

4 李纲：《李纲全集》卷七五《已拨益阳财赋应副鼎州来年财赋取自指挥奏状》，第778页。

5 郑兴裔：《郑忠肃奏议遗集》卷上《请宽民力疏》，文渊阁《四库全书》影印本，第1140册，第201页。

6 《朱子语类》卷一一一《论财》，上海古籍出版社2010年版，第3564页。

7 《文献通考》卷一九《征榷考六》，第557页。

8 《宋会要辑稿》职官七九，第5241页。

场、七分酒息、三五分税钱、三五分净利、宽剩折帛钱、僧道免丁钱之类，则绍兴间权宜创置者也。如州用一半牙契钱、买银收回头子钱、官户不减半役钱、减下水脚钱之类，几一百万，则又乾道间权宜创置者也。如经制并无额钱、增收窠名之类，则绍兴间因旧增添者也。如添收头子钱、增收勘合钱、增添监袋钱之类，凡四百余万，则又乾道间因旧增添者也”。[1]

中央还通过新建征调系统保障中央窠名征调，防止地方侵占中央窠名。南宋在漕司—守臣系统之外确立仓宪—通判—县丞的第二征调系统，负责内藏窠名、朝廷窠名和户部窠名中内容繁杂的经总制钱、无额上供钱等的征收，防止负有地方岁计之责的转运使、知州、知县侵用中央财政。[2] 该系统最核心机构是通判，其职责是按照窠名保障中央财政征调，使中央财政“既有窠名，则有催理”。[3]

南宋赋税窠名名目繁杂，分隶方式多样，主要原因正是将窠名分隶作为强化财政中央集权的手段，其背后原因则是冗兵冗官带来的财政压力不断加重。一方面窠名分隶导致地方财政日益困窘，财力不敷事权责任，被迫以多种手段与中央争夺窠名，扩大隶属地方的窠名征收，并不断擅征窠名，另一方面中央利用制税权不断新增赋税窠名和种类窠名，一再将地方擅征窠名合法化并收归中央。其结果是田赋、禁榷、商税等主体税上衍生出难以计数的附加税窠名，新的赋税窠名也层出不穷，南宋财政窠名陷入分隶、新创、衍生、收夺的恶性循环。

（二）窠名分隶与支出责任结合

南宋的窠名划分不仅是收入分配，而且与支出责任相结合，主要目的是保障中央完成财政支出责任。宋代实行募兵制，军费占据财政支出的十之七八，甚至更多，保障军需对中央和地方而言都是首要财政职

1 《宋会要辑稿》食货五六，第7318—7319页。

2 参包伟民《宋代地方财政史研究》对第二征调系统的论述，第129—137页。

3 《开庆四明续志》卷四，第5964页。

责和最大负担，“上自宰相，下至县令，鰓鰓然日以军食不给为莫大之忧”。[1]但中央和地方所忧不同，中央获得的窠名主要用于承担中央军和京师百官支出，地方获得的窠名则承担地方军和地方官员等的支出，体现了南宋窠名划分与支出责任相匹配的财政制度设计。军需支出责任划分的基本原则是“诸屯仰给饷计，而厢军、土军则郡自廪之”，[2]“（上供财赋）朝廷既自以养大兵矣，而州郡以其自当用度者，又尽以养厢、禁、土兵”，各负其责，且都是竭其财力以应付各自军需责任仍“不得宽”。[3]

承担中央军费支出的是中央财政窠名，即“里外军国之费，除茶盐课入外，止仰上供钱物资助”。[4]户部曾问湖南转运使“每月应副岳飞钱数支用是何窠名。或是上供钱斛，自合拨正，若缘军期一时赋敛，即合蠲除，难为立额拘收”。[5]也是说只应以上供窠名供给大军。南宋户部和四总领所分别对行在三衙和四大战区军费支出负直接责任，且财政收入来源和支出责任各有区域划分。户部的主要支出责任是行在三衙百官经费，即“行在百司诸军经常岁支月用及年例诸杂非泛支使，自来皆系户部以诸色窠名钱物应副”，[6]且“版曹所仰止于闽、浙，其他则拨隶饷所，版曹不知也”，[7]或称“朝廷支散诸军则隶户部，外道则隶总领”，[8]“四蜀、湖广、江淮之赋类归四总领所，以饷诸屯”，[9]分区负责四大战区屯驻大军支出。如四川总领所负责的“四川军马经常合用钱粮各有窠名应副”。[10]

中央军屯驻地方或在地方有军事行动，其支出仍从中央财政窠名支付，不由地方财政承担。钱之望知扬州时，总领所欲使扬州负担强

1 胡寅：《斐然集》卷一〇《转对札子》，文渊阁《四库全书》影印本，第1137册，第407页。

2 《寿昌乘》，“粮廪”，《宋元方志丛刊》本，第8402页。

3 叶适：《叶适集·水心别集》卷一二《厢禁军弓手土兵》、卷五《终论二》，第785、820页。

4 《建炎以来系年要录》卷九三“绍兴五年九月丁亥”条，第1786页。

5 胡寅：《斐然集》卷一五《缴户部乞拘收湖南应副岳飞钱粮》，第1137册，第476页。

6 《宋会要辑稿》职官六，第3165页。

7 《古今源流至论》续集卷二《国用》，第942册，第375页。

8 《建炎以来系年要录》卷一五四“绍兴十五年八月庚子”条，第2488页。

9 《咸淳临安志》卷八《左藏库》，第3434页。

10 《建炎以来系年要录》卷一九三“绍兴三十一年十月丁巳”条，第3764页。

勇军券食之半，钱之望曰“御前军而仰食州郡，可乎?”[1] 制度上确如朱熹所说“今置军虽四等，所用不过大军，朝廷固以上供给之”，[2]“今诸州往往有大军留屯，皆截上供以给其费”。[3]“殿前军驻札如江西、广东、福建之类，皆上供并经总制钱应副”。[4] 江东路沿江有屯驻大军约五万人，月支钱米“许于本路取拨应干诸色上供、经制等钱四十万贯、米二十万石应副”，“除合起上供外，别无合取窠名”。[5] 李纲为湖南宣抚使，“始将兵校二万一千余人戍其地。转运司言无窠名应副，故以上供钱助之”。[6] 四川总领所甚至说“四川屯驻御前大军支遣，即无科支诸州系省钱物窠名体例”。[7] 在中央军和地方军联合军事行动中支出责任也有清晰划分。江鄂大军、诸路禁军、土军等平定湖南茶寇，“及事定计费，上其凡目。则大军之费始为豁除，其余禁军、土军、弓手、保甲之费则责之州县自办”。[8]

南宋沿袭熙宁以后的体制，仍设“经费”财政和储备财政两个系统。户部和总领所对军费、官俸等“经费”负直接责任，而储备财政系统，即内藏财政和朝廷财政，是“备他日用兵进取不时之须”、“以备缓急之用”。[9] 宋孝宗曾准予从内库支出圣节费用，周必大说“本是户部经常支用，不必动内库也。”[10] 说明内藏财政和朝廷财政不直接承担“经费”。但储备财政主要还是用于军费，甚至“专一应付国家大计”、“非军事不得支用”。[11] 但窠名分隶的制度设计中户部和总领所获得的财

1 叶适:《叶适集·水心文集》卷一八《华文阁待制知庐州钱公（之望）墓志铭》，第 345 页。
2 薛季宣:《浪语集》卷一六《召对札子》，文渊阁《四库全书》影印本，第 1159 册，第 275 页。
3 朱熹:《晦庵先生文集》卷九六《陈公（俊卿）行状》，第 4450 页。
4 韩元吉:《南涧甲乙稿》卷一一《诸路阙额钱可给驻札军》，文渊阁《四库全书》影印本，第 1165 册，第 159 页。
5 李光:《庄简集》卷一一《画一申请状》，文渊阁《四库全书》影印本，第 1128 册，第 548、549 页。
6 《建炎以来系年要录》卷七八“绍兴四年七月辛亥”条，第 1471 页。
7 《宋会要辑稿》职官四一，第 4029 页。
8 彭龟年:《止堂集》卷一一《上漕司论州县应副军粮支除书》，中华书局 1985 年版，第 131 页。
9 《宋史》卷四二九《朱熹传》，第 12761 页；《宋史全文》卷二七上“淳熙十年八月”条，第 2281 页。
10 周必大:《文忠集》卷一七二《思陵上》，文渊阁《四库全书》影印本，第 1148 册，第 910 页。
11 《建炎以来系年要录》卷一〇二“绍兴六年六月庚申”条，第 1673 页；彭龟年:《止堂集》卷一《论雷雪之异为阴盛侵阳之证疏》，第 8 页。

政窠名应付“经费”已捉襟见肘，如遇额外支出，“调度不足则仰给于朝廷”，[1]“往往出内帑、封桩以补所阙”。[2]从保障中央财政支出责任而言，宋人所言“天下财赋，窠名不一，有归之朝廷者，有归之户部者，要之均济国家之用而已，故朝廷之与户部事实一体”，[3]也符合实际。储备财政的设置一方面有皇帝和宰相掌握一部分财权以控制国家财政的集权目的，另一方面也是设立中央军费供给的双重保障。

地方政府则需要用所划归的财政窠名承担地方支出责任。因为地方窠名与中央财政支出无关，故最初户部所编会计录只“以合发上供之数置籍”，“凡州郡之出纳，则不与知焉”。嘉熙二年（1238）才从朝廷周知天下财赋的角度由“朝廷给降印册，别其窠名，颁之漕司，下之州郡，每季以册上于朝”。[4]地方财政窠名最大的支出责任是军需和官俸，“一邑之内，有县官、吏胥之请给，县兵、递铺之衣粮”。[5]地方窠名支出的基本原则是每一窠名对应规定的支出。如，台州免役物力钱定额归属本州的部分“支本州并盐司投人雇食等，余钱县支雇役并桩发朝廷窠名”，用于在京吏禄钱、在京官员雇人钱等。[6]南宋窠名分隶及与支出责任相结合使中央财政与地方财政在收与支上都有了相对明确的区分。

（三）窠名争夺成为财权争夺的基本方式

南宋中央与地方财权分配实行窠名分隶的窠名分隶，且窠名与支出责任相结合，导致中央与地方财权争夺从制度上主要表现为对窠名，即窠名权属的争夺。中央利用掌握制税权，控制窠名的废立和分配，不断创设属于中央的赋税窠名和种类窠名，将最大宗、最便于征收的两税正税、茶盐引钱全部划归中央，在商税、酒税等赋税的分隶中中央高比例分享，制度化地占有了绝大部分全国财赋，利用强势地位不

---

1 《历代名臣奏议》卷二七〇李纲《论财用疏》，第 3531 页。

2 《咸淳临安志》卷八《左藏库》，第 3434 页。

3 《宋会要辑稿》食货五一，第 7164 页。

4 《宋史全文》卷三三“嘉熙二年闰四月丁卯”条，第 2731 页。

5 《宋会要辑稿》职官四八，第 4321 页。

6 《淳熙三山志》卷一七《财赋类》，四川大学出版社 2007 年版，第 526 页。

断把地方窠名划归中央。另一方面，禁止地方动用中央窠名，规定地方对“上供诸色窠名钱物，在法不得支兑移用。若辄擅侵支，各有专一断罪条法指挥”。[1] 储积于地方的朝廷窠名钱物有封桩钱物法，地方“非奉朝廷指挥不得擅支”。[2] 即使允许“诸路州军每遇一时紧切支用，无可那移，方可将上供钱物逐急借拨”，但事后需要拨还。[3]

在窠名与支出责任结合的体制下，南宋地方分得的赋税窠名不足应付事权责任，除法外擅征，在制度框架内争夺财力的主要手段就是以多种方式争夺窠名：一是更改赋税窠名或不如实分隶中央，宋高宗曾令“诸路州军将合收钱物依条分隶，不得改名易色”，“监司各随窠名催督所属起发”，保障上供，[4] 说明存在地方侵损中央窠名的情况；二是在合并支出的项目中尽量支出中央窠名，如转运司完纳月桩钱窠名时“于本司移用钱不肯取拨，止取于朝廷窠名”；[5] 三是在赋税窠名分隶中设法扩大地方分隶比例，如契税“正限之与放限分隶不同。正限则以其七隶经总制，放限则以其七归州用”，“州郡利其所得，往往放限”，征收时“故正限少而放限多”。[6]

中央掌握制定窠名的权力，而赋税出于地方，非制度性的违法增开赋税窠名是地方争夺财权更为普遍的手段。宋代中央垄断制税权，“地方州县并无提高税额、增立窠名之权”。[7] 但因为合法窠名“一窠名必有一支用，孔孔着实，必无空闲”，[8] 地方在合法窠名上争夺财力的空间有限，主要还是开征不入账籍、未划归中央的“不分隶窠名”，[9] 即“创生窠名，更不入账分隶”。[10] 于是州县常有两本账籍，上缴中央的

1 《建炎以来系年要录》卷一六五“绍兴二十三年闰十二月丙午”条，第3146—3147页。
2 《宋会要辑稿》食货三一，第6691页。
3 《宋会要辑稿》食货三五，第6779页。
4 《宋会要辑稿》食货三五，第6779页。
5 《文献通考》卷一九《征榷考六》。
6 《宋会要辑稿》食货六四，第7766、7793页。
7 包伟民:《宋代地方财政史研究》，第170页。
8 黄震:《黄氏日抄》卷七四《回申本军拨隶窠名状》，第2142页。
9 《宋会要辑稿》食货二一，第6453页。
10 《宋史全文》卷二七上“淳熙十年八月庚申”条，第2281页。

"止据有正当窠名合收之数以为收支之数"，而"州郡措置所收窠名多不正当"，故"皆不敢载"于公开账籍，[1]只能"别置私历"。这些窠名争夺之术，"士方其入仕，执笔茫然，莫知所谓，老胥猾吏，从旁而嗤之"，[2]是州县官场生存之道。

不仅中央与地方财权争夺表现出争夺窠名的特点，各机构间财权争夺也是如此。如，虞允文为相时，"尽取版曹岁入窠名之必可指拟者，号为岁终羡余之数，而输之内帑。顾以其有名无实、积累挂欠、空载簿籍、不可催理者拨还版曹"。[3]在州郡，知州和通判财政职责及负责征收的财政窠名不同，常出现"州郡经总制钱多不及额，盖由专委通判、县丞，而州县之权实在守、令"，甚至知州"往往将经总制钱窠名多方拘入郡库，不肯分拨。为通判者亦无如之何"。[4]

四、结论

"窠名"是南宋财政运行中的核心概念，也是实施财权分配和财政管理的基本手段。南宋财政窠名可以分为赋税窠名、种类窠名和机构窠名，其中最核心的是赋税窠名。南宋全面划分了财政窠名的权属，以完全划分和分成共享等不同方式将财政窠名权属在中央、地方，以及各机构间分配，设置了各种财政窠名的定额和分配比例，并将窠名分隶与支出责任相结合，巩固了中央财政集权，保障了中央财政支出责任，同时加重了地方财政的困窘，是导致财政征收各种弊端的根源。这是南宋国家为解决募兵制导致的中央巨大财政支出压力而逐步形成的应对之策。

（原载《社会科学战线》2021 年第 10 期）

1 朱熹：《晦庵先生文集》卷二六《与王运使札子》，第 1163 页。

2 叶适：《叶适集 · 水心别集》卷三《经总制钱一》，第 775 页。

3 杨士奇等：《历代名臣奏议》卷五三朱熹奏议，第 730 页。

4 《宋会要辑稿》食货六四，第 7788、7792 页。

南宋财权分配与地方治理

财政是国家治理的基础和重要支柱，古今一律，如何通过调整财政体制，更有效地实现国家治理是历朝制度设计的重要内容。中国古代中央集权制下，财政制度设计实现目标一是财政中央集权，二是各级政府履行职能。但不同时期实现财政中央集权、处理中央与地方财政关系的方式不尽一致。北宋前期实行总量分成的财权分配体制，王安石变法逐步实行税权分配的财权分配体制，南宋成为财权分配的基本制度。这一制度下财政中央集权进一步深化，地方财力不断弱化，深刻地影响到地方治理的方式。北宋后期和南宋地方财政日益困窘下地方治理的民间参与和官民互动已有较多研究。[1] 在此基础上系统地考察南宋税权分配制下地方政府如何筹集财力，探索地方治理的有效方式，有助于理解王朝时期财政体制与国家治理的关系，吸取可资借鉴的历史经验。

一、税权分配制度下地方的财权与事权

王安石变法，设立朝廷财政，确立了新法财赋归属朝廷，将若干原属三司的赋税和若干新开征赋税归属朝廷。此后，又通过设立无额上供钱、经制钱等方式，将多项地方开征的赋税划归中央。“窠名分

1 相关的代表成果有包伟民：《宋代地方财政窘境及其影响》，《浙江社会科学》1999 年第 1 期；梁庚尧：《南宋农村经济》，新星出版社 2006 年版，《宋代社会经济史论集》（下），允晨文化实业股份有限公司 1997 年版；黄宽重：《南宋地方武力——地方军与民间自卫武力的探讨》，国家图书馆出版社 2009 年版；张文：《宋朝民间慈善活动研究》，西南师范大学出版社 2005 年版；王晓龙：《宋代地方行政设施修建经费来源考论》，《宋史研究论丛》第 22 辑；祁琛云：《宋代的民间力量及其在地方建设中的贡献》，《中原文化研究》2017 年第 5 期；刁培俊：《宋代富民与乡村治理》，《河北学刊》2005 年第 2 期等。

隶”的税权分配制度逐步确立。在这一体制下，地方税权属也被相应划定。茶盐禁榷收入、二税正税收入两项大宗赋税逐步被划归朝廷和户部，地方不能动用。[1] 南宋时税权分配制度进一步深化，并成为全国性的普遍制度。所有的赋税窠名基本上都在中央与地方，以及各财政机构间进行了税权分配，体现了通过税权划分实现财权分配的制度设计。东南茶盐钞钱完全归属朝廷，两税正税、经总制钱划归户部，商税和榷酒收入由中央高比例分享。地方所得主要是一些细碎的赋税窠名，“名色虽多，数目甚少”。[2] 而且南宋设立赋税定额固化财权分配，保障中央财权的同时限制了地方财权，“凡郡邑皆以定额窠名予之，加赋增员悉所不问。由是州县始困”。[3] 南宋一方面加重对地方财政的征调，另一方面冗兵冗官等负担不断添加给地方，地方财政困窘不断加剧。

从地方官员的考课内容可见地方政府的事权责任。北宋对州县官员的考课“以四善、三最考守令，德义有闻、清谨明着、公平可称、恪勤匪懈为四善；狱讼无冤、催科不扰为治事之最，农桑垦殖、水利兴修为劝课之最，屏除奸盗、人获安处、振恤困穷、不致流移为抚养之最”。[4] “治事之最”更详细的还包括“税赋别无失陷、宣敕条贯、案账簿书齐整、差役均平”。[5] 南宋初“又命以‘户口增否’别立守令课”，并“立县令四课：曰纠正税籍，团结民兵，劝课农桑，劝勉孝悌”。总括而言：“守令之治，其略有七：一曰宣诏令，二曰厚风俗，三曰劝农桑，四曰平狱讼，五曰理财赋，六曰兴学校，七曰实户口。”[6] 考课内容主要是州县官员的治民理财责任。

---

1 参黄纯艳：《从总量分配到税权分配：王安石变法的财权分配体制变革》，《北京大学学报》2020 年第 5 期。

2 《南康志》，《永乐大典方志辑佚》，马蓉等点校，中华书局 2004 年版，第 3252—3253 页。

3 郑兴裔：《郑忠肃奏议遗集》卷上《请宽民力疏》，文渊阁《四库全书》影印本，第 1140 册，第 201 页。

4 《宋史》卷一六三《职官三》，中华书局 1977 年版，第 3839 页。

5 《续资治通鉴长编》卷四七二“元祐七年四月甲戌”条，中华书局 2004 年版，第 11271 页。

6 《宋史》卷一六〇《选举六》，第 3763 页。

履行以上事权责任必须有相应的财力匹配，一是豢养官员、军队的费用，二是开展水利兴修、振恤困穷、兴办学校等地方事务的费用，最主要的是保障官俸和军费。包伟民指出，州军岁计的基本内容包括两方面，其一为州军上缴中央的财赋，其二为本地官俸兵廪等各项费用。[1] 上缴中央的上供部分在南宋已经定额化，既规定了各类钱物的总额，也规定了用以完纳的各项赋税窠名的定额，除特殊情况，不能作为地方政府应付地方事务的财力。地方政府最大的支出责任是军需和官俸，还有其他杂项支付和公共建设支出，后者非制度规定的稳定支出，常因人因地而不同。如连州财政支出包括四类，官俸占 37.5%，军俸占 50%，监司在本州支出部分占 4.2%，本州诸杂支出占 7.9%。[2] 地方用以完成其支出责任的费用主要来自所获得的税权，“朝廷既自以（上供财赋）养大兵矣，而州郡以其自当用度者，又尽以养厢、禁、土兵”。[3]

二、税权分配下地方筹集财力的方式

如梁庚尧所指出，南宋由于人口增加、土地兼并、商业发达，农村社会经济表现出不安和冲突的一面，同时也存在协调的力量，使一百五十年中农村的不安没有走向尖锐化。[4] 在冲突和不安环境中地方治理仍有一定成效。南宋时期，一些地方的水利工程等公共建设“数量猛增”，“由于地方自筹经费的增多，水利项目也大为增加，从而促进了农业的发展，加快了该地区的开发”。[5] 在税权分配制下，地方治理中民间参与是重要方式，但政府仍然发挥着主要，乃至主导作用。地方官员在财政困窘的常态下仍然努力寻求开拓财力的空间，甚至也

1　包伟民：《宋代地方财政史研究》，上海古籍出版社 2001 年版，第 50 页。

2　包伟民：《宋代地方财政史研究》，第 54 页。

3　叶适：《叶适集 · 水心别集》卷一二《厢禁军弓手土兵》，中华书局 1961 年版，第 785 页。

4　梁庚尧：《南宋的农村经济》，“前言”。

5　陆敏珍：《唐宋时期明州区域社会经济研究》，上海古籍出版社 2007 年版，第 117、149 页。

时见如《宝庆四明志》《开庆四明续志》所载胡榘和吴潜那样的能臣，大力开拓地方财力，在行政设施和公共工程建设等方面颇有作为。

南宋税权制下，地方政府筹措财力的第一种方式是扩大归属地方的赋税征收。在税权分配制下大宗赋税中地方能够分享的主要是酒税和商税。按照制度，省酒务酒税分隶由中央高比例分享，地方所得十分有限，而香泉酒库、慈福酒库和醋酒库等地方酒库息钱，以及各县酒坊收入完全或大部分归地方，有“无分隶诸司”者，地方政府没有扩大省酒务的动力，但积极扩大香泉酒库等地方酒库。如胡榘和吴潜主持庆元府时大力增扩香泉库、醋酒库，每年所收息钱超过了都酒、比较、赡军三省务总收入。[1] 地方还会扩大中央与地方分享税中的地方份额。如，牙契“有正限纳者，有放限纳者，分隶不同”，[2] 一般“正限则以其七隶经总制，放限则以其七归州用”，这就造成“州郡利其所得，往往放限”，普遍出现“故正限少而放限多”的情况。[3] 此外，地方政府会扩大归属地方的附加税和杂税的征收。如，卖盐中的出剩廒底“所卖盐货支官吏俸给”，作为地方财政，“庶可少宽本府郡计”，[4] 于是地方官大幅增加出剩，以至“二斤方了一斤纳数，其弊皆始于利出剩”。[5]

第二种方式是扩大划归地方使用的赋税的征收。例如，庆元府因负责定海水军支出，中央将归属户部的两税苗米和经总制钱两项赋税划归庆元府使用。吴潜知庆元府兼沿海制置使时，以“兵统于制阃，而财给于郡佐，事权不一”，奏请将“以经总制司归之制府，自催自给”，将其从负责中央赋税窠名征收的通判手中转移到知府，他还大力整顿经总制钱，“兴复经总制诸酒务坊场”。[6] 同时，“他郡苗米多拨解总所，鄞独留

1 《宝庆四明志》卷五《郡志卷第五》，中华书局 1990 年版，第 5051—5052 页；《开庆四明续志》卷四《兴复省并酒库》，中华书局 1990 年版，第 5960—5961 页。

2 《宝庆四明志》卷六《郡志卷第六》，第 5059 页。

3 《宋会要辑稿 · 食货六四》，上海古籍出版社 2014 年版，第 7793 页。

4 《宝庆四明志》卷六《郡志卷第六》，第 5067 页。

5 黄震：《黄氏日抄》卷七一《赴两浙盐事司禀议状》，浙江大学出版社 2013 年版，第 2109 页。

6 《开庆四明续志》卷四《经总制司》，第 5967 页。

以赡定海水军”，而且“总所者遇歉岁蠲减，可毋解。惟本府自催自给，民赋可蠲，而军饷不可阙”，地方就有了扩大两税苗米增收的动力，大力发展水利，“郡计莫难于鄞，水利尤莫急于鄞”。[1] 水利兴修对庆元府地方官员而言，筹集财力、实现情怀、应对考课实现了一体。

第三种方式是筹集民间资金。如上举近年的研究对此颇多关注，已有较为充分的论述，此不赘述。

三、地方社会自运行机制的构建

由于财权分配制度导致地方政府财力不敷事权成为常态，保障“经费”即官俸军需尚捉襟见肘，拓展财源应付其他事务就更为困难。特别是涉及维持社会经济运行，以及学校、救济等需有稳定经费和稳定机制的事务，临时筹集财力，或依靠个别任上的能臣，难以解决根本问题。而兴办学校、振恤困穷、水利兴修、赋税催科等正是地方官员考课的重要内容。在地方财政困窘的背景下，减少财政投入，建立保障这些事务自我运行的长久机制成为地方官员的重要选择，并成为南宋地方治理的重要趋势。

一是出资作本，维持运行。作为官员主要考课内容的兴办官学，一般由政府设置学田，以佃租维持官学运行。这一做法成为基本制度为北宋庆历年间新创。李清凌指出，州县学田设置的原因既是对官学的重视，也是国家财政紧张，难以增加教育经费，于是设置学田，以租入作为办学经费，既不增加百姓赋税，也不占用财政收入，使官学发展不受财政盈亏的影响。[2] 官学学田的来源有朝廷赐予、州县置办、民间捐献等方式，政府置办为主要形式，北宋后期朝廷赐予已显著减少，南宋更难见记载。[3] 设置学田显然较官府拨款更有保障，不受财政

1 《开庆四明续志》卷三《水利》，第 5952 页。

2 李清凌:《学田制度：庆历改革的一项创举》，《西北师范大学学报》1995 年第 6 期。

3 贾灿灿:《宋代“学田”的几个来源》，《中南民族大学学报》2013 年第 6 期。

盈亏和地方官员勤惰等因素的影响。设本取息在维护水利设置中更是常用办法。程覃知明州时维护它山堰工程的方法就是“买田收租，以给经费”。[1]地方官重要职责的救济也常用置田收租或设本取息的办法支撑运行。以田税附加税兴办义仓作为社会救济措施就是一种自运行的制度。南宋惠民药局、广惠院的经营方式也是设本钱置药，或田屋作本，以息钱维持运行。[2]

二是建立民间自助的自运行机制。南宋官僚士人还积极引导民间在救济、应役、兴学等方面建立自助机制，维持民间社会的自运行。范仲淹创办的范氏义庄南宋才普遍实行，而且除范氏义庄在北宋外，其他所见义庄皆在南宋。[3]南宋乡村民间兴办义庄，使“乡有义庄，以给仕族亲丧之不能举、孤女之不能嫁者”。[4]其方式是置田为本，以租米救济，如昌国县义庄是设“有田一百二十一亩、地一十八亩，岁收米九十一石、麦五石，专以济鳏寡孤独之民”。[5]朱熹在福建新创社仓也是乡村自我救助举措，“夏贷而冬敛之，且收其息什之二”，维持社仓运行。[6]因朱熹的影响力，南宋后期各地广泛设置社仓，直接影响到农民的生活，对农村贫富协调有很大帮助。[7]真德秀发展朱熹的社仓，倡设义廪，认为“社仓贷谷止及末等有田之人，而细民无田者不得预也”，义廪是有钱之家“随力出备”，自愿出钱，赈济无田的穷人。[8]由于两人的影响，社仓和义廪也被纷纷仿行，按照他们的原则创办了义船、义田等不同形式的社会自我救助举措。

这些举措具有几个显著特点：一是皆旨在建立地方社会自运行机

---

1 《宝庆四明志》卷一二《鄞县志卷一》，第 5153 页。

2 《开庆四明续志》卷二《惠民药局》、卷四《广惠院》，第 5950、5970—5971 页。

3 梁庚尧：《南宋的农村经济》，第 263 页。

4 《宝庆四明志》卷八《郡志八》，第 5089 页。

5 冯福京等编《大德昌国州图志》卷二《义庄》，中华书局 1990 年版，第 6073 页。

6 朱熹：《晦庵先生朱文公文集》卷七九《建宁府建阳县长滩社仓记》，上海古籍出版社、安徽教育出版社 2002 年版，第 3778 页。

7 梁庚尧：《南宋的农村经济》，第 251 页。

8 真德秀：《西山文集》卷四〇《劝立义廪文》，文渊阁《四库全书》影印本，1990 年，第 1174 册，第 622（下）、623（上）页。

制，减少或不需财政投入，不论官方出本取利，还是民间自助，都不影响地方政府正常财政支出；二是覆盖城乡，特别关注乡村社会，宋代城市救济措施相对较多，乡村成为官员士人关注的重点，因常平仓、义仓“远者难及”，[1]“以县而不以乡”，而行社仓、义廪，惠及乡村；三是使贫富相济，维持公平稳定，民间自助的措施多按贫富分等出资，使富人以“其家之有余，而推之以予邻里乡党”，[2]可使“无饥民则无盗贼，无盗贼则乡井安，是富家之利也”，“于富家初无损，而于贫民实有益”，从而建立久远之计。[3]

四、结语

南宋税权分配制度使地方财政日益困窘，加重了民众负担的同时也深刻地影响了地方行政和地方治理。地方官员在制度内通过多种方式筹措地方财力，但地方官员制度内筹措财力的空间有限。更为普遍的地方治理之道是官民出本取息或民间自助，建立维持地方社会自运行机制，既不影响地方政府经常性财政支出，甚至不需财政投入，又进一步深化了地方治理，建立覆盖城乡的救济制度和贫富相济的机制，维持了地方社会的公平稳定，成为地方治理的经久方式。南宋地方治理中自运行机制建设以田制不立、不抑兼并的经济形态为背景，这一背景下租佃契约、民间借贷等自然生成的经济关系普遍建立，本身也是维持地方社会自运行的重要机制，这些机制形成了维持稳定、平衡冲突、协调贫富的力量。[4]这是社会经济、财政体制、考课制度和士人情怀交互的结果。

南宋的历史说明，财政体制是地方治理的重要杠杆，需要与经济

---

1 袁燮:《絜斋集》卷一五《通判平江府校书姚君（颖）行状》，文渊阁《四库全书》影印本，1990年，第1157册，第206（下）页。

2 朱熹:《晦庵先生朱文公文集》卷七九《婺州金华县社仓记》，第3776页。

3 真德秀:《西山文集》卷四〇《劝立义廪文》，第623（上）页。

4 梁庚尧:《南宋的农村经济》，“前言”。

制度、考课制度形成交互作用的治理体系，综合地推进地方治理。南宋在强化财政中央集权的同时地方政府获得相对独立的财权，有一定的腾挪空间以探索地方治理的有效方式，引导民间力量参与，营建民间社会交相生养的制度环境，为后世提供了有益的启示。

（原载《江海学刊》2021 年第 1 期）

宋代财政史研究的主要方法及其检讨

1930年张荫麟发表《南宋末年的民生与财政》，开启了宋代财政史研究历程。[1]继之，加藤繁、何兹全、陶希圣等相继刊布宋代财政史研究论著，迄今相关研究成果已极为丰富，难以枚举。[2]1941年曾我部静雄出版第一部《宋代财政史》，[3]虽有发覆之功，但只是对宋代役法、月桩钱、纸币、和买、身丁钱等的专题讨论，并非对宋代财政史的整体阐释和系统研究。现有绝大部分成果都是对宋代财政史的专题研究。第一部系统的宋代断代财政史研究著作是汪圣铎《两宋财政史》。[4]其后宫泽知之、包伟民、杨宇勋、黄纯艳等相继出版了宋代财政史的整体研究著作，[5]这些著作并非都包涵了两宋或全国范畴，但均是整体性的研究视野和取向。上述研究运用不同研究方法对宋代财政史作了全面深入的探讨，取得了巨大成就。总结、检讨现有研究方法，有助于更好地推进宋代财政史研究，更清晰地揭示宋代财政发展的时代特征。

一、"收、支、管、平"分析框架

现有大部分通论性的中国财政史著作，包括项怀诚和叶振鹏主编

1 张荫麟：《南宋末年的民生与财政》，《中央大学半月刊》1930年第1—6期。

2 参汪圣铎撰：《(二十世纪）辽宋夏金元财政史研究概要》，载《二十世纪中国财政史研究概要》，湖南人民出版社2004年版。

3 生活社1941年版。

4 中华书局1995年版。

5 宫泽知之：《宋代中国の国家と经济：财政、市场、货币》，创文社1998年版；包伟民：《宋代地方财政史研究》，上海古籍出版社2001年版；杨宇勋：《取民与养民：南宋财政收支及官民互动》，台湾师范大学历史研究所2003年版；黄纯艳：《宋代财政史》，云南大学出版社2013年版。

的两套《中国财政通史》，以及断代财政史都运用近代财政学理论，以收入、支出、管理、平衡（即“收、支、管、平”）为主要线索，构建宋代财政史的分析框架。汪圣铎《两宋财政史》和黄纯艳《宋代财政史》也采用了这一基本分析框架。汪圣铎《两宋财政史》在其序言中说“想从整体上对宋代财政进行客观地描述”，体现三个观念，即整体观念、发展观念和数量观念。该书分为“两宋财政发展史概述”、“两宋财政的收入与支出”、“宋代财政的管理体系与设施”三编。第一编分全盛时期、熙丰时期、北宋衰亡时期、南宋中兴时期、南宋没落衰亡时期等四个时期，讨论了两宋财政状况的盛衰，实即主要讨论了财政平衡问题。第二编讨论了两宋财政收入和支出的名目。第三编讨论了两宋财政管理体制及其运行问题。黄纯艳《宋代财政史》分为财政“宋代财政管理体制”、“宋代财政收入”、“宋代财政支出”、“宋代财政转输”四章。探讨了宋代财政管理、收入和支出等问题，虽没有专门讨论财政平衡问题，但仍采用了“收、支、管、平”的基本分析框架。

“收、支、管、平”的分析框架有两个显著的优点：一是有利于揭示中国古代或某一断代财政史的整体发展状况。从内容上，收、支、管、平面面俱到，全面系统，能够在整体视野和各种现象的比较中形成关于所研究断代财政史的概括性认识。如汪圣铎在论述宋代财政收入时得出宋代财政形成了农业税收入与工商业税收入并驾齐驱，甚至工商业税更胜一筹的格局。这是宋代财政收入格局相对于汉唐的一个重大变化。黄纯艳指出中央集权、军需供给和商品经济三个主要因素影响了宋代财政的构成和运行。只是在工商业收入问题上汪著强调了财政征收政策的影响，而黄著强调了商品经济发展的作用。二是对管理机构、收入和支出项目等相关专题有深入的研究。已有断代财政史著作大多数以扎实的实证研究为基础，研究的广度和深度达到了很高的水平。汪著和黄著在已有专题研究基础上，对宋代中央和地方财政管理机构及其职能做了深入论述，对财政收入和支出的具体项目做了细致的梳理和论述。汪著在宋代货币与财政，黄著在宋代财政转输的论述上都颇有独到之处。

正因为“收、支、管、平”的分析框架有系统全面、条例清晰、专题深入的特点，故而成为目前中国古代财政史整体研究，不论通论性抑或断代史著作，最普遍采用的分析框架。中国古代财政史自20世纪20年代胡钧《中国财政史》和徐式庄《中国财政史略》开始，[1]到近年出版的项怀诚主编12卷本《中国财政通史》和叶振鹏主编10卷本《中国财政通史》，[2]已经出版十余部通论性中国财政史著作和所有历史时期的断代财政史著作，绝大部分采用了“收、支、管、平”的分析框架，特别是财经院校作为教材的中国财政史完全采用了这一分析框架。

但“收、支、管、平”的分析框架也有明显的局限性。从所论问题的关联性而言，这一分析框架主要是列举式的论述，特别是财政收支的论述上往往有各朝一面的问题。在财政收入上，自西汉武帝以后到唐朝前期，国家财政主要来自农业领域的田赋、户（或丁）税和徭役，工商业领域的禁榷和关市之征影响甚微。两税法以后，主要来源于田赋、禁榷和商税。支出则自秦汉以来即以军费、官俸、祭祀为大宗。这一框架缺乏对某一朝代财政诸问题的内在关联的整体阐释，因而也难以很好地反映某一朝代财政发展的时代特点及不同时期财政体制的变革。例如，在“收、支、管、平”的分析框架下，财政收入方面，宋代与唐代中后期两税法下似乎只是量的增长而反映不出财政制度质的变革，而财政支出方面，对众所周知的宋代募兵制下财政负担巨大增长是否导致了宋代中央与地方财政关系、财权分配方式等方面的财政体制相对于唐代的变革难以体现。

---

1 商务印书馆1920年版、1926年版。

2 中国财政经济出版社2006年版、湖南人民出版社2013年版。

二、军事财政的分析框架

宋代全面实行募兵制，对财政体制产生了重大影响。宫泽知之据此建立了以“军事财政”为中心的北宋财政史分析框架。与唐前期的府兵制相比，军费大增，促使财政结构和财政制度发生了深刻变化。宋人就曾经说：“茶盐榷酤，今日所仰养兵。若三代井田、李唐府兵可复，则此皆可罢，不然，财用舍此何出！”[1]汪圣铎已经指出宋代募兵制下农业税已难以支撑军费巨大增长后的财政支出，财政收入呈现农业税和工商业税并驾齐驱的格局。宫泽知之进一步指出，北宋以募兵制为主导致军费大增，军费支出达国家财政的百分之八十以上，使宋代财政征收的重心围绕军费供给而展开。同时，禁军主要集中于京师和北方沿边。国以兵而立，又形成了围绕军需供给而展开的财政供输体制。不仅使得宋代的财政体制具有了与前代不同的特点，也导致宋代市场的运行出现新的特征。

宫泽知之根据宋代军费供给中实物供给和市场购买的特点，用价值和使用价值、市估和时估两套概念讨论了宋代“军事财政”与市场、货币和财政统计的关系，揭示了宋代财政所具有的“军事财政”的特点，并以之解读宋代财政运行的形态。他指出，宋代由于财政主要围绕供给军需而展开，因而为满足军人和战马需求而以实物的供给为主，强调财政供给物的使用价值，而非价值，供给军人和战马所需的各类食物相对确定而不能缺少。这也是宋代使用复合单位统计财政收支的根本原因。为了满足实物供给，同时减少供输成本，市场购买成为政府解决财政供给的重要手段，“时估”成为不同于市场自然价格“市估”的政府所定采购价。宫泽知之还指出，宋代因财政供给而形成的财政物流超过了市场物流，形成了财政物流主导下的市场，明代开始市场物流才超过财政物流。

1 《建炎以来系年要录》卷五九“绍兴二年十月己酉”条，中华书局 1998 年排印本，第 1025 页。

宫泽知之从“军事财政”的视角，抓住了北宋围绕军需供给而展开的国家财政运行机制、国家财政与全国市场的关系，以及财政物流主导下的宋代市场特性，对宋代财政体制的时代特征作出了整体阐释。可以说，“军事财政”是宫泽知之阐释宋代募兵制度和边防格局对财政影响的卓越的学术贡献。但是，“军事财政”考察北宋财政的角度主要是财政供给，也就是主要讨论了中央财政主要支出责任的军费供给，以及为履行该支出责任而进行的财力配置问题。抓住了北宋财政的主体因素，同时也几乎完全忽视了其他次要因素。例如，他的论述重视财政中“物”的入与出及其对市场的影响，而忽视执行“物”出入的“人”和机构在财政运行中的权责分配。杨宇勋已经指出，“宫泽太强调军需供应，好像没有军需供应，北宋商品供应什么都没有”，“认为北宋的市场流动以军需供应为主”。“宫泽的视野宽阔，但结论越来越大，北宋的商业流通，特别全国性的流通，是以官方的专卖、票据、货币等财政活动为媒介，他称为财政型的物流，换言之，北宋的商品流通是国家财政的军粮供应，还有专卖活动为核心。”[1]

“军事财政”是一个自成体系的财政理论，并从一个视角很好地体现了宋代财政的时代特点。但军费占据财政支出的大部分是中国古代财政的基本状况，也有的朝代如宋代一样军费开支巨大，且占据国家财政支出的八分以上。如，管汉晖、李稻葵结合已有研究分析指出，“明中叶以后军费支出占到了中央政府支出的 60%—90%。政府在提供公共产品上所投入的财力非常有限，就政府所起的作用来说，远远没有为经济增长提供条件”。[2] 陈锋指出，清代军费也占财政总支出的七分或七分以上。[3] 关于财政对市场结构的影响，据刘志伟的研究，明代经济仍是贡赋体制，贡赋经济是赋役经济和商品经济并存的，但明代在流通和交换

1 杨宇勋：《宋代财政史研究的取径与方法》，载林文勋、黄纯艳主编：《中国经济史研究的理论与方法》，中国社会科学出版社 2017 年版，第 61 页。

2 管汉晖、李稻葵：《明代 GDP 及结构试探》，《经济学（季刊）》2010 年第 3 期。

3 陈锋：《清代军费研究》，武汉大学出版社 2013 年版。

领域贡赋经济仍发挥着主要作用。[1] 这些观点使得宫泽知之宋代“军事财政”理论的若干结论还需进行历时性比较和进一步完善。

三、地方财政视角的研究

如果说，宫泽知之主要从中央财政的角度概括了宋代财政的特点，包伟民则从地方财政的角度论述了宋代财政。包伟民认为地方财政成立的标志就是地方有独立核算的财政支出，认为独立的地方财政区划是指一个地区形成了基本依赖本地财赋收入、由当地财政主管部门独立核算的预算，从而也就构成了独立的地方财政，宋代“州军岁计就其应副本地经费的那部分而言，已大体具备现代的典型财政预算的特征，即在中央财政法规所赋予的职责范围内，由州军政府全面负责经费的收入与支出”，只是宋代集权制下的地方财政十分脆弱，“中央可以随时随地增加征调，侵削地方经费，不似现代的中央财政与地方财政，有比较明确的区分”。[2]

包伟民系统地阐述了宋代地方财政管理机构、收入和支出内容、地方财政困窘及其解决途径等问题，全面地论述了地方财政的构成与运行，总体上是通过讨论中央与地方财政关系，来论述宋代地方财政的成立过程。他指出转运司主要作为中央财政的派出机构，保障中央财政上供是其主要的财政职能，同时又有移用，即平衡一路财政的职能，需负责一路“漕计”。州军则是地方财政的核心，负责财政征收和地方军费、官俸支出，完成“州计”，财政定额都是以州军为单位确定，而且随着财政定额化不断加强，州军，乃至县级财政的独立性越来越强。包伟民揭示了北宋到南宋中央与地方财政关系发展的基本特点：即强调阶层性集权及中央高度集权下地方财权的脆弱性；中央

1　刘志伟：《王朝贡赋体系与经济史》，载林文勋、黄纯艳主编：《中国经济史研究的理论与方法》，中国社会科学出版社 2017 年版，第 441—463 页。

2　包伟民：《宋代地方财政史研究》，第 4、35、51 页。

财政集权不断加强和地方财政自主性增加同步发展的趋势；宋神宗朝以后，因保障上供和供给地方的财政职责不同，逐步形成了仓—宪—倅—丞和转运—知州—知县两套财政征收体系。

包伟民《宋代地方财政史研究》总体上仍属于“收、支、管、平”的分析框架。如作者所言：“本书对宋代地方财政这一层面内容的界定，也就是前述纵向观察的三个方面”，即财政收入、财政支出、财政管理机构。也就是说，他认为具有财政收入、财长支出和财政管理等要素是地方财政确立的重要体现。但该书不限于对收、支、管、平的论述，而有诸多超越此分析框架的创新。如上文所述，作者论述了宋代地方财政的确立过程，提出了宋代仓—宪—倅—丞和转运—知州—知县两套财政征收体系，通过宋代地方财政阐释了古代高度集权的帝国体制在地方财政领域的体现和展开等。

但是，“地方财政”概念如何界定，中国古代什么时候出现地方财政，仍是存在较大分歧的问题。有学者把中国存在地方财政的最早的时段推到东晋。严耀中认为“地方财政是指州郡在各自的范围内自行征收或筹办，并由地方官吏支配的各项费用”。东晋南朝部分州郡自行开征，独立权支配的市税、渔税等“不是朝廷统一征收的，而属地方性赋税”，而是用于地方公益事业的事实上的地方财政。[1] 陈明光界定地方财政的依据是地方有法定的财政利权和相对独立的支配权，提出唐代两税法的留使、留州定额是使、州二级财政的合法收入，地方财政实行包干制，构成了地方财政。[2] 另一方面，也有学者认为中国古代不存在“地方财政”。或强调王朝时期集权体制下中央对地方的支配。周伯棣和梁方仲都认为，“在封建时代基本上讲不到有中央财政与地方财政的划分，一切财政在理论上都是属于中央”，[3]“在历史上，地方从

1 严耀中：《东晋南朝地方财政收支述论》，《中国社会经济史研究》1985 年第 2 期。

2 陈明光：《唐朝两税三分制的财政内涵试析》，《中国社会经济史研究》1988 年第 1 期；《论唐朝两税预算的定额管理体制》，《中国史研究》1989 年第 1 期。

3 周伯棣：《中国财政史》，上海人民出版社 1981 年版，第 568 页。

来没有独立的财政（割据时期例外），中央与地方财政关系的划分只可以勉强借用起运、存留两个名词表示”。[1] 或强调近代财政学意义上的制税权。陈锋认为，清代前期起运与存留的比例划分尚不是真正意义上的地方财政，而光绪末年和宣统年间划分中央税和地方税，才是中央财政与地方财政划分的制度化和法理化。[2] 刘增合也提出，清代前期地方“不存在独立征税和随意使用经费的权限”，“从学理意义上看，清代前期事实上不存在真正的‘地方财政’”。[3]

除上述学者外，还有日野开三郎、陈明光、张国刚、渡边信一郎、大津透等则认为唐朝存在地方财政，鞠清远、岑仲勉、周伯棣、宫泽知之等都认为唐宋及整个中国古代没有中央与地方财政划分，即不存在地方财政。此不一一枚举。总体而言，认为中国古代存在地方财政的学者的依据是地方具有合法的财政收入及其相应的支配权，而反对的学者则强调了合法的制税权和中央集权对地方的支配。“地方财政”的讨论本质上是关于如何认识中国古代财政体制，特别是财权分配体制的性质及其变化阶段的不同看法。宋代财权分配体制在北宋前期继承了“两税三分制”的基本逻辑，到王安石变法逐步转向税权分配，其基本逻辑转向宋人所称“窠名分隶”的分配体制，不再实行两税三分制下的总量分成，同时也与明及清前期的起运、存留表现出不同的特点。因而，宋代地方财政的特点和性质仍需要作进一步讨论，并可由此加深对中国古代财权分配体制和地方财政性质的认识。

四、官民互动视角的研究

杨宇勋提出“官民互动理论”，从官民互动的视角考察宋代财政

1　梁方仲：《田赋史上起运留存的划分与道路远近的关系》，《人文科学学报》1942 年第 1 卷第 1 期。后收入《梁方仲经济史论文集》，中华书局 1989 年版，第 201 页。

2　陈锋：《明清变革：国家财政的三大转型》，《江汉论坛》2018 年第 2 期。

3　刘增合：《地方游离于中央：晚清“地方财政”形态与意识疏证》，《中国社会经济史研究》2009 年第 1 期。

史。其《取民与养民：南宋财政收支及官民互动》和《先公庾后私家：宋朝赈灾措施及其官民关系》两书对这一理论作了充分的阐释。他把财政的征收和支出都视为官民互动的一部分，认为“互动”是一种彼此身份的认定和角色扮演，如果双方有共识，就按照之前议定的秩序来进行，相反的，如果双方不认同，就会改变互动模式。在财政方面，如果百姓服从政府，自然就会按时缴税，政府也准时收到税，在这个情况之下，官民关系是良性循环。然而，税收太重或是课征不合理，超过负担，荒年不积极赈济，甚至还照常收税，官逼民反，出现骚动、民变，甚至推翻这个政府，走向另外一个王朝，此时的官民关系是恶性循环。社会互动当然存在着不对称的情形，这种不对称权力秩序在政治文化及社会方面，都有上下或尊卑的关系。官方在互动上占很多优势，百姓处于劣势，无力反击。

另一方面，杨宇勋也指出，宋朝政府受到儒教影响，孟子主张什一之税，再加税就是暴政政府，所以农业税受儒家原理的限制，上有天花板。同时，宋朝面临募兵制下庞大的军需供应压力，军需供给成为财政支出的核心，需大力开辟财源，于是改变岁入方式，开展了中国前所未有规模的专卖事业及其他国营事业，进而开辟工商业财源。

他提出，由于增加正税征收的限制，宋朝实行了财政收入的双轨保障：一是定额拘收，二是科配均敷。杨宇勋把年额和科敷称为宋朝财政征收的两把重要钥匙。定额拘收的调拨性赋税不足以应付财政支出，就不断加强科敷，有的科敷是有偿购买的赋税化。在中央加强对地方财政调拨的趋势下，地方政府不能支撑下去，不得不苛扰于民。因而宋朝这个儒学为底的政府，一方面三令五申不愿苛敛于民，另一方面又加强征敛，诏书或律令成为纯粹的宣示。

财政支出反映的官民互动主要体现在政府赈荒、社会福利、教育文化等财政的转移性支出。转移性支出造成再分配的效应，与消费性支出的意义不太一样，它对于政权塑造正当性比消费性支出更高。特别是南宋绍兴和议决定金君宋臣的政治格局，必须找到政权正当性的论述。税收、荒政都成为南宋政府塑造其正当性的重要方面，因而加强惠养百姓方面的统治策略。宋朝既有重税养兵的剥削色彩，也有养民荒政的惠民一面。

杨宇勋在官民互动的视角下，对宋代财政结构和征收方式及其形成原因做出了宏观的阐释，揭示了宋代财政定额与科敷并行，农业税与工商业税（重点是专卖税）的时代特点。但是，在讨论“官”与“民”的互动大问题时，中央与地方仍被作为“官”的整体，而未能反映中央与地方的财权和责任的划分及差异，其中包括其论及的转移性支付的责任划分问题。此外，杨宇勋已经指出，宋朝军需供给压力下财政中央集权化不断加强，同时也出现地方分权化的趋势。这都需要在把中央和地方总体上视为整体“官”方的视角之外，进一步厘清中央与地方间财权、事权划分及其对宋代的地方治理方式的影响。

五、GDP 研究与数据运用

自安格斯·麦迪森的研究影响到中国，国内学界开始重视中国古代 GDP 的研究，研究的旨趣一是弄清中国古代各朝代经济整体发展状况，二是进行中外和中国不同时期经济更具体的比较。相对于以往显得零散的专题研究和模糊的比较，这一研究取向有其重要意义。管汉晖和李稻葵认为，对中国古代经济进行系统研究，包括 GDP 的研究，才能“了解当时的经济发展状况，比较当时中国和世界其他国家的经济发展水平，明确中国在世界上的地位并总结中国经济发展或者不发展的原因”，“完整和准确地认识古代的经济发展状况”。[1] 吴承明在《市场·近代化·经济史论》一书中也曾强调计量方法在经济史研究中的重要性，认为在经济史研究中凡能计量统计的，都应尽可能作些定量分析。定性分析只给人以概念，要结合计量分析才能具体化，有时并

1 管汉晖、李稻葵：《明代 GDP 及结构试探》，《经济学（季刊）》2010 年第 3 期。

可改正定性分析的错误。[1]

就宋代而言，较为普遍的认识是宋朝是中国古代商品经济发展的第二个高峰，是经济较为繁荣、民众较为富足的时期。这种结论尽管被很多学者所接受，包括非宋史研究者。“唐宋变革论”就是一个代表。若涉及经济发展程度，则往往不能如制度演变那样可以有清晰比较，还主要是基于意象的模糊感受和判断。目前，除了英国经济学家麦迪逊提出中国宋代人均 GDP 从 450 美元上升到 600 美元，此后到 1820 年一直维持在这一水平。[2] 宋代的人均 GDP 不但高于其他时代，也超过了同时代的欧洲。刘光临和管汉晖、李稻葵也对宋代 GDP 作了讨论。刘光临用国民收入法研究了宋明国民收入长期变动，从人均货币总量和实际工资两个角度对宋明间人均国民收入进行估计，收集了宋明时期（1004—1644）272 个实际工资样本，并加以分类和比较，得出结论，宋朝的人均 GDP 为 7.5 两白银，处于历代最高峰，至明永乐时期跌至一半，晚明为 2.88 两，19 世纪的晚清才追上宋代的水平，呈现一个 U 字型的变动趋势，高峰出现在北宋末期和清代乾隆朝，而明代在大部分时间处于人均国民收入水平的谷底。就人均收入而言，清代可能还是不及北宋。并进而指出，宋明间国民收入的差异，不应理解为指标高低之争，而是宋明发展道路和国家体制的差异在数据方面的具体反映。[3] 李稻葵等在 GDP 的研究指出，北宋时期中国生活水平世界领先，但到 1300 年左右已落后于意大利，1400 年前后被英国超过。[4]

这些研究都基于现存的宋代数据。而宋代文献留下的数据基本上是财政性数据。宋朝与其他传统王朝一样，登记数据基本上是出于赋役征收需要。宋代的财政数据主要有三类：一是全国财政收支总数，

1 吴承明：《市场 · 近代化 · 经济史论》，云南大学出版社 1996 年版。

2 安格斯 · 麦迪森：《中国经济的长远未来》，新华出版社 1999 年版，第 25 页。

3 刘光临：《宋明间国民收入长期变动之蠡测》，《清华大学学报》2009 年第 3 期。

4 李稻葵：《我们从中国古代人均 GDP 中发现了什么?》，《财经界》2017 年 7 月下。

实际即《会计录》所载三司（户部）及部分朝廷财赋；二是盐、茶、酒、矿产、铜钱、纸币、商税、耕地、人丁、各类赋税等单项数据，既有全国性数据，也有地方性数据。刘光临和管汉晖都认为，与明代相比，宋代数据不多，但质量和可信度较明代更高。[1]但是，这些数据运用难度仍然很大。《会计录》留下的全国性财政数据完全不反映数量庞大的内藏财赋，因而并非全国财政总数，而且计数采用复合单位，几无可能辨析每一种单位所对应的数据，收支不能对比，难以进行实际的统计。各种单项数据大多采用统一单位，但数据不连续，含义复杂，需要深入辨析。

尽管研究者已十分强调数据的搜集和辨析。刘光临指出，“数据的质量似乎不单取决于其文献的多寡，而更系于数据产生者”。宋代数据的质量较明代更高，有些数据能够而且只在宋代出现，而且经济数据本身的质量是可以互相检查的。[2]李稻葵认为他们所用的数据比“加州学派”和麦迪逊更全面。[3]管汉晖也指出，宋代不同的数据来源可以互相印证，还可以采用已有的现代学者丰富的研究成果。[4]但是，这些研究对宋代数据运用仍存在诸多问题。一是对数据涵义和性质的理解，有的研究甚至忽视宋代全国性财政数据的复合单位，而直接以单一计量单位使用，更未注意到这些全国性财政数据仍然不是全国财政总数；二是数据的全面性和连续性上有很大局限。如有学者指出，这些研究“作为总体趋势性的把握，此成果价值较大，但由于其数据数量严重不足，因而缺乏说服力”。而麦迪森则主要是建立于他人研究成果之上，许多关于中国历史上的经济数据都出于主观臆测。[5]

---

1 刘光临：《宋明间国民收入长期变动之蠡测》，《清华大学学报》2009 年第 3 期；管汉晖：《关于中国历史上 GDP 研究的一些浅见》，《中国经济史研究》2011 年第 3 期。

2 刘光临：《宋明间国民收入长期变动之蠡测》，《清华大学学报》2009 年第 3 期。

3 李稻葵：《我们从中国古代人均 GDP 中发现了什么？》，《财经界》2017 年 7 月下。

4 管汉晖：《关于中国历史上 GDP 研究的一些浅见》，《中国经济史研究》2011 年第 3 期。

5 仲伟民、邱永志：《数据估算与历史真实——中国史中 GDP 估算研究评述》，《史学月刊》2014 年第 2 期；颜色：《对于中国历史 GDP 核算和数量经济史问题研究的一点想法》，《中国经济史研究》2011 年第 3 期。

历史 GDP 研究通过经济数据理解其背后的经济状况，克服经济史研究强于描述而弱于分析的问题。[1] 尽管如有学者所指出的，中国经济史量化研究深入推进有很大难度，其原因一是传统史料大多以文字形式，而非数字描述经济现象，收集起来颇为不易；二是数字史料也未必真实反映经济现象，需要考据才能弄清楚其确切的含义。[2] 但，GDP 研究所表现的取向，即整体探讨经济发展状况，重视经济数据，建立不同时期、不同国家经济发展状况的比较基础，对宋代财政史研究具有重要借鉴。宋代财政实行立额管理，建立比较稳定的《会计录》编修制度，政书、方志等各类存世史籍较以前大为丰富，保留的财政和相关经济师数据也大为丰富。如陈锋、倪玉平等学者所强调的在数据应用与计量分析中，注意数据的系统性、准确性和概念厘定，重视对原始资料的搜集和整理、注意数值估计的合理性、重视有历史感，[3] 若能注重辨析宋代丰富的财政数据的复杂涵义，可以揭示宋代财政史和社会经济史新的内涵。

六、结语——兼论中国古代财政史研究学术体系构建

财政史研究离不开多科学方法的交叉运用，特别是历史学、经济学和财政学的概念、理论和方法。包伟民曾说，“研究传统专制国家的财政史，必须超越古人的范畴，而以现代学科概念来规范其范围”。[4] 陈明光强调判明中国古代财政用语的，借用财政学、税收学的有关理论或概念，加以调适，“从而做出既有现代财政学、税收学的学理依据，又比较契合中国古代财税史实的阐述”。[5] 上述多种宋代财政史研

1 颜色：《对于中国历史 GDP 核算和数量经济史问题研究的一点想法》，《中国经济史研究》2011 年第 3 期。

2 史志宏、徐毅：《关于中国历史 GDP 研究的点滴思考》，《中国经济史研究》2011 年第 3 期。

3 陈锋：《财政、经济与社会：中国财政史的研究路径》，载林文勋、黄纯艳主编：《中国经济史研究的理论与方法》，中国社会科学出版社 2017 年版，第 33—57 页；倪玉平：《GDP 数值估计的三个原则》，《中国经济史研究》2011 年第 3 期。

4 包伟民：《宋代地方财政史研究》，上海古籍出版社 2001 年版，第 2 页。

5 陈明光等：《中国古代财税史的概念与史实探讨》，《厦门大学学报》2019 年第 2 期。

究方法从不同的视角对宋代财政作了整体研究，揭示了宋代财政史的多个面向，取得了重要成就，从多角度加深了我们对宋代财政史的认识。不同的方法都是提供一种对宋代财政史的阐释框架和解释结果，既有其视角的独到见解，也有其视角的局限，都非对宋代财政史研究的终结。宋代财政史研究中“收、支、管、平”分析框架和GDP研究在运用财政学和经济学理论方法研究中国古代财政史，包括宋代财政史时取得了一定的成绩，在准确揭示宋代财政发展的时代特点等方面也表现出若干局限。而军事财政、官民互动研究框架立足于对宋代财政实情的探索，取得了很好的效果，同时也有其解释力不能覆盖的若干重要问题。

这一状况说明中国古代财政史学科体系和话语体系还需继续探索，也说明建立中国古代财政史学科体系应努力遵行几个基本原则：对整个中国古代财政史具有普遍解释力；既能揭示中国古代财政史的演变轨迹，又能反映不同时期财政发展的时代特点；实现现代学科概念、方法与历史逻辑的交融统一。所谓具有普遍解释力就是该研究方法和研究视角必须能统摄中国古代不同时期财政史发展，抓住不同时期财政史发展逻辑上的统一性。“收、支、管、平”分析框架在研究中国古代财政史时尽管尤其局限，但正因其具有普遍解释力而被广泛使用。既能揭示中国古代财政史的演变轨迹，又能反映不同时期财政发展的时代特点的原则，即所使用的研究理论方法尽可能在具有普遍解释力和揭示不同时期财政的时代特点两方面兼具。“收、支、管、平”分析框架的局限就是反映不同时期财政时代特点方面不够鲜明清晰。宫泽知之的“军事财政”视角及其使用的价值与使用价值、市估和时估等概念工具，在分析以军需为核心、以实物供给为主要形式的北宋财政体制时显示了很强的解释力，但其研究视角和概念工具的结合是基于和适用于宋朝，而非其他王朝，也难以运用于其他王朝。实现现代学科概念、方法与历史逻辑的交融统一，是中国古代财政史研究中困惑较多，问题较大，也是导致若干分歧的原因。教条地运用现代学科概念、方法，不深入分析历史逻辑，辨析史料、数据，势必出现削足适履的问题，而且此类研究成果并不少见。而中国古代因政府职能的统合性和行业分工的不明晰，财政用语、概念，乃至制度，都存在外延驳杂，内涵不清的问题，完全抛弃现代学科的概念和方法，就难以建立易于相互理解和沟通的交流框架，因而需要借用现代学科的方法和概念作为分析框架和研究工具，遵照上举陈锋和倪玉平提出的原则，揭示中国古代财政史的历史实情和历史逻辑，而且揭示历史逻辑是目的，概念方法是工具。

财权分配的视角即可对宋代财政史作出新的阐释，揭示新的面向。首先，财权分配的视角可以抓住财政体制的核心内涵，即中央与地方之间、各财政机构之间的财权如何划分，财权与事权如何结合，财力与支出责任如何匹配的问题，可以更清晰的考察财政如何国家体制和社会经济的运行。而不同王朝面临不同的历史环境，有不同的统治者，在加强财政中央集权的不变主题下会采取不同财权分配方式，从而表现出不同的时代特点。

其次，财权分配视角可以更深入、更清晰地认识王朝时期中央集权制下财政体制的性质及其演变，特别是中央与地方的在财政领域的权力关系。目前对中国古代是否存在地方财政的争论其实质的分歧在两个方面，一是对王朝时期财政体制性质认识的差异，二是如何运用西方财政学和经济学理论、概念的不同。王朝国家的中央集权并不能统揽全国所有事务，需要地方政府承担相应事权，其财权和财力匹配的方式会因时因势而变，“地方财政”问题需要财权分配体制的演变中进行符合王朝国家历史逻辑的阐释。而且，地方政府是否被赋予合法的制税权即使在当代世界也因国家政治体制而存在差异，在分权制和联邦制的国家体制中，地方政府拥有制税权是普遍状况，而集权制国家体制中，地方政府存在不具有制税权，但享有相应赋税的征收和使用权，从而形成地方财政。因而中央集权和制税权并不能简单地作为判断中国古代地方财政存在与否的标准，需要深入结合中国古代财政体制的性质及其变化加以辨析和定义。

再次，财权分配视角可以加深对中国古代国家治理的研究。党的十八届三中全会《决定》提出“财政是国家治理的基础和重要支柱”，推进国家治理体系和治理能力现代化，不断完善财政体制是十分重要的前提。古代国家也是如此，财政体制的变革与国家治理模式密切相关，相互联动。国家治理从财政视角而言，就是财权与事权的划分，以及与之相应的财力与支出责任的匹配，这是政府履行职能的基本要素，直接关系到政府责任、行政能力和施政行为。特别是唐代中期结束施行了近千年的总体上统收统支的财政体制后，中央与地方间财权和事权的划分和匹配成为影响地方统治能力和地方治理模式的重大问题。宋代财权分配体制相对于唐代的变化，以及王安石变法以后和南宋的不断变化，都影响着国家治理方式的变化，生发出若干国家治理，特别是地方治理的新模式。

对中国古代财政学科体系和话语体系的探索可以是多途径、多方面的，以不同的视角和方法建立中国古代财政史的阐释体系。如宫泽知之的“军事财政”是基于北宋围绕军需供给建立的分析框架，揭示了北宋财政的时代特点，各个断代研究中这样的分析框架也是构成中国古代财政史学术体系的重要组成部分，可以加深对中国古代财政史演变轨迹的阶段性特点的认识。而如“收支管平”、地方财政和官民互动的研究方法可以在不同时期运用，但在研究宋代，包括其他断代财政时，所努力揭示的还是该断代财政发展的特点。在上述几个基本原则下，我们可以角度、多方面探索，不断丰富中国古代财政史研究的学科体系和话语体系。

（原载《厦门大学学报》2020年第6期）

时代特征与研究路径：近四十年来南宋经济史研究回顾

20世纪末以来对宋史研究进行整体的学术史回顾的论文已不下20篇，对中国内地、港台，以及日本、美国的宋史研究作了系统总结，特别是包伟民对新世纪以来的南宋史研究，李华瑞、田晓忠等对宋代经济史研究作了整体和年度回顾，包括了对南宋经济史研究的系统梳理，显示出南宋农业、手工业、商业、海外贸易、交通等经济重要领域的研究都取得了丰硕成果。这些研究成果较为全面地揭示了南宋经济的发展状况，改变了南宋经济史研究相对薄弱的局面。本文在已有研究成果和学术史回顾的基础上，总结现有南宋经济史研究体现的三个重要问题：南宋经济在怎样的时代背景中展开？南宋经济表现出何种样态和特点？南宋经济研究有哪些可能的路径？以助于进一步推动南宋经济史研究。

一、南宋经济在怎样的时代背景中展开？

南宋偏安一隅，在西起秦岭，东至淮河的漫长边境上与金对峙，最后数十年又与蒙元对抗，加之内部政策在“恢复”与议和间反复变动，使其长期处于战时状态，面临巨大的军事和财政压力。另一方面，南宋占据了经济文化最发达的地区，面向海洋，与亚洲传统海洋市场有着便利的交通条件，拥有发展经济的劳力、技术和自然环境等方面的良好条件。南宋面对与北宋不同的立国形势和经济发展环境，对北宋经济的基本制度和发展路径有因有革，构成了南宋经济发展的时代背景。现有研究对这一问题作了深入阐释。

张邦炜提出，南宋时期的大局就是长期处于战时状态或准战时状态。他把战时状态、救亡图存称为认识南宋历史的“牛鼻子”，认为战时状态牵动和制约着南宋社会的诸多方面，要认清若干南宋历史实情，离不开南北对峙、战时状态这个大时局、大背景。北宋大部分时期处于和平环境，其时代主题是和平发展，统治集团总是围绕着变法图强展开争论。南宋的时代主题是救亡图存，统治集团总是围绕着和、战、守展开争论。在战时状态或准战时状态影响下，南宋经济表现出逼向海洋、片面发展、大发纸币、捐税极重、人身依附加强等特点。(《战时状态：南宋历史的大局》《体系意识：以唐宋变革与南宋认知为例》)

与“战时状态”大局相关的另一方面就是南宋长期面临军事威胁和军费压力，深刻地影响着财政制度和其他经济制度的设计。汪圣铎认为宋代商业政策改变、商税增长、禁榷加强、多发纸币等，最重要的原因是募兵制导致的国家财政压力，从而导致统治者改变政策和观念。他对两宋货币做了系统深入的研究，认为宋代大力发行纸币、赋税货币化的目的是筹措军费，解决财政需要，南宋时期纸币更是成为弥补财政亏空的手段。(《两宋货币史》《谈谈我研究宋代货币的几点体会》)现有研究表明，南宋财政体制设计比北宋表现出更为突出的军事财政特点。南宋从川陕到淮河，划分川陕、湖广、淮西和淮东四大防御区，加上行在临安，形成五大军事防御区。各路赋税被分别划归五大防御区就近供军，由户部和四大总领所负责，各有相对独立收支划分。宋代财政供给和赋税征收必须在这一供军体制下才能得到更清晰的认识。(汪圣铎《两宋财政史》、黄纯艳《宋代财政史》)

经济重心南移构成南宋经济发展的另一背景。经济重心南移问题自张家驹提出后，相关研究十分丰富，对经济重心南移何时完成有不同观点，但共同之处是南宋时期经济重心已经完成南移。程民生提出，北宋时南、北经济各有特色，经济重心处于南移过程之中，尚未完成。(《宋代地域经济》)郑学檬则指出，经济重心的南移在北宋后期已有体现，到南宋则完全实现。（《中国古代经济重心南移及唐宋江南经济史研究》）经济重心南移对南宋经济产生了多方面影响：一是人口增长，南宋南方人口在北宋基础上进一步超过北方，为经济发展提供了充足的劳力；二是促进了技术发展，充足的劳力与先进的生产技术结合，农业生产率有很大提高，水稻精耕技术和稻麦连作进一步发展；三是习俗变化，北方移民大量进入南方，带来面食和食羊等北方习俗，推动了南方小麦种植和牧羊业的发展。（吴松弟《北方移民与南宋社会变迁》《南宋人口史》、韩茂莉《论北方移民所携农业技术与中国古代经济重心南移》）四是海上贸易空前繁荣，经济重心南移、造船和航海技术进步、积极开放的贸易政策推动宋代，特别是南宋，海上贸易的空前发展。（吴泰、陈高华《宋元时期的海外贸易》、黄纯艳《宋代海外贸易》《造船业视域下的宋代社会》）

租佃契约制和土地买卖的进一步发展也是南宋经济的基本背景。梁庚尧将租佃契约，包括借贷关系视为南宋农村社会的协调机制。他指出，南宋农村经济较北宋更加显著的三个基本趋势即人口增加、土地兼并盛行和商业逐步发达，从而出现耕地不足、土地集中、贫富差异增大等导致农村不安和冲突的因素，另一方面有着租佃制、借贷关系、家族互助等由构成农村平衡冲突和不安的力量，使南宋一百五十年冲突和不安没有走向尖锐化，从未发生大规模变乱。（梁庚尧《南宋的农村经济》）宋代，土地权力和土地买卖都出现多种样态和形式，首次出现了永佃权和田底田面权，典权关系日趋成熟，为土地流通、合理配置土地资源开辟了新的途径，特别是南宋，出现独立的田面权，产生了永佃权，宋代土地所有权与土地使用权权能普遍分离，事实上的“一田两主制”与国家征税需要的一田一主制，降低了管理成本，促进了土地和商品经济的流通，激发产权权能所属各方的经营和生产积极性。（戴建国《宋代的民田典卖与“一田两主制”》《从佃户到田面主：宋代土地产权形态的演变》）

二、南宋经济表现出哪些新的特点?

北宋和南宋在政治、经济、文化发展上都表现出重大差异。徐规和刘子健都强调南宋和北宋具有重大的区别和不同，不能动辄称两宋。张邦炜也提出北宋和南宋研究不能“一锅煮”。(徐规《〈南宋史稿〉序言》、刘子健《〈南宋史研究〉代序》、张邦炜《战时状态：南宋历史的大局》）与北宋相比，南宋经济也发生了若干重大变化，揭示这些变化是认识南宋经济发展特点和历史地位的重要基础。

对南宋经济发展的总体特点的认识有经济革命、全面衰退和片面发展三种不同看法。有学者认为宋代发生了包括农业革命、水运革命、商业革命、货币革命、市场结构与都市化的革命和科学技术革命的“经济革命”，核心是江南农业革命。(Mark Elvin, *The Pattern of the Chinese Past*，斯波义信《北宋の社会经济》等）所谓“煤铁革命”是就北宋而言，而“农业革命”主要就南宋而论。(张邦炜《战时状态与南宋社会述略》）李伯重认为“宋代经济革命”并非事实，而是“选精”“集萃”研究方法导致的“虚像”。(《“选精”“集粹”与“宋代江南农业革命”——对传统经济史研究方法的检讨》）何忠礼虽不主张经济革命，但认为南宋社会经济繁荣，农业生产获得了迅猛增长，手工业生产有了长足发展，上了一个台阶，同时推动了商品经济的发展。(《南宋在中国历史上的地位和影响》)

程民生则认为对南宋经济不宜估计过高，不能认为是持续发展的，与北宋发达的经济相比，南宋经济出现了全面的衰退，呈现江河日下的趋势，直至出现濒于崩溃的危机，其表现是无论原来的富庶之地，还是贫困地区，经济状况在南宋时期都有明显的衰退，就行业而言，农业、手工业都出现了衰退，并对商业产生了不良影响，生产关系倒退，佃农增多、地位下降，特别到南宋末年，经济严重萎缩，财政全面崩溃，并认为南宋经济衰退预示着封建社会由顶峰开始走向衰落。(《试论南宋经济的衰退》)

张邦炜以“片面发展”概括之，认为北宋经济发展较为全面，南宋则比较片面，南宋矿冶业低迷，但农业迅猛发展，铸钱业勉强维持，但兵器生产规模巨大，造船业领先世界，但煤铁生产不如北宋。（《战时状态与南宋社会述略》）葛金芳指出了南宋手工业的不均衡发展，认为一方面南宋经济取得了惊人的发展实绩，商品经济及国际贸易发展、制度创新、生产力发展等因素使南宋经济具有其他朝代所不具备的发展活力，另一方面战争环境、赋税过重等因素又使经济发展潜力表现出局限性。他将南宋手工业发展的不均衡状况概括为低迷徘徊的矿冶业，世界领先的造船业，持续发展的丝麻织业，初步兴起的棉纺织业，认为南宋手工业多数行业制造中心转移到东南沿海地区，形成了轻工业发展超过重工业的“超轻结构”。农业的发展则突出表现在商品性农业的快速发展，商品经济也有新的发展，表现在江南市镇兴起、市镇网络形成，城市化进程不断加速，区域贸易和国际贸易扩展等。（《农商社会视野下的南宋经济再评价》《南宋手工业史》《从“农商社会”看南宋经济的时代特征》）

海洋经济空前发展也是南宋经济的一大特点。南宋立国江南，面向大海，海上贸易政策较北宋更为积极，海上贸易的发展规模和财政影响也超过北宋。葛金芳认为，南宋海外贸易的兴盛为汉唐和北宋所不及，南宋朝廷依赖外贸、面向海洋的发展倾向表现得更为强烈，在海外贸易的拉动下，东南沿海地区逐步崛起开放型市场经济，表现出向海洋发展的倾向，这是汉唐以来农业经济内部的有路标性意义的重大变化，宋以前“头枕三河、面向西北”的内陆国家开始向南宋“头枕东南、面向海洋”的海陆型国家转变。（《南宋手工业史》《从“农商社会”看南宋经济的时代特征》）张邦炜认为葛金芳的概括虽不无道理，但不尽周全，他认为南宋经济的海洋发展倾向是“逼向海洋”，不完全是南宋朝廷的自觉选择，在很大程度上是为了摆脱因军费开支巨大而造成的财政困境，以及因陆上丝绸之路难以畅通而加紧建造海上陶瓷之路，只能勉强称之为“半海洋帝国”。（《战时状态与南宋社会

述略》）

大发纸币是南宋经济的又一大特点。南宋是中国历史上第一个以纸币为主要货币的朝代（郑壹教《南宋货币与战争》），南宋发行东南会子、湖会、淮交等多种纸币，初期还较为谨慎，随着战争费用增加，开始滥发纸币，并陷入依赖发行纸币应付不断上升的军费需求的恶行循环。滥发纸币对南宋财政、赋税、市场、物价等经济发展的多个方面产生了深刻影响，是影响社会经济发展的一个突出现象。（刘森《宋金纸币史》、汪圣铎《两宋货币史》）

三、南宋经济研究有哪些可能的路径？

近四十年来，南宋经济史与其他问题的研究一样，学术话语和学术议题逐步转换，理论建构日渐多元，在研究理论、研究方法和研究议题的探索上取得了突出成就。1980 年中国宋史研究会成立会的学术讨论已经显示了研究话语和研究议题承前启后的转折特点。该会议提交的 42 篇论文中有经济史论文 19 篇，经济史仍是最被关注的领域。这些论文体现了强烈的实证取向，不少论文不再囿于阶级分析和社会性质等视角的藩篱，关注货币、商税、香药贸易等具体问题的实证，但大部分论文，特别是研讨交流中关注的焦点还是生产关系、阶级结构、社会性质等 1949 年以后史学研究的基本议题，引起讨论的主要研究议题和对话逻辑仍是人身依附关系、阶级矛盾、剥削方式、第二次农奴化、农民起义、资本主义萌芽、民族战争的正义与非正义、人物评价的进步性和落后性等，体现出中国内地宋史研究的理论方法和研究议题的继承和转换。（邓广铭等 1982 年主编《宋史研究论文集》、曾维华《宋史若干问题的讨论——宋史研究会成立大会侧记》、梁人《宋史研究会学术讨论述要》）

葛金芳提出农商社会理论，其主要落脚点就是南宋经济，通过《从“农商社会”看南宋经济的时代特征》《“农商社会”视野下南宋商品性农业述论》《农商社会视野下的南宋经济再评价》《南宋海商群体的构成、规模及其民营性质考述》等多篇讨论南宋经济发展的论文系统地阐述了其主要观点。农商社会理论认为，南宋江南社会与华北社会表现出诸多区别，华北地区较多地局限在自给自足的自然经济形态中，南方则因商品经济的兴起而加快了发展速率，开始由古代农业社会步入“农商社会”，南宋可视为农商社会的形成期。林文勋提出的富民社会理论也特别关注南宋经济，并以新的概念和视角对南宋历史做了阐释。富民社会理论认为南宋社会中的富民阶层以“富而好儒”作为立家根基和必然选择，在发展家庭文化教育的同时，也致力于乡村社会的乡党之学，倡导践行耕读传家的新文化趋向，成为乡村社会文化教育大发展的前提条件和推动力量。（林文勋、黎志刚《南宋富民与乡村文化教育的发展》）这些理论探索拓展了南宋史研究的视野，揭示了南宋时经济史发展的新面相。

王瑞来提出的宋元变革论和李治安提出的中古以来南北两条历史发展线索的理论都肯定了南宋在中国历史传承和演变中的重要意义。王瑞来指出，唐宋变革揭示了由唐入宋的变化，而宋代与元明清乃至近现代的联系可以用宋元变革来阐释，南宋开启了中国历史的新一轮变革。宋元变革论在时间上以南宋，空间上以江南为代表，注重南朝到南宋的联系，揭示经济和文化重心江南的重要性，通过对时（南宋）、地（江南）、人（士人）三要素互动的考察俯瞰中国如何走向近代的轨迹。（《从近世走向近代——宋元变革论述要》）李治安认为，南北朝至唐前期存在“南朝”、“北朝”两条并行的发展线索或两种制度体系，从制度，特别是经济制度的角度强调了南宋的历史作用，认为隋及唐前期基本实行“北朝”制度，同时整合“南朝”制度，并在唐后期整体上向“南朝化”过渡，10—13世纪北方民族政权强化了北制因素，江南经济仍沿着唐宋变革的模式发展繁荣，元明南方沿袭南宋的经济体制。（《两个南北朝与中古以来的历史发展线索》）

作为南宋史研究基础的南宋存世资料数量和类型也与北宋不同，

因而南宋史在研究方法上也需有相适应的路径。张邦炜所主张的北宋与南宋研究不能“一锅煮”，既指不能忽视南宋相对于北宋的变化，也包含着研究方法和问题意识的各有特点。包伟民谈到南宋史研究资料时指出，南宋，尤其是其后期，存世资料过少，对学术研究有不利影响，但所谓存世资料过少是相比较而言的，学界对于处理隋唐以前印刷术未普及时期的历史资料的方法，已经积累了相当丰富的经验，如果能够认真参照、借鉴，更精心、深入地研读存世文本，南宋史研究状况会有所改观，另一些方面南宋史存世史料与北宋相比也有其特点，南宋后期文集、地志、笔记、考古材料等有些还明显多于北宋与南宋前期，已经有学者运用文集、方志等资料做出了明确的示范。相比于资料更为丰富的那些时期，讨论南宋中后期历史要求研究者更多智力与毅力的投入。(《新世纪南宋史研究回顾与展望》)

近四十年南宋史研究的议题既有对此前已有关注的土地制度、财政问题、商品经济、人身依附关系等基本问题的继续深化，也提出了新的研究议题和研究视角。此以土地问题研究和“江南”区域经济史研究为例。土地制度长期在人身依附、剥削方式、阶级关系的话语下讨论。从地主阶级贪婪本性的逻辑出发，宋代的“田制不立”“不抑兼并”在南宋被阐释为土地兼并的持续增长，近年来关注重心则转向辨析“田制不立”涵义，检讨宋代土地制度研究的话语体系，以及“不抑兼并”是否可视为宋朝基本国策，探讨土地集中与分散趋势如何并存和交互，关注产权形态、经济关系的生成及其对维持农村社会秩序运行和国家统治实施的作用。(杨际平《宋代“田制不立”、“不抑兼并”说驳议》、耿元骊《宋代“田制不立”新探》、戴建国《从佃户到田面主：宋代土地产权形态的演变》等)

“江南”区域经济史研究是南宋经济史研究中具有代表性的议题。南宋农业生产力（特别是亩产量）、稻麦复种制等问题的讨论多以“江南”为案例。“江南”的研究一方面意在揭示南宋经济发展的特点，另一方面被赋予探索南宋如何影响后世的意义。南宋江南农业生产力、土地开发、水利组织、社会体系、城市经济等都有了深入研究。（斯波义信《宋代江南经济史研究》、佐藤圭四郎《关于宋代江南的农家经济》、徐吉军《南宋临安工商业》、梁庚尧《南宋城市的公共卫生问题》《南宋城市的社会结构》、陈国灿《宋代江南城市研究》等）上举王瑞来、李治安、何忠礼等的研究都指出以江南为代表的南宋经济对后世中国的经济，特别是南方经济发展产生了深刻影响。包伟民提出，元明清对南宋文化的继承主要是在南方地区（以江南为主），明清特别是清时期统一国家的发展和巩固不可能没有南宋文化的影响基因，但“南宋模式”早已一去不复返，相比于简单、孤立地强调南宋对后代的历史影响，不如将这种影响落实到具体论证明代中叶以后的南北整合与最终走向“江南体制”，这既可能跨越南宋史意义的旧认识，也是从前后联系观察南宋历史的重要研究途径。（包伟民《新世纪南宋史研究回顾与展望》《宋代经济：历史观察的时代背景》）

四、余论

近四十年来，南宋经济史研究取得了显著成就，但学术研究常做常新，永无止境。现有研究为南宋经济史研究的继续前行提供了重要借鉴，有助于此后南宋经济史研究发现问题，明确方向。概括而言，现有成果可以给继续推进南宋经济史研究四个方面的启发：一是树立学术研究的整体意识，明确南宋经济在什么样的时代背景中展开，具有什么样的总体特征，可以使具体问题的研究有更清晰的定位，更好地揭示具体研究的整体意义；二是树立更明确地变化意识，既要认识到北宋与南宋经济发展的传承与变化，避免对两宋经济研究，包括其他历史问题研究的“一锅煮”，也要关注南宋经济制度、经济形态在不同时期的变化和不同区域的差异，避免对南宋经济的一言以蔽之；三是树立长时期考察的意识，更深入地探讨南宋经济对后世的影响，进一步明确南宋经济影响元明清的因素、方式、程度和范围，更清晰地认识南宋经济在中国历史长期演进中的地位；四是树立理论意识，在实证研究基础上，探索新的理论框架和研究路径，从更丰富的视角阐释南宋经济，充分发掘南宋史料的历史信息，探索切合南宋史料状况的研究方法。只有如此，才能在南宋经济史研究中实现如张邦炜、包伟民、寺地遵等学者所提倡的既深研问题，又建构体系，避免停留于现象描述和迷失于“局部的详细研究”，“从平面走向立体”。

（原载《中国史研究动态》2021 年第 4 期）

第四编 札记评论

宋朝与亚洲诸国的海上交流

宋代所处的10—13世纪是亚洲诸国海上交流空前发展的时期，其最重要的推动力是海上贸易的空前繁荣，贸易也成为了宋代中国与亚洲海上诸国展开多种形式的经济文化交流的桥梁。中国与东到高丽、日本，西及波斯湾和红海沿岸地区的亚洲海上诸国交流的范围、广度和深度超过了以往。

一、宋代亚洲海洋贸易的发展

10—13世纪，宋王朝实行相对开放的贸易政策，亚洲海上贸易出现新的格局，共同推动了亚洲海上贸易的空前繁荣。在唐代，中原王朝允许外国人来华，广州、扬州等港口集聚了数以万计的海外商人，但并未制定对海外商人的法定税收制度，而且在法律上严禁本国人出境，包括私自前往海外，海外贸易发展受到了很大限制。宋朝则不仅欢迎外国商人来华贸易，而且允许并鼓励本国商人出海贸易，海外贸易出现新的局面。

宋代沿袭了唐代欢迎海外商人来华的政策，继续实行唐代已有的政策，如允许外商在华居住，在贸易港设置了蕃坊，任命蕃长管理蕃坊事务，以用其本国法令处理蕃人间纠纷，保护外商在华的财产，抚恤遭遇海难的外商，发给维持日常生活的钱粮，并安排返回本国等等举措外，宋代还进一步丰富和发展对待外商的政策。一是设置了专门管理海上贸易的机构市舶司，制定了对外商和本国商人的法定税收制度（即“抽解”），市舶司同时还负有招徕外商来华贸易，即“来远人，通远物”的职责，这就使外商贸易与宋朝政府间形成了共利分利关系，宋朝政府有了除营造“四夷怀服”政治氛围以外，鼓励外商来华贸易的利益驱动。二是每年的贸易季节，官方举办祈风祭海仪式，犒劳出海和来华的中外海商，为他们祈求风顺。三是到南宋实行蕃商贸易达到一定规模奖授官职的政策，其中阿拉伯后裔、大商人蒲寿庚官至提举福建市舶司，掌管当时世界最大港口泉州港的贸易。

宋代积极鼓励本国民众出海贸易，只要领取贸易许可证（公凭），申报人员、商品、船只信息，物力户担保，官府验证，即可出海贸易，回舶时按市舶制度接受抽解和博买，政府既通过市舶制度把海商纳入王朝管理体系，也使其成为国家财政来源。贸易利益的吸引和政策的鼓励，使宋代沿海地区形成了经济海外贸易的风气，部分地区逐步显现海洋性地域特征。中国商人拥有商品结构和技术、人数等诸多方面的优势。中国生产的瓷器、铁器、铜钱、书籍、丝绸等手工业商品海外诸国不能生产或生产质量不能满足需要，而对中国有旺盛需求。中国的造船技术和航海技术也跻身了亚洲海域的领先行列，特别是指南针运用于航海后，中国海船的航行效率和安全性都大大提高。中国是当时世界上人口最多的国家，据韩森（Valerie Hansen）教授的研究，世界人口粗略估计为2.5亿，其中亚洲占约1.5亿，而中国人口约为1亿。在宋朝政府鼓励政策和经济、技术优势下，出海贸易的中国海商数量巨大，成为亚洲海上贸易的主导力量之一。中国对外贸易重心在宋代完成了由西北陆上贸易向东南海上贸易的转移，进入海洋贸易时代。

一方面是中国贸易发展的刺激，另一方面亚洲海域经济贸易的发展，使海上贸易进入新的阶段。瓷器和香料成为亚洲海上贸易商人追逐的主要商品，使阿拉伯商人积极向东发展，东南亚等地的贸易航线也主要指向了中国，而非以前的印度洋沿岸地区。阿拉伯人不仅在东非沿岸建立城邦，将非洲象牙等商品贩运到中国，而且印度南部、东南亚地区，直至中国的广州、泉州等贸易航线上建立众多的留居点，成为其开展海上贸易的基地。东南亚地区，特别是海岛地区，自10

世纪也进入快速发展阶段，因其香料、药材、珠宝等物产和亚洲贸易枢纽地位，在亚洲海洋贸易中发挥日益重要的作用。日本和高丽官方在隋唐时期与中国交往的主要目的是学习制度文化，而到宋代其与中国的交流也转向以商业贸易和民间交流为主。由此，印度洋贸易、东南亚贸易和东亚贸易通过联为一体，有着稳定的商品结构，即以中国瓷器、丝绸、铁器等手工业商品与东南亚环印度洋沿岸地区的香料、珠宝等资源性商品相交换的互补性市场关系，有中国商人和阿拉伯商人发挥主导作用，各国商人共同参与的稳定贸易力量的亚洲海洋贸易体系已日渐形成。亚洲海洋贸易机制日渐稳定，规模不断增长。

二、宋朝经济文化向海外诸国的传播

南宋时担任提举福建市舶赵汝适，在泉州采访海商，写成《诸蕃志》，记载了海商从中国贩往南海诸国，列举了中国商人前往南海诸国的 15 处贸易点所售中国商品：瓷器 15 处，丝织品 12 处，金 8 处、酒 7 处、银 6 处、铁及铁器 5 处、米 5 处、糖 5 处、漆器 4 处、铅 4 处、锡 3 处、伞 3 处等，中国输往南海诸国的商品主要是以瓷器和丝绸为大宗的手工业品。保存于日本《朝野群载》中的宋朝商人李充贸易“公凭”所载商品各类丝绸 70 匹、瓷器 300 床，也是瓷器和丝绸为大宗。南宋商船“南海 I 号”装载的货物也反映了与《诸蕃志》和李充公凭相同的特点。据孙键发布的研究，“南海 I 号”提取的近 20 万件文物中，最大宗的船货是瓷器，其次是铁器，检样发现的丝蛋白说明丝绸亦为大宗货物，只是由于长期浸泡，已全部腐烂。此外有金、银、铜器、铜钱等。在所有中国出口商品中，瓷器最为大宗，也最受海外诸国欢迎。因而三上次男把海上商路称为“陶瓷之路”，其《陶瓷之路》记录中国瓷器在日本、高丽及东南亚各国，以及印度、斯里兰卡、两河流域、红海沿岸等印度洋沿岸诸国发现的大量遗存。

瓷器、铁器等中国商品的输出，对海外各国的社会生活产生了深刻影响，精美而易于清洗的瓷器成为极受欢迎的生活用具，而铁锅等用具在宋代也是新普及的用具，带动了新的饮食方式。而最能反映宋朝经济对海外诸国影响的还有铜钱。宋朝铸钱数量巨大，据汪圣铎、高聪明等估计，北宋铜钱铸造总量达2—3亿贯，但宋朝始终存在严重的钱荒，其中一个重要原因是铜钱外流。宋朝铜钱铸造精美，形制规范，受到东亚各国欢迎，贸易常有超过十倍以上的利润。虽然宋朝不断重申铜钱出境禁令，但铜钱仍大量外流。海商“以高大深广之船，一船可载数万贯文而去”，日本商人在台州大量收购铜钱，导致“台城一日之间，忽绝无一文小钱在市行用”。如桑原骘藏所说“宋之铜钱东自日本、西至伊士兰教国，散布至广”。东亚和东南亚各国纷纷行用中国铜钱，日本、越南（其北部政权宋朝称为交趾）、高丽还仿造宋朝铜钱来铸造本国铜钱，形成了东亚和东南亚的铜钱货币体系。交趾、日本所铸铜钱因数量少、质量差，国内主要流通中国铜钱。宋钱大量涌入，不仅导致日本宋钱经济的漩涡，甚至使日本自铸钱最后完全退出了市场。

东亚的高丽、日本、交趾三国属于中华文化圈，书籍是宋朝与三国间的重要贸易品，而且需求巨大。宋代雕版印刷技术大规模应用，相较于前代，书籍数量剧增，各类书籍通过官、私渠道流向东亚诸国。各国都把宋朝视为中华文化正宗，积极引进宋朝书籍和文化。宋朝的儒家经史、佛经、文集，以及医书、兵书、阴阳诸子等各类书籍，都传播到海外，甚至宋朝新修的《资治通鉴》《新五代史》等都很快传到境外。《资治通鉴》传到高丽，成为金富轼修撰《三国史记》的重要参考。宋朝刊印的佛经更是东亚诸国大量需求的书籍。宋朝曾向日本、高丽、交趾多次赏赐大藏经。东亚诸国都通行中医，大量宋朝医书、方书传到东亚诸国，中原传统医学为东亚诸国所采用。

宋朝在政策上只允许能教化“蛮夷”的儒经和佛经，以及医学书籍外流，禁止涉及宋朝国家机密或被认为可能威胁宋朝安全的法律、军事、地理、阴阳，以及臣僚奏议、文集等书外流。但实际上，宋朝开放的和禁止的各类书籍还是通过官、私各种渠道流向东亚诸国。不仅宋朝印刷的书籍大量外传，宋朝的雕版印刷技术也传到高丽、日本、交趾等国，这些国家也制作印版，刊印中国的儒家经典、佛经，以及史书、医书等各类书籍，高丽所印《大藏经》(《高丽藏》)是迄今保存最完整的《大藏经》印版。书籍和印刷技术的输出促进了儒学、佛教等思想的传播，扩大了宋朝文明的影响。

此外，宋朝的科举制度，职官制度等也向诸国传播。高丽学习了宋朝科举制度中新创的三年一试的制度和特奏名实行恩赐科，设立同知贡举等。交趾于1075年始行科举，基本制度学习中国唐宋之制，如以儒学考试的进士科和试太学生最重，及第者享有很高的荣誉，同时又设了中国所无的科名，如学习唐宋的明法、明算、明书，设立了试吏员科，还设立了试三教（儒佛道）科。日本学习唐朝，也推行科举制，于1177年废止。科举制与职官制度和儒学教育是互为表里的，借鉴中国科举制的诸国都积极发展儒学教育，尊孔崇儒，大都建立了中央到地方的儒学教育体系，同时也推动了诸国文官政治的发展，使得儒学教育和文官政治逐步成为东亚诸国政治文明的主流方向。

三、海外诸国经济文化向宋朝的传播

经济文化交流是双向互动的，宋代中国也从海外诸国输入经济和文化。《宋史》称“凡大食、古逻、阇婆、占城、勃泥、麻逸、三佛齐诸蕃并通货易，以金、银、缗钱、铅、锡、杂色帛、瓷器，市香药、犀象、珊瑚、琥珀、珠琲、镔铁、鼊皮、玳瑁、玛瑙、车渠、水精、蕃布、乌樠、苏木等物”。描述了宋代中国海外贸易的商品结构和输入商品的种类。综合《宋史》《宋会要辑稿》等宋代文献，可以统计到的宋代从海上诸国输入商品超过400种。有来自高丽和日本的人参、药材、布帛、丝绸、刀、木材、铜器、金、银、硫磺、水银等50余种，大部分来自东南亚和印度洋沿岸地区，尤以东南亚所产香料、药材、珠宝居多。中国进口商品显然是以珍宝、香药和其他资源性商品为主，手工业品占少数。如，《宋会要辑稿》记载的绍兴三年（1133）进口品 210 种，其中金、银、玉、象牙、犀角、珊瑚等珍宝 11 种，乳香、脑子、麝香、沉香、笺香等香药 189 种，牛皮、筋角等其他资源性商品 10 种，铜器、吉贝布、绸、椰心簟手工业品 14 种，资源性商品占总数的 93.3%，手工业品占 6.7%。

海商还把高丽、日本的书籍传入中国，既有两国刊刻的书籍，也有抄录中国已失佚中国典籍。《朱子语类》记载："尝见韩无咎说，高丽入贡时，神宗谕进先秦古书。及进来，有六经不曾焚者。神宗喜，即颁行天下。"《玉海》甚至说高丽有不少宋朝官方藏书所无的书籍，即"高丽献书多异本，馆阁所无"。日本也"多有中国典籍"，日僧奝然来宋，带来了《孝经》、越王《孝经新义》等。日本僧人源信还把自著的《往生要集》等托宋商周文德带到宋朝。

海外商人来华，带来了多种外来宗教。当时来华贸易商人中数量最多、最为活跃的是穆斯林商人，他们将伊斯兰教带到广州、泉州等地。如马通所言"不论海路还是陆路，最初穆斯林不是专程来传教的，主要是经商而来到中国的"。居住蕃坊的穆斯林保持着宗教传统，修建了清真寺。广州的怀圣寺、泉州的清静寺等都是穆斯林商人修建的。

海外商人还将印度教、景教等传入中国。黄心川指出，海上丝路是印度教传入中国的四条渠道之一，天竺僧人罗护哪在泉州建了印度教寺庙，泉州还有印度教湿婆的象征林伽，广州的印度教寺庙建造比泉州更早。余得恩对泉州大量印度教石刻作了研究，认为其风格源自南印度朱罗王朝（846—1279）。20 世纪 80 年代，考古学家在泉州出土了 200 多件印度教文物，说明宋代以后印度教在泉州的活动十分活跃。此外，宋代泉州还有景教传播，泉州发现五具十字石时代都在 11 世纪以后。

海外传入的宗教不仅是蕃商的信仰，也成为宋代文化的组成部分。各类进口品在宋代饮食、医药、宗教等多个领域应用，对社会生活产生了深刻影响。宫廷消费对香药宝货有很大需要，象牙、犀角、玳瑁、珠宝等各类进口品由文思院加工。宋代由于进口规模增长，进口品已逐渐成为大众消费品。北宋的开封和南宋杭州都有加工和销售进口珠宝、香药的铺子。在士大夫群体中薰香成为一种时尚，用以制造清神的香气或薰衣，创制了诸多薰香配香的方法。如“韩魏公香法”用沉香、郁金、丁香加上上等蜡茶，碾细窨制一月，然后可用以薰香。

香药在宋代是最大宗的进口品，大量被应用于医药，特别是对中医药的发展产生了重要影响。宋人对龙脑香、鸡舌香、薰陆香、乳香、笃耨香等不同香药的药理性能和疗效有日益深入的了解，研制了大量香药医方，并大量应用于临床治疗。宋代是方书大发展的时期，方书中的进口香药做烫头、君药，以及各种配伍药物的医方数量众多。在中医体系中香药多为芳香理气，香药的大量应用也推动了中医理气理论的发展。此外，进口香药还在宗教活动、生活社会等诸多领域使用，出现了多种供佛香方，也有大量用于日常生活的香药饮料、香药酒、香药饼子、佩戴香袋、香药蜡烛等等。总之，由于进口贸易的发展，刺激了宋代各阶层对香药、珠宝等进口品的消费需求，宋代从海外进口的香药、珍珠、犀象、木材等商品在上自宫廷权贵下到市井百姓的生活中普遍消费，对当时社会生活的诸多方面产生了日益重要的影响。

四、宋朝与海外诸国交流的途径

宋朝文明向外传播既有官方途径，也有民间途径，而以民间为主。官方的交往在宋朝在于营造“四夷怀服”的天下秩序，在朝贡体制下展开与海外诸国“厚往薄来”的贡赐往来，回赐包括贡物折价和贡物折价以外的加赐、国君礼物、使节赏赐等特别赐予。贡物折价常常优与价格或加价回赐，而加赐、国君礼物、使节赏赐则是额外的赐予。官方使节往来从经济角度就是双方的商品交易。贡赐贸易也常见很大规模，如大中祥符八年（1015）注辇国总计贡真珠衫、帽各一、真珠27700两、香药3300斤、象牙60株、乳香60斤，而熙宁十年（1077）给注辇回赐是铜钱81800缗、银52000两。

高丽官方还曾经派遣官员来宋朝学习制度和文化。政和五年（1115）高丽官方派遣留学生仅见派权适等五人，目的是进入宋朝太学，学习宋朝“学分三舍，教本六经”，以及宋朝的制度礼仪，权适等学成，“皆赐上舍及第，遣归其国”，回国后受命主持高丽的国子学和礼仪制度，将三舍法等制度引入高丽，并为高丽制定了相关礼仪以及教育和科举制度。这些官方使节常常也会向宋朝请求赐予书籍。高丽、交趾派遣的使节也曾多次向宋朝求购或求赏图书。高丽入宋使节向宋朝求得《大藏经》《九经》《史记》《汉书》《圣惠方》等多种书籍。宋朝也多次应交趾使节之请赐予大藏经、儒学九经、礼书等。这些使节也常常同时购买各类书籍。

而宋代与海外诸国的经济文化交流主要通过移民、僧侣、商人等民间方式展开。东亚的高丽、日本和交趾都有大量宋朝移民。高丽“王城有华人数百”，多是前往贸易的中国商人，高丽官方会在其中寻找有才干的人，授予官职。《高丽史》记载几例“宋进士”授官，其中最有影响的是《高丽史》单独列传的温州商人周佇，他搭乘商船前往高丽，因为“有才”“性谦恭”被授官，曾任翰林学士承旨等，最后做到礼部尚书，执掌高丽国君诏书起草。

交趾与宋朝水陆相接，虽然宋朝禁止本国商人前往交趾贸易，但仍有大量宋朝人进入交趾。李朝立国者李公蕴、陈朝立国者陈日煚其先皆为福建人。交趾使用汉文汉制，尤其重视有文化的宋朝，对于来贸易或搭载商船前来的中国人，交趾也选拔通文墨者命之以官。日本也有大量宋朝人留居，形成“宋人町”、“唐坊”，既有商人，也有各类技艺人、医者。他们参与当地僧寺、神庙等建设，与日本人联姻，介入当地社会，甚至也以日本人身份经营海上贸易。前往东南亚的中国商人数量最多，有不少人居留不返，宋朝称之为“住蕃”，其后代被称为“土生唐人”。宋朝不允许本国人留居海外不归，禁止曾经赴试士人及有学籍士人出海，但还是有大量宋人“留在彼国，数年不回。有二十年者，取妻养子”。这些海外移民也传播了宋朝的物质文明、宗教文化、医术、手工业技术。

民间交流的另外一个重要渠道是僧侣。“名重辽宋”的高丽大觉国师义天就是宋丽佛教交流的重要推动者。元丰八年（1085），义天与弟子随宋商林宁船来宋，受到热烈接待和宋哲宗接见。他在宋朝“遍参名德”，后搭乘商船回国，带回了三千多卷佛经，回国后开宗建寺，弘法传灯，对高丽乃至此后韩国佛教的发展做出了巨大贡献。日本没有与宋朝建立官方关系，但希望获取宋朝的文化、物资和信息，发展出以僧侣私人赴宋，取代官方使节交流。宋朝则称“连贡方物，而来者皆僧也”。最著名的日本入宋僧是奝然，其入宋被认为是中日关系史上划时代意义的事件。他在宋朝交流佛学，巡礼五台山，回国时带回一部《开宝藏》和大量教经，对日本佛教发展产生了很大影响。

宋代与海外诸国的民间经济文化交流中，商人扮演了最为重要的角色。周伫、义天、奝然等人入宋或回国都是搭乘商船往来。宋代亚洲海上各国间的贸易都主要由商人承担。中外商人大量贩运海外诸国商品到中国，另一方面也贩运允许合法交易的宋朝商品瓷器、香药、书籍及宋朝禁止的书籍、铜钱等前往海外诸国。宋朝商人基于最庞大的人口基数，海商数量众多，拥有商品优势和技术优势，在中国与日本、高丽、交趾，以及东亚诸国贸易中发挥着主导作用。同时阿拉伯、高丽、日本、东南亚诸国商人也发挥了重要作用。

宋朝经济、技术、文化等文明成果在相互交流中成为了亚洲诸国共享的财富，推动了海外诸国文明的发展，为世界文明注入了新的因素。同时，宋朝也积极吸收海外诸国的经济、文化文明因素，丰富和发展本国文明。宋朝与海外诸国的交流中文明共享，经济互利，理念相通，成为关系日益紧密的人类共同体。

（原载《宋韵文化与亚洲文明》，上海古籍出版社 2023 年版）

新变与局限：宋代社会的开放度

与汉唐相比，宋代确实在诸多方面表现出更强烈的开放包容气象。宋代社会诸多超迈前代的开放性表现出怎样的特点？何以产生？是否意味着宋代实现了对王朝体制的蜕变，进入了“近世”的开端？本文拟从社会经济角度对此作出讨论。

社会经济的新变与活力

宋代是中国古代经济发展的一个高峰，经济繁荣程度超过了以往各代。形成这一局面的主要原因有两个：一是隋唐时期经济的恢复和发展，隋唐重新统一，采取了一系列恢复经济的措施，商品经济逐渐活跃；二是宋代出现了多方面的经济制度变革，如土地私有制和租佃制进一步发展、城市管理确立街市制、推行商税制和间接专卖制、鼓励海外贸易等。

宋代经济的繁荣主要表现在三个方面：一是工商业领域形成了官民共利的机制和观念。在制度上，通过商税制度将商人经营所得经久地转化为国家财政，商业发展变得官民两利，获得了增长空间。茶盐实行官商联合的间接专卖制度，使长期由官方独占经营的专卖领域建立了“与商贾共利”的机制，将磨坊、坑冶、酒坊等国有资产通过买扑经营向商人开放。商人不仅在经济上成为国家的统治基础，在法律上秦汉隋唐延续千年的重农抑商政策和商人的贱民身份被废除，社会重新回归春秋战国士农工商四民皆本的形态。在观念上，确立了“夫兴利广则上难专，必与下而共之，然后通流而不滞”的意识，认识到工商业大发展的形势下，“大国之善为术者，不惜其利而诱大商”。[1] 在现实中，商税收入和禁榷课利成为国家财政中与农业税并驾齐驱，并逐渐胜之的重要支柱。

上述变化改变了秦汉以来国家与商人的关系。秦汉时期，没有建立将工商业领域财赋转化为国家财政的经久制度。工商业的发展被视为商人操纵国家利权，威胁国家统治。宋代经过制度变革，形成了“大商富贾为国贸迁”、“富室连田阡陌，为国守财尔”、“兼并之财，乐于输纳，皆我之物”的官民共利关系。不论是从经济发展，还是社会发展上说，这一变化都具有转折性意义。

二是城市与乡村进一步融通。宋代城市街市制普遍确立，夜市禁令逐步废罢，经济活动和居民行止不再有坊市制下的时空限制。除特殊功能的城市外，大部分城市成为经济中心和营利中心，其经济结构、社会结构和运行原理都发生了重大变化。富有者可以投资城市土地，获得比农村土地更高的收益，也可以经营珠宝店铺、茶楼酒肆、塌坊邸店，成为“营运兴盛”的“上等有店业”者，“买卖不多”的贫穷者也可以经营“些小店业”，成为“下等贫乏小经纪人”，还有大量“中等得过之家并公人等”，或经营百货，或以力谋生。城市中的平民可以享受到更好的教育资源，甚至进入州学、县学，还可以得到更多的政府福利，如安济坊、福田院、惠民局等，更有丰富的文化生活，因而成为乡村资本和人力汇聚的地方。

宋代城市经济功能的增强推动了市场体系的发展。唐代制度规定“非州县之所不得置市”，经济性市镇的发展受到限制，而宋代城市制度变革使经济性市镇大量兴起，使市场城市突破州县治所，加强了城乡联系，形成了从乡村草市、镇市，到州县城市、区域中心城市，乃至全国中心城市的市场网络。在这个网络中，城市发挥着聚散和辐射作用，将城郊和临近乡村卷入互动的经济体系中。如南宋临安，“盖东门绝无民居，弥望皆菜圃；西门则引湖水注城中，以小舟散给坊市；

1 《欧阳修全集》卷四五《通进司上书》，中华书局 2001 年版，第 642—643 页。

严州富阳之柴聚于江下，由南门入；苏、湖米则来自北关云”。[1]临安城内各种团行经营的农副渔业所产百货莫不是来自周围乡村。乡村为城市的消费提供了物资保障，城市为乡村的产品提供了市场，宋人由此用“交相生养”描述城乡关系。

三是农业、手工业和商业联动加强。宋代商业的发展推动了广域的社会分工，形成特产品生产的地方性集中和互补性交换，如江南成为粮食主要产地，两浙、福建、四川是书籍和绢帛生产中心，广南和福建提供了其他地区所无的进口品，江东西、两浙、福建、淮南、四川的茶叶，淮浙、福建、广南、河东的食盐，江东西、福建、广东的坑冶等。商业发展也推动了生产结构变化和农业商品化。福建、浙东沿海等贸易繁荣的地区纷纷转向生产市场所需、收益更高的产品，制瓷业得到很大发展，“由于适应瓷器对外输出的需要，东南沿海几省涌现了数以百计的瓷窑”[2]，同时，甘蔗、荔枝等商品性作物大量取代稻作。经济结构的变化使得福建和浙东沿海地区成为粮食短缺地区，形成该地区的手工业品、商品性农产品及进口品与浙西、广东的粮食间的互补性贸易。

官民之间、城乡之间、行业之间的互动融通，使宋代经济具有了超过前代的活力和开放性。但需要指出的是，官营经济仍占据着很大比重。当时的大宗商品，最有利可图的是盐、茶、酒，由国家专卖，铁及铜、金、银等也由国家严格管控生产，国家还通过抽解和博买掌握大量香药珠宝等进口品。除了粮食和布帛，当时市场需求最大、交换最活跃的商品都掌握在官府手中，虽然其经营主要是官商联合，但经营方式和定价权均在官府。国家还掌握了大量官田，北宋熙宁时期官田占全国垦田总数的16%，南宋所占比例不在北宋之下。[3]

总之，宋代仍处于农业社会，基本经济形态还是农业经济，职业

---

1 《周必大集校证》卷一八二《临安四门所出》，上海古籍出版社2020年版，第2779页。

2 冯先铭主编:《中国陶瓷》，上海古籍出版社2001年版，第401页。

3 魏天安:《宋代官营经济史》，人民出版社2011年版，第10—11页。

工商业者所占人口比例还十分微小，茶叶、绢帛等大宗商品生产仍是农业的延伸或农业的商品化，食盐等大宗商品主要面向乡村市场，国家财政实物收入绝大部分都来自农业税收。因此，对宋代经济具有的开放性和解放力不能过高评价。

对外贸易的取利与驭戎

汉唐时期法律上不允许本国民众出境，宋朝则允许本国民众经营海外贸易，规定本国民众只要向所在州申报贸易商品、目的地等信息，请三位物力户担保，向市舶司领取贸易公凭，即可出海贸易。宋高宗曾说："市舶之利最厚，若措置得当，所得动以百万计。"皇帝和官员从经济利益角度肯定海外贸易的意义，这是汉唐所未曾见的。同时，宋朝制定了管理海外贸易的《市舶条法》，核心是为了保障抽解和博买，即对进口品按比例抽税和按官定价格购买。

受海外贸易丰厚的利润吸引，滨海民众贸易积极性很高，"贩海之商无非豪富之民，江淮闽浙处处有之"。官府不仅鼓励民众出海贸易，南宋时出于财政收入目的，规定市舶司的税额，甚至出现了"舶司拘于岁课，每冬津遣富商请验以往，其有不愿者，照籍点发"的情况。贸易利益也使宋朝对来华外商持更加开放和优待的态度。为了笼络蕃商，鼓励其往来贸易，"每年于遣发蕃舶之际，宴设诸国蕃商，以示朝廷招徕远人之意"。贸易达到一定规模者还可授官，蕃商因贸易授官的代表是南宋末年的蒲寿庚，他担任了提举福建市舶，掌管着当时世界上最繁华的贸易港泉州。同时，广州、泉州都有蕃坊供蕃商居住，允许其保持本国习俗和信仰，并任命蕃长，以其本国法律管理。

宋代海上贸易的发展标志着中国古代对外贸易中心完成了由西北陆路向东南海路的转移，对外贸易进入到海洋贸易时代。海上贸易推动东南沿海地区经济结构、生计方式和观念习俗出现新变化，东南沿海部分地区出现了海洋性地域特征，甚至有学者认为在东南沿海局部区域表现出“海陆帝国”的特点。需要强调的是，宋代海上贸易仍在朝贡制度的基本框架下展开，其在通过海上贸易获取经济利益的同时，仍将其作为处理不同国家关系的手段之一。宋朝展开市舶贸易的海上诸国都是与宋朝有经济往来而无政治威胁的。可以说，宋代处理海外各国关系的基本逻辑与清代前期的历代王朝并无二致。

宋朝与陆上交通的诸政权和民族的贸易更是沿袭了汉唐互市的驭戎传统。宋朝与汉唐一样，其王朝安全的主要威胁来自北方游牧民族，由此，西北互市成为处理双方关系的重要经济手段。宋朝在陆上边境采取了三种贸易方式：一是与辽、夏、金之间的榷场贸易；二是与吐蕃、西域诸国的互市贸易；三是与西南民族的互市和博易场贸易。榷场贸易由官方严格管控，规定了交易场所、商品种类，可以根据双方关系决定开闭，利用辽、夏、金对宋朝的经济需求作为处理双边关系的手段。比如，宋朝使元昊称臣所依仗的并非军事实力，而是经济优势和宋辽夏的三角制衡局势。辽朝对宋朝也有经济依赖，其国“往河西，趋沙漠中，所得者唯牛羊耳。若议南牧，则子女玉帛不胜其有”。[1]

总之，西北互市既有宋朝获得战马等所需物资的渠道，也是处理对外关系的手段。正因为宋朝把贸易作为驭戎手段，而非以经济交流为主要目的，因而其对外贸易并不是全面开放的态度和政策。

社会流动的开放与局限

宋代科举取士不问家世，取消了唐代工商杂类不得参加科举的规定，并实行誊录、糊名等更有利于公平的措施，罢除了唐代的通榜、公荐等对世家子弟有利的做法。录取“一切以程文为去留”，在制度上为不同阶层、不同群体打开了通过科场的角逐实现社会流动的通道。如寒门子弟欧阳修、范仲淹科举显荣，边远士子苏轼、苏辙同榜登科

1 赵汝愚编：《宋朝诸臣奏议》卷一三六韩琦《上仁宗论西北议和有大忧者三大利者一》，上海古籍出版社 1999 年版，第 1516 页。

之类事例多见于史乘。宋代士大夫也享有更为宽松的政治环境。宋人曾说："艺祖救百王之弊，以'道理最大'一语开国，以'用读书人'一念厚苍生，文治彬郁垂三百年。"

但对大多数寒门子弟而言，宋代并非黄金时代。寒门通过科场实现流动的通道并不通畅。据统计，两宋三百二十年间共录取进士、诸科 10.9 万余人，其中正奏名 59598 人，平均每年录取所有科目仅 203 人，正奏名仅 186 人。实际上因为应举的读书、旅费等成本颇高，大部分寒门子弟无力参与。可以说，宋代科举制对文化教育和社会经济发展的激励效应是显著的，但其直接导致的社会流动还比较有限。同时，宋代虽然消除了士族门阀，但政治领域仍然存在阶层固化，官僚阶层作为既得利益集团，维持着有利于本阶层的制度，官员出身数量最大的是恩荫而非科举。范仲淹曾指出了恩荫之滥："假有任学士以上官，经二十年者，则一家兄弟子孙出京官二十人，仍接次升朝，此滥进之极也。"这充分说明了宋代并非真正实现了各阶层的机会平等。

总之，宋代出现了政治、经济、社会诸多方面的新变化，表现出较之前代更大的包容开放气象，经济运行更有活力，社会流动更为畅通，城市生活更加自由，政治氛围相对宽松，这些无疑是宋代社会的进步和宋代历史的亮色。但宋代仍然运行在王朝体制的轨道上，其基本制度、基本观念、生产关系等规范社会运行形态的基本因素并未出现根本的变革，有些方面如对百姓的苛重负担、政治生态的每况愈下等有过之而无不及。因此，既要看到新变，也要看到局限，才能整体和全面地认识宋代社会。

（原载《人民论坛》2023 年第 2 期）

朝贡体系维护了古代东亚和平

古代东亚的和平秩序以中国为中心，以朝贡体系为载体。这一体系以“中国既安，四夷自服”、“九州殷盛，四夷自服”为上策，希望通过自身的富强昌盛感召“四夷”，反对“疲中国而事外夷，所谓获虚名而受实祸”，也反对“穷兵黩武，敝中国以事四夷”，其实质是东亚和平的历史形态。

古代东亚长期存在以朝贡体系为特点的国际秩序，这一国际秩序以天下观、朝贡体系二位一体为历史逻辑。天下观是自先秦逐步形成的涵括中国和“四夷”的空间和秩序观念，朝贡体系是天下观理想模式的现实映照，二者互为表里，不能相互脱离。在朝贡体系中，古代东亚地区各政权共认和奉行以中国为中心的关系形态和交往原则。在与中国交往时，朝鲜半岛的高丽与朝鲜王朝、越南历代王朝、琉球等理解并遵循朝贡制度，其文书格式、交往礼仪都主动遵照朝贡规定。古代日本、朝鲜、越南等在建立各自国际秩序时也采用朝贡制度，即以本国（“小中华”）为中心的“小天下”秩序。古代东亚诸政权正是在朝贡秩序的逻辑下展开交往。朝贡体系兼具理念的绝对性和实践的灵活性。朝贡体系构建的“名分世界”中，朝贡体系建立者与其直辖区域外一切政权和民族的关系都被营造为华夷关系，在形式上具有普遍适用性。但在现实交往中，常常根据关系实态进行弹性处理，朝贡体系多层次、多制度的圈层结构就是很好的体现。中国历代王朝对前来朝贡的诸国和各族“因俗而治”，甚至放任其拥有皇帝称号，承认并允许不同朝贡体系并存，体现了朝贡体系的灵活务实。这也是朝贡体系得以长期存在的重要原因。在天下观下，朝贡体系的根本目标是建构稳定的华夷整体秩序。中国古代王朝建构、维系朝贡体系并非为追求经济利益，与朝贡国交往时奉行“厚往薄来”，经济上得少失多；同时也非为追求疆域扩张，而是主张“远人不服，则修文德以来之”，以“中国既安，四夷自服”、“九州殷盛，四夷自服”为上策，希望通过自身的富强昌盛感召“四夷”，反对“疲中国而事外夷，所谓获虚名而受实祸”，也反对“穷兵黩武，敝中国以事四夷”。因而，朝贡体系的根本目标是构建“守在四夷”的稳定的安全秩序，建立一个包括中国和“四夷”在内的安全共同体。朝贡体系构建者，不论是古代中国中原王朝构建的大朝贡体系，还是周边国家或政权构建的“小天下”，首要目标都是保障自身政治安全。对以正统自居的中原王朝而言，建构朝贡体系事关其统治合法性。天下观下的正统是华夷一统，即所谓“君天下曰天子，言天下者外薄四海，兼夷狄之称也”。这不仅要求中原王朝统治者承继德运和道统，也要求其建立包括四夷在内的朝贡体系，以此证明自己乃“奄有万邦”“四夷怀服”的天子。对于中国周边国家和政权而言，加入中国中原王朝朝贡体系可使其稳固国内和区域地位。例如，明清时期，朝鲜王朝加入中国朝贡体系，既可以增强其在国内统治的合法性，还可以提高其在东亚文明共同体内的地位，从而确保国家安全，实现国家利益最大化。古代越南采取“内帝外臣”的方式，加入以中国为中心的朝贡体系，统治者对内称帝，向中国称臣，同时以此“正定名分”，“得以号令其国人，别国不敢欺侮”。朝贡体系稳定与否，也关系着中原王朝的现实安全。朝贡体系稳定时，王朝安全能得到保障，反之则受到威胁。即便强盛一时的唐朝也是如此。唐朝击败突厥，完成了以自身为中心的朝贡体系的建构，是国家得以稳定繁荣的重要外部环境。而国力式微后，唐朝不惜以付出巨大经济代价的绢马贸易和朝贡回赐，与强悍的回鹘政权维持名义上的朝贡关系。唐朝衰落后，南诏背离朝贡体系，成为其边患，加速其覆亡。也正因此，历代中原王朝多牺牲经济利益，以“厚往薄来”的方式维持朝贡体系的稳定。唐对回鹘如此，宋将开停榷场互市作为与西夏保持朝贡关系的前提，明朝规定“有贡舶即有互市，非入贡即不许其互市”，都是如此。有学者提出，“朝贡体系虽然是以中国为中心的国际秩序，但其维持并非依靠中国单方面的强制或施惠，而是根据各自的利害关系来参与其中并依赖各周边国家的共同努力”。而且，越南等多个国家还建立了以自身为中心的亚朝贡体系，与以中国为中心的朝贡体系共同构成了复合、整体的东亚秩序，形成了与体系内诸政权密切相关的安全共同体。这一安全共同体的维持也非中国单方面可以实现，而是朝贡体系内的各方在遵循同一观念下，出于各自的利益，在现实军事、政治、经济的实力和需求博弈中，得以维系。如同任何一个国际体系一样，朝贡体系并不能杜绝现实的冲突，尤其是结构相对松散、责任义务相对模糊的古代朝贡体系。由于受到体系内诸国利益诉求不同、双向认识差异，以及统治者个人等因素影响，朝贡体系也确实寓含着不稳定性，只是一个动态的、相对的安全共同体。需要认识到朝贡体系是一个历史现象，其制度及背后的观念并非一成不变。朝贡体系中的册封制度从封赐爵位到不断添加内臣化官爵再到仅封爵位，从“率土之滨，莫非王臣”到清朝划分朝贡诸夷和通商诸夷等，都显示了内外观念的逐渐变化。而民国时期从华夷观念走向“五族共和”和“中华民族是一个”，体现了中国已经从内部完成了对天下观、朝贡体系的历史逻辑的超越。朝贡体系内各国家和政权自立意识也是消解朝贡体系的另一内部力量。尤其是16世纪以后，西方知识、观念和殖民势力进入东亚，逐步冲击和改变东亚朝贡体系的观念和格局，朝贡体系内各国家和政权因应新的变局，逐步主动或被动地摒弃朝贡体系，接受并加入条约体系。日本自唐后期就对以中国为中心的朝贡体系若即若离。甚至表现出强烈的叛离；近代以来，日本是最早主动接受西方条约体系的原朝贡体系成员，并将条约体系和“万国公法”作为瓦解以清朝为中心的朝贡体系、实现扩张的工具。朝鲜王朝等在因应近代变革中中，一方面保持与中国王朝的朝贡关系，借此得到保护；另一方面开始与西方国家签订条约，在朝贡和条约两种体制中努力寻求自存之道，最终逐步脱离朝贡体系。19 世纪中叶以后，法国入侵越南，在越南、老挝、柬埔寨建立殖民统治，直接冲击了当地原有的亚朝贡体系。越南的“小天下”随之瓦解，清朝与越南的朝贡关系也随着 1885 年清政府与法国签订《中法新约》而宣告终结，中越之间的朝贡体系被条约体系取代。

在“内外拆解”之下，东亚朝贡体系最终在观念上从“天下”走向“万国”，关系形态也从朝贡走向条约。以天下观和朝贡二位一体为基本理念和实现格局的朝贡体系，随着旧秩序的终结，一同退出了历史舞台。

（原载《历史评论》2021 年第 2 期）

宋代“海洋大国”如何以贸易联结世界？

国学大师陈寅恪缘何称“华夏民族之文化，历数千载之演进，造极于赵宋之世”？美国学者罗荣邦为何说中国自南宋开始了“崛起成为占据主导地位的海洋大国的历程”？中国宋史研究会原副会长、中国海外交通史研究会副会长、华东师范大学历史系教授黄纯艳近日接受中新社“东西问”独家专访，阐释海洋贸易兴盛的宋代中国与世界的关系。现将访谈实录摘要如下：

中新社记者：请介绍一下宋朝海洋贸易概况。

黄纯艳：宋代中国古代海上贸易空前繁荣，这是相对开放的海洋贸易政策、经济重心南移、商品经济发展、造船技术和航海技术进步等多重因素交互作用的结果。有学者把宋代中国比喻为当时亚洲海洋贸易的“发动机”。在宋代中国与亚洲海洋各国的共同推动下，亚洲海洋贸易进入新阶段，形成南海贸易体系。该体系有稳定的商品结构和市场关系，即中国的手工业品和东南亚、印度洋沿岸地区的资源型商品互补性交换；有稳定的贸易力量，即以中国商人和阿拉伯商人为主导，亚洲海洋各国商人共同参与的海商群体；有稳定的市场区域，即以东南亚地区为枢纽，联系东亚海域和印度洋海域的市场区域。可以说宋代中国在当时亚洲海洋贸易中初显“海洋大国”气象。宋代中国在亚洲海洋贸易中具有数方面优势：首先是商品结构优势。“南海Ⅰ号”发掘的近20万件套商品中有瓷器、铁器、金银、铜钱及丝绸等，与宋代史籍记载一致。这些商品海外诸国不能生产，或生产质量远逊中国。诸国输入中国的主要是香料、药材、象牙、珠宝等资源性商品，中国在商品结构中占有更为有利的地位。其次是技术优势，领先世界的造船技术和指南针运用于航海。宋代海船船体大，普遍应用了水密隔舱和多层舷板技术，增强了船舶的强度和抗沉性。北宋后期中国人率先把指南针运用于航海，海船有专司“针盘”、掌握“针路”的“火长”，可以帮助人们全天候进行深海航行，增加了航海的安全性和效率。两大优势背后是宋代领先的文明程度和经济水平。宋代中国是当时亚洲经济最发达、技术最先进、市场最大、人口最多的国家，各国皆乐于与中国开展贸易。东亚诸国不仅积极与中国进行经济贸易，而且主动学习中国的制度和文化。

中新社记者：宋钱“国际化”程度发展到了什么水平？

黄纯艳：宋代中国海外贸易的大发展，带来宋铜钱的大量外流，宋钱逐渐在东亚、东南亚国家广泛行用，成为当时重要的“国际货币”，特别是在除高丽以外的东亚诸国成为最主要的通货之一。时人说“四夷皆仰中国之铜币”，“钱本中国宝货，今乃与四夷共用”。宋代是中国历代王朝中铸钱数量最多的时期，也是铜钱货币体系最稳定、最兴盛的时期。据学者研究，北宋铜钱铸造量达到 2 至 3 亿贯。辽、西夏、金，以及日本、交趾，乃至东南亚诸国都行用铜钱，且推动了周边诸国仿照宋钱铸造货币。宋钱外流和在诸国行用是民间经济交流的结果，而非官方推动。宋朝铸币规模很大，但仍不能满足本国经济和财政的需求，始终存在严重的“钱荒”，故宋朝严禁铜钱出境。而对于进入本国的铜钱，日本、交趾，辽、金、西夏等也均实行许入不许出的禁令。宋钱传播和行用有地区差异。高丽虽有宋钱流入，但未能改变实物交换和使用银瓶的习惯。在东南亚地区铜钱则处于白银货币的次属地位，主要在国内市场的小额交易中行用。在印度洋沿岸地区，则无证据证明宋钱作为货币行用。当时国际贸易主要还是易货贸易，宋钱也是作为商品在国际贸易中被贩易，各国对宋钱许入不许出，这些都使得宋钱尚不能在亚洲国际贸易中作为统一的核算标准或支付手段。所以说，宋钱虽表现出很强的“国际性”，但不具有经济和政治任何意义上的霸权倾向。

中新社记者：海商在宋代海外贸易起到哪些积极作用？

黄纯艳：宋代在历代中原王朝中第一次允许并鼓励本国民众出海贸易，使中国海商第一次大规模进入亚洲海洋市场。从《高丽史》记载中统计到往高丽贸易的、确知人数的宋海商有4665人。日本博多也有相当规模的宋商人居留，他们集中居住地被称为“宋人町”、“唐坊”。东南亚地区的宋商人则更多，也有居留不回者，“是岁不还者，谓之‘住蕃’”。中国海商成了亚洲海洋贸易中与阿拉伯商人并驾齐驱的主导力量，在中外交流以及亚洲各国交流中发挥举足轻重的作用。首先是经济交流，日本、高丽与宋朝的贸易，主要力量是中国海商；在东南亚，宋朝商船入港便会掀起贸易高潮，“蛮贾丛至，随簸篱搬取物货而去”。中国海商还将从南海贩运来的商品转销到日本、高丽，将南海和东亚海域整合到一个贸易体系中。其次，文明传播上，宋代中国不仅经济繁荣，而且制度成熟，文化昌明，被东亚诸国视为学习榜样。高丽、交趾等国积极吸纳宋朝文明中的文官政治、科举制度、州县学等诸多方面的新变化，完善本国制度；海商也从高丽、日本将多种宋朝已佚的“先秦古书”等经史书籍及其本国书籍传入中国，如日僧奝然带来其国《职员令》《王年代记》各一卷，宋商周文德带来日僧源信所著《往生要集》等。海外诸国商人还将伊斯兰教、摩尼教、印度教等多种宗教信仰带到中国。再次，官方使命传达。宋朝与诸国官方常常利用商人传达使命。宋神宗即位后想重新开启中断了四十余年的宋、丽官方交往，就是通过福建商人黄真等向高丽传达意图而促成的。宋朝与诸国通好有利于商业贸易，商人乐于积极在两国官方传达信息，甚至每“知朝廷遣使，争谋以轻舟驰报”。

中新社记者：宋代海外贸易包容开放，对当今有何启示？

黄纯艳：宋代海上贸易政策相对开放，不仅欢迎外国商人来华，而且鼓励本国民众出海贸易，在中原王朝海洋政策演变中具有重要的转折意义。这给本国和亚洲海洋贸易带来了巨大变化，其中的历史经验于今仍具有重要启示。只有开放，才能更好地认识海洋，认识世界，融入世界。宋代中国人的海洋实践空前发展，带来海洋知识和观念的巨大更新发展。宋代仍延续着基于想象的“九州—四海”的海洋观念，但海洋实践建构了不同的知识观念，宋人已经对东亚、东南亚乃至印度洋沿岸国家和地区的地理方位有了较为清晰的认识，对海上诸国的物产、市场、风俗等有了明晰的了解，增进了不同信仰、不同习俗、不同制度间的人类互利交融的多元观念。而中国海商参与推动的造船技术、航海技术的进步更是成为海洋各国共同的财富。数量空前的中国人经商或留居于海外各国，中国港口也聚居了来自不同国家、不同信仰的外国人。宋代的海洋经验也说明，实行开放的海洋政策有利于孕育推动社会经济进步的新因素和新观念。宋代的滨海地区已经逐渐生成向海取利的生计方式，一些滨海地区逐步形成了工商业为主的经济结构。人们的习俗、观念和信仰也随着生计方式改变而变化，衍生出丰富多样的海洋信仰和日益兴盛的商业观念和营利意识，发展出独资、合资、雇佣、租借舱位等多样的经营方式。这些新的生计、习俗和观念，成为地域文化的有机构成，形成历史新潮流。积极开放的海洋政策使宋代中国和海洋各国互惠共利。宋代开放的海洋贸易政策，使宋朝与海上诸国三百余年总体上保持了稳定的贸易关系。宋代亚洲海洋贸易发展所催生的互利共赢理念和贸易机制，为此后亚洲海洋贸易的持续发展，日益繁荣奠定了基础。

（原载《中国新闻报》2022 年 9 月 1 日 A06 版）

在宋代经济史研究的时下困境中重读斯波义信

斯波义信先生的《宋代商业史研究》1968年出版，在国际汉学界久负盛誉。该书中文版出版一波三折，1986年由厦门大学庄景辉先生译成中文，十年后在台湾出版繁体字版，今年由浙江大学出版社出版了简体字版，距该书首次出版已三十三年。《宋代商业史研究》无疑代表了至20世纪60年代宋代经济史研究的一个新高峰，充分吸收了20世纪60年代及其以前的学界相关成果，其中包括中国内地经济史研究的最新动态，如资本主义萌芽问题研究等，在议题、路径、理论、视野等方面综合地反映了当时宋史研究、特别是日本学界宋史研究的深度和广度。该书在宋史研究的学术发展史上的地位已有公论，毋需赘言。

三十余年来，《宋代商业史研究》论及的航运、市场、城市、商业资本、商人等问题的具体研究取得了新的进展。但将这本书置于今天的宋史研究，尤其是宋代经济史研究的现状中观照，作为一部学术经典，该书仍有重要的启迪意义。三十多年来，学界对该书的评介已甚多，对其结构思路、学术创新、史料运用和卓越识见都作了全面的评述，该书中文版译者庄景辉先生1997年就在《海交史研究》上发表了专文，以“全面、深入、开拓性”评价了该书的成就和地位。本文不再赘述该书的基本内容，试图结合目前宋代经济史研究状况，略谈该书在三个方面的启发意义：一是如何认识“唐宋变革”和“唐宋变革论”；二是如何树立宋代经济史研究的整体意识；三是如何通过专题研究探索和认识历史原理，希望有助于我们突破时下常议的宋史研究困境，即如何反思“唐宋变革论”，如何超越平面研究而引向深入，如何通过细读精研把握整体的宋代、体悟历史原理。

一

斯波先生是唐宋变革的主张者，《宋代商业史研究》深入地讨论了唐宋变革在商业领域的表现及商业对唐宋变革的作用。“唐宋变革”在中国内地学界自 20 世纪 90 年代以来的很长时期里成为一个热门议题，“唐宋变革论”也成为唐宋历史研究、特别是宋史研究中被普遍运用的理论框架。其对启发宋史研究的新议题，深化对若干问题的讨论，长时段认识宋代的历史定位等，无疑产生了诸多积极作用。另一方面，“唐宋变革”和“唐宋变革论”被泛化和过度使用，又引起学者们的忧虑和反思。忧虑和反思主要来自两个方面：一是“唐宋变革论”的宋代“近世”转型说及其背后的寓义，包括其政治目的；二是“唐宋变革”和“唐宋变革论”被作为不证自明的公理，不加辨析地运用，甚至成为什么问题都可以装的“框”。前者是“唐宋变革论”这一理论自身需要反思的地方，后者是研究者将这一理论教条化的现象。宋代的“近世”转型，即唐代属于中古，宋代以后属于近世，无疑是内藤湖南提出“唐宋变革论”以后日本学界这一理论的核心内容。反思这一理论对推进宋史研究无疑十分必要，且这些反思对重新思考宋史研究的理论、取径和方法发挥了积极引导作用。

但是，唐宋之际历史发展的诸多方面发生了显著变化，某些方面的变化表现出质的变革，总体上表现为历史变革期，这些是基本的共识，因而研究这些新变的表现、轨迹和影响，是宋史研究的重要内容，也是更好地认识和把握宋代历史特点的重要途径。那么，如何才能客观、深入地揭示这些变化及其影响，认识这些变化的性质？《宋代商业史研究》为我们提供了启发。斯波先生一方面认为宋代商业领域出现了多方面变革，另一方面又指出这些变革仍有其局限性，不宜过高评价其性质和影响。该书对商业领域唐宋变革的阐释是以两个核心要素——远程商业和特产品市场为线索展开论述。前者是基于宋代航运业的新突破，克服自然障碍，联通了全国范围的跨区域贸易。后者是基于农业生产力、商品经济和交通运输发展的交互影响，推动广域的社会分工，形成特产品生产的地方性集中和互补性交换。在远程商业和特产品市场发展的背景下，宋代城市形态发生了重要变革，市制瓦解，城市经济有了新的构成形态和运行原理；具有完善的等级结构，联结城市和农村，整合不同地区的全国市场正式形成；商业运行机制发生了重要变革，商人和商人组织进一步发展，经纪业繁荣，出现资本与经营分离、结合的多种经营方式，把具有不对称性和不透明性的市场联结了起来，实现了不同资源的市场整合。这些变革使宋代经济表现出不同于唐代的新特点。

《宋代商业史研究》一书并不认为唐宋变革是把唐和宋分割成不同社会性质的变化，宋代并没有因为这些显著的变化而进入所谓全新的“近世”社会。作者认为唐宋的变革仍然是前近代阶段的变化，其具体的表现一是市场资本仍停留于商业资本而非产业资本，是消费性，而非生产性；二是与明代以后相比，市场分工、货币经济、经纪业务专门化等仍然有限，封建的旧式隶属关系依然明显，只是商业经营技术发展的萌芽时代；三是交通运输仍以官运为主，城市经济仍具有政治性，资本仍表现出经营的垄断性和政治的寄生性，特别是市制瓦解后的新型城市中，上层市民阶层仍具有政治寄生性质，市民财产不得不与特权阶层相结合。因而，唐宋变革只是在前近代和前资本主义背景下的变革，难以产生新的生产力，不能夸大其解放力和创新力，对其具有的开放性和解放力不能过高评价，与其片面地解释为“解体的”、“解放的”，倒不如说是“构成性的”和“相互制约的”。《宋代商业史研究》使我们在反思“近世”论的同时也进一步思考如何据于实情认识宋代历史的新变。而这一基本判断源于其通过商业对宋代社会内在机制和运行原理的深入探寻。

二

《宋代商业史研究》给我们的另一启发是树立学术研究的整体意

识。学术研究“碎片化”是近年来反复争论的问题。所谓“碎片化”问题并非否定深入研究具体问题的学术意义，而是提倡局部与整体、个案与一般的有机结合，相互体现。这当然也是宋史研究的困境。学者们提出的宋史研究的另一个问题就是“平面展开”式的研究几近穷途，如何将研究引向深入，重新出发。在《宋代商业史研究》涉及的行业史研究领域中的常见现象是关注农业、手工业、商业自身发展脉络，虽然清晰地梳理了行业发展轨迹，却缺乏对社会经济整体系统相互联动的关照。《宋代商业史研究》讨论的宋代商业不是作为独立于农业和手工业以外的行业，而是作为社会经济结构组成部分，是其中最具活力、牵一发而动全身的经济部门。这样的商业史是与社会经济各领域密切关联的商业史，其研究的逻辑始终是探讨商业与农业、城市与农村、国家与社会、中央与地方，以及不同人群间的联系和互动，阐释商业如何影响和牵动社会经济的发展。

首先，商业激发了不同行业间的互动和转化。一是促进了农业和交通运输业的交流，宋代交通运输业空前发展，成为一个独立的社会经济部门，将大批农民集结于交通运输业；二是促使农业衍生出多种商业形式，随着商品经济的扩大，仓库、旅店业、运输业、经纪业和高利贷资本、金融业，逐步从农业中分离出来，形成了特殊的专门行业，最后集中到交通和商业繁荣的大都会；三是形成特产品的分工关系和生产集中，推动了农业商品化，从粮食、丝织品、纸张到茶叶、砂糖、蔬菜等日常生活多种用品和原料都形成了特产品的地方性集中出产和互补性交换，一些重要产品生产的各环节都卷入了市场，成为地方性、全国性，乃至国际性流通品；四是生产的发展和不同产品产地的形成，推动了农业和手工业的分离，地区间分工进一步发展，从而推动农村融合到了全国性市场。

其次，商业发展改变了城乡关系，加强了农村和城市的联系。村市、市镇、州县城市构成的市场等级结构将城市和农村纳入统一的市场体系。因为商业城市的牵引和农村生产的发展，农村内部自发地产生了许多市场地和半农村城市，经营客栈、仓库、旅店等设施，成为局部地区流通网的联结点，按照农村市场地—半农村城市（镇、店、市）—中小城市的发展过程，不断产生农村城市化，出现新的城市。同时，城市和农村的经济联系更为紧密，农村的财富和以富民为代表的农村人口向城市集中。随着城市人口的集中化、富裕化和手工业的发达，城市人口对副食品和手工业原料的需求提高了，在城市附近和交通条件有利的地区蔬菜和原料栽培也发展起来。市区的扩大和近郊的发达，使农村和城市在商品流通过程中产生了新的分工关系。

再次，商业给宋代国家与社会、中央与地方关系赋予了新的含义。宋代从流通所得到的财政收入不断增加，商税、专卖成为财政重要来源，货币、信用、和市、和买对于国家财政供给和经济运行日益重要，国家的财政供给不再是脱离于商业活动的贡租关系，因而保障流通和不重困商人成为国家的基本政策，对盐场、酒坊、商税场等调节其人口和距离，使市场存在下去并保障官府课税。市场流通对国家的重要性日益显著，但其对中央和地方的意义也有差异，商税收入有很强的地方税性质，随着地方财政的困难，地方政府趋向于不断增设税场，这既加重了民众的商税负担，也阻碍了市场流通。从中央的立场，需要保障流通，以推动社会经济和国家机器运行，维持社会安定，因而常减并税场，免除日常用品课税。中央和地方在商税征收上出现了保流通和重征敛的矛盾。同时，禁止滥增税场也牺牲了买扑坊场的地方士家土豪的利益。从上述可见，《宋代商业史研究》所揭示的是与社会经济整体系统浑然一体的商业发展史，阐释了商业在社会经济整体系统中如何发挥其极为重要的作用。

三

探索原理是《宋代商业史研究》最重要的目标。斯波先生在该书初版序言中说，该书意在“求得史实考证与历史理论考察的统一，试图由一定的历史条件所具有的最大限度的合理性的解释转向对原理的探索”。历史发展到宋代，商业与传统中国官僚制国家的关系有什么变化？商业，包括商人资本、营利活动、货币经济等的作用如何评价？是过去认为的“那种伟大时代的解放力”，还是“由该社会结构的组成决定”？对这些问题的回答即是“对原理的探索”。

《宋代商业史研究》从商业的视角揭示了宋代经济的体制、结构、机制和观念都出现了新的变革。因商业对国家的重要意义，宋代建立了设于全国的州县治所、镇、市等地的商税务、商税场，从而形成全国的关税组织。课税的原理发生了变化。一是宋代因城市经济形态的变革，该书对宋代城市的讨论重点不是城市制度，而是城市经济形态，书中指出，市制时代不可能成为重要收入来源的城郭内市以外的土地、房屋在宋代成了工商业的源泉，国家开辟了与乡村两税相区别的、以屋税地税为主体的“城郭之赋”，是与农村土地不同的课税原理；二是课税对象还包括了农业用地以外的营业和商业活动资产；三是对家业实力之类的非农业性营利，不问城市、农村一律课税。这些原理既有对唐代两税法以后征税依据从人丁转向财产的继承，更多的是宋代出现的新变化。

该书认为，商业发展推动的宋代社会经济一个重要的结构性变化就是全国市场的形成。斯波先生以施坚雅等级网络理论阐释宋代市场结构，即村市、镇市到州县城市的市场体系。宋代形成了多层次的市场结构，既有步担商交易的狭窄但有完善的生活周边的市场圈，也有客商支配下的客商市场圈，并存的同级市场圈和不同层级的市场圈由牙人牙行联结起来，构成了城市、市镇、村市的多层次的市场网络，从而在内在结构和地域范围上都表明了全国统一市场的形成。宋代市场史研究自上世纪 90 年代一度成为热点，从区域市场史和城市史的角度对宋代市场等级结构作了更为细致深入的讨论，在宋代是否存在全国性市场问题上或有不同观点，但市场等级结构的形成为宋代经济运行提供了新的机制这一基本认识与《宋代商业史研究》是一致的。

商业推动的宋代社会经济的另一个结构性变化是城市社会的阶层分化。城市具备了作为工商业基地的条件，吸引商人、富民和农村各阶层向城市集中。人口和财富向城市的集中进而使城市地价上涨，比起直接投资于商业，向城市土地的投资更为安全和踏实。由于经济和社会分化形成了城市资产阶层和下层社会。城市资产阶层依靠昂贵地租收入积累财富，成为城市地主，或在工商业、金融业、运输业、仓库业投资增值财富。城市下层民众隶属于富裕阶层，依靠向后者贷款经营零星职业来保障生活。不仅财富占有上有贫富之别，商品的社会机能也有差别，地主的商品和农民的商品不是统一的。如优良的稻米晚稻粳米成为官员和城市上层的食品，廉价的占城稻、早熟稻米成为中间阶层以下的食用米。为了满足市场的需求，油脂制品业也开始分化为向城市流通的油和向乡村流通的油。

商业也推动了社会经济运行机制的改变，突出地表现在雇佣、合资、经纪成为交通运输和贸易活动成熟的经营形态和运作方式。交通运输业既有船主直接经营，包括合股船主的直接经营，也有船主雇佣代理人（船长）经营，还有将船舶租赁给他人经营。北宋中期以后，官府的运输也由主要以官船自营而逐步转向以和雇民船为主，加深对民间运输组织的依存。在出资方式上，产生了多种形式的连财合本，以及出资与经营的分化组合。运输契约也因而发达，宋代的雇船契成为元明的惯例。商业贸易中上述经营方式得到更普遍的运用。出现于唐宋时代的表示生计能力的“经纪”、“干运”等用语因商业的发达、生业方式的多样化、出资与经营的分离而转为管理、经营乃至商业经营的含义。商业发展需求和各区域市场的分散孤立性、复杂性、市场关系的不透明促进了经纪组织的显著发展。随着全国市场的形成，在各区域间的交易上起媒介作用的经纪商业也繁荣起来。既有牙人及其组织牙行，也有兼具旅馆、仓储、推销等机能的经纪批发商。他们不仅斡旋于买卖双方，还成为他们与官府的桥梁，不仅出现在商业领域，也出现在赋税缴纳等多个领域。而连财合本的经营方式在国内商业和海外贸易中更是普遍出现。资本和经营相互分离又相互结合，使更多的人卷入市场，也实现了不同资源的市场整合，将农村和城市、不同阶层、不同行业、不同地区，包括海外的不同人群联结起来。

作为商业发展的一大影响，宋代营利观念兴盛，经营牟利成为社会风气。该书特别讨论了福建社会风气的变化，交换经济的渗透，追求利益成为农工商各阶层的普遍风气，扩大了奢侈之风，社会分化更加明显，农业生产更多转向商品性生产，即农业商品化，出海经商之风盛行，特别是海商成为福建商人的代表。福建社会不同阶层，包括以经商为副业的下层民众广泛如此，即该书所引宋人的说法“凡人情莫不欲富，至于农人、商贾、百工之家，莫不昼夜营度，以求其利”。社会分化和商业繁荣，使人们通过经营追求自己财产的增值，“岂肯闲着钱，买金在家顿放？”而且人们认识到“分而富”“全而贫”的道理，只有通过分利才能实现更大的富有，自己独占经营反而难以大富。福建商人和商业的兴盛、社会观念的变化既有地域性，又是新现象。这些观念反映了宋代社会在商业繁荣催发的新变化，人们的观念超越了自给自足的农业思维，形成了远程商业发达、全国市场形成、生计多样化的宋代经济环境相体现的新取向。体制、结构、机制和观念等新变的综合考察，使该书的论述穿透了历史表象，揭示出宋代社会经济运行不同于前代的新原理。

《宋代商业史研究》出版的三十多年来，其所论及的一些具体问题的研究已经有了新的进展，有些方面提出了不同于该书的观点，如唐宋城市是否表现为坊市制到街巷制的简单演进轨迹，宋代是否已形成全国性市场，宋代粮食贸易是否有了普遍的跨区域流通等，也有些具体问题的研究更为深入细化，如宋代城区外溢和城市空间、航运业及其对宋代社会的影响等。但是，斯波先生在《宋代商业史研究》中表现出的在唐宋变革中认识宋代商业，并将商业归于其所属社会经济系统进行考察的整体意识，探讨商业与社会经济诸领域互动和联系的综合视野，对宋代社会经济运行机制和内在原理的追寻，个案与整体、实证与理论的有机结合，对任何时期、研究任何问题都具有重要的启迪意义。作者对史料的穷搜精析和力透纸背的解读，是细读全书尤应深加体悟之处，作者的卓越识见和对表象的穿透，正是以此为基础。如何深化和推进宋代经济史研究，时下最常说的关键词就是“关系”、“过程”和“整体”，其中的精义莫不涵括在斯波先生这部学术经典之中。

（原载《上海书评》2021 年 9 月 24 日，网络版）

“通过士人重新理解宋朝”

——黄宽重《居乡怀国：南宋乡居士人刘宰的家国理念与实践》读后

研究基层士人对于理解宋朝的意义

拜读黄宽重先生的《孙应时的学宦生涯：道学追随者对南宋中期政局变动的因应》(台湾大学出版中心 2018 年版，以下简称《孙应时的学宦生涯》）后，一直期待拜读他关于刘宰的研究。黄先生的《居乡怀国：南宋乡居士人刘宰的家国理念与实践》新近终于刊行（社会科学文献出版社 2023 年版，以下简称《居乡怀国》)。该书可谓是《孙应时的学宦生涯》的姊妹篇。两书有着共同的旨趣，即关注中低层士人，致力于“通过士人重新理解宋朝”。

黄先生在《孙应时的学宦生涯》“导言”中阐述了“为什么谈宋代士人”，指出，因宋代推行文治，大兴科举，以举业为目标的士人和荫补入仕的高官子弟形成新兴士人阶层，成为传统中国政治、社会、文化的主流群体。在士人群体的金字塔结构中，中低士人是绝大多数，他们不掌握决策权力，只能因应环境变化，在官职升迁的荐举制度中，家族资源和社会关系有限，需要不断积累人脉，建立人际关系与社会网络，艰难攀爬，而多数仍沉浮于基层。中低层士人的事功、影响固然难与名宦大儒等精英士人相匹，有关他们的文献更为零散、缺乏，受到的关注也更少，但中低士人反映了更多数士人的生存样态。

孙应时和刘宰都是出生寒门，无显赫事功的中低士人，需要不断扩张人际关系和社会网络，在仕途上攀援及展开与朝廷的联结。《孙应时的学宦生涯》和《居乡怀国》分别叙述了孙应时和刘宰的生命历程，通过他们的生命世界观察南宋政治和社会动向，但两书的视角仍有不同。前者关注孙应时作为道学追随者在学术发展与仕途压力纠葛中的抉择，后者着眼于刘宰置身其中的地方社会，以及围绕刘宰的家国情怀和实践而展开的士人、地方与朝廷的联结。

《居乡怀国》观察的对象——刘宰及其家乡镇江，在南宋的士人群体和区域社会中都是特例，而正是因于其特殊性，既牵动了更丰富的面向，也可透视更多的共目。如同《孙应时的学宦生涯》中说的“每一个人都有自己的故事”，刘宰在以追求仕进为目标的宋代士人群体中是一个异类。既与因待阙或罢黜居乡、等待再起的士人不同，也与退休回乡，颐养天年，少涉朝政和地方事务的士人有别，刘宰 44 岁的盛年辞官，居乡长达三十年，积极参与乡里事务，关怀国政，使其成为虽无显赫事功，但人脉广阔，推动乡里事业，心系国家，既为乡里代言，又建言国是的士人典范。其家乡镇江也是一个特殊的地区，既是长江与运河交汇的商贸枢纽，又是拱卫临安的北门和淮东战区首脑机构驻扎地的军事重镇。这一区位环境使镇江既具经济、政治和军事上的全国性影响，又表现出不同的地方性。

该书充分发掘刘宰文集《漫塘集》及其私人著述《京口耆旧传》中的信札、记、序、诗词、传记等多样记载，勾勒出正史、方志等文献记录甚少，甚至阙如的基层士人的讯息，透过刘宰的生命世界，揭示了南宋镇江士人群体和地方社会的样态。作者研究的议题即通过士人理解南宋政治和社会，观察的对象即刘宰及其家乡、具有特殊性的镇江社会，利用的资料即刘宰的文集和私人著述，都可谓匠心独运，而对南宋中晚期社会的观察和“南宋精英地方化”议题的拓展则呈现了更宏阔的历史景象。

镇江“边区社会”的特殊性及其影响

《居乡怀国》揭示的镇江地方受其区位特性影响，在社会结构、举业发展、士人宦途、社会文化等方面都有独特的地方性。这促人思考如何认识“边”或“边区”?“边区”的属性如何影响地方社会?长江与运河交汇点的地理优势，使南宋镇江在商贸活动和财政供输上具有超越所有沿江府州的枢纽地位。这给镇江地方的发展带来了机遇和动力。另一方面，在南宋的立国形势和边防格局下，既是前沿又是“近边”的镇江成为与建康、鄂州并重的军事重镇，赋予镇江地方以“边区社会”的特性。

镇江的“边区”属性是南宋边防形势和制度决定的。南宋以临安为行都，使淮东成为正面防御金朝、拱卫临安的国防生命线。从临边接敌的紧慢，淮南地区为“极边”，组织了正规军为主、民间武力为辅的极边防御网。长江沿线为“近边”，构建了以江防为主的近边防御带。南宋君臣确定的长江下游边防格局是“长江为户庭，两淮为藩篱”，江防是边防的重心和底线。镇江就有临安北门之要。宋金和议也约定淮河临边不许屯兵，绍兴和议以后，淮东前线的主要兵力南撤，镇江成为对金防御四大战区之一的淮东战区首脑机构所在地，淮东宣抚司、淮东总领所及浙西路帅府皆驻于此，也是朝廷直辖的十个都统制司之一的驻地。

“边区”环境对镇江社会产生了多方面影响。一是地方权力架构。镇江地区权力架构呈现民政体系和军政体系混存的双轨系统设计。但因军政事务的重要，总领所兼有对镇江知府的督导和考核权，军情急迫时其考核权更深入州县，直接指挥调度县级行政。镇江知府更换频仍，还有多达13人次总领所权兼知府。二是基层政务运作藉助地方耆老。知府任期短促，难以很快掌握基层实情，又承受军政层级的压力，事务庞杂而环境生疏，需要通过征询地方耆老，有效行政。三是民众承受更大负担。居于交通枢纽和军事重镇的镇江人需要承担更繁重的赋税、应役任务，在常规征调之外常有紧急性的民力摊牌和赋役征收。四是影响民众的生计与心态。镇江民众不仅要承受更为苛重的赋役负担，还常为保障漕运供水而牺牲农业灌溉。他们还要承受“边区”不稳定性带来的不安全感，乃至镇江士人在任所选择上，因与淮南边地的唇齿相依之感而选择被大多数沿海及富庶地区士人视为畏途的淮南任官。以上因素也影响了镇江地方的社会结构和文化取向。

如《居乡怀国》所论，镇江与同样是临安门户的边防重镇明州、沿江重要府州的健康都表现出不同的地域特点。作为“边区”的南宋镇江地方确是一个特殊的区域，不仅与沿海和富庶地区不同，也与其他“沿边”地区有别。宋金对峙间无其他少数民族地区作为缓冲地带，是宋代边境的一种形态，宋王朝的西南边境，以及北宋与辽朝、西夏和吐蕃等势力的边境又表现为不同形态。《居乡怀国》对镇江社会的研究为如何在宋代的逻辑中认识宋代的“边”或“边区”提供了很好的启示。

宋代面临激烈的政权对峙，其在影响王朝政治的同时，也深刻影响着边区社会。以往都从政权间交往的角度关注对峙格局，而鲜少系统而深入地措意于边区社会。另一方面，现代疆域观念出发的“边疆”史研究和王朝时期内外观念下的“边”或“边疆”，需要准确辨析和把握现代立场和历史逻辑的关系，特别在“宋朝边疆”或“某朝边疆”的议题上需要克服对“边”的内涵和外延及其观念上的疏阔和混同。《居乡怀国》讨论的作为“边区”的镇江地方，并不止于军事防御中“极边”“近边”的区分，更是政权对立情势，包括战争威胁的紧张状态和和议体制常态关系，如何影响其辐射所及地区的权力架构、政务运行和民众生存状态，可以启发边疆议题的研究。

士人共同追求的举业与功名

《居乡怀国》通过镇江社会，以及镇江与四明的比较，揭示了宋代士人社会的共相，即不论士庶，皆致力于举业和功名，另外，不同地区士人的举业和仕进受交通、经贸、文化，以及朝廷政策、地理区位等因素的影响，出现较大的差异，从而可更好地理解宋代科举制下的社会取向及具体样态。

镇江社会，不论是经商或务农的庶民，还是士人之家，都以致力举业，追逐功名为共同目标。追逐举业和功名的首要途径是教育。镇江社会兴学风气很盛。或出资延请名师，如刘宰的祖父刘祀和丹阳富人汤东明共同筹资，延请名士教育子弟。或创办书院，如金坛张氏自建申义书院，教育族人，刘宰的伯父刘嗣庆创设书院，教育乡里后进。也有家庭对诸子作不同安排，如金坛人雷震由贫转富后，安排次子和三子专心举业。丹徒人孙大成经营致富，安排长子支持家业，另二子致力举业。刘宰家族是中举的幸运者，并因此在乡里赢得声望。而更多的是汲汲举业而无果，却始终持志不移。刘宰所记乡人丁游亲历场屋四十三年，屡试不中，仍持志举业，陆从龙中乡举后，屡应考不第，85 岁才获特奏名进士，等。

如《居乡怀国》指出的，镇江人，不论士人、富豪或平民，均致力于子弟教育，争取功名的动力是唯有此途是提升个人命运和家族地位的最优选择。考中进士固然可以入仕任官，对大多数难以考中进士的乡人而言，成为府州县学生、中乡举或入太学，不仅具有士人的身份，成为地方精英，拥有迈向功名的资格，更拥有减免部分税、役及法律优待。富裕家族可因此富而得贵，贫困家族更可翻转社会地位。这是众多镇江人不顾举业艰难，一代又一代孜孜不倦地艰难前进的重要原因。

作者指出，南宋立国形势，导致江南、沿海与临敌边境的地区分化，各地社会经济发展失衡的情况扩大，限制了长江南岸重要府州的举业与社会发展。相对于沿海地区和富庶地区，镇江社会具有更多的不稳定性，缺少经济实力和文化素养积累雄厚的名门望族，举业更处弱势，仕进更为艰难。镇江家族争取科举功名的成功率不高，镇江人每次考中进士的人数顶多二三人。1190 年刘宰登科进士，全国录取进士 537 人，镇江仅刘宰和赵崇固二人。南宋一百五十余年中，镇江中进士的士人仅 100 名，在南宋两浙路 16 个府州军中名列第 11 名，属于科举“不成功”地区。中举对众多镇江士人与家族而言，显然是极高的门槛。在明州，进士入仕才被视为获取社会地位的起点，而在镇江，进士是难以企及的门槛，多将通过乡试或进入太学视为家族教育成功的象征。

对镇江士人而言，考中进士已极艰难，且科举成功只是获得进入仕途的资格，晋升之道还有更多的障碍。官职升迁的荐举依赖的不仅是个人能力，更是人脉关系和社会网络。明州多累世仕宦的名门望族，可在仕途上相互荐举，互为奥援，共同打开迈向政治发展的途径，宰相、参知政事等朝中要职也不乏其人，使四明士人家族成为南宋政坛上最具优势的政治集团。而镇江社会鲜少累世豪富的家族，中举人数少，年龄偏高或是恩科中举，所任官职和人际关系，乃至竞争条件皆远逊于沿海及江南地区士人。镇江入仕者鲜有宰执、侍从，路级中阶官也甚少，多是幕职低阶官。任官的地区上，多在闽浙士人视为畏途的两淮地区和其他边地，出任基层亲民官。在入仕士人中，庶民之家的进士出身者较家族资源更丰厚的荫补得官者，仕途竞争更处弱势。在镇江籍曾任中级官员者仅两位出身进士，其余皆为荫补。

社会力的形成与“精英地方化”问题

在《居乡怀国》对乡里事业中社会力如何形成及社会力与政治力如何交互的论述中，可以看到南宋社会与国家间折冲协调，而非二元对立的关系，以及士人作为中间力量，在整合乡里资源，联结乡里与官府，推动乡里事业的作用。

作者界定的社会力“是民间为化解社会矛盾、促进和谐，所凝聚形成的力量”。而凝聚资源，形成社会力的主导者，在宋代成为士人群体，而非中古时期的宗教势力。特别是南宋，因待阙、守丧、政争而居乡的官员数量众多。他们是有社会与经济实力的社会精英，且与乡里富豪之家因同乡、同学、联姻等关系形成紧密的社会网络，有利于掌握资源，影响社会，另外，他们也是朝廷了解地方吏治、舆情，以及地方亲民官征询政务、掌握情资的重要对象，在地方事务中扮演了重要的组织者和协调者角色。

乡里资源形成排忧解难，造福民众的社会力常常得益于如刘宰这样的居乡士人。镇江士庶颇多如刘宰一样，积极参与乡里教育、赈济、公共工程等事业的士庶富室甚多。刘宰主导的三次大规模赈饥活动都团结了同乡好义人士的参与。特别是第二次赈饥更是展现了民间强大的社会力，刘宰捐出田租，好友赵若珪及金坛富有声誉的家族、在外乡籍官员 12 人、乡贡进士及士人 33 人、一般乡人 15 人、僧道等都参与了捐助，金坛知县赵善郢也捐了钱米。士人群体是此次赈济的主力。

更重要的是居乡士人群体具有联结官府与基层的能力和角色。刘宰主导的三次赈饥中都有官府的参与，特别是第一次赈饥，在刘宰和乡人钱粮不继时求援于官府才得以完成救济。基层各项公共建设及慈善活动中官府与民间，即社会力与政治力的结合。这种结合基于民间与官府目标和价值的一致性。民间因而获得来自官方的合法性，以及财政和行政支持，士人可以在贡献乡里、关心国政中促进家族与地方的和谐，提升家族的社会声望，甚至获得国家肯许，实现家国情怀。刘宰正因为组织一系列贡献乡里的善举，向官府传达乡里诉求，关心国政，建言时局，而成为乡里领袖，赢得全国性声誉，得到朝廷肯定，两次被征召授官。官府则可以吸纳更多的社会力襄助国家治理，纾解财政压力，让国家治理更具强韧性，推动乡里意识与国家命运的一体，地方官员也可以克服任期有限，不熟悉地方实情的困难，得到居乡士人辅助，实现业绩。

正是社会力与政治力的合作，使南宋基层社会中义役、义庄、义廪、社仓等多种民间互助形式的普遍发展，并成为南宋地方治理中的显著现象。如义役，既具有保障官府调役、增强百姓应役能力，减少邻里纠纷，和睦乡邻等官民皆利的作用。因而不仅如刘宰等居乡士人，以及乡里富室积极组织，官府也大力提倡，给予资助，甚至直接命令。

这些互助方式还发展出永续运行的机制，即集资购置田地，或其他资产，以租息为维持之费。如，刘宰组织设立的金坛二十三都义庄，将义役、义庄与社仓结合，买地结屋，以结余买公田，规划社仓，形成更具制度性的互助组织。这类具有永续机制的基层治理方式在南宋水利、救济等公共工程和社会管理中普遍推行。

上述的研究回应并拓展了“士人精英地方化”的议题。南宋士人是否着力于地方事务、梳理与国家的关系，是否存在因国家力量从社会退场，民间力量取而代之的问题。学界从思想史和社会史视角作了深入讨论。如《居乡怀国》所总结的，学界的大致共识是：南北宋士人虽对认同国家，关注全国性事务，但更多致力于地方建设和地方史书写，并将对地方认同与士人身份的认同相互联结，因而呈现士人精英“地方化”景象。

《居乡怀国》的研究表明，南宋基层社会的建设是由士人形成优势群体后集聚而成的社会力，与地方官府代表的政治力，相互合作、共同塑造的成果，基层社会同时存在由士人与豪强汇聚而成、具有实质性影响的社会力，及由官府掌握、具有行政与财政决策权的政治力。官府掌握行政和财政支配权，而在某些地方事务上具有主导性。政治力和社会力的合作，对社会和国家是互利双赢的。

黄先生在《居乡怀国》中提示，刘宰既是南宋士人的典范，也是南宋士人的特例，镇江社会既有南宋社会的共相，也与其他区域存在显著落差。只有深入地探寻士人、地方、国家间的折冲与协作、差异与共相，才能求得对南宋社会更切实的认识。黄先生也指出，南宋基层社会的研究还需开拓有意义的议题，实现新的突破，例如，传统社会中作为缔造家族起家重要推手的女性的家族及社会角色值得再探讨；区域间举业差异的原因值得从政治及经济之外的角度加以研究，等等。《居乡怀国》为读者展现了从士人群体理解南宋社会的新视角，也必会推动对这一问题研究新局面的继续开拓。

公孙树下荟鸿儒

——“中国经济史研究理论与方法”课程记

秋天的云南大学最令人向往的风景是金黄的银杏。大概是昆明气候的原因，银杏叶由绿转黄，不紧不慢，直到深冬，仍有金黄的叶片挂在枝头。赏银杏的去处很多，据说昆明著名的就有八处。百年学府云大的银杏独有意蕴，自然美景铺陈在文化的底色中，最牵动人心。有个排行榜把云大校园列为最美校园全国第四，可见云大不惟称美于云南，更闻名于全国。

大概少有人知道云大的参天银杏出自数十年前一个普通校工武文忠。武师傅一株一苗种下夹道百余米的银杏苗，长成如今闻名全国的风景。银杏树不仅贡献美，还贡献价值很高的白果，但它生长缓慢，公公栽树，孙子摘果，又称公孙树。李埏先生佩服武师傅的奉献和成就，把他创立的云大中国经济史学科比作公孙树，特作了《我爱公孙树》的寄语。他筚路蓝缕，从一己之力起步，建立队伍，培养学生，希望他载下的公孙树苗，两代三代以后成长为参天大树。

如先生所期望，从先生到武建国、林文勋、吴晓亮、张锦鹏等三代数十人的努力，云南大学中国经济史学科这棵公孙树从一棵幼苗长成了参天大树，先后成为全国最早的两个唐宋经济史博士点之一、云南省重点学科和国家重点学科，形成了以商品经济史、土地制度史为主的学术特色，建立了享誉海内外的学术声誉。

2016 年 9 月到 2017 年 1 月，我们邀请清华大学、北京大学、北京师范大学、山东大学、中山大学、厦门大学、武汉大学、台湾大学、台湾中正大学、云南省社科院的十二位中国经济史研究顶级学者和四位云南大学中国经济史研究所学者，共同开设“中国经济史研究理论与方法”课程。如刘志伟教授、陈锋教授等多位学者表达：他们应邀在李先生开创的学科讲坛上授课，心怀崇敬，感到荣幸。作为先生的学生，坐享海内外名流大家在云大经济史讲坛上纵论古今，各现其美，我们首先感念先生的恩泽，是先生的崇高影响和他建立的云大中国经济史学科的良好声誉使诸位名流大家欣然应邀授课并觉荣光。历时四月余，先生题额的文渊楼和文津楼中，每周一位名家登台，展现学问之美，人格之光，真乃稷门盛事。从游之乐虽然易逝，醍醐余音仍绕梁不绝。

9月2日，葛金芳教授在摄影机、化妆师和一众服务者的簇拥下，以贯通古今的满腹经纶和“三十五公岁”（葛老师自诩）的阅历自信，在讲台上下恣意挥洒，以满堂彩开启了课程的第一讲。葛老师的老友虞云国教授以特殊的亲密方式称赞葛老师“素颜倾城，何须化妆”。自此，课程的化妆环节成为最惹眼的亮点。

周建波教授既是经济史研究名家，也是教学名师，他生动活泼的讲课风采、历史现象的经济学阐释，让听者叹为观止。李伯重教授、陈争平教授、仲伟民教授是清华经济史团队的领军人物，也引领着中国经济史研究理论的潮流。李老师深入浅出、举重若轻的讲授，古今中外熔于一炉，令学生们高山仰止，以至于不敢轻易提问。陈老师令学生们第一次见识了文科一级教授的温和博雅，感受了陈老师对其导师吴承明先生的无限尊崇。仲老师睿智敢言，思想敏锐，引来众多粉丝聆听讲课，杨毅主编还率领云大学报编辑部全军出动，迎接这位全国期刊界的领头人。

诸位名家的授课吸引着云大、师大、财大，以及来自社会的人士慕名聆听，而听众来得最远的是刘志伟教授的课堂，刘老师的两位学生和粉丝不远千里，从内蒙古和浙江专程赶到昆明听课。徐泓老师为赶着课程的化妆时间，匆匆刮脸留下的血痕，边化妆边草草用餐，令我愧疚不已。幸有王芝芝老师对着徐老师的定妆一句惊叹“原来你这么帅啊”，让我觉得可算给徐老师留下了值得纪念的瞬间。

杨宇勋教授的学问和酒量皆令我高不可攀，但九天的出入相伴，更让我见识了他豪放大气之下的细致和宁静。宇勋教授与徐泓老师在昆时间交错几日，对徐老师，如同他私下对我说的“在老师面前要做乖小孩”，执弟子礼甚恭。北门书屋的豪饮轻取了晓忠和志刚后，四顾无敌的他爱上了昆明莲花池的素食。当然，难忘的还有我们不约而同地背着同款的 Samsonite 双肩包。

钞晓鸿教授为两讲课程花了一个多月的时间精心备课，除了用严谨的逻辑、深入的挖掘，呈现了两堂精彩的课程，他对史事细节、文献版本完美主义的追求，也为同学们上了一堂绝佳的学术训练课。陈锋教授是最后一位外校授课专家。他备课以前认真地看了此前所有课程的形式和内容，从课程内容和服装领带都作了巨细靡遗的准备。课后的黑盐井考察让我和小平教授跟着陈老师又受了一堂精彩的现场教学。

登高教授、文成教授、晓亮教授、锦鹏教授和我等先生一众弟子由掌门师兄文勋校长亲自领衔，轮番登台，如同给先生的学业汇报。文勋教授在身不由己的政事中，见缝插针地讲授了两讲，成了云大学生们的盛宴。“听了校长大大的课”成为学生网上传扬的喜讯。听校长的讲话或有机会，而听作为学者和学术名家的校长两堂精心准备的课，不是每届学生都能有的幸遇，一定会成为他们大学生活可长久回味的美好纪念。

龙登高教授是先生最赏识的弟子之一，先生曾手书杜甫“当代论才子，如公复几人”诗相赠。如今名满学界的登高教授积极参与了课程筹划，认真准备授课内容。看着课堂上意气风发的登高教授，心里不由想起先生称许的“当代论才子，如公复几人”。文成教授以他一贯的严谨认真，西装革履，如临盛典，展示了他博士论文宋代白银研究向金元的拓展。晓亮教授和锦鹏教授是课程中仅有的两位女学者，化妆师锦上添花的装扮，有如神仙下课堂，学生们惊叹、合影、献花，掀起了二十讲课程中的两次高潮，当然还有相映成辉的精彩讲授。

如课程规划的预期，二十讲课程全面地反映了目前中国经济史研究理论和方法的整体状况。计量经济史、制度经济学、富民社会、农商社会、贡赋体系、社会经济史、水利史、技术史、财政史……精彩纷呈、新思涌动的每一讲汇聚成中国经济史研究理论创新的浪潮，呈现出中国经济史研究理论和方法的前沿动态与发展趋势。而这些浪潮的背后我们可以窥见其清晰的来路：传统理论的扬弃、中国话语的构建和国外理念的借鉴。

传统理论的扬弃即继承、反思和创新。仲伟民教授系统梳理了中国近代史研究的诸种范式及其演变历程，从经济史角度反思了中国近代史的开端。徐泓教授讨论了曾是五朵金花的“资本主义萌芽”研究的局限和贡献，探索学术创新的路径，提示学术反思的理性。陈锋教授和杨宇勋教授总结了中国财政史研究的史料、理论与方法，评说众家之长，揭示研究路径。钞晓鸿教授讲述了如何继承与发展傅衣凌先生中国社会经济史和冀朝鼎先生中国水利史研究的理论与方法。王文成教授、吴晓亮教授和张锦鹏教授在李埏先生商品经济史研究的路径上开拓发展，讨论了金元货币体系、古代消费经济和空间经济问题。周建波教授以经济学的视野重新阐释了山西商人金融体系的特点和创新。黄纯艳教授反思了中国古代技术史研究的视角和方法，讨论了中国古代技术发展的空间与制约。学术研究正是在扬弃传统中寻找前行的方向。

传统理论的自身局限和简单运用的偏离史实，促使学者探索更契合中国历史发展特点的阐释框架和理论体系。林文勋教授讲授的中国古代“富民社会”理论体系正是阐释中国历史演进脉络的中国话语，其从分工论视角对先秦历史的解构也是如此。葛金芳教授系统讲述了其农商社会说的理论体系、学术背景和理论资源，从另一个角度构建了阐释中国历史发展特点的中国话语。刘志伟教授提出的王朝贡赋体系有别于以往的阐释框架，揭示了中国古代政治体制下有别于市场体系而又与其密切相关的贡赋体系构成的经济演进。这些探索和成就正是当前中国学者构建中国学术话语体系的使命和努力。

国外理论的借鉴和激发历来是推进中国经济史研究的重要动力。计量（量化）史学是近年来方兴未艾的经济史研究方法。李伯重教授对量化方法在史学研究中运用的讨论，指出了对史料的量化处理可以揭示其他方法难以反映的问题，也有利于更清晰的比较研究，首先是史料的正确辨识和运用，以及比较前提的成立。陈争平教授分析了目前经济史计量研究的三个流派，提倡立足于历史学方法，以系统数据搜集和辨析为基础的经济史计量研究。龙登高教授用制度经济学的视角和方法阐释了中国古代地权市场与农庄经营，揭示了中国古代社会如何创造出复杂多层的地权形式，解决多样的经济关系和经济需求，并以古代智慧为现实经济寻求出路。黄纯艳教授梳理了唐宋变革论的演变及其对宋代经济史研究的影响，指出重新审思唐宋变革其要不在证成或者辨伪，而在其产生百年来对宋代经济史研究变换角度、拓宽视野、激发议题的重要意义。

而最令人感触的还是学术传承的力量，学术基因潜移默化地塑造着学者们的学术生命。十六位来自中国经济史研究重镇的学者，以他们的讲题取向和学术风格演绎了一部当代中国经济史研究学案，讲述着中国经济史研究的学派源流。梁方仲先生和汤明檖先生开创的中山大学中国经济史研究重视从赋役和财政角度阐释中国古代经济发展，刘志伟教授继承和发扬了方先生和汤先生的学术路径。武汉大学中国经济史研究由李剑农先生、彭雨新先生创立，形成通贯研究，注重财政史的传统，陈锋教授的研究正是在这一基础上发扬和拓展。厦门大学傅衣凌先生开创了社会经济史研究，钞晓鸿教授继承了傅衣凌先生、陈支平先生的学术衣钵。李埏先生在云南大学开创了重视商品经济史、土地制度史，关注两次社会经济变革的学术特点，林文勋教授从商品经济史研究生发出财富力量和富民社会的理论体系，从分工论阐释春秋战国重大的社会变革，正是对这一学术特点的继承和发展。葛金芳教授农商社会理论则可以看到赵俪生先生关注土地制度、农民问题的影响。陈争平教授一切理论皆为方法论的研究态度正是吴承明先生学术思想的要义。授课专家皆为各有建树，成一家之言的名家，却无不接续着前辈的学术生命，立足前人，开拓创新。

感谢十六位学者共襄盛举，开创了一件中国经济史研究史上未有之事。参加这一盛举的不仅是十六位授课专家。云南大学研究生院赵琦华院长将本课程列为云大第一门研究生慕课课程，聘请了清华51制课团队和云南省电视台的摄制和化妆团队，使本课程从内容到形式真正成为一门“高大上”的课程。徐媛媛副院长直接指导、协调课程的具体事宜，并多次到课堂听课。云南大学社科处李晨阳处长为课程顺利运行给予了切实的支持。薛蛟老师作为制作团队的负责人以精益求精的职业态度为课程拍摄提供了有力保障。云南省电视台的化妆师童老师和她的化妆团队每次课程都最早到达工作岗位。还有使课程拍摄始终顺利而几乎未让人感受其存在的三位摄制人员，贯彻了薛蛟老师不介入、不影响的工作原则。衷心感谢大家的支持和付出。

本学期是中国经济史研究所的诸位同仁：黎志刚、田晓忠、董雁伟、张锦鹏、薛政超，以及经济史研究所的研究生胡燕、项露林、陈娅娜、李俊杰、欧阳志敏、柴玲玲、武婷婷、杨媛媛、陈琳玲、朱琳等最忙碌的一个学期。大家各负其责，分担着课程的教室、公告、报销、录音、整理、联系专家、安排食宿等等各项具体工作。呈现给听众的二十讲精彩讲课和九场专题讲座，背后繁杂一应事务主要由志刚、晓忠和雁伟精心安排，没有出过一次差错。他们都是中国经济史研究所培养的优秀人才，真所谓打虎亲兄弟，上阵父子兵。多位授课专家夸奖了我们的研究生比他们985高校学生素质更高，听课之认真，互动之积极，提问水平之高在他们授课经历中不多见。我想，一则是云大学生素质确实值得骄傲，二则是该课程积聚了最优秀的学者、最前沿的研究，令同学们心怀敬畏和虔诚。感谢同学们的积极参与，感谢他们为母校赢得荣誉。

学科建设有忙于种花者，有热衷植树者。花儿应景、夺目、热烈，但生命短暂，随风变换。而李先生以栽种公孙树的精神建设中国经济史学科，历三十余载，茁壮成长，根深叶茂。“中国经济史研究理论与方法”课程是众人在先生开创的园地里协力栽下的一棵公孙树。它不会因讲台的落幕而中止，随着纸质教材的出版和网络慕课的完成，必将嘉惠更多学子，永留于中国经济史学术事业的史册上。

（原载《中国经济史研究的理论与方法》，
中国社会科学出版社 2017 年版）

湖南的“湘西”？西南的“湘西”？

——《制造边缘性：10—19 世纪的湘西》读后

传统“湘西”的历史坐标

对湘西历史的好书我总是特别留意，既因我是学历史的湘西人，也因自己曾经立志却没有实现的研究西南民族史的初心。近年来，很欣喜地看到，在西南研究热潮带动下关于湘西历史的好书好文越来越多，但一字不落地读完的只有谢晓辉博士的《制造边缘性：10—19 世纪的湘西》（以下简称《制造边缘性》）。

这本书首先吸引我的是其对湘西历史的定位，即“西南传统”中的“湘西”和土苗共生的湘西。对传统“湘西”的历史坐标的定位，作者的把握宏阔而准确。尽管对湘西历史的专题研究不乏精深的佳作，我还是觉得对湘西有整体和透彻理解的无过沈从文。虽然他以文学的眼睛看湘西，但与历史学者们观察的对象是同一个湘西。沈从文曾说他的写作与水不能分开，他笔下的湘西沿着“水”——辰河（沅水）及其支流白河（酉水）而展开，关注沿河的码头及水上和岸上的各色人等。他也曾说自己和黄永玉是游离于家乡凤凰“共同趋势”以外的“衍化物”。这个共同趋势就是从苗防衍生的武胜于文的地方好尚。这也使得沈从文书写的那个时代，即 20 世纪三四十年代，凤凰和“筸军”站在了湘西与外部世界互动的最前沿。而之前这个角色属于酉水流域的永顺土司和保靖土司。

不深入酉水流域社会，就不能理解湘西彭氏集团何以能在中原王朝的卧榻之侧割据八百年，不关注边墙内外的苗疆，就不能理解凤凰及其“共同趋势”何以平地产生。沈从文关注的水（沅水、酉水）和苗防（实即土、客、苗的互动）正是理解湘西历史最核心的两个因素。沈从文谈及的三四十年代，不论湘西人的自我意识，还是内地人对湘西的认知，都还带着“边鄙之地”的定位，即使向云贵川大转移时，各类人等由湘西转向西南，对途经的湘西仍怀着某种“误解”和“戒备”，而湘西地方势力正纵横捭阖地致力于维持自己的“割据”。

沈从文书写的是其所处时代的湘西“当代”史，在他的“湘西”里，曾经扮演历史主角的永顺已经成为“湘西”的边缘，而土苗互动的凤凰，或更大点说是“三厅”（即清朝改土归流后在苗疆设置的凤凰、乾州、永绥三个直隶厅）来到前台，而不变的是挥之不去的湘西的“边缘性”。这既是湘西传统的衍变，也是湘西历史的结果。这个格局不仅延续到沈从文的时代，眼下也似乎某种程度地在延续。而这个既有格局的生成原因需要到历史长河中去探寻。

《制造边缘性》选择 10 世纪溪州之战为追溯的起点，梳理了降至 19 世纪湘西地区与王朝国家的互动方式、区域社会内部的构成和运行形态。该书所要揭示的不是单向的王朝国家对湘西的拓殖史，或湘西地区华夏化的历程，而是王朝国家、有君长的土司政权、无君长的苗疆势力之间的干预与能动，扩张与因应。没有一方是简单的设计者或被安排者，历史正是在各方的拓展、逃避与自存的交互中演进。

湘西历史的 10 世纪转折

改土归流是湘西历史最重要的转折，追溯改流产生的源起，则是发生于《制造边缘性》起论的 10 世纪的历史转折。秦汉以降，西南各族与王朝国家互动并行着两条线索。一是羁縻体系，“因其故俗治”，从西汉赐封王侯，到唐宋设置羁縻州。二是直辖郡县体系，即西汉的“初郡”到唐朝直辖州，流官掌郡治，驻军队，兴屯田，通道路，置邮亭。湘西地区设置直辖郡县的具体形态因里耶秦简的发现，可以追溯到秦代，而内地势力的进入则更早。深入西南腹地的直辖郡县对蛮区的实际控制是有限的，但发挥了宣示王朝国家的存在、抑制地方势力、传播华夏文化等多方面的作用。不论是汉族姓氏、家族意识，还是地方政治体的制度设计，都日益显现潜移默化却十分深刻的影响。

从王朝政策而言，宋代呈现重大的转向，即宋王朝全面放弃汉唐时期在西南腹地设置直辖郡县的传统，虽然这一转向是对唐末五代既有格局的延续，但明确为王朝的基本政策，与汉唐经营西南的策略表现出重大的变化。这一转向在湘西地区得到明确的体现。从秦代设迁陵县到唐代的溪州，酉水流域一直延续着直辖郡县的传统。唐代的溪州辖大乡、三亭两县，“编户”曾有 2184 户、15282 口，缴两税，纳土贡，有完备的统治体系。这些郡县控制的范围和程度应是十分有限，从汉代到唐代都可见蛮人不断的反叛，“溪州贼帅向子琪连结夷獠，控据山洞，众号七八千”，从叛乱武装的规模可知溪州地区“夷獠”的人数当不小于“编户”。这些编民也并非完全逆来顺受，他们曾向黔中观察使诉告溪州刺史魏从琚于两税外，每年擅自加征朱砂和水银。

10 世纪初，溪州彭氏及其他当地豪酋的割据自署中断了直辖郡县的历史，建立了自治的地方政治体。秦代至唐朝直辖郡县传统不只是宣示王朝国家在湘西腹地的存在，而且成为彭氏建构其地方政治体和社会文化的重要模式来源。首先，唐代溪州及其所辖大乡、三亭的设置成为彭氏塑造其合法性的手段，彭士愁使用了溪州刺史的身份。其次，借用郡县制建构其统治体系，称“当州大乡、三亭两县”，任命部下首领为刺史、知州、县令等。再次，建立赋役制度，以团保组织民众，征收赋税，“复溪州铜柱记”所称“归顺之后，请只依旧额供输”之“旧额”当指唐代税额。而蛮酋使用汉姓汉名则早见于唐代以前。

彭士愁自立，并在溪州之战中取得马楚政权的承认，成为溪州地方历史的转折和分野。溪州通过盟约得到的“本州赋租，自为供养赡。本都兵士，亦不抽差”的自治地位在宋代西南政策下得到巩固。宋王朝放弃了汉唐在西南腹地设置的直辖郡县，几乎全面退出对西南“蛮夷”地区的直接经营。这一秦汉以来中原王朝西南政策的重要转向在溪州得到典型的体现。尽管宋朝通过武力征讨、筑城设寨挟制溪州彭氏，但在西南政策的大背景下，彭氏仍得以延续其自治状态。元及明清实行土司制，与宋代自署属官不同，王朝不仅配置流官，还直接干预土司之下长官司的任免，但直到雍正初年实行改土归流，溪州地区自治的格局仍得以维持。

因而，要回答《制造边缘性》开篇提出的问题："湘西地处中国腹地，与中原互动了上千年，为何直到清朝才系统设立州县、建立王朝国家的直接统治秩序？为何直到民国，位于南部的苗区还跟边墙、边政、边城这一类词语挂钩？""其历史过程与机制何在？"即要揭示近代湘西格局何以形成，则必须以彭氏自立的10世纪为追溯的重要源头。这既因溪州彭氏政权八百年割据延续了一个完整的历史阶段，也因永、保土司作为湘西最强大的军政力量，自明代便令分别担承，"永顺约束镇苗，保靖约束筸苗"，有力地影响着苗疆事务。而这又成为雍正改土归流后湘西地区管理方式和社会形态格局的历史惯性。从10世纪彭氏势力崛起的节点上前后瞻望，都可看到湘西与西南区域整体历史演进的同频脉动。

"西南传统"中的湘西

《制造边缘性》所致力阐释的是"西南传统"中的湘西。作者通过湘西这一"个案"讨论了"西南传统"的内涵及其整合入大一统中国的方式。湘西的"西南传统"首先是其西南区域共有的地理环境，即历代所称的"溪峒"所赋予的。湘西地处云贵高原的边缘，武陵山区的"溪山阻绝"既成为王朝进入湘西的"地形阻力"，也为双方的沟通提供了通道。直到明清，自中原进入湘西北永保土司区的主要通道是酉水，进入湘西南苗疆的主要通道是武水。永保土司的统治区域正是酉水及其支流覆盖的、自成单元的地理环境。而溯沅水入武水，可以深入苗疆腹地。辰州扼守着两条"诸蛮咽喉出没之地"，"诸蛮不由此，则商贩不通，武陵不得此，则诸蛮不通”。颇似陶渊明文学意象中的桃花源。而苗疆进入“生苗”积聚的腊尔山则是“溪峒”之“溪峒”。如《制造边缘性》所揭示的，王朝国家进入这个湘西腹地需要面对地理环境和“蛮夷”势力的阻力，但另一方面，以酉水、武水为主要通道，湘西地方又与王朝国家展开相互间的物资、人员和文化出入互动。

西南“溪峒”环境不同的生态衍生了不同的生计方式。《制造边缘性》将其归纳为两种类型，即“各有君长”和“无君长不相统属”两种土著社会。在上千年的历史长河中，西南区域内两大土著社会在“共生生态与多边互动”中，经营边缘性，展开与王朝国家的互动，“它不仅决定了历代中原王朝与其互动、管理的基本策略与制度，也深刻影响了西南地方社会的模塑及其整合入大一统中国的进程和模式”。作者提出“西南传统”，并揭示了“西南传统”上述核心内涵。这是中华民族共同体研究需要阐释的重要问题。探索中华民族多元一体格局的形成过程，需要更深入地认识西南区域历史自身的轨迹和特点，在草原、西南、西域等不同区域历史比较中理解中华民族历史的整体性与多样性。

两大土著社会类型的构成和互动构成了《制造边缘性》论述的10到19世纪湘西历史的基本框架。两大土著社会类型在湘西的表现就是永保土司区和苗疆社会，使得湘西北和湘西南表现出不同的发展路径。永顺和保靖两大土司建立了从土司、到长官司、到旗（村寨）的统治体系，有完备的赋税和兵役征调制度。永保土司也与王朝国家有制度化的互动机制，即土司任免、户籍申报、土兵征调、资源获取等稳定制度。永保土司对内部有较强的统合力，从永保土司的土兵征集能力和土兵的战斗力即可窥见。而苗疆则没有建立起这样系统化的社会组织架构，王朝国家与其也无法建立如永保土司区那样的互动关系。

两大类型的差异也决定了改土归流后，清王朝处理湘西北和湘西南的政策上表现出两种不同的开发和治理模式。清王朝在永保土司区废除大土司，实行直辖的郡县制度，将其原有的基层组织“旗”以新瓶旧酒的方式整合到基层体制之中，土司区的“土蛮”通过户籍和地权登记进入编户齐民的体系。而湘西南的“苗蛮”并未获得“编民”身份，亦未进行土地登记，其地权未获得承认，而以“人丁”为征税依据。乾嘉起义后仍是以屯田制度这一国有制度分配苗疆土地。而行政管理则以百户、屯长等代理，采取重修边墙的“苗防”策略，法律施用也保持“苗例”的特殊性。如作者所论，在清代的苗疆开发过程中，酉水流域的永保土司区从核心区域中退去，逐渐成为苗疆的“边缘”。

湘西的“西南”属性还体现在王朝国家的西南战略格局考虑中。元代重新在西南腹地建立直辖郡县，明清继承元代的趋势，不断强化对西南区域的治理。云贵大通道成为王朝控制西南的命脉，而沅水及其支流穿过的湘西地区成为保障云贵大通道必须着力治理的地区。考虑到统治成本，王朝国家选择了不同于内地的土司制度，一方面与宋代羁縻制度相比强化了对土司的控制，另一方面以永保土司担承苗防。这样的互动方式既是王朝国家处理西南问题的基本方式，也体现出湘西与整个西南内在的共性。

合力制造的“边缘性”

沈从文所观察的20世纪三四十年代，湘西仍然被视为“边鄙之地”，湘西的内部仍在努力地维持自己的“边缘性”。如《制造边缘性》所指出的，西南边疆的历史并不是单向的王朝国家开拓史，或“走入内地”的历史，而伴随着多方对“边缘性”的制造和维持，王朝国家对湘西的经营也并非仅以使其内地化、华夏化、实现一体为目标。

从王朝国家而言，应对湘西地形阻力和多种势力构成的复杂局面的统治成本，是一定程度维持其边缘性的动机。明代为了保障云贵大通道和实现对湘西地区的控制，建立了卫所体系，甚至深入永顺土司腹地建立了羊峰卫和崇山卫，在苗疆腹地设置镇溪所，驻屯常规汉军，并编订里甲，化土著为编民，使湘西分别处在土司、州县与卫所、生苗多种体系之下。但是，里甲之民和卫所之兵大量逃离，州县与卫所体系难以为继。州县财政困窘、卫所废弛，使官府弱、土著强的格局日益突出。明朝廷不得不选择利用土司力量控制苗疆。官府所设堡哨的兵力与明初的卫所汉军大异，其主力已逐步改为土官土民。嘉靖年间又约定了永顺土司和保靖土司分别担承镇溪所土巡检、五寨和筸子坪长官司治下村寨和苗寨安靖。羊峰卫和崇山卫也因道路险远，运粮不继，最终或迁或废，镇溪所在明中叶以后基本上为土著首领所把持。

明中叶作为宁靖苗疆的措施，修筑边墙，清代继之，乾隆时期再修边墙，已将其作为区隔土民、熟苗与“化外”生苗的界限，跟王朝关系较为密切并获得王朝认同的土官部下的土人、熟苗有权驻扎在边墙之内，被排斥于边墙之外的生苗成为不被保护和防御的对象。客观上，边墙成为王朝区分内与外、民与苗，固化土著不同身份的手段。如果说，王朝对永保土司的利用和倚重，巩固了其地位延续的合法性，保持了与“内地化”相悖的边缘性，边墙修筑及其对土著身份的划分则是对民、土、苗人群构成中制造出边缘之边缘。总体上都并非以一体化为必然目标，而是制造着不同程度的边缘性。

湘西边缘性的塑造还来自湘西社会内部的能动性。大小土司利用王朝在苗防上对其的倚重，一方面维持其强有力的武力，频繁应调出征，在安抚苗疆中发挥不可取代的作用，另一方面有意维持着苗疆的不安及其与王朝的离异。平苗既成为土司延续的合法性，也成为其增强军事和经济实力的途径。永保土兵应调的“月例”较两广土兵高出一倍有余，而土司对其臣民按“旗”征兵时应征者却自备器粮。朝廷的征调成为土司营利的途径，不仅乐于应调，而且设法多出兵力。而“苗乱”的存在即其利源。如明朝官僚指出的“土官高坐营中，计日得银，只愿贼在，岂肯灭贼”。甚至出现苗疆奸人掳掠人口卖与土官，割首级以邀赏，土司以“窝苗”，维持“乱苗”为利。

不论土司，还是苗疆，都努力维持自身传统。土司使用汉姓汉名，攀附家族历史，纂修族谱，建立祠堂，甚至延请汉人儒士，传习诗文。特别是永顺土司修撰了《永顺宣慰司历代稽勋传》和《永顺宣慰司志》，修建了湘西第一所学校——若云书院。这些既是土司介入王朝体系的途径，也是增强自身实力和影响的手段。土司间通过联姻和结盟，彼此支撑，巩固既有的格局和地位。土司区还通过几乎遍布土民村寨的土王祭祀宣示土王的正统和权威，塑造土王与土民的权力结构和君臣秩序。苗疆广泛传播的白帝天王土著信仰也具有强化苗疆社会整合和认同的意义，而且获得了王朝的敕封，体现了国家与地方彼此的认同与妥协。湘西的“边缘性”并非仅因其地理环境的边缘或行政疆域的边缘，而是王朝、土司、苗疆不同势力在特定历史时期合力制造的结果。

永顺不二门发掘的商周文化和保靖四方城的汉代墓葬文化，都与江汉洞庭湖区文化无同质关系，而与西南地区属同一体系，显示着湘西地区自古的西南属性。《制造边缘性》揭示了湘西西南属性的延续、衍变及固化。“西南传统”是湘西历史的和自然的属性。王朝国家在一定历史时期维持湘西边缘性的同时，也日益强劲地牵引着湘西走向“内地”。元明清湘西在行政区划上归属于湖广行省、湖广布政司和湖南省，王朝国家通过省级行政的湖广或湖南实施对湘西不断强化的管理，湘西作为“湖南一个单位”的行政属性日趋明显。正如《制造边缘性》的旨趣，即探寻“西南传统”与中国社会的整合，政治、经济和文化整合累层地推进，正是沈从文所说“使湘西成为中国的湘西”的过程。

《制造边缘性》揭示的议题还有广阔的讨论空间，书中有的论述也可再加完善和充实。作者通过对“复溪州铜柱记”“盘瓠遗风”一语及彭氏为会盟一方推断溪州彭氏集团为盘瓠蛮，需要明确彭氏集团作为土家族先民这一民族属性，对土家族族源已有研究做应有的学术对话；

自秦到唐，王朝国家一直延续着在湘西地区的直辖郡县传统，这一传统对十世纪以后的湘西社会产生了深刻影响，该书未能充分重视和揭示；该书因揭示“制造边缘性”这一旨趣，主要着眼于政治角力，正如作者在书中表达的对湘西地区的社会、经济和文化运作机制可作更为深层的探索。诸如此类，还可以展开更多重要的议题。我们期待作者对湘西历史更为丰满和深入的研究成果，展现传统时期湘西社会经济更具体的形态及其演进轨迹，揭示不仅是“西南传统”中的湘西，也是“西南传统”寓含的多样性中特殊的湘西。结果必如沈从文所说：“这是可能的吗？”“不，这是必然的！”

（原载《上海书评》2022年2月5日，网络版）

历史长河中的溪州

酉水塑造的溪州

2021 年 6 月 11 日，我们一行人乘船顺酉水下行，目的地是沅陵。下着小雨，河面宽阔、静止而空蒙，云雾从水面和山林中生成，沿着山体向上，由淡而浓，也是静止的。偶尔一条水练从山林中跌入酉水，在淡灰色的背景中亮眼的白，只有它是动的。河面上仅航行着我们一条船。开船的大姐说，很少出船了，早已无货可拉，偶尔接旅游团或学校春游，也因疫情没有了。

自罗依溪而下，二三十分钟，到达会溪坪村。酉水在这里向东北小转，村子在河的东岸接近山顶的台地上。站在村口，转向河面，村子所处的山体浑圆地伸向水中，左右各有一个更瘦峻的山体，张开着没入河里，龙盘虎翼。村子了无生机，房子大多空置，两三只狗，几个幼小的孩子。向一个婆婆问铜柱的位置，指着说，在河对岸很深的水下了。

这不是沈从文书中的白河。眼下的这条河太安静，把一切都淹没在它看似平静的水面下了。而历史上这条河一直是热闹的，应该整日地响着船夫的号子："三老九峒十八觵，七十二岩拢石堤。多少在岸上？多少在水里？""爱玩爱耍，哎嗬！篙上浪哪，哎嗬！"这才是酉水应有的节奏。溪州深处武陵山区，层峦叠嶂，但它的历史是水塑就的。"溪山阻绝"的地形阻力使酉水成为一条大通道。2002 年里耶一个沉寂千年古井里的惊世发现——秦简和古城，为人们述说了秦楚争霸时，酉水大通道上激烈的角逐。秦人从巴地顺酉水东进，与溯酉水而上，早已据有酉水沿岸的楚国交战。沿着酉水，穿过武陵山区的崇山峻岭，就走上了吞并楚国的坦途。秦朝在里耶建迁陵县作为东向灭楚的据点。秦以后酉水仍然是王朝国家控制“武陵郡”、“黔中道”的通道和关钥。

溪州社会的核心区域就是酉水流域覆盖的范围，溪州社会就是酉水及其支流构成的流域社会。酉水是溪州社会的动脉，溪州经由该河与外部世界展开人员、物资和文化的输出入。酉水沿岸的古丈河西、保靖四方城、龙山里耶的战国墓出土了数量可观的琉璃器、玛瑙和玉器，皆不是溪州本地的物产，而是从内地经酉水输入。两千年前，船夫们就在会溪坪村下这条河里，用他们的经验和汗水与一个又一个险滩搏斗。会溪坪的下游是大、小刺滩和酉水五大险滩之绕鸡笼，逆流而上的船夫先需在镇溪湾头休整喘息，做冲滩的准备，“镇溪沙湾要弯船，兄弟伙计吃杆烟。小刺滩，大刺滩，鲁王正坐石马潭。杉木溪口一长缆，颗颗汗水摔八瓣”。会溪坪往上行，要与麻滩、罗依滩、花滩缠斗，才能进入长长的王村潭。战国时期行走在酉水上的船夫自然没有一杆烟来解乏，但物换星移，山河依旧，八瓣汗水的辛苦是一样的。船上所载的货物玉石、官粮、军需、棉纱、绸缎、铁器、纸张、瓷器等，因时代的不同而有区别，但都是溪州官民人等不能自产的舶来品。下行的船只装载着朱砂、桐油、茶油、五倍子，以及从四川转运而来的青盐等。

酉水运出的溪州物产最著名的是楠木和桐油。朱辅在《溪蛮丛谈》中说“蛮地多楠”，内地人在宋代就注意到溪州盛产楠木。明代是溪州楠木外运的高潮，明王朝在永顺土司区设采木场，大木经各条支流汇入酉水，出沅水，运往京城。到清朝改土归流时，大楠木已经砍伐几尽。酉水流域输出的大宗商品进入桐油的时代。桐油自古就是建筑、造船所需的材料，改土归流后，外地商人大量进入溪州贩运桐油，形成“以桐油诸物顺流而下，以棉花诸物逆流而上”的局面，种植油桐成为溪州百姓的重要生计，几乎山山见油桐，村村有油坊。

酉水的贸易塑造了溪州的市镇体系。里耶已如上述，是巴地进入楚地后的第一大据点，人物繁盛。酉水上的保靖土司治所两江口当然更是“一大都会”，洗车河入酉水的隆头也是“上通四川酉阳州，下通辰州北河”的水陆要地。酉水自北而南入永顺境，第一大商镇是列夕，“往来行舟多泊”“居民罗列，商贩聚处”“亦要区也”。自辰州入酉水，王村镇则是第一个重要的水陆要津。这里是一个平缓的长潭，船夫们到此可得暂时的轻松和欢乐：“王村潭来长又长，酒船弯在河中央”“有钱哥哥把酒喝，无钱哥哥把手搓”。清末时每年经王村输出的桐油达500万多斤。酉水就这样塑造着溪州的经济格局。

站在会溪坪村放眼这条酉水，已繁华散尽。船继续下行两小时，到达曾是酉水五大险滩之一的风滩。一条大坝阻断了河水，“高峡出平湖”，把酉水变得温驯安静，但酉水的喧闹并非因它而终止。1933年，沈从文回到曾经出肥人肥猪的浦市，见到萧条的镇上连屠户也瘦了，不禁心疑：“这究竟应由谁来负责?”繁华散去的不仅是浦市，酉水沿线的市镇莫不连续着这样的命运。沈从文心里是明了的，没有谁需要负责任，是时代变了。

峰回路转的溪州

酉水的衰落只是溪州经历的时代变迁中最近的一次，不是历史上唯一一次，当然也不会是最后一次。溪州所处的湘西北当下已是湘西地区的“边缘”，不论是行政重心，还是与外部世界的交往，湘西南已经站到了最前台。而这个格局不过是历史的延续和结果。

我脚下的会溪坪村曾经是酉水流域，乃至整个湘西地区的权力中心。自五代彭士愁开始，两个世纪间，彭氏集团在这里号令暂下各州。溪州历史的第一次重要转折正是发生在这里，那就是940年的溪州会盟。彭士愁集团通过与马楚政权盟约，得到“本州赋租，自为供养赡。本都兵士，亦不抽差”的自治地位。而在此前的一千多年，溪州地区一直延续着王朝国家直辖统治的传统。如果从秦朝实现统一，中国进入帝制时代论，溪州一开始就处在王朝国家的直辖统治之下，而内地政权的介入实际要更早。秦朝在里耶建立迁陵县，筑城防，编户籍，实施规范而严密的统治。汉晋南北朝建武陵郡，延续着直辖郡县的传统。

武则天天授二年（691），唐朝以原属辰州的大乡、三亭两县置溪州。这是溪州之名的首创，也是溪州作为一个独立地方行政单元的发端。溪州所辖大乡、三亭两县的“编户”曾有2184户、15282口，进奉丹砂、犀角、茶芽、水银等土贡。溪州的编民还交纳两税，溪州民户曾向其上级行政主管黔中观察使诉告刺史魏从琚于两税以外加征朱砂1000斤、水银200驮。可见唐朝对溪州的编户有完备的统治体系。当然，直辖郡县对溪州控制的程度和范围是有限的，在直辖郡县之外还存在着比编民数量更大的“蛮夷”，那是王权鞭长莫及的空间。从汉到唐，蛮人不断反叛。汉代马援前来镇压五溪蛮的叛乱，困死于进入蛮区的大门口，今沅陵壶头山。唐代溪州蛮帅向子琪反叛，集结的夷獠众号七八千。

彭士愁所领导的溪州集团就是以当地蛮人为基础。彭士愁的自立中断了溪州地区直辖郡县的历史，开启了八百年的自治时代。溪州东边接壤于王朝直辖地区，彭氏集团何以能在中原王朝的卧榻之侧酣睡八百年呢？首先当然是深山穷谷的地形阻力。溪州地处云贵高原东缘、武陵山脉中段，是古代所称的典型的“溪峒”环境。古代内地人进入溪州只有一条途径，即由沅江入酉水。我们的目的地沅陵——古代辰州的治所，就是进入溪州这个“溪峒”的关口，乃“诸蛮咽喉出没之地”，“诸蛮不由此，则商贩不通，武陵不得此，则诸蛮不通”。由此而进，颇似陶渊明文学意象中的桃花源。

“鸟飞不渡，兽不敢临”的地形阻力为溪州集团“逃避”王朝的统治创造了条件。马楚虽然在“复溪州铜柱记”所载的盟约中自诩“五溪之险不足恃，我旅争先若平地”，但“惟有鸟飞，谓无人到”的环境是其放任彭氏集团自治的重要原因之一。也因此马楚政权强令彭士愁“迁州城于平岸”，将其治所置于马楚更易达到的酉水河岸。因此，我们所在的会溪坪村这个接近山顶的逼促台地不会是当年溪州的城址，溪州城应该在下方更大的台地上。宋朝实行整体收缩的西南政策，在这一背景下，彭氏继续维持了自治的局面。但宋王朝也曾对溪州采取控制措施，在下溪州治所附近的酉水沿线置会溪城，建黔安、镇溪军寨，强化对彭氏的控制。1135 年，彭氏乘南宋王朝覆巢完卵，自顾不暇之际，将统治中心迁到溪州腹地，在酉水支流灵溪边建福石城。

王朝国家并非不想对溪州集团“内地化”，放任其“逃避”，而只是特定历史时期的成本考量和策略选择。明朝初期，为了保障云贵大通道，在溪州地区建立卫所体系，在永顺土司的腹地也建立了羊峰卫和崇山卫，但卫所之兵大量逃离，道路险远，运粮不继，羊峰卫和崇山卫最终或迁或废。另一意图就是借助溪州永保土司强大的军政力量约束湘西南“苗疆”。自明代便令永保土司分别担承“苗疆”，“永顺约束镇苗，保靖约束箪苗”，担保其“永无犯顺”。

永保土司也并非对王朝惟命是从，而意在利用王朝政策以自固。一方面，永保土司通过应调征苗使自己成为王朝平息苗乱中不可或缺的依仗，同时又努力维持“苗乱”不绝，以强化自身存在的合理性，甚至“窝苗”“藏苗”，与苗奸串通，购买苗奸掳掠的人口，割首级以邀赏。另一方面，永保土司把王朝的征调作为增强自己经济实力的手段。明王朝给永保土司的“月例”按人头计算，在两广土兵等人每日“四斗五升之外，又多索一倍”，多者一年可获白银九千两，而土司在内部征集臣民时却是令其自备器粮。于是土司频繁应调，且私加出征兵员，把土兵的血汗当作营利的生意，如明朝官僚所说“土官高坐营中，计日得银，只愿贼在，岂肯灭贼”。

溪州土司的自存之术也来自其不断强化的内部整合和经济文化实力的提高。王朝国家在溪州地区上千年的直辖统治传统给溪州地方留下了可加借用的丰富的制度和文化资源。彭士愁建构其地方统治体系时即使用了溪州刺史的名号，借用郡县制度，任命晢下首领为刺史、知州、县令，建立赋役制度，以团保组织民众，征收赋税。元明以后永顺土司逐步形成了三州六长官司五十八旗的体系，土民归属各旗舍把分领，征十一之税，平时自耕而食，战时裹饷听调。保靖土司也建立了同样严密的体制，较永顺具体而微。这使得溪州土司成为湘西地区社会整合能力和动员能力最强的土著势力，远非当时尚处于“无君长”状态的“苗疆”势力可比。

溪州土司在湘西土著社会扮演主角的地位还来自其更为发达的文化。明代万历年间，永顺土司彭元锦在其治所老司城建立了湘西地区第一所学校——若云书院，延请汉人儒士，传习诗文。若云书院这样典型的中原文明传统的出现是溪州一千余年中原文化和汉字传统浸润开出的花果。里耶发掘的第一枚简是楚简，迄今已发掘秦简 2 万枚，约有 20 余万字，距离彭元锦设立若云书院已经历了近两千年的汉字历史。溪州蛮酋早已使用汉姓汉名，建构家族谱系，建立祠堂，以此介入王朝体系，增强自身实力和影响。

改土归流成为溪州历史的又一大转折。原来的溪州土司区实行了完全直辖的郡县制，土民通过户籍和地权登记成为编户齐民，溪州社会被整合到内地体制之中。而湘西南“苗蛮”仍被清王朝摈斥于王朝体制之外。无土司担承，清王朝需要直接面对“苗疆”，“苗防”成为王朝在湘西地区最为重要的事务。凤凰平地而起，成为“苗防”的大本营，“筸兵”成为取代永保土兵，参与国家征战的主力。酉水流域的永保土司和作为大通道的酉水流域曾经在湘西地区长期占有的主角地位逐步退去，而成为“苗疆”的“边缘”。

多元共生的溪州

我问会溪坪村给我们指示铜柱的那位婆婆：“您家姓彭吗？”回答“不是”。我在老司城也曾问给我撑船的老船工：“老司城姓彭的多吗？”他答：“我们这里五名杂姓。”是的，溪州从来不属于哪一个民族，更不属于哪一个姓氏，她就应该是五名杂姓的。

按中国文明史的进程，夏商周时期脱离了史前阶段，进入文明时代。溪州所知的最早的土著文明是不二门商周文化。上世纪 80 年代，永顺县不二门发掘了多个商周遗址。酉水的支流猛峒河流经今灵溪镇的坝子，向南进入高峰坡山谷，沿河峭壁上分布着多个洞穴，岩石沟壑，为古人类提供了方圆数十公里所没有的合适的生存场所。这些人类以渔猎为主要生计，或有旱地农耕。其文化特征不同于江汉—洞庭湖商周文化，而与峡江和鄂西商周文化同属于一个大的文化系统，同时又与其有显著区别，被学界视为土著文化的代表，称为“不二门类型”。

然而，溪州并非土著文化的一统，而从来就是多元文化的共生和融合之地。生活于川蜀地区的巴人和生活于江汉洞庭的楚人很早就进入溪州地区，成为溪州先民之一。楚人在战国早期已经沿酉水进入湘西。古丈、保靖等地的战国墓葬考古发掘显示了土著与巴人、楚人的共生。这些墓葬既有土著文化，也有具有土著文化因素的巴人墓葬，以及被楚化了的土著文化。楚文化、巴文化和土著文化相互影响，彼此融合。潘光旦先生认为古代巴人是土家族的重要源头，秦灭巴后，巴人南迁，进入鄂西和湘西北，与土著文化融合，成为土家族先民的重要来源。

溪州地区也曾是古濮人的生活区域。溪州考古发现了楚人、越人和巴人文物中都从未见过的东西，被推测为濮人的遗物。秦人攻楚，进入溪州地区，关中和秦国属地的人随之来到溪州。古丈、保靖战国墓葬发现的陶礼器表明墓主人可能是随秦国征战而来的关中和中原士卒。刘复生先生从土家语属出发，认为土家语藏缅族成分的来源不是巴人，而实出于氐羌系统卢戎。生活于西北地区的卢戎西周时期开始东迁再南徙，进入溪州地区，从今溪州地区“虎”字的土家语读音、“卢”字地名等可证卢戎与廪君蛮、彭氏势力都是土家族先民的来源。当然还有自古生存于溪州地区和不断进入溪州地区的古代苗人，也是溪州多种民族的重要组成部分。

远古和先秦时期，溪州土著人、巴人、楚人、越人、濮人、秦人、苗人等不同族系的群体就共生于酉水流域。更大规模的移民进入是明清时期，随着溪州地区经济开发和商业发展，大量内地人沿着酉水来到溪州。酉水沿线的城镇不乏福建、浙江、河南等地各种原因前来的移民，如保靖县城就有江西会馆万寿宫、福建会馆天后宫和浙江会馆浙江宫。而明清时期进入溪州的内地人以自称祖籍江西者最盛。保靖县发现的万历年间的墓穴地契砖刻，郑权墓地契称墓主系江西抚州府金溪县人氏，金贵阳墓地契称墓主为江西省南昌府丰城县人氏，周丹智墓地契称墓主为江西瑞昌府新昌县人氏。溪州黄氏家谱称黄氏于明洪武年间自江西迁入湘西。列夕姚姓也自称家族从江西迁王村，再迁列夕。龙山县田氏族谱称先祖于明神宗朝自江西吉安吉水县迁入。在溪州最活跃的内地商人是江西商帮。里耶镇上“商民数百余户”，最多的是江西商人，形成“江西人”一条街，建有江西会馆万寿宫。永顺列夕街市也有江西会馆，是江西商旅汇集的商贸码头。

大量外地移民的进入，使溪州人群的结构表现鲜明的差异。清朝改土归流后，乃按照土民、客民、苗民三类进行户籍统计，分别指称土著、汉民和苗族。乾隆二十五年（1760）永顺县在籍人口土民、客民和苗民分别占61.5%、25%和13.5%。保靖、龙山两县三类族群的比例稍有不同，而基本结构都是土民超过50%。溪州历史从来是不断加入的不同地区、不同民族的人群共同创造的，也始终未有实际意义上的所谓“蛮不出境，汉不入峒”。

多元的人群带来多元的信仰。溪州土著文化中万物有灵，举手投足皆祭鬼神。乾隆六十年（1795）浙江会稽人张天如任职于永顺，他所见的永顺土民“尚巫信鬼”，祀神必请巫师，几乎月月有祭。正月初三至十七祭祀土王，这是土民最重要的祭祀活动，“各寨有摆手堂，又名鬼堂”，夜间鸣锣击鼓，男女积聚跳摆手舞，摆手舞的仪式象征和宣示着土王的正统和权威。二月祭祀伏波将军马援之弟，三月祭祀马援，四月祭于婆婆庙，六月祭鬼，七月祭祖先，九月祀重阳，十二月祭鬼。土司时期，佛教、道教已传入溪州，信仰日渐广泛。万物有灵，使人有敬畏，心思向善。

溪州长期并存着多样性的生态。商周不二门遗址中发现的动物骨骼显示，当时人们狩猎的有猪、野猪、豪猪、牛、羊、虎、豹、熊、鹿、獾、獐、大狸猫、猞狸、鼠、竹鼠、鳖、鱼等。唐代溪州的土贡中有犀角。可见犀牛是唐代溪州常见的动物。直到宋代，两湖地区还是大象的活动区域，溪州山高谷深、植被丰富，也是大象理想的生息之所。老司城考古发掘，显示土司时期的餐桌可见的大型动物仍与商周时期不二门先民基本相似，有虎、豹、狼、熊、野猪、豪猪、牛、马、羊、水鹿、梅花鹿、麂、猕猴等。直到清乾隆时期所修《永顺县志》所载大型动物仍基本如此。

千年回首聚变为眼前的凝望，面对会溪坪村前的酉水，不禁让人感慨“多少在岸上？多少在水里？”下方这条河的深处淹没着曾经震动溪州内外的下溪州城和铜柱遗址，还有那些曾经喧闹的险滩和码头。酉水用它水波不兴的宁静自我宣告了溪州持续两千年的酉水时代的终结。有些曾经活生生的、与我们同行的历史，走着走着就从我们身边消失了。四十年前，或许更近一些，走在溪州的山路上，凡岔路口，多有指路碑，既是行善求福，也是与人方便，述说着淳朴而有信仰的古老民风。而今它似乎失去了存在的意义。四十年前，还要更早，虎、豹、狼、熊、梅花鹿等都已经从溪州地界上消失。于今酉水两岸的山上可以寻觅到的大型动物是硕果仅存的野猪。

但是历史不会真的消失，溪州千年的历史已经植根于溪州人的血脉里，塑造着溪州人的性格、思维和习惯。历史会说话，或许以里耶秦简重现于世的方式，或许由萦绕着故乡情怀的现代溪州人来演绎。

（原载《湖南日报》客户端《新湖南》2021 年 1 月 3 日）

后　记

出版本论集是临时的决定，得到周珍的积极支持，迅速进入程序。与周珍的合作始于数年前出版《造船业视域下的宋代社会》，该书通过上海人民出版社申报入选国家哲学社会科学成果文库，后又立项国家社科基金中华学术外译项目，出版社方负责的各项事务都由周珍具体负责。她是一个业务能力和职业精神俱佳的编辑。在此，也感谢上海人民出版社领导的大力支持。

收入本论集的论文均完成于2018年以后，大体包含三个领域，即宋代华夷内外、宋代海洋史和宋代财政史，不一定成熟，但代表了我近年来思考的方向。

书中收录了四篇讲座稿:《宋代处理周边关系中的西南政策》《宋代“世界”知识的生成与整合》《如何观察宋代的“边疆”?》《“大宋史”研究: 取向或方法》，讲座分别做于河南大学、上海师范大学、华东师范大学和河北大学，除了第四篇是讲座稿节选，其他三篇均是全文。本拟待能腾出时间时，写成论文，但就必做的事和可用的时间，整理这些讲座稿似乎遥遥无期，还是直接刊出，请大家批评，尽管只是些初步的想法。

本书是国家社科基金重大项目“中国古代财政体制变革与地方治理模式演变研究”(编号17ZDA0175) 的研究成果。

黄纯艳

2023年9月25日

图书在版编目(CIP)数据

华夷·海洋·财政:宋代中国的内与外/黄纯艳著
.—上海:上海人民出版社,2023
ISBN 978-7-208-18612-5

Ⅰ.①华… Ⅱ.①黄… Ⅲ.①中国历史-宋代-文集
Ⅳ.①K244.07-53

中国国家版本馆 CIP 数据核字(2023)第 202250 号

责任编辑 周 珍
装帧设计 陈绿竞

华夷·海洋·财政:宋代中国的内与外
黄纯艳 著

出　版 上海人民出版社
(201101 上海市闵行区号景路 159 弄 C 座)
发　行 上海人民出版社发行中心
印　刷 浙江新华数码印务有限公司
开　本 720×1000 1/16
印　张 28.5
插　页 5
字　数 378,000
版　次 2023 年 11 月第 1 版
印　次 2023 年 11 月第 1 次印刷
ISBN 978-7-208-18612-5/K·3334
定　价 128.00 元